DERECTUM

J. M. NOGUEIRA DA COSTA   SANDRA ALMEIDA SIMÕES

DERECTUM

FORMULÁRIO PARA O MINISTÉRIO PÚBLICO

DERECTUM
FORMULÁRIO PARA O MINISTÉRIO PÚBLICO

AUTORES
J. M. NOGUEIRA DA COSTA
SANDRA ALMEIDA SIMÕES

EDITOR
EDIÇÕES ALMEDINA, SA
Av. Fernão Magalhães, n.° 584, 5.° Andar
3000-174 Coimbra
Tel.: 239 851 904
Fax: 239 851 901
www.almedina.net
editora@almedina.net

PRÉ-IMPRESSÃO | IMPRESSÃO | ACABAMENTO
G.C. – GRÁFICA DE COIMBRA, LDA.
Palheira – Assafarge
3001-453 Coimbra
producao@graficadecoimbra.pt

Janeiro, 2009

DEPÓSITO LEGAL
287415/09

Os dados e as opiniões inseridos na presente publicação
são da exclusiva responsabilidade do(s) seu(s) autor(es).

Toda a reprodução desta obra, por fotocópia ou outro qualquer
processo, sem prévia autorização escrita do Editor, é ilícita
e passível de procedimento judicial contra o infractor.

Biblioteca Nacional de Portugal – Catalogação na Publicação

COSTA, J. M. Nogueira, e outro

Derectum : formulário para o Ministério
Público / J. M. Nogueira da Costa, Sandra
Almeida Simões
ISBN 978-972-40-3698-4

I – SIMÕES, Sandra Almeida

CDU   347
      343

PREFÁCIO

É com muito gosto que satisfaço o pedido do Dr. José Mário Nogueira da Costa e da Dr.ª Sandra Almeida Simões para escrever algumas palavras destinadas a prefaciar o presente livro. É igualmente gratificante receber uma solicitação como a presente, vinda de amigos e de profissionais a quem, de formas várias, oferecemos alguma colaboração na formação e preparação para o exercício das respectivas funções na área do judiciário.

Para quem vem se dedicando, há alguns anos, à actividade da formação de profissionais do foro, foi com facilidade que cedo nos apercebemos da capacidade e energia criativa dos autores do presente trabalho. Na verdade, nunca nos passou despercebido o grande interesse e apaixonado entusiasmo com que os autores sempre se dedicaram à profissão e ao estudo dos problemas jurídicos e judiciários que os envolvia no serviço diário; a este respeito, recordamos, como que a "talho de foice", a dedicação que os mesmos sempre colocaram no aprofundamento dos seus conhecimentos, mormente, no âmbito dos direitos fundamentais.

O trabalho que ora se publica apresenta aos leitores uma vasta diversidade de formulários abarcando grande parte da actividade diária do Ministério Público nos tribunais de 1ª instância. Desde logo, oferece aos utilizadores alguns exemplos de opções e decisões que o Ministério Público pode tomar em sede de encerramento do inquérito e relativamente aos ilícitos criminais mais comuns. Por outro lado, apresenta diversas espécies de peças processuais como petições e requerimentos da área de menores, sem esquecer as de outra natureza como formas à partilha, contestações, reclamações de créditos e recursos; oferece vários modelos de liquidação de pena e não esquece a cooperação judiciária internacional; apresenta formulários do âmbito da lei de saúde mental e do internamento compulsivo bem como se refere ao controlo que ao Ministério Público incumbe efectuar no âmbito da constituição de associações.

Trata-se, a nosso ver, de um trabalho meritório, de aturada e paciente elaboração, a legitimar uma palavra de ânimo e de estímulo, mostrando-se de bastante utilidade para os formandos e para quem começa a dar os primeiros passos no exercício das funções judiciárias, em especial, para o Ministério Público. No entanto, não queremos perder a oportunidade de deixar um conselho. O presente trabalho é um *formulário* pelo que o mesmo contém *fórmulas* que podem ajudar na elaboração de peças processuais diversas; porém, não deve ser utilizado de forma acrítica e passiva. Todo o formulário deve ser integrado, caso a caso, com a riqueza da factualidade do caso concreto, sem menosprezar a efectiva distinção do essencial, do acessório, do circunstancial e do marginal. Devemos, pois, questionar a fórmula para não formatarmos.

A terminar pretendia deixar aqui uma palavra de estímulo aos autores: – que não esmoreçam e que não deixem de perseguir os sãos objectivos da vida; e que não percam o brio e o contínuo incentivo de dar a conhecer o seu próprio trabalho, em especial, quando ele pode facilitar a vida de muitos. Afinal, o estar no mundo é sempre um estar com os outros.

Figueira da Foz, 14 de Outubro de 2008

FERNANDO MARTINS AMARAL

I.
ACUSAÇÕES

I.I. Dos crimes contra a vida

I.I.1. *Crime de homicídio (artigo 131.º do Código Penal)*

CLS.
Inquérito n.º

ACUSAÇÃO

O Ministério Público acusa, em processo comum e para julgamento por tribunal de estrutura colectiva,

> **António,** estado civil, profissão, filiação, data e local de nascimento, bilhete de identidade n.º ..., residência,

Porquanto:

No dia **2 de Janeiro de 2008, cerca das 21H30**, no quarto da sua residência, sita na Rua ..., o arguido discutiu com a sua mulher Maria sobre um eventual relacionamento extra-conjugal da mesma, que o arguido estava convencido que existia e que explicava a recusa daquela em ter relações sexuais com ele.

No decorrer da discussão, o arguido saiu do quarto, deslocou-se à despensa, pegou na espingarda caçadeira semi-automática, de marca B..., calibre 12, passou pela garagem, carregou a arma com 3 cartuchos, chumbo 6 (quantidade máxima admitida por aquela arma), regressou ao quarto, apontou a referida arma à cabeça de Maria, que se encontrava sentada na cama, e, a uma distância de cerca de 2 metros, disparou, do fundo da cama, um tiro que a atingiu na cabeça, provocando-lhe as lesões nas regiões orbital, temporal esquerda, nasal e zigomática, que levaram à sua morte.

De seguida, o arguido subiu ao andar superior da referida residência, pelas escadas de acesso junto à cozinha, com o intuito de sair pelo lado da varanda e de se pôr em fuga.

Antes, porém, verificou que Manuela, sua sogra e com quem sempre manteve uma relação conflituosa, subia as referidas escadas de acesso, no seu encalço, pelo que voltou para trás, apontou a referida arma à cabeça daquela, que se encontrava no 8.º ou 9.º degrau, e, a uma distância de cerca de 2 metros, quando Manuela ainda subia as escadas, disparou um tiro que a atingiu na cabeça, provocando-lhe a morte.

O arguido agiu de forma livre e com o propósito concretizado de tirar a vida a Maria e a Manuela, bem sabendo que a sua conduta era proibida e punida pela lei penal.

Pelo exposto, o arguido praticou, em autoria material, sob a forma consumada e em concurso efectivo real:

– **Dois crimes de homicídio simples, p. e p. pelo artigo 131.º do Código Penal.**

Prova:

I. **Por Documentos: de fls...;**
II. **Pericial:**
   – exames de fls. ...;
   – Peritos a inquirir ...
III. **Audição de assistente...**
IV. **Testemunhas: (...).**

Medida de coacção: (...)

Consigno que Maria e Manuela eram beneficiárias da Segurança Social com os n.ºs ... e..., respectivamente (artigo 2.º do Decreto-Lei n.º 59/89, de 22 de Fevereiro).

Nomeação de defensor:

Proceda à formulação de pedido electrónico de nomeação de defensor oficioso ao arguido António ao SINOA – Sistema de Informação da Ordem dos Advogados, atento o disposto nos artigos 64.º, n.º 3, do Código de Processo Penal e 2.º da Portaria n.º 10/2008, de 03.01.

Cumpra o disposto no artigo 283.º, n.º 5, do Código de Processo Penal.

*

Notifique o Hospital ..., nos termos e para os efeitos do disposto no artigo 6.º, n.º 2, do Decreto-Lei n.º 218/99, de 15 de Junho.

Processei, imprimi, revi e assinei o texto, seguindo os versos em branco (art. 94.º/2 do Código de Processo Penal).

..., ...

O Procurador-Adjunto

I.I.2.1. *Crime de homicídio qualificado (artigo 132.º do Código Penal)*

CLS.
Inquérito n.º

ACUSAÇÃO

O Ministério Público acusa, em processo comum e para julgamento por tribunal de estrutura colectiva:

– José…

Porquanto:

No dia **7 de Outubro de 2007, pelas 16h30m**, Maria Esmeralda regressava a sua casa, depois de 15 dias de internamento no Hospital …, sita no Largo das Alminhas, n.ºs 3 e 4, em …, quando ao tentar abrir a porta se apercebeu que estava trancada.

De seguida, e porque sabia que o arguido, seu irmão, ocupara a sua casa durante a sua ausência, bateu à porta, mas não foi atendida, dirigindo-se de seguida a casa do arguido, sita na Travessa das Alminhas, n.º 9, onde também não foi atendida.

Imediatamente, deslocou-se ao café "Esmeralda", ali próximo, sito …, tendo aí perguntado às pessoas, que se encontravam presentes e eram suas conhecidas, se sabiam onde estava o arguido, seu irmão.

Maria Esmeralda soube, de imediato, que o arguido estava naquele momento a sair de sua casa, pelo que se dirigiu para casa acompanhada de Maria Emília…

O arguido estava a fechar o portão da residência de Maria Esmeralda, quando esta e a Maria Emília chegaram.

Aí, Maria Esmeralda interpelou o arguido, pedindo-lhe que lhe abrisse as portas de casa.

O arguido, dirigindo-se à Maria Esmeralda, respondeu: "aqui ninguém entra, vai para a administração do hospital", "tu vais já para onde vieste" e ainda, "dou, dou e é já".

Todavia, a Maria Esmeralda insistiu com o arguido para que este lhe abrisse a porta de casa.

O arguido, de frente para Maria Esmeralda e Maria Emília, que se encontravam lado a lado, subitamente e num movimento rápido, sacou, de trás da cintura, uma pistola semi-automática adaptada para calibre 6,35 mm, a partir de arma de alarme de calibre 8mm e, a uma distância de aproximadamente um metro e meio a dois metros, desferiu dois tiros na direcção daquelas, tendo um tiro atingido a Maria Esmeralda na boca e o outro a Maria Emília na face e pescoço.

Após o que o arguido se refugiou dentro da casa da ofendida Maria Esmeralda, onde permaneceu até à chegada da PSP ao local, que o deteve.

Da conduta descrita resultaram para a ofendida Maria Esmeralda lesão de …e que foram causa de 15 dias de doença, sendo 5 dias com afectação da capacidade para o trabalho geral e sem afectação da capacidade para o trabalho profissional.

Da conduta descrita, igualmente, resultaram para a ofendida Maria Emília lesão de …, não tendo sido possível até ao momento realizar o exame de sanidade.

Aquando da sua detenção, o arguido transportava consigo, no coldre, em napa de cor preta, que trazia à cintura, uma pistola semi automática, adaptada a partir de arma de alarme de calibre 8mm para calibre 6,35mm, marca "STAR", modelo FT, sem número gravado e sem registo.

O arguido não é titular de licença de uso e porte de arma.

O arguido, pelo menos desde 1998, tem vindo a apresentar um distúrbio paranóide, que foi desenvolvendo de acordo com as características da sua personalidade: individuo introvertido, com muitas dificuldades nos relacionamentos interpessoais.

Desenvolveu um delírio persecutório, relativamente à pessoa que prestava os cuidados básicos ao pai, na fase terminal da sua doença, por não ter a certeza quanto à morte deste, tendo, a partir desta data, os níveis de ansiedade aumentado e entrou em crise de agitação.

Quando foi avaliado, em termos psiquiátricos, em 1999, no âmbito do inquérito n.º …, por factos relacionados com injúrias e ameaças à sua irmã, Maria Esmeralda, o arguido apresentava-se descompensado, com alterações do pensamento e delírio persecutório enquistado.

Mais se conclui em tal exame que o examinado "poderá ser considerado inimputável para os actos a que se reporta o processo que deu origem a perícia médico-legal, mas que deverá ser acompanhado do ponto de vista psiquiátrico sob pena do evento se repetir em circunstâncias idênticas."

Actualmente conclui-se que o arguido não mostra capacidade para se situar normativamente de modo adequado ou para constituir sentimento//conhecimento da doença.

Sofre de psicose esquizofrénica na forma paranóide e, aquando dos factos descritos, por força da intensa actividade delirante de que padecia, tinha sensivelmente diminuída a capacidade para avaliar a ilicitude e não estava capaz de se determinar, de acordo com essa, avaliação.

Mais se conclui que deve ser considerado inimputável e que a possibilidade de recair em ilícitos do tipo dos que mobilizaram o processo, caso não seja submetido a tratamento psiquiátrico, é elevada, o que inclui o arguido no conceito de perigosidade.

O arguido vive isoladamente, não lhe sendo conhecidas quaisquer relações de amizade ou de vizinhança, sendo visto sempre só. Encontra-se incompatibilizado com a maioria dos vizinhos, tendo já agredido violentamente um vizinho. É um indivíduo de trato agressivo e imprevisível, não mantém quaisquer relações sociais, pelo que existe um sentimento generalizado de receio relativamente a ele.

Acresce que tem hábitos alcoólicos acentuados, o que precipita a sua agressividade no relacionamento com os outros, sendo que as suas atitudes agressivas têm como principal visada a sua irmã, embora tais comportamentos, como já referido, se estendam aos vizinhos.

O arguido sofria à data dos factos supra descritos e também sofre actualmente de psicose esquizofrénica na forma paranóide, que se consubstancia, principalmente, num delírio persecutório em relação à ofendida, sua irmã, não tendo sido capaz, aquando dos factos, por força de tal anomalia, de lhes avaliar a ilicitude, bem como de se determinar de acordo com essa diminuída avaliação.

Caso não seja compelido a tratamento psiquiátrico, há fundado receio de que venha a cometer factos ilícitos semelhantes aos descritos.

O arguido cometeu, em autoria material e em concurso real efectivo, objectivamente:

– Um crime de detenção de arma proibida, p. e p. pelo artigo 86.º, n.º 1, al. c), com referência ao artigo 3.º, n.º 4, al. a), da Lei n.º 5/2006, de 23 de Fevereiro;

– Dois crimes de homicídio qualificado, sob a forma tentada, p. e p. pelos artigos 22.º, 23.º, 131.º, 132.º, n.º 2, al. h), do Código Penal.

Pelo exposto, o arguido deverá ser considerado <u>inimputável perigoso</u>, nos termos do artigo 20.º do Código Penal e sujeito a medida de internamento nos termos previstos no artigo 91.º, n.º 1 e n.º 2 do mesmo diploma legal.

*

Objectos:

Promovo que seja mantida a apreensão da arma (fls…) até ao trânsito em julgado do acórdão que ponha termo ao processo, nos termos do artigo 178.º, n.º 1, do Código de Processo Penal.

Uma vez que se trata de um objecto que serviu para a prática de um crime e que, pela sua natureza, põe em perigo a segurança das pessoas, deverá, oportunamente, ser declarada perdida a favor do Estado (artigo 109.º, n.º 1, do Código Penal) e entregue à guarda da PSP (artigo 78.º da Lei n.º 5/2006, de 23 de Fevereiro).

Prova:
1. Por Documentos: de fls…;
2. Pericial:
    2.1.1. Exames de fls. …;
    2.1.2. Peritos a inquirir …
3. Audição de assistente…
4. Testemunhas:
    4.1.1. António…, id. a fls….;
    4.1.2. Manuel…, id. a fls…; e
    4.1.3. Luís…, id. a fls…..

Medida de coacção:

O arguido encontra-se sujeito à medida de coacção de internamento preventivo, nos termos dos artigos 191.°, 192.°, 193.°, 194.°, 202.°, n.° 2, e 204.°, al. c), todos do Código de Processo Penal.

Uma vez que não se alteraram os pressupostos que determinaram a sua aplicação, pois que, atenta a natureza e as circunstâncias em que ocorreram os factos típicos por que vem acusado o arguido José ..., se extrai que o mesmo é portador de patologia do foro psiquiátrico, bem como revela ser perigoso, pelo que existe manifesto perigo de repetição de actos idênticos e de perturbação da ordem e tranquilidade públicas, deve o arguido aguardar os ulteriores termos do processo sujeito à medida de internamento preventivo, já aplicada, **completando-se 6 (seis) meses da data do seu decretamento no dia ...**

Nomeação de defensor:

Notificações:

Comunique superiormente.

<small>Processei, imprimi, revi e assinei o texto, seguindo os versos em branco (art. 94.°/2 do Código de Processo Penal).</small>

..., ...

O Procurador-Adjunto

I.I.2.2. *Crime de homicídio qualificado (artigo 132.º do Código Penal)*

CLS.
Inquérito n.º

ACUSAÇÃO

O Ministério Público acusa, em processo comum e para julgamento por tribunal de estrutura colectiva:

– **Luís…**

Porquanto:

O arguido Luís trabalhava como desenhador de construção civil no Gabinete de Projectos do engenheiro VM, instalado na rua …, tendo iniciado funções há cerca de 21 (vinte um anos) à data dos factos a seguir descritos.

Tal Gabinete de Projectos apresenta, ao nível do 2.º andar, (duas) divisões de arrumos, situando-se uma delas junto do quarto de banho existente à esquerda de quem entra, tipo despensa, uma sala de telefonista, o escritório do engenheiro VM e um hall de entrada, tendo todas as divisões ligação ao hall e estando o escritório do engenheiro situado defronte da porta de entrada.

O 2.º e o 3.º andares não comunicam entre si, fazendo-se o acesso pela escada comum do prédio.

No 3.º andar trabalhavam o arguido Luís, FM (id. a fls…) e António (id. a fls…).

Só existiam 3 (três) chaves de acesso ao 2.º andar, na posse do engenheiro VM, da telefonista/secretária Maria (id. a fls…) e da senhora da limpeza, Ana (id. a fls…).

O engenheiro VM raramente deixava aberta a porta do seu escritório, sito no segundo andar, pois tinha o hábito de a fechar sempre que se ausentava, não dispondo o arguido nem os demais colaboradores de chave de tal porta.

Auferia o arguido Luís um salário base de cerca de € 550 (quinhentos e cinquenta euros), a que acresciam algumas comissões pelos trabalhos em que colaborasse.

A sua mulher, Vanda, explorava uma sapataria de calçado para crianças no Centro Comercial ..., sem grande sucesso.

As referidas comissões, atendendo às contas bancárias correntes do arguido Luís e mulher, tinham uma expressão pouco significativa.

Apesar dos parcos rendimentos, o arguido e a sua mulher assumiram responsabilidades financeiras a que correspondiam encargos mensais mínimos de € 2500 (dois mil e quinhentos euros).

Na verdade, pagava € 300 mensais ao Banco..., por empréstimo contraído em Dezembro de 2006, € 300 mensais ao Banco..., por empréstimo contraído em Julho de 2005, € 400 mensais ao Banco..., por empréstimo contraído em Janeiro de 2000, € 50 mensais à Caixa ..., por empréstimo contraído por contrato n.° ..., € 350 mensais à Caixa..., por empréstimo contraído por contrato n.°..., € 4000 mensais ao Banco..., por empréstimo contraído em Março de 2006, € 300 mensais à EF...CAR, por crédito automóvel, € 400 mensais de renda da loja no Centro Comercial, € 60 mensais de condomínio de tal loja, € 50 mensais de renda dos arrumos da loja, havendo ainda a contabilizar os encargos mensais de três livranças no valor de € 6.000, € 2.000 e € 2.5000, a pagar, respectivamente junto do Banco..., Caixa... e Banco..., bem como as despesas correntes com roupa, alimentação, gasolina e escola dos filhos do arguido.

Esses encargos financeiros encontravam-se em atraso no mês de Março de 2008, designadamente nos dias 1, 2 e 3 (um, dois e três), o que sucedeu pela primeira vez.

No dia 1 de Março de 2008, a conta bancária do arguido tinha um saldo negativo de € 2500 e no dia 2 de Março de 2008 apresentava um saldo negativo de € 3.000.

No decurso da sua relação laboral, sobretudo desde a assunção progressiva de tais encargos, a relação pessoal entre o arguido e o engenheiro VM foi-se deteriorando, vindo este último a queixar-se junto de pessoas amigas, entre as quais Leonor (id. a fls.), da lealdade do arguido Luís, dado que entravam poucos trabalhos no Gabinete de Projectos e o mesmo andaria a substituir-se ao engenheiro nos contactos com os clientes do Gabinete de Projectos.

As relações entre o engenheiro e o arguido passaram assim a caracterizar-se por desconfiança do primeiro face ao segundo.

O arguido Luís, face ao pouco rendimento que tal Gabinete de Projectos apresentava para ele e consequente diminuição de comissões, passou a revelar desinteresse pelo serviço, faltando com frequência.

Há cerca de 2 a 3 meses à data dos factos, o arguido vinha faltando com frequência ao trabalho, ao ponto de ficar semanas sem ir trabalhar.

Ao princípio telefonava à telefonista/secretária Maria, dizendo que estava doente e que por esse motivo não ia trabalhar. Mas, passado pouco tempo, deixou de dar satisfações.

Quando ia trabalhar nunca chegava ao Gabinete de Projectos antes das 11 horas e outras vezes só aparecia à tarde.

Nos últimos meses era raro o arguido Luís fazer serão e ultimamente nem era hábito fazê-lo.

O arguido saía do trabalho pelas 17 horas.

A situação económica do arguido trazia-o muito perturbado, preocupado e tenso, até porque o estabelecimento comercial explorado pela mulher não permitia cobrir os encargos mensais, que se iam avolumando.

Quando ia trabalhar, o arguido foi visto por diversas vezes a imitar a assinatura do engenheiro VM, procurando reproduzi-la pelo seu próprio punho, sendo certo que a caligrafia de um e de outro era tida por muito semelhante junto dos colegas de serviço.

O arguido Luís, no dia **2 de Março de 2008 ou em data anterior**, agindo de forma livre, conseguiu retirar e levar consigo o impresso-cheque n.º ..., da conta n.º... da Caixa ...de ..., titulada pelo engenheiro VM, com o propósito concretizado de o fazer seu, impresso esse que se encontrava junto aos impressos-cheque da mesma conta, no escritório do engenheiro VM (fls. 104 e 697 a 708), com os n.ºs ..., ..., ... e ... a ..., e apôs-lhe pelo seu próprio punho, como se fosse o engenheiro VM a fazê-lo, uma assinatura como sendo a deste último, a quantia de € 7.500 (sete mil e quinhentos euro) em números e por extenso, a palavra ..., e o seu nome no local "à ordem de", bem como a data de 1 de Março de 2008.

Com tal cheque assim preenchido e assinado, depositou na sua conta n.º... do Banco...de..., no dia 2 de Março de 2008, tendo obtido a transferência de tal quantia pela instituição sacada, a qual desconhecia a actuação do arguido agora descrita, através de depósito em tal conta, efectuado no dia **3 de Março de 2008**.

Tal quantia não correspondia a qualquer montante de que o arguido Luís fosse credor em relação ao engenheiro VM, designadamente ao pagamento de trabalho realizado pelo arguido no que respeita a obras de ampliação do mercado de ...e ao projecto de obra do bairro social de ...

O engenheiro VM, nascido a .../.../1932, era pessoa conceituada na comunidade, desempenhando muitas vezes as funções de perito no Tribunal Judicial de ...e fazia uma vida caracterizada pela rotina e por uma certa contenção nos gastos pessoais.

Regra geral, quase sem excepção, saía do seu local de trabalho, o Gabinete de Projectos, por volta das 18h45m, jantava regularmente em casa, confeccionando ele a comida, e depois dava um passeio, acompanhado pelos amigos, em especial o António (id. a fls.).

O engenheiro VM só ia ao Gabinete de Projectos à noite, a título excepcional, pois não fazia serão.

No dia **2 de Março de 2008**, já depois de ter saído do trabalho, entre as 17 e as 18h15m, o engenheiro VM foi contactado pessoalmente pelo arguido, que lhe solicitou que se encontrassem nessa noite, depois do jantar, no Gabinete de Projectos, para tratar de assunto do seu interesse, tendo-se encontrado por volta das 21h30m, hora a que ambos foram vistos na rua....

O arguido Luís tinha saído do trabalho nesse dia por volta das 17h00, residia na altura na rua ... e foi ao escritório entre as 19h40m e as 20h00, tendo saído do restaurante onde jantou com a mulher às 21h00, tendo-se encontrado com o engenheiro VM àquela hora, cerca das 21h30, sendo certo que foi para o Gabinete de Projectos pouco depois, onde permaneceu até às 23h00.

Nesse dia o engenheiro não jantou em casa e não apareceu para o seu passeio, o que foi motivo de estranheza para os seus amigos, tendo ido ao escritório encontrar-se com o arguido, tendo chegado ao escritório pouco depois das 21h30m.

Estando o engenheiro VM já no escritório, sito no 2.º andar do Gabinete de Projectos, desceu o arguido Luís do 3.º andar munido de um martelo de orelhas, com cabo de madeira, tendo então iniciado um diálogo com o engenheiro no hall do 2.º andar, estando o engenheiro junto da porta do seu escritório, mas já no hall.

No decurso de tal discussão, os ânimos exaltaram-se e, a dada altura, o arguido, que havia já poisado o martelo, apertou o pescoço ao engenheiro, tentando asfixiá-lo com ambas as mãos, por forma a que ele não gritasse, andando ambos de encontro às paredes, numa tentativa do engenheiro se livrar do arguido.

Numa altura em que o engenheiro se encontrava junto dos fios telefónicos que circundam a porta do escritório, puxando pelos mesmos e desprendendo-os parcialmente, ou mesmo utilizando fio com cerca de 7 (sete) milímetros de largura que teria na sua posse, o arguido passou-os pelas faces laterais do pescoço do engenheiro VM, bifurcando-os a nível de ambas as carótidas, de onde fez passar um ramo dos fios até à face anterior do pescoço e outro ramo pela comissura da boca, atravessando em cada um dos lados a face, assim conseguindo segurar a cabeça do engenheiro, momento este em que pegou no martelo referido com uma das mãos, enquanto mantinha o engenheiro seguro com a outra a agarrar o fio que o envolvia pela forma descrita, e desferiu-lhe diversas pancadas com o mesmo na cabeça, designadamente no queixo, na região frontal, lado direito, na região occipital, lado direito, na calote craniana, ao nível do occipital e no olho esquerdo com intenção de lhe retirar a vida, assim lhe produzindo várias lesões, designadamente lesões traumáticas crânio--meningo-encefálicas, que lhe provocaram de forma directa e necessária a morte.

Tais agressões com o martelo iniciaram-se no hall, junto da parte esquerda da porta do escritório da vítima e, já depois de largado o fio, atenta a falta de resistência da vítima, prolongaram-se até ao interior do escritório, em sentido diagonal, onde o corpo veio a estatelar-se no chão, no sentido da projecção – da esquerda para a direita – em decúbito dorsal, com as pernas esticadas e afastadas entre si cerca de 30.°, com os braços abertos esticados e afastados 30.° em relação ao corpo, deixando pingas de sangue no pavimento no sentido do hall para o interior do escritório.

No decurso de tal agressão ficou o arguido com sangue da vítima nas suas botas, respectivos atacadores e roupa que na altura vestia, manchas de sangue essas, no que respeita às botas, com a direcção de cima para baixo e da frente para trás, ficando no local rastos da sola de borracha de tais botas, com forma curvilínea, designadamente junto ao pé esquerdo da vítima e entre as pernas, no sentido do corpo para o hall.

Foi então o arguido à casa de banho desse segundo andar do Gabinete de Projectos e limpou parcialmente as botas na sanita daquela casa de banho, onde ficou uma mancha de sangue da vítima no bordo dessa sanita, por baixo da tampa.

Limpou também o martelo e subiu ao 3.º andar pelas escadas comuns, tendo-se encostado à parede existente nas escadas entre o 2.º e o 3.º andar, onde deixou vestígios de sangue da vítima, a 1, 10 metros do chão.

Chegado ao 3.º andar, poisou o martelo sobre o estirador existente na sala ao lado do quarto de banho desse andar.

Nessa altura ou até antes das agressões, o arguido Luís deixou, por esquecimento, uma fotocópia de um cheque sacado pela vítima em seu favor, relativa a parte do ordenado de Janeiro de 2008, e duas outras fotocópias em cima da mesa de trabalho do colaborador AN.

A dada altura, limpou as mãos com papel higiénico que deitou para o interior do caixote do lixo existente junto da secretária do arguido.

Foi ainda ao quarto de banho do 3.º andar e aí, após se ter limpo e às botas com papel higiénico e com diversos panos aí existentes, entre os quais um retalho de tecido de cor preta, parecendo ter sido uma camisola, que deixou no local atrás da sanita, e com uns collants de senhora, engraxou as botas, que eram castanhas, com líquido tipo graxa de cor preta, por forma a ocultar as manchas de sangue.

Durante o tempo que aí permaneceu, já depois da morte da vítima, pegou no pano amarelo, que se encontrava na despensa desse 2.º andar, e limpou as botas.

Durante tal período de tempo, o arguido circundou a secretária da vítima, sita no escritório do 2.º andar, revolveu os papeis existentes dentro de diversas gavetas e em cima da secretária, abriu a segunda gaveta do lado esquerdo da secretária, espalhando o seu conteúdo para o chão, e abriu também a primeira gaveta de tal secretária, a contar de cima, com a mão esquerda, tudo por forma a criar a convicção de que tudo se tinha tratado de uma tentativa de roubo por terceiro.

Pegou então na carteira da vítima, nos seus documentos pessoais e no livro de recibos e guardou-os consigo, num dos bolsos da roupa que vestia.

Ausentou-se então do local, tendo fechado a porta do 3.º e do 2.º andares.

Agiu o arguido de forma livre e com o propósito concretizado de, ao proceder como descrito, imitando a assinatura do titular da conta e também ocultando tal facto à instituição bancária, assim a determinando, contra a sua vontade, a aceitar o referido cheque, fazer sua a quantia inscrita no rosto do mesmo, não obstante saber que agia contra a vontade de um, que tal quantia monetária não lhe pertencia e que causava prejuízo patrimonial, sabendo ainda que colocava também em causa a segurança e credibilidade do tráfico jurídico probatório de tal tipo de documentos.

Agiu ainda de forma livre e com o propósito concretizado de, utilizando tal martelo de orelhas, objecto que assim manuseado e direccionado é particularmente perigoso, retirar a vida ao engenheiro VM, pessoa idosa e particularmente indefesa, sobretudo por comparação com a estrutura física do arguido, e ocultar a falsificação que havia feito e a burla acima descrita, resultados esses que representou.

Sabia ainda que tais condutas eram proibidas por lei penal.

Cometeu, pelo exposto, o arguido, em autoria material, sob a forma consumada e em concurso efectivo real:

- **Um crime de furto** p. e p. pelo artigo 203.°, n.° 1, do Código Penal;
- **Um crime de falsificação de documento** p. e p. pelo artigo 256.°, n.os 1, al. c), e 3, do Código Penal;
- **Um crime de burla qualificada** p. e p. pelos artigos 217.°, n.° 1, e 218.°, n.° 1, do Código Penal; e
- **Um crime de homicídio qualificado** p. e p. pelos artigos 131.° e 132.°, n.os 1 e 2, al. c), g) e h), do Código Penal.

Prova:
I. Por Documentos: de fls...;
II. Pericial:
   – Exames de fls. ...;
   – Peritos a inquirir ...
III. Audição de assistente...
IV. Testemunhas:
   1. António..., id. a fls....;
   2. Manuel..., id. a fls...; e
   3. Luís..., id. a fls......

Medida de coacção:

N.º de beneficiário da Segurança Social da vítima:

Nomeação de defensor:

Notificações:

Comunique superiormente.

Processei, imprimi, revi e assinei o texto, seguindo os versos em branco (art. 94.º/2 do Código de Processo Penal).

..., ...

O Procurador-Adjunto

I.I.3. *Crime de homicídio por negligência (artigo 137.º do Código Penal)*

CLS.
Inquérito n.º

ACUSAÇÃO

O Ministério Público acusa, em processo comum e para julgamento por tribunal de estrutura singular,

– Gonçalo ...

Porquanto:

No dia **27 de Outubro de 2008, cerca das 22 horas e 25 minutos**, Gonçalo ... circulava no IC ..., no sentido ..., a uma velocidade não concretamente apurada, conduzindo o veículo ligeiro de mercadorias de matrícula ..., no sentido de marcha ..., pela metade direita da faixa de rodagem, atento o referido sentido.

No mesmo circunstancialismo de tempo e lugar, <u>Augusto</u>..., melhor identificado a fls 67, caminhava na berma do lado direito, atento o referido sentido, mas em direcção oposta, isto é, de frente para o veículo conduzido pelo arguido.

Ao chegar ao km 130,600 daquela estrada, o arguido, que circulava com as luzes ligadas, iniciou um desvio ligeiro e continuado para o lado direito, saindo da sua hemifaixa de rodagem, passando a circular na berma, local onde embateu com a parte frontal direita do seu veículo em António, que em consequência caiu sobre o lado direito do capot do veículo conduzido pelo arguido.

Após ter embatido com o seu veículo em Augusto..., o arguido manteve a trajectória, sensivelmente em linha recta, tendo, consequentemente, saído da via, para o lado direito, derrubando um delineador, junto à berma, com a parte frontal direita do seu veículo, e, no seguimento da trajectória, raspou com a lateral anterior esquerda do seu veículo numa baliza de posição, junto à berma, que assinalava o início das guardas laterais de segurança.

Ainda com Augusto... sobre o capot, o veículo do arguido transpôs um socalco em terra com cerca de 0,50 metros de altura e colidiu com um pilar, junto à berma, que sustentava uma passagem superior de via-férrea. Nesse mesmo instante, Augusto... foi projectado contra o referido pilar, sendo que no momento do embate o membro inferior direito foi amputado pela raiz, incluindo a região nadegueira, com arrancamento. Acto seguido, Augusto... foi projectado para o interior de uma área com arbustos, enquanto o membro inferior direito foi projectado para uma área sem vegetação, junto às áreas laterais de segurança, tendo ficado a cerca 6,80 metros do corpo e a 0,50 metros do dispositivo lateral de segurança.

O veículo conduzido pelo arguido, imediatamente após a colisão com o referido pilar, ficou imobilizado junto do mesmo, com a frente voltada para o sentido de marcha em que circulava e com o arguido no interior do veículo, tendo ficado a cerca de 2,20 metros da berma, a cerca 9,20 metros do separador de via e a cerca de 22 metros da placa reflectora limitadora da faixa de rodagem.

O IC... tem no local configuração rectilínea e em patamar, apresenta uma largura de 7,60 metros, correspondendo 3,80 metros à hemifaixa direita e 3,80 metros à hemifaixa esquerda, estando as vias separadas por raias oblíquas com 1,10 metros de largura, delimitadas por linhas contínuas, tem piso com betão betuminoso em regular estado de conservação, sendo ladeado por berma de 2,40 metros à direita e 2 metros à esquerda, atento o referido sentido de marcha do arguido.

Na altura em que se deu o embate não chovia, mas o piso encontrava--se molhado.

No local do acidente não eram visíveis marcas de travagem ou derrapagem.

No local em que o veículo do arguido ficou imobilizado não existia iluminação, sendo que a cerca de 50 metros antes existia iluminação, que se encontrava em funcionamento.

Em consequência de tal embate, projecção e posterior embate no referido pilar, sofreu Augusto as lesões traumáticas crânio-meningo-encefálicas, raqui-medulares cervicais e dorsais, tóraco-abdomino-pélvicas e dos membros analisadas e descritas a fls. ..., que foram causa adequada da sua morte.

Ao actuar da forma descrita, o arguido procedeu de forma livre, conduzindo de forma desatenta e descuidada e não logrando controlar o veículo que conduzia no espaço livre e visível à sua frente, de modo a evitar o mencionado embate em Augusto..., agindo sem o cuidado que o dever geral de prudência aconselha, omitindo as precauções de segurança exigidas no exercício da condução, que era capaz de adoptar e que devia ter adoptado para evitar um resultado que podia e devia prever, mas que não previu, dando, assim, causa àquelas lesões para a vítima, que foram causa adequada da sua morte.

Sabia ainda que a sua conduta era proibida e punida por lei penal.

Cometeu, pelo exposto, em autoria material, sob a forma consumada e em concurso efectivo:

> **– Um crime de homicídio por negligência, p.p. pelo artigo 137.°, n.° 1, com referência ao artigo 15.°, al. b), do Código Penal.**
>
> **– Uma contra-ordenação, p. e p. pelas disposições conjugadas dos artigos 13.°, n.ᵒˢ 1 e 3, 133.°, 145.°, n.° 1, al. f) e 147.°, n.ᵒˢ 1 e 2, do Código da Estrada (aprovado pelo Decreto-Lei n.° 114/94, de 3 de Maio, revisto e republicado pelo Decreto-Lei n.° 44/2005, de 23 de Fevereiro, e alterado pelo Decreto-Lei n.° 113/2008, de 1 de Julho); e**

Prova:
  I. Por Documentos: de fls...;
  II. Pericial:
    – Exames de fls. ...;
    – Peritos a inquirir ...
  III. Audição de assistente...
  III. Testemunhas:
    1. António..., id. a fls....;
    2. Manuel..., id. a fls...; e
    3. Luís..., id. a fls.....

Medida de coacção:

N.º de beneficiário da segurança social da vítima:

Nomeação de defensor:

Notificações:

*

<u>Notifique ainda Gonçalo</u> para, nos termos dos artigos 13.º, n.ᵒˢ 1 e 3, e 172.º, n.ᵒˢ 1 e 2 do Código da Estrada, em 15 dias, proceder, querendo, ao pagamento voluntário da coima correspondente à contra-ordenação por ele praticada, em montante correspondente ao mínimo legal da coima prevista para a respectiva infracção, ou seja, 60 € (sessenta euros).

*

Notifique o Hospital ...da presente acusação, nos termos e para os efeitos do artigo 6.º, n.ᵒˢ 1 e 2 do Decreto-Lei n.º 218/99, de 15 de Junho.

Processei, imprimi, revi e assinei o texto, seguindo os versos em branco (art. 94.º/2 do Código de Processo Penal).

..., ...

O Procurador-Adjunto

I.II. Dos crimes contra a integridade física

I.II.1. *Crime de ofensa à integridade física simples (artigo 143.º do Código Penal)*

CLS.
Inquérito n.º

ACUSAÇÃO

O Ministério Público acusa em processo comum e para julgamento por tribunal de estrutura singular,

– **Luís Carlos** ...

Porquanto:

No dia **28 de Outubro de 2008, pela 01h00**, no ..., João ... conduzia o seu ciclomotor de marca Casal-Macal, de matrícula ... e, ao chegar à Rua ..., deparou-se com o arguido que, com as duas mãos, o agarrou pelo pescoço fazendo-o tombar do ciclomotor, que acabou também por cair em cima da sua perna direita. Acto contínuo, quando o ofendido se encontrava prostrado no chão, parcialmente debaixo do ciclomotor, o arguido desferiu-lhe pontapés, em número não determinado, na região da cabeça.

Com tal conduta causou o arguido ao ofendido João ... as lesões analisadas e descritas a fls. ..., designadamente, um hematoma subgaleal, dupla fractura da apófise zigomática esquerda com afundamento da porção posterior e fractura dos ossos próprios do nariz.

Tais lesões determinaram para a sua cura um período de doença de vinte dias, sem afectação da capacidade para o trabalho geral nem afectação da capacidade para o trabalho profissional.

O arguido agiu de forma livre e com o propósito concretizado de molestar o corpo e a saúde do ofendido e de lhe produzir as lesões verificadas, resultado este que representou.

Sabia ainda que a sua conduta era proibida e punida por lei penal.

Cometeu, pelo exposto, em autoria material e na forma consumada:

– **Um crime de ofensa à integridade física simples, p. e p., pelo artigo 143.º, n.º 1, do Código Penal.**

Prova:

Medida de coacção:

Nomeação de defensor:

Notificações:

Processei, imprimi, revi e assinei o texto, seguindo os versos em branco (art. 94.º/2 do Código de Processo Penal).

..., ...

O Procurador-Adjunto

I.II.2.1. *Crime de ofensa à integridade física qualificada (artigo 145.º, n.ºˢ 1, al. b), e 2, com referência aos artigos 144.º, al. b), e 132.º, n.º 2, als. h) e j), do Código Penal)*

CLS.
Inquérito n.º

ACUSAÇÃO

O Ministério Público acusa em processo comum e para julgamento por tribunal de estrutura singular, ao abrigo do disposto no artigo 16.º, n.º 3, do Código de Processo Penal:

– Vítor ...

Porquanto:

No dia **18 de Dezembro de 2007, antes das 19h50,** na Rua Afonso, em..., o arguido muniu-se de uma tranca de material duro, de cerca de 80 centímetros de comprimento, e aguardou que Francisco (id. a fls.) ali chegasse.

Pelas **19h50**, quando Francisco passou junto ao local onde se encontrava o arguido, este último questionou-o sobre o pagamento de uma dívida de sessenta contos e, como Francisco lhe respondeu que não lhe devia qualquer dinheiro, o arguido desferiu-lhe várias pancadas com a tranca na cabeça, na cara e nas costas, com o que o fez perder a consciência e determinou a necessidade de internamento hospitalar de um dia.

Com a referida conduta o arguido provocou lesões a Francisco, designadamente traumatismo crânio-encefálico, com múltiplos traços de fractura do crânio, focos de contusão frontais e feridas contusas frontal e occipital, bem como equimoses na face e região dorsal e hemorragia subconjuntival, que consolidaram com sequelas, nomeadamente discretas alterações da performance mnésica, em relação provável com síndrome pós-concussional e anósmia bilateral, lesões estas que determinaram 180 (cento e oitenta) dias para a consolidação, todos com afectação da capacidade de trabalho geral (cf. relatório médico-legal de fls.).

Das referidas lesões resultaram para <u>Francisco</u> sequelas que lhe afectam, de maneira grave, a possibilidade de utilizar os sentidos, em concreto determinaram a perda do olfacto e alterações do paladar.

O arguido agiu de forma livre, com reflexão sobre os meios empregados e com o propósito concretizado de molestar o corpo e a saúde do ofendido, através da utilização de um meio particularmente perigoso, cuja perigosidade conhecia, e de lhe produzir as lesões referidas, afectando-o de forma grave na possibilidade de utilizar os sentidos, resultado esse que representou.

Sabia, igualmente, que a sua conduta era proibida e punida por lei penal.

Cometeu, pelo exposto, em autoria material e sob a forma consumada:

– **Um crime de ofensa à integridade física qualificada, p. e p. pelo artigo 145.°, n.ᵒˢ 1, al. b), e 2 com referência aos artigos 144.°, al. b), e 132.°, n.° 2, als. h) e j), do Código Penal.**

Artigo 16.°, n.° 3, do Código de Processo Penal: (…)

Prova:

Medida de coacção:

N.° de Beneficiário da Segurança Social do ofendido:

Nomeação de defensor:

Notificações:

Comunique à Exma. Sr.ª Procuradora da República, de acordo com a Directiva n.º 1/2002, publicada no DR II de 04.04.2002 (Circular n.º 6/2002 PGR), Ponto VI, n.º 3, a aplicação do artigo 16°, n.º 3, do Código de Processo Penal nos presentes autos.

Processei, imprimi, revi e assinei o texto, seguindo os versos em branco (artigo 94.°, n.º 2, Código de Processo Penal)

..., ...

O Procurador-Adjunto

I.II.2.2. *Crime de ofensa à integridade física qualificada (artigo 145.º do Código Penal)*

CLS.
Inquérito n.º

ACUSAÇÃO

O Ministério Público acusa em processo comum e para julgamento por tribunal de estrutura singular, ao abrigo do disposto no artigo 16.º, n.º 3, do Código de Processo Penal:

– **João Carlos ...**

Porquanto:

No dia **3 de Dezembro de 2007, pelas 21h00,** no edifício da sede da Junta de Freguesia de ... no momento em que <u>António</u> ..., Presidente da Junta de Freguesia de ..., subia as escadas de acesso à sala de reuniões daquela Junta de Freguesia, o arguido, que descia as mesmas escadas, agarrou no casaco que António trazia vestido, puxou-o para si e disse, dirigindo-se-lhe de viva voz, "ladrão", "anda a roubar os vasos das campas do cemitério" e "filho da puta".

Em consequência do puxão que o arguido lhe deu no casaco, o ofendido desequilibrou-se e caiu no chão, sobre a perna esquerda.

Acto contínuo, quando o ofendido já se encontrava prostrado no chão, o arguido, que também havia caído ao chão, levantou-se e desferiu-lhe diversos pontapés do corpo, nomeadamente na região da cabeça, ao mesmo tempo que lhe dizia, em voz alta, "cabrão" e "filho da puta".

Com a referida conduta causou o arguido ao ofendido António ... as lesões analisadas e descritas a fls. ..., que lhe determinaram 5 dias de doença sem afectação da capacidade para o trabalho em geral e profissional.

Na origem do desentendimento entre o arguido e o ofendido está um pedido de explicações que aquele exigiu deste último, enquanto Presidente da Junta de Freguesia, e que ele se escusou a dar-lhe.

O arguido agiu de forma livre e com o propósito concretizado de dirigir as expressões referidas ao assistente, pelo facto de exercer as funções de Presidente da Junta de Freguesia de... e por causa delas, bem sabendo que o ofendia na sua honra e consideração.

Agiu ainda de forma livre e com o propósito concretizado de molestar o corpo e a saúde do ofendido, também pelo facto de exercer tais funções e por causa delas, e de lhe produzir as lesões verificadas, resultado este que representou.

Sabia, igualmente, que as suas condutas eram proibidas e punidas por lei penal.

Praticou o arguido, em autoria material, em concurso efectivo real e sob forma consumada,

- **Um crime de injúria agravada, p. e p. pelo artigo 181.º e 184.º, com referência ao 132.º, n.º 2, al. l), do Código Penal; e**

- **Um crime de ofensa à integridade física qualificada, p. e p. pelo artigo 143.º e 144.º, com referência ao artigo 132.º, n.º 2, al. l), do Código Penal.**

Artigo 16.º, n.º 3, do Código de Processo Penal: (...)

Prova:

Medida de coacção:

Nomeação de defensor:

_____

Notificações:

_____

Comunique ao Exmo. Sr. Procurador da República, de acordo com a Directiva n.° 1/2002, publicada no DR II de 04.04.2002 (Circular n.° 6/2002 PGR), Ponto VI, n.° 3, a aplicação do artigo 16°, n.° 3, do Código de Processo Penal nos presentes autos.

_____

<small>Processei, imprimi, revi e assinei o texto, seguindo os versos em branco (art. 94.°/2 do Código de Processo Penal).</small>

..., ...

O Procurador-Adjunto

I.II.2.3. *Crime de ofensa à integridade física qualificada (artigo 145.°, n.ᵒˢ 1, al. a), e 2, por referência ao 132.°, n.° 2, al. h), do Código Penal)*

Inquérito n.°

Requisite o certificado de registo criminal actualizado do arguido.

ACUSAÇÃO

O Ministério Público acusa em processo comum e para julgamento por tribunal de estrutura singular:

– **José Manuel**..., casado, contra-mestre, filho de ... e de ..., nascido a .../.../..., em ..., titular do bilhete de identidade n.° ..., emitido a .../.../..., e residente ...,

Porquanto:

No dia 16 de Maio de 2008, pelas 15h00, junto aos armazéns do porto de pesca de ..., na sequência de uma discussão havida entre ambos, por causa do pagamento do conserto de uma embarcação, vendo o ofendido Manuel, id. a fls. 2, munido de um enxó, o arguido retirou-lho e desferiu-lhe então diversas pancadas com o mesmo, atingindo-o com o cabo de madeira e com a parte metálica na face e na cabeça, logrando fazê-lo cair ao chão, onde lhe desferiu diversos murros e pontapés.

Com tal actuação produziu o arguido ao ofendido as lesões analisadas e descritas a fls. 12 a 14, designadamente na região pré-auricular direita, na mandíbula direita, na região mentioniana e no hemilábio inferior direito, que lhe determinaram 8 (oito) dias de doença com afectação da capacidade de trabalho geral.

Agiu o arguido de forma livre e com o propósito concretizado de molestar o corpo e a saúde do ofendido e de lhe produzir as lesões verificadas, resultado este que representou.

O arguido, ao empregar o objecto referido e ao dirigi-lo à face e à cabeça do ofendido, teve consciência do carácter altamente perigoso de tal instrumento, quando assim utilizado, e que da sua conduta poderiam ter resultado graves lesões para o ofendido.

Sabia ainda que a sua conduta era proibida e punida por lei penal.

Cometeu, pelo exposto, em autoria material, sob a forma consumada:

– **Um crime de ofensa à integridade física qualificada p. e p. pelo artigo 145.°, n.° 1, al. a), e 2, por referência ao 132.°, n.° 2, al. h), do Código Penal.**

Prova:
- **documentos de fls. ...;**
- **exame de fls. ...;**
- **testemunha:**
  – Manuel, id. a fls. ...

Medida de coacção:

Nomeação de defensor:

Cumpra o disposto no artigo 283.°, n.° 5, do Código de Processo Penal.

Notifique o Hospital ..., nos termos do artigo 6.°, n.° 2, do Decreto-Lei n.° 218/99, de 15.06.

Processei, imprimi, revi e assinei o texto, seguindo os versos em branco (art. 94.°, n.° 2, do Cód. Proc. Penal).

.../...

O Procurador-Adjunto

I.II.3. *Crime de ofensa à integridade física por negligência (artigo 148.º do Código Penal)*

CLS.
Inquérito n.º

Requisite certificado do registo individual de condutor do arguido à Delegação de Viação de …

Requisite certificado de registo criminal actualizado do arguido.

ACUSAÇÃO

O Ministério Público acusa em processo comum e para julgamento por tribunal de estrutura singular:

– **Adriano**…

Porquanto:

No **dia 21 de Setembro de 2008, pelas 00.20 horas**, Adriano, próximo do km 121,400 da E. N. n.º …, zona onde a estrada tem uma configuração rectilínea, conduzia o veículo de marca …, modelo …, com a matrícula …NI (com ABS e Airbag), de sua propriedade, no sentido F…-L…, a velocidade não concretamente apurada, transportando como seus acompanhantes, Ricardo (identificado a fls. 85), Rui Jorge (identificado a fls. 83), Gil Filipe (identificado a fls. 81) e Pedro Dinis (identificado a fls. 85).

Naquele mesmo dia e à mesma hora, no sentido L...-F... e na sua mão de trânsito, Bruno Alexandre, id. a fls. ..., conduzia o veículo de que é proprietário, de marca ..., modelo ..., e com a matrícula ...JS.

Imediatamente atrás do Bruno Alexandre, seguia António Manuel, conduzindo o veículo automóvel da sua propriedade, de marca ..., modelo ..., com a matrícula ...NX.

Quando chegava ao km 121,400, imediatamente antes do início de uma ligeira curva à direita, atento o seu sentido de marcha, Adriano invadiu parcialmente a hemifaixa de rodagem contrária (sentido L...-F...), passando a nela circular, mas com os rodados do lado direito sobre a linha longitudinal descontínua.

Já no início da referida curva à direita e assim circulando, Adriano foi embater com a frente esquerda do seu veículo no espelho retrovisor esquerdo do veículo conduzido pelo Bruno Alexandre e, de seguida, na parte lateral esquerda traseira do mesmo, não obstante o mesmo ainda se ter desviado, encostando-se o mais possível à sua direita.

Tal embate deu-se a cerca de 8,45 metros do referido km 121,400 e a 4,85 metros do limite direito da faixa de rodagem atento o sentido de marcha F...-L..., a qual apresenta nesse local uma largura de 7,50 metros, tendo assim cada hemifaixa a largura de 3,75 metros, sendo ladeados por bermas com largura não inferior a 1 metro.

Segundos depois e ainda na hemifaixa do seu lado esquerdo, Adriano colidiu com a parte frontal e lateral esquerda do seu veículo, no veículo com a matrícula ...NX, conduzido por António Manuel, na zona frontal e lateral esquerda deste, quando este terminava a referida curva, à esquerda, atento o sentido de marcha L...-F....

Como consequência directa de tal colisão, o veículo conduzido por António Manuel foi projectado, tendo passado por cima dos railles metálicos de protecção lateral e caído nas águas do braço sul do Rio ..., a cerca de 16 metros do local onde se deu o embate do veículo conduzido por Adriano com o veículo conduzido pelo Bruno Alexandre.

Em consequência do embate e da projecção do veículo que conduzia para as águas do braço sul do Rio ..., <u>António Manuel</u> ficou preso no interior do veículo, inanimado, estando este parcialmente dentro de água, sofrendo ainda as lesões analisadas e descritas a fls. ..., cujo teor aqui se dá por integralmente reproduzido para todos os efeitos legais, que lhe determinaram x dias de doença (sem/com) afectação da capacidade para o trabalho em geral e profissional.

No local do embate, a faixa de rodagem é alcatroada e com piso regular.

No dia acima referido, o tempo estava seco, inexistindo quaisquer condições climatéricas adversas ou obstáculos que impedissem o Adriano avistar a faixa de rodagem em toda a sua largura numa extensão que vai da rotunda que antecede o local do embate até ao mesmo, atento o seu sentido de marcha.

A cerca de 150 metros do local do embate do veículo conduzido por Adriano no veículo conduzido pelo Bruno Alexandre, no sentido de marcha de Adriano, encontrava-se um sinal vertical de curva à direita e um sinal vertical de velocidade recomendada de 60 km por hora.

Em virtude das obras que decorriam junto ao braço sul do Rio... à data do evento descrito, a cerca de 300 metros antes do referido local de embate, atento o sentido de marcha F...-L..., encontrava-se um sinal vertical de proibição de exceder a velocidade de 50 Km por hora e ainda um sinal vertical de proibição de ultrapassagem.

Saiu então o arguido do veículo que conduzira e colocou-se em fuga apeado, sem socorrer a vítima nem promover o seu socorro.

Ao agir conforme acima descrito e de forma livre, o arguido não observou as precauções exigidas pela mais elementar prudência e cuidado que era capaz de adoptar e que deveria ter adoptado para impedir a verificação de um resultado que de igual forma podia e devia prever, mas que não previu, dando, pois, causa às lesões acima referidas, as quais foram causa directa e necessária da afectação da capacidade para o trabalho geral e profissional de António Manuel.

Agiu ainda de forma livre, deliberada e consciente ao afastar-se daquele local, bem sabendo que, actuando desta forma, punha em perigo a integridade física e a vida de António Manuel, violando assim um dever de solidariedade social para com o mesmo.

O arguido bem sabia ainda que as suas condutas eram proibidas e punidas por lei penal.

Pelo exposto, cometeu o arguido, em autoria material, sob a forma consumada e em concurso efectivo real:

– **Uma contra-ordenação prevista nos artigos 13.°, n.os 1 e 4, 133.°, 145.°, n.° 1, alínea a), e 147.°, n.os 1 e 2, do Código da Estrada (aprovado pelo Decreto-Lei n.° 114/94, de 3 de Maio, revisto e republicado pelo Decreto-Lei n.° 44/2005, de 23 de Fevereiro, e alterado pelo Decreto-Lei n.° 113/2008, de 1 de Julho); e**

– **Um crime de ofensa à integridade física por negligência, p. e p. pelos artigos 15.°, alínea b), e 148.°, n.° 1, do Código Penal; e**

– **Um crime de omissão de auxílio p. e p. pelo artigo 200.°, n.os 1 e 2, do Código Penal.**

Prova

Documental:
– docs. de fls. ...;

Pericial:
– Exames de fls. ...;

Testemunhal: (...)

Nos termos do disposto no artigo 318.°, n.os 1 do Código de Processo Penal, requer-se que as testemunhas B, C e P sejam ouvidos por teleconferência, a toda a matéria da acusação, a solicitar à comarca de ...

Medida de coacção:

N.º de beneficiário da Segurança Social do ofendido:

Nomeação de defensor:

Notificações:

Notifique ainda Adriano para, nos termos dos artigos 13.º, n.ᵒˢ 1 e 4 e 172.º, n.ᵍᵗ 1 e 2 do Código da Estrada, em 15 dias, proceder, querendo, ao pagamento voluntário da coima correspondente à contra-ordenação por ele praticada, em montante correspondente ao mínimo legal da coima prevista para a respectiva infracção, ou seja, € 250 (duzentos e cinquenta euros).

Notifique António Manuel nos termos do artigo 77.º, n.º 2, do Código de Processo Penal.

Notifique o Hospital …da presente acusação, nos termos e para os efeitos do artigo 6.º, n.ᵒˢ 1 e 2 do Decreto-Lei n.º 218/99, de 15 de Junho.

Processei, imprimi, revi e assinei o texto, seguindo os versos em branco.

…/…

O Procurador-Adjunto

I.II.4.1. *Violência doméstica (artigo 152.º do Código Penal)*

CLS.
Inquérito n.º

ACUSAÇÃO

O Ministério Público acusa em processo comum e para julgamento por tribunal de estrutura singular, ao abrigo do disposto no artigo 16.º, n.º 3, do Código de Processo Penal:

– **João Mário ...**

Porquanto:

O arguido João Mário foi casado com Maria Manuela, id. a fls..., com quem teve uma filha Mariana, nascida a ...
No dia ... o arguido e Maria Manuela divorciaram-se.
Sucede que, no dia **28 de Janeiro de 2008**, no interior da residência de Maria Manuela, sita na Rua ..., João Mário agarrou-a e apertou-lhe o pescoço, não lhe tendo, contudo, causado qualquer lesão ou hematoma.
No dia **25 de Abril de 2008, cerca das 15h20m**, numa das ruas da Quinta ..., sita em ..., o arguido perseguiu de automóvel a ofendida, desde a sua residência e, ao chegar perto dela, disse-lhe que lhe batia a si e ao seu companheiro, a quem chamou de *"teu cavaleiro"*.
Ainda no mesmo dia, a ofendida, ao chegar a casa, encontrou na sua caixa de correio um pedaço de papel onde estava escrito: *"Tu não queres mas terá que ser. Andas a estragar o lar a muitos. Esta pessoa terá que fazer o castigo que tu mereces"*. Apesar de não estar assinado, foi o arguido que o escreveu pelo seu próprio punho.

No dia **30 de Abril de 2008, cerca das 21h15m**, na Rua ..., em ..., o arguido abordou a ofendida, que se encontrava a conduzir o seu veículo ligeiro de passageiros, marca Renault ..., de matrícula ..., e, com um pau bateu no vidro do automóvel, exibindo-lhe ainda uma navalha com uma lâmina inferior a 10 cm, ao mesmo tempo que lhe dizia que a esfaqueava, no que foi escutado pela mesma.

Como a ofendida tinha as portas do seu veículo trancadas, o arguido abriu a bagageira por onde queria entrar, só não o fazendo porque a filha de ambos se encontrava no seu interior e começou a gritar.

No dia seguinte, **1 de Maio de 2008, pelas 16h15m**, quando a ofendida se preparava para entrar no seu local de trabalho, sito ..., o arguido abordou-a e dirigiu-lhe as seguintes expressões: *"Coiro maior de ..."*, *"Puta da noite"*, *"ensinas a filha a ser puta"*, *"tens cavaleiro"*, *"Tu e o teu cavaleiro hão-de ficar com os olhos negros"*, ao mesmo tempo que lhe exibia o pau e a navalha já referidos.

O arguido, cada vez que se refere à ofendida, profere idênticas expressões em locais públicos e perante outras pessoas.

No dia **4 de Maio de 2008, pelas 20h30m**, à porta da residência da ofendida, o arguido dirigiu-se à mesma com as seguintes expressões *"sua puta, sua vaca, és a maior puta de ..."*, *"não queres abrir a porta porque tens um amigo em casa"*, ao mesmo tempo que dava pontapés na porta a fim de a arrombar, só tendo abandonado o local quando se apercebeu que a ofendida estava a telefonar para a polícia.

No dia **6 de Maio de 2008, 21h15m**, no mesmo local, o arguido dirigindo-se à ofendida proferiu novamente aquelas expressões, exibindo-lhe igualmente os objectos já referidos e dizendo-lhe que ela tinha passado o dia 25 de Abril e o 1.º de Maio, mas que não passaria o dia da Mãe.

Todas as situações vindas de descrever foram presenciadas pela filha de ambos, de 10 anos de idade, que tem receio do pai.

O arguido agiu de forma livre e sempre com o propósito concretizado de maltratar a ofendida, ofendendo-a na sua honra e consideração, provocando-lhe dor, bem sabendo que as afirmações por si proferidas, pelas circunstâncias que as rodearam e antecederam, eram idóneas a causar, como causaram, receio à ofendida de que viesse a sofrer acto atentatório da sua integridade física, resultado esse que representou.

Por diversas vezes, o arguido tem perseguido a ofendida por algumas artérias desta cidade, dirigindo-lhe as expressões já enunciadas e dizendo-

-lhe ainda que se não retirar as queixas apresentadas que *"desta vez é que a amanha"*.

O arguido agiu de forma livre e com o propósito, não conseguido, ao utilizar aquela expressão, de evitar que a ofendida Maria Manuela depusesse com isenção sobre os factos em Inquérito, assim procurando limitar a sua liberdade de determinação pessoal, o que representou.

Sabia ainda que as sua condutas eram proibidas e punidas por lei penal.

Pelo exposto, cometeu o arguido, em autoria material e em concurso efectivo e real:

- **Um crime de violência doméstica, sob a forma consumada, p. e p. pelo artigo 152.º, n.º 1, al. a), c), e 2 do Código Penal, e**

- **Um crime de coacção, sob a forma tentada, na pessoa de Maria Manuela, p. e p. pelo artigo 154.º, n.ºs 1 e 2, e 155.º, n.º 1, al. a), do Código Penal, por referência aos artigos 145.º, 143.º e 132.º, al. h) do mesmo Diploma Legal.**

Atendendo ao exposto e ao abrigo do disposto no artigo 109.º, n.º 1 do Código Penal, requer-se a declaração de perdimento a favor do Estado da navalha e do pau apreendidos uma vez que estes, pela sua natureza e ao uso que lhes foi dado, são susceptíveis de colocar em perigo a segurança das pessoas e oferecem sérios riscos de serem utilizados para o cometimento de novos factos ilícitos típicos.

Artigo 16.º, n.º 3, do Código de Processo Penal

Prova:

Medida de coacção:

Nomeação de defensor:

Notificações:

Comunique ao Exmo. Sr. Procurador da República, de acordo com a Directiva n.º 1/2002, publicada no DR II de 04.04.2002 (Circular n.º 6/2002 PGR), Ponto VI, n.º 3, a aplicação do artigo 16.º, n.º 3, do Código de Processo Penal nos presentes autos.

Processei, imprimi, revi e assinei o texto, seguindo os versos em branco (art. 94.º/2 do Código de Processo Penal).

..., ...

O Procurador-Adjunto

I.II.4.2. *Crime de violência doméstica (artigo 152.º, n.º 1, al. d), e 2, do Código Penal, em concurso aparente com o artigo 152.º-A, n.º 1, al. a), do Código Penal)*

Cls:
Inquérito n.º

ACUSAÇÃO

O Ministério Público em processo comum e para julgamento por tribunal de estrutura singular acusa:

Fernando...

Porquanto:

No **dia 9 de Fevereiro de 2008, cerca das 15 horas**, na residência do arguido, sita em ..., este, pretendendo que o seu filho Ruben Gonçalo, nascido a 08.01.1997, entrasse em casa, puxou-o por um braço, tendo provocado a queda do menor. Acto seguido, desferiu-lhe um pontapé na face esquerda, tendo-o atingido no lábio inferior.

Como consequência directa e necessária da conduta do arguido, resultaram para o ofendido, que necessitou de recorrer aos serviços de assistência médica, as lesões descritas e analisadas no exame médico de fls. 8 a 11 e 19 a 21, cujo teor aqui se dá por reproduzido para todos os efeitos legais, que lhe determinaram 2 (dois) dias de doença, sem afectação da capacidade para o trabalho em geral e sem afectação da capacidade para as actividades escolares.

O arguido agiu de forma livre ao comportar-se da maneira descrita e com o propósito concretizado de molestar o corpo e a saúde do seu filho, menor de idade, pese embora a incapacidade de resistência deste último, e de lhe produzir as lesões verificadas, resultado que representou.

O arguido sabia que a sua conduta era proibida e punida por lei penal.

Pelo exposto, cometeu o arguido, em autoria material e sob a forma consumada:

- **Um crime de violência doméstica p. e p. pelo artigo 152.º, n.º 1, al. d), e 2, do Código Penal, em concurso aparente com um crime de maus tratos, p. e p. pelo artigo 152.º-A, n.º 1, al. a), do Código Penal.**

Prova:

Medida de coacção:

Nomeação de defensor:

Notificações:

Processei, imprimi, revi e assinei o texto, seguindo os versos em branco (art. 94.º/2 do Código de Processo Penal).

…/…

O Procurador-Adjunto

I.III. Dos crimes contra a liberdade pessoal

I.III.1. *Crime de ameaça agravada (artigo 153.°, n.° 1, e 155.°, n.° 1, al. a), do Código Penal)*

CLS.
Inquérito n.°

ACUSAÇÃO

O Ministério Público acusa em processo comum e para julgamento por tribunal de estrutura singular, ao abrigo do disposto no artigo 16.°, n.° 3, do Código de Processo Penal

– **João Fernandes** ...

Porquanto:

Em dia não concretamente apurado do mês de **Julho de 2008**, o arguido, porque lhe tivessem danificado o seu veículo automóvel e atribuísse as culpas a Custódio..., Cristiano..., e Paulo ...(ids. a fls. ...), dirigiu-se-lhes e, em voz alta, disse-lhes que os havia de atingir com uma arma de caça que possuía em sua casa.

No dia **15 de Novembro de 2008, pelas 18h30m**, o arguido, porque lhe tivessem morto dois dos seus cães e atribuísse também as culpas àqueles, dirigiu-se-lhes e, em voz alta, disse-lhes que sabia o percurso que eles tomavam e que haviam de aparecer iguais aos cães e que o mundo é pequeno.

Ao escutarem tais ameaças os ofendidos sentiram receio, medo e inquietação, evitando cruzar-se com o arguido, posto que este anda frequentemente embriagado, exalta-se com facilidade, é conhecido onde reside como pessoa conflituosa e é vizinho daqueles, conhecendo os seus hábitos.

Agiu o arguido de forma livre e com o propósito concretizado de utilizar tais expressões que sabia serem adequadas a produzir receio, medo e inquietação aos ofendidos.

Sabia que a sua conduta era proibida por lei penal.

Cometeu, pelo exposto, a autoria material, sob a forma consumada e em concurso efectivo:

- **seis crimes de ameaça agravada, p. e p. pelo artigo 153.º, n.º 1, com referência ao artigo 155.º, n.º 1, al. a), ambos do Código Penal.**

Artigo 16.º, n.º 3, do Código de Processo Penal:

Atendendo, porém, à motivação do arguido, ao facto de não ter antecedentes criminais e ao princípio da proporcionalidade das penas, entendemos que, em concreto, não lhe deverá ser aplicada pena de prisão superior a 5 (cinco) anos, assim se justificando o recurso ao disposto no artigo 16.º, n.º 3, do Código de Processo Penal.

Prova:

Medida de coacção:

Nomeação de defensor:

Notificações:

Comunique superiormente (ponto VI, n.º 3, da Circular n.º 06/02, de 11.03).

Processei, imprimi, revi e assinei o texto, seguindo os versos em branco (art. 94.º/2 do Código de Processo Penal).

..., ...

O Procurador-Adjunto

I.III.2. *Crime de coacção (artigo 154.º do Código Penal)*

CLS.
Inquérito n.º

ACUSAÇÃO

O Ministério Público acusa em processo comum e para julgamento por tribunal de estrutura singular

– **João Carlos ...**

Porquanto:

A assistente Edite ... era, em 9 de Julho de 2008, Técnica de Emprego, assumindo as funções de Chefe de Serviços da Unidade de Desenvolvimento do Emprego, do Centro de emprego de ...a, ali desempenhando, desde há cerca de três anos, tais funções.

Naquela data, o arguido era Técnico Superior de Emprego, encontrando-se em comissão de serviço na Câmara Municipal de ....

No dia **9 de Julho de 2008**, pela manhã, a assistente foi chamada ao gabinete do então Director de Serviços daquele Centro, Benjamim ..., nas instalações do Centro de Emprego de ...., sitas nesta cidade da ..., com vista a uma reunião com o arguido.

No decurso da referida reunião, o arguido comunicou que havia sido convidado para exercer as funções de Director de Serviços daquele Centro, dirigindo então à assistente, na presença dos restantes funcionários, críticas ao trabalho por ela desenvolvido, dizendo-lhe ainda que a partir daquela data tudo faria para a despedir, mais dizendo que o trabalho até então desenvolvido por ela era tudo menos honesto, o que levou a ofendida, a dado momento, a dizer ao arguido que ira proceder criminalmente contra ele, abandonando de seguida a sala de reunião, chorosa, e dirigindo-se ao seu gabinete.

Poucos instantes após, o arguido dirigiu-se ao gabinete da ofendida e, rindo, disse-lhe *que estivesse muito quietinha e caladinha, senão pediria uma sindicância ao serviço*, no que foi por ela escutado.

Agiu o arguido de forma livre e com o propósito, não conseguido, ao proferir tais palavras, de evitar que a ofendida, cuja qualidade profissional conhecia, denunciasse os factos que havia cometido, assim procurando limitar a sua liberdade de determinação pessoal, o que representou.

O arguido sabia ainda ser a sua conduta proibida e criminalmente punível.

Praticou, assim, o arguido, em autoria material e na forma tentada,

– **Um crime de coacção agravada, previsto e punido pelo artigo 154.º, n.º 1, com referência aos artigos 155.º, n.º 1, al. c), 132.º, n.º 2, al. l), 22.º e 23.º do Código Penal.**

Prova:

Medida de coacção:

Nomeação de defensor:

Notificações:

Processei, imprimi, revi e assinei o texto, seguindo os versos em branco (art. 94.º/2 do Código de Processo Penal).

..., ...

O Procurador-Adjunto

I.III.3. *Crime de rapto (artigo 161.º do Código Penal)*

CLS.
Inquérito n.º

ACUSAÇÃO

O Ministério Público acusa, em processo comum e para julgamento por tribunal de estrutura colectiva

José António ...

Porquanto:

No dia 15 de Julho de 2008, o arguido José António esteve, durante o período do dia que medeia entre 13H30 e uns minutos antes das 18H00, no clube desportivo "Amizade do S...".

Pelas 18H00, o arguido saiu do clube ao volante do seu veículo ligeiro de passageiros de matrícula ..., marca ..., de cor branca, e seguiu em direcção à Rua ..., nesta cidade de ..., fazendo-se acompanhar de um indivíduo de idade mais avançada, cuja identidade se não logrou apurar.

Nessa mesma altura e naquela Rua, mas a pé e em direcção ao terminal dos autocarros, seguia Maria Isabel ..., de 15 anos.

O arguido avistou Maria Isabel e, quando o seu veículo se cruzou com ela, encostou o seu carro ao muro do terminal dos autocarros, saiu, abriu a porta de trás do veículo e agarrou a Isabel forçando-a a entrar para o carro.

Maria Isabel resistiu ao arguido esbracejando, espernenado e gritando por socorro, mas o arguido prosseguiu nos seus intentos, colocou-a dentro do carro e trancou a porta, dirigindo-se depois a ..., tendo, para tanto, entrado na avenida ....

Aí, o arguido mandou que o indivíduo que o acompanhava saísse do carro, para o que imobilizou o seu veículo, apenas pelo tempo necessário para que este saísse. Maria Isabel tentou abrir a porta do carro para se por em fuga, mas não conseguiu porque a porta estava trancada.

Daqui o arguido dirigiu-se para a Serra ... Aí chegados o arguido disse à Isabel que queria ir com ela para o pinhal e com ela manter relações de cópula completa, tendo sido esta a única altura em que lhe dirigiu a palavra. Imobilizou o veículo e, mal destravou o fecho das portas do carro, a Isabel abriu a porta do carro e pôs-se em fuga em direcção à estrada que dá acesso à povoação da Serra de .... O arguido mal se apercebeu da fuga da Isabel deu a volta ao carro e seguiu no encalço dela, tendo-a agarrado.

A Isabel gritava e esbracejava tentando desembaraçar-se do arguido mas ele, apesar da resistência dela e ainda assim, apalpou-lhe os seios e a vagina.

Por essa altura, de bicicleta, em passeio, vindo da povoação da Serra de ..., surgiu nas imediações daquele local João Mário ..., que, ainda ao longe, viu o veículo do arguido parado, Maria Isabel em fuga e o arguido em sua perseguição conseguindo agarrá-la. Foi em direcção a estes e, antes de chegar perto da Isabel, já o arguido vinha em direcção ao seu automóvel tendo-se cruzado com o João Mário no trajecto.

No momento em que o João Mário se abeirou de Maria Isabel, a uns vinte a trinta metros do local em que se cruzou com o arguido e indagou o que se passava, o arguido entrou no carro e pôs-se em fuga.

Agiu o arguido de forma livre e com o propósito de, ao forçar a ofendida a entrar no veículo pelo modo descrito, a privar da sua liberdade ambulatória, o que conseguiu, resultado este que representou e que lhe serviu para depois constranger a ofendida, menor de idade, a satisfazer-lhe os seus instintos sexuais, independentemente da vontade dela, com manifesto desprezo pela sua liberdade sexual, o que também representou.

Almejou, sem sucesso, manter relação de cópula com a mesma e, desse modo, limitar-lhe a sua liberdade e autodeterminação sexual, o que conseguiria, não fosse a intervenção de terceiro.

O arguido sabia que as suas condutas eram proibidas e punidas por lei penal.

Pelo exposto, constituiu-se o arguido José António autor material, sob a forma consumada e em concurso efectivo real, de

- um crime de rapto, p. e p. pela alínea b) do n.º 1 do artigo 161.º do Código Penal; e
- um crime de coacção sexual, p. e p. pelo n.º 1 do artigo 163.º e pelo n.º 5 do artigo 177.º do Código Penal.

Prova:

Medida de coacção:

Nomeação de defensor:

Notificações:

Processei, imprimi, revi e assinei o texto, seguindo os versos em branco (art. 94.º/2 do Código de Processo Penal).

..., ...

O Procurador-Adjunto

I.IV. Dos crimes contra a liberdade sexual

I.IV.1. *Crime de coacção sexual e crime de violência depois de subtracção (artigos 163.° e 215.° do Código Penal)*

CLS.
Inquérito n.°

ACUSAÇÃO

O Ministério Público acusa em processo comum e para julgamento por tribunal de estrutura colectiva:

António

Porquanto:

No dia **4 de Julho de 2008, pelas 21h05m**, o arguido, aproveitando-se do facto da porta de entrada da residência de Célia (id. a fls....), sita na Rua ..., em ..., se encontrar aberta, introduziu-se no seu interior e dirigiu-se ao seu quarto de dormir.

Célia, que se encontrava na sala, ao ouvir barulho, levantou-se e deparou-se com o arguido a sair do seu quarto trazendo consigo a sua carteira, no valor de 10,00 € (dez euros) que continha no seu interior diversos documentos de João, seu marido (id. a fls.), em concreto o Bilhete de Identidade, o cartão de contribuinte, o cartão Multibanco da C.G.D. e as chaves da sua residência e do seu ciclomotor.

A fim de impedir que o mesmo saísse do quarto com a sua carteira, Célia colocou-se à sua frente, tendo-lhe então o arguido desferido um soco no pescoço, do lado esquerdo, fazendo-a cair ao chão, assim lhe provocando equimoses que lhe determinaram para a cura, 10 (dez) dias de doença, sem afectação da sua capacidade de trabalho (cf. relatório de fls.).

Agiu o arguido de forma livre, com o propósito concretizado de molestar o corpo e a saúde da ofendida Célia e de lhe produzir as lesões verificadas, o que fez com o intuito de conservar os objectos supra-referidos que lhe havia subtraído, pelo modo descrito, fazendo-os seus, bem sabendo que os mesmos não lhe pertenciam e que actuava contra a vontade da sua legítima proprietária, resultado esse que representou.

No dia **5 de Julho de 2008, entre as 02h00m e as 03h00m**, o arguido dirigiu-se à residência de Isabel (id. a fls.) sita ... e tocou à campainha da porta da entrada que aquela logo abriu, por pensar que seria o seu marido, momento este em que o arguido entrou na sua residência, agarrou-a, procurando beijá-la e querendo apalpá-la em várias partes do seu corpo, ao mesmo tempo que dizia: "Não me conheces, sou o Francisco, eu preciso de uma mulher", ao que a ofendida o empurrou conseguindo soltar-se, tendo ido à cozinha a fim de arranjar algo para se defender.

O arguido dirigiu-se à sala, onde retirou uma carteira, em renda, que se encontrava em cima de uma mesa junto à entrada, pertencente à ofendida, contendo no seu interior, todos os seus documentos de identificação pessoal, um livro de recibos verdes e um telemóvel, marca Samsung, modelo Z500 3 G i9-A, com o IMEI ... no valor de 80,00 € (oitenta euros), após o que saiu de casa, não tendo a ofendida voltado a vê-lo.

Agiu o arguido de forma livre e com propósitos lascivos, querendo alcançar e acariciar zonas erógenas da ofendida Isabel, com vista a satisfazer impulsos libidinosos, bem sabendo que o fazia contra a sua vontade e sem o seu consentimento, e que assim violava a sua liberdade sexual, resultado esse que representou, e que só não o conseguiu uma vez que aquela o empurrou e conseguiu libertar-se.

Ao retirar a mala pertencente à ofendida, agiu ainda o arguido com o propósito concretizado de fazer seu o objecto supra-referido, não obstante saber que o mesmo não lhe pertencia, e que actuava contra a vontade da sua legítima proprietária, resultado esse que representou.

No dia **11 de Julho de 2008, pelas 00h05m**, Daniela circulava a pé na Rua, quando o arguido, sem que nada o fizesse prever, agarrou-a com as mãos pelas nádegas e pelo pescoço, puxou-lhe o cabelo e a mala que esta trazia, sem, contudo, a conseguir retirar. A ofendida proferiu algumas expressões em norueguês a demonstrar o seu descontentamento, o que fez com que o arguido voltasse atrás, para junto de si, onde, acto contínuo, a agarrou novamente pelas nádegas, lhe deu puxões de cabelos, apertou-lhe o pescoço, com força e, com ambas as mãos empurrou-a contra um veículo automóvel que ali estava estacionado e "sugou-lhe" a face do lado direito, após o que a largou.

Agiu o arguido de forma livre e com propósitos lascivos, querendo alcançar e acariciar zonas erógenas da ofendida Daniela com vista a satisfazer impulsos libidinosos, bem sabendo que o fazia contra a sua vontade e sem o seu consentimento, e que assim violava a sua liberdade sexual, o que representou.

Ao agarrar-lhe a mala da forma como o fez, mediante o emprego de violência e pondo-a na impossibilidade de resistir, agiu o arguido com o propósito de fazer seu o objecto supra-referido, não obstante saber que o mesmo não lhe pertencia, e que actuava contra a vontade da sua legítima proprietária, resultado esse que representou, mas que não logrou conseguir.

Sabia ainda que as suas condutas eram proibidas e punidas por lei penal.

Conforme resulta do Certificado do Registo Criminal de fls. dos autos, o arguido, por acórdão de 18-12-2004, transitado em julgado, foi condenado, na pena única de 20 meses de prisão, pela prática de um crime de violação, p. e p. pelo artigo 172.º, n.º 2 do Código Penal.

O arguido cumpriu pena de prisão efectiva até 27-01-2006, data em que por despacho judicial lhe foi concedida a liberdade definitiva.

Todavia, tal condenação, bem como a pena de prisão cumprida não constituíram dissuasão suficiente para o afastar da prática de novos crimes, revelando assim uma personalidade que se recusa a aceitar as prescrições da ordem jurídica, motivo pelo qual deve ser considerado reincidente.

Pelo exposto, cometeu, em autoria material, sob a forma consumada e em concurso efectivo real:

    I – Na pessoa de Célia:
    – Um crime de violência depois da subtracção, p. e p. pelo artigo 211.º do Código Penal, por referência aos artigos 210.º, n.ᵒˢ 1 e 2, al. b), 204.º, n.º 1, al. f) e 204.º, n.º 4, todos do Código Penal.

II – Na pessoa de Isabel:
– **Um crime de furto p. e p. pelo artigo 203.º, n.º 1 e 204.º, n.º 1, al. f) e n.º 4, do Código Penal.**

III – Na pessoa de Daniela:
– **Um crime de coacção sexual, agravado pela reincidência, pela p. e p. pelo artigo 163.º, n.º 1, 75.º e 76.º do Código Penal.**

Cometeu ainda, em autoria material, sob a forma tentada, e em concurso efectivo real:

I – Na pessoa de Isabel:
– **Um crime de coacção sexual, agravado pela reincidência, p. e p. pelo artigo 163.º, n.º 1, 75.º e 76.º, por referência aos artigos 22.º e 23.º, todos do Código Penal.**

II – Na pessoa de Daniela:
– **Um crime de roubo, p. e p. pelo artigo 210.º, n.º 1, por referência aos artigos 22.º e 23.º, todos do Código Penal.**

Prova:

Medida de coacção:

Nomeação de defensor:

Notificações:

Processei, imprimi, revi e assinei o texto, seguindo os versos em branco (artigo 94.º, n.º 2, Código de Processo Penal)

..., ...

O Procurador-Adjunto

I.IV.2. *Crime de violação (artigo 164.° do Código Penal)*

CLS.
Inquérito n.°

ACUSAÇÃO

O Ministério Público acusa, em processo comum e para julgamento por tribunal de estrutura colectiva:

- **João ...**

Porquanto:

No dia **23 de Março de 2008, cerca da 01h30m**, o arguido após ter estado na festa de aniversário de Susana..., na companhia desta e de outras pessoas, no restaurante "P", sito em ..., dirigiu-se, no seu carro, para casa daquela, sita na Rua ..., n.° 12, 2.°, em ...

No mesmo dia e à mesma hora, Susana também se dirigiu para sua casa acompanhada por Pedro ..., que a levou no seu carro e por Nuno... que se deslocou no seu carro.

O arguido ingeriu algumas bebidas alcoólicas na festa de aniversário.

Durante a festa e perante os outros convidados, o arguido atirou água para cima de uma camisola branca que a Susana vestia por cima do vestido, tendo esta que a tirar por a camisola ter ficado toda molhada. De seguida o arguido abriu o fecho do vestido da Susana, só não o tendo aberto todo porque esta o impediu, encostando o cotovelo ao corpo e dizendo ao arguido "pare com isso". Ainda durante a festa, o arguido tirou à Susana fotografias de debaixo da mesa, colocando a máquina entre as pernas daquela.

A Susana encontrava-se embriagada, devido à excessiva ingestão de bebidas alcoólicas durante a referida festa, não tendo sequer, uma vez chegada a casa, conseguido abrir a porta do prédio nem a do apartamento onde reside, no que foi ajudada pelo Pedro, a quem deu as chaves de sua casa, tendo sido este que abriu as referidas portas.

A Susana, devido ao estado de embriaguez em que se encontrava, também não conseguia subir as escadas do prédio, no que igualmente foi auxiliada pelo Pedro que subiu as escadas com a mesma, amparando-a.

Uma vez chegada a sua casa, a Susana foi imediatamente para a casa de banho, onde esteve a vomitar, após o que se deitou na sua cama, debaixo dos lençóis. Fê-lo com a roupa que usara na festa e calçada, tendo adormecido imediatamente.

De seguida, o Pedro foi ao quarto onde a Susana estava e, apercebendo-se que ela estava a dormir, tirou-lhe os óculos da cara.

Após verificar que a Susana se encontrava a dormir no seu quarto, o arguido, que também entrara em casa da ofendida, acompanhado pelo Pedro e pelo Nuno, dirigiu-se a estes dizendo-lhes para se irem embora, uma vez que ele ficaria ali, para o caso de ser necessário levá-la ao hospital.

O arguido, ainda no início da festa de aniversário, pedira à Susana para pernoitar em casa dela, uma vez que morava longe, ao que esta anuiu, tendo pedido à sua mãe um colchão para colocar na sala, local onde o arguido ficaria a dormir.

Contudo, o arguido, assim que ficou sozinho com a Susana e depois de ela se ter deitado e adormecido, deitou-se, também, na cama dela.

De seguida, o arguido despiu completamente a Susana e colocou-se em cima dela, aproveitando o facto de a mesma se encontrar adormecida e etilizada. Nesta posição, o arguido introduziu o seu pénis no interior da vagina da Susana, penetrando-a.

De imediato, e porque sentiu dores, em hora não concretamente apurada, a Susana acordou com o arguido em cima dela e com o pénis dentro da sua vagina, apercebendo-se nesse momento que estava despida e que o arguido estava a penetrá-la, o que fazia contra a sua vontade.

A Susana, por diversas vezes e durante cerca de cinco minutos, empurrou com os braços o arguido na tentativa de afastá-lo de cima de si, o que não conseguiu por este ser muito pesado, assim como balbuciou algumas palavras com o mesmo propósito.

Findo este período de tempo, o arguido perguntou à Susana se podia ejacular dentro dela, ao que esta respondeu que não, empurrando-o. Imediatamente, o arguido ejaculou em cima da barriga daquela, sem que esta o conseguisse evitar, ficando a Susana com a barriga suja.

A Susana levantou-se da cama e dirigiu-se à casa de banho. Durante o tempo em que a Susana esteve dentro do quarto de banho, o arguido bateu na porta do mesmo e disse-lhe "isto já estava para acontecer há muito tempo", após o que, decorrido algum tempo, a Susana deixou de ouvir o arguido e abriu a porta da casa de banho.

Quando saiu da casa de banho a Susana voltou a deitar-se na sua cama. Como não viu o arguido, nessa altura, acreditando que ele já se tinha ido embora, voltou a adormecer.

Cerca das 8h20m, o telemóvel do arguido tocou, o que fez a ofendida acordar e reparar que o mesmo ainda se encontrava deitado na cama ao seu lado.

Após o telefonema, o arguido levantou-se da cama da ofendida, pegou na sua roupa e enquanto se vestia disse-lhe "não é só ter a fama e não ter o proveito", após o que se foi embora de casa daquela.

Em consequência da actuação descrita sofreu a ofendida discreto edema perineal.

O arguido agiu de forma livre, com o propósito concretizado de, pela actuação acima descrita, manter com Susana a prática de acto sexual de cópula, contra a vontade e pondo em causa a autodeterminação sexual daquela, o que representou.

O arguido sabia que a sua conduta era prevista e punida por lei penal.

Cometeu, pelo exposto, o arguido João, em autoria material e na forma consumada:

Um crime de violação p. e p. pelo artigo 164.º, n.º 1, al. a), do Código Penal.

Prova:

Medida de coacção:

Nomeação de defensor:

Notificações:

Processei, imprimi, revi e assinei o texto, seguindo os versos em branco (art. 94.º/2 do Código de Processo Penal).

..., ...

O Procurador-Adjunto

I.IV.3.1. *Crime de lenocínio (artigo 169.º do Código Penal)*

CLS.
Inquérito n.º

ACUSAÇÃO

O Ministério Público acusa em processo comum e para julgamento por tribunal de estrutura singular, ao abrigo do disposto no artigo 16.º, n.º 3, do Código de Processo Penal:

M...

Porquanto:

No período temporal compreendido **entre Outubro de 2005 e Março de 2006**, o arguido colocou Maria ..., id. a fls. ... dos autos, a ter relações de cópula com terceiros, na qualidade de clientes, junto de várias estradas nacionais, designadamente, na área de B..., C..., E..., A..., M..., L..., M... e M...

Para o efeito, transportava Maria ... no veículo ligeiro de mercadorias, de caixa aberta, cor azul ou no veículo de marca Honda, cor cinzenta, deixando-a nos referidos locais, e efectuando, ao fim do dia, a recolha da mesma, altura em que lhe tirava o dinheiro resultante da prática das relações de cópula, que mantinha com os clientes, que aí se deslocavam para esse efeito, para seu benefício, deixando-lhe apenas a quantia de € 15,00 (quinze euros) por dia.

Em contrapartida das relações de cópula praticadas recebia de cada cliente € 20,00 (vinte euros), preço que, por vezes, era reduzido para apenas € 10,00 (dez euros).

O arguido, enquanto Maria ... mantinha as referidas práticas, ficava próximo dela, controlando a sua actividade.

Em Outubro de 2006, Maria ... abandonou a referida prática.

No entanto, no **dia 07 de Outubro de 2007, pelas 17h45m**, no Largo ..., sito em ..., concretamente, na paragem de autocarros, o arguido abeirou-se de Maria ... perguntando-lhe se esta se deslocava, na sua companhia, a Espanha, para que tivesse relações de cópula com clientes, sob a sua protecção.

Perante a referida proposta, Maria ..., de imediato, recusou e ausentou-se do local onde se encontrava.

O arguido agiu de forma livre, com o propósito reiterado no tempo de execução de um acordo estabelecido, que concretizou, de obter proventos económicos resultantes das relações de cópula praticadas por Maria ..., controlando a sua actividade e assim enriquecendo o seu património, o que representou.

O arguido agiu de forma livre, propondo a Maria ... que se dedicasse à referida prática, com o propósito concretizado de obter lucros resultantes da actividade por esta desenvolvida e, deste modo, ofendendo a sua liberdade de autodeterminação sexual, o que representou.

Sabia ainda que as suas condutas eram proibidas e punidas por lei penal.

Cometeu, pelo exposto, em autoria material, na forma consumada e em concurso efectivo:

> **– Um crime de lenocínio, na forma continuada, p. e p. pelos artigos 170.°, n.°1 e 30.° n.° 2 do Código Penal, na redacção anterior à Lei n.° 59/2007, de 04.09; e,**

> **– Um crime de lenocínio na forma tentada, p. e p. pelo artigo 169.°, n.° 1, do Código Penal, com referência aos artigos 22.° e 23.° do Código Penal.**

Artigo 16.°, n.° 3, do Código de Processo Penal: (...)

Prova:

Medida de coacção:
_____

Nomeação de defensor:
_____

Notificações:

*

Comunique ao Exmo. Sr. Procurador da República, de acordo com a Directiva n.º 1/2002, publicada no DR II de 04.04.2002 (Circular n.º 6//2002 PGR), Ponto VI, n.º 3, a aplicação do artigo 16.º, n.º 3, do Código de Processo Penal nos presentes autos.

Processei, imprimi, revi e assinei o texto, seguindo os versos em branco (art. 94.º/2 do Código de Processo Penal).

..., ...

O Procurador-Adjunto

I.IV.3.2. *Crime de lenocínio (artigo 169.º do Código Penal)*

CLS.
Inquérito n.º

ACUSAÇÃO

O Ministério Público acusa em processo comum e para julgamento por tribunal de estrutura singular, ao abrigo do disposto no artigo 16.º, n.º 3, do Código de Processo Penal:

Maria

Porquanto:

Desde, pelo menos, o mês de Outubro de 2007 que a arguida mantém uma casa, sita em ..., dividida por vários compartimentos, designadamente, uma sala, uma cozinha, casa de banho e vários quartos, para onde levava várias raparigas, nomeadamente, a Ana (id. a fls.), a Filipa (id. a fls.) e a Deolinda (id. a fls.), sendo que, relativamente a esta última, existe o processo n.º ..., onde está acusada do crime de lenocínio.

Ao levar aquelas, e outras, raparigas lá para casa, tinha por fim que elas recebessem homens e com eles mantivesse relações sexuais, mediante o pagamento de quantias em dinheiro, nos quartos da casa, separados e preparados para o efeito.

No intuito de atrair clientes do sexo masculino para a referida casa, a arguida mandou publicitar anúncios nos jornais, "convidando" os potenciais clientes a ligarem para o n.º de telefone que aí indicava, para marcar vários encontros de natureza sexual com as raparigas que tinha em casa.

A arguida "recrutava" várias raparigas, que permaneciam uns meses em sua casa, na prática da prostituição, sendo depois trocadas por outras, permanecendo sempre a arguida à frente do "negócio", procurando que o maior número possível de homens frequentasse a casa, que mantinha aberta desde cerca das 16h até altas horas da noite.

Por cada relação sexual que mantinham, cada uma das raparigas cobrava ao cliente, em média, a quantia de € 20,00 (vinte euros), mas que podia oscilar entre os € 15,00 (quinze euros) e os € 25,00 (vinte e cinco euros), em função do acto sexual em causa.

As raparigas que aí se prostituíam esperavam pelos clientes na sala, onde estes as escolhiam, indo depois para os quartos onde realizavam o acto sexual.

Terminado o acto, cobravam de imediato o preço, entregando à arguida uma parte a título de percentagem da quantia cobrada, por exigência e imposição desta, e outra parte a título de pagamento da alimentação e dormidas que aquela lhes fornecia.

As raparigas que aí se prostituíam anotavam uma cruz (X) por cada acto sexual praticado, para que, ao fim de cada dia a arguida pudesse controlar a actividade daquelas, como aliás, foi feito pela Paula (id. a fls.) e pela Andreia, pelo menos, no dia 3 de Outubro de 2008 (fls.), não tendo sido possível apurar o nome completo desta última, sendo certo que a mesma se prostituía em casa da arguida.

Em média, cada uma das raparigas cobrava por noite, cerca de € 125,00 (cento e vinte e cinco euros); quantia esta que era muito superior aos fins-de-semana, dado o maior número de clientes que se deslocava à casa.

Efectivamente, no dia 29 de Setembro de 2008, pelas 23h, estavam estacionados às frente da mencionada casa da arguida os veículos de matrículas..., pertencentes a ...(fls.).

Os veículos automóveis encontrados junto da casa da arguida pertenciam a clientes, alguns dos quais frequentadores habituais daquela casa, onde se deslocavam para manterem com as raparigas ali existentes, relações de sexo.

No dia 4 de Outubro de 2008 estavam na mencionada casa, além da arguida, a Paula (id. a fls) e a Amélia (id. a fls), bem como um homem que ali pernoitou com o fim de manter relações de sexo com uma das mulheres.

Nessa data, estavam na casa vários objectos relacionadas com o tipo de actividade ali desenvolvida, nomeadamente, duas cassetes-vídeo pornográficas, vários preservativos, guardanapos e preservativos já usados, um pénis de borracha e uma folha de papel com o nome da Paula e da Andreia, onde estas faziam constar com uma cruz cada acto sexual praticado.

A arguida preparou a casa para nela se praticarem relações de sexo entre as raparigas que para lá levava e os clientes que atraía à casa, sendo sua intenção obter, como obteve, elevados lucros.

A arguida levava e mantinha as raparigas na casa com o fim de praticarem prostituição remunerada, procurando que o maior número possível de homens frequentasse aquele espaço.

Para levar as raparigas para a casa aproveitava-se do facto de elas não terem meios de subsistência, trabalho ou quaisquer recursos económicos, encorajando-as e levando-as a prostituírem-se para poderem sobreviver.

Era a arguida que controlava no local o exercício da prostituição pelas demais mulheres, não exercia qualquer profissão remunerada, fazendo daquela actividade a sua única ocupação, da qual vivia e fazia face aos seus gastos e despesas diários.

A arguida agiu de forma livre, deliberada e consciente, com o propósito concretizado de obter lucro à custa da exploração da prostituição, indiferente à degradação moral e física daí decorrente para tais mulheres, resultado este que representou.

Muito embora soubesse que a sua conduta era proibida por lei, não se absteve de a prosseguir.

Actuando nos termos acima descritos, cometeu a arguida em autoria material, sob a forma consumada e em concurso efectivo:

– <u>6 (seis) crimes de lenocínio</u>, p. e p. pelo artigo 169.º, n.º 1, do Código Penal.

Artigo 16.º, n.º 3, do Código de Processo Penal:

Prova:

Medida de coacção:

Nomeação de defensor:

Notificações:

*

Comunique ao Exmo. Sr. Procurador da República, de acordo com a Directiva n.º 1/2002, publicada no DR de 04.04.2002 (Circular n.º 6/2002 PGR), Ponto VI, n.º 3, a aplicação do artigo 16.º, n.º 3, do Código de Processo Penal nos presentes autos.

Processei, imprimi, revi e assinei o texto, seguindo os versos em branco (art. 94.º/2 do Código de Processo Penal).

..., ...

O Procurador-Adjunto

I.IV.4. *Crime de abuso sexual de crianças (artigo 171.º do Código Penal)*

CLS.
Inquérito n.º

ACUSAÇÃO

O Ministério Público acusa em processo comum e para julgamento por tribunal de estrutura singular, ao abrigo do disposto no artigo 16.º, n.º 3, do Código de Processo Penal:

J ..., residente ...

Porquanto:

No dia 11 de Novembro de 2007, em hora não concretamente apurada, de noite, na festa de S. Martinho, em ..., o arguido conheceu a menor Berta ..., à data com treze anos de idade (nasceu no dia 6 de Outubro de 1994) e trocaram números de telemóvel.

No dia 24 de Novembro de 2007, perto da praia, em ..., o arguido encontrou a menor Berta..., ficaram a conversar cerca de 30 minutos e combinaram um novo encontro no dia seguinte.

No dia 25 de Novembro de 2007, na sequência do acordado no dia anterior, o arguido e a menor Berta... passearam junto à beira-mar, em ..., e beijaram-se na boca, com introdução da língua na boca um do outro.

No dia 1 de Dezembro de 2007, o arguido e a menor Berta... encontraram-se em ..., passearam juntos, acariciaram-se, beijaram-se na boca, com introdução da língua na boca um do outro, e conversaram sobre a possibilidade de virem a ter relações sexuais.

No dia 2 de Dezembro de 2007, o arguido, no seguimento da conversa mantida no dia anterior com a menor Berta ..., aguardou que a sua mãe se deslocasse ao cabeleireiro, pediu-lhe as chaves do seu apartamento, sito na rua ..., em ..., e ali se encontrou com a menor, por volta das 14 horas.

Depois de ter mostrado o apartamento à menor, de ter colocado música e de ter passeado na varanda, o arguido beijou a menor na boca, com introdução da língua na boca um do outro, deitou-a num sofá da sala, acariciou-lhe os seios e despiu-lhe as calças e as cuecas.

De seguida, o arguido despiu as suas calças e cuecas e, posicionado por cima da menor, introduziu o pénis erecto na vagina da menor, mantendo com ela relações sexuais de cópula, sem ejaculação e sem utilização de preservativo.

No mesmo dia 2 de Dezembro de 2007, pelas 21 horas, o arguido enviou uma mensagem para o telemóvel da menor Berta ... na qual escreveu "já dormes não gostaste eu adorei amo-te".

Até àquela data, a menor nunca tinha mantido relações sexuais com nenhum homem e apresentava, em 18 Dezembro de 2007, hímen complacente, com ostíolo himeneal permeável aos dedos indicador e médio justapostos.

Em Dezembro de 2007, a menor Berta ... tinha uma idade aparente de harmonia com a idade civil.

O arguido tem uma filha menor, que tinha oito anos à data dos factos, pelo que é conhecedor da desenvoltura feminina das mulheres pré-adolescentes.

Sabia, portanto, o arguido que a Berta... era menor e que tinha a idade de treze anos.

As condutas do arguido acima descritas, praticadas nos dias 24 e 25 de Novembro e 1 e 2 de Dezembro de 2007, são idênticas, pese embora com graus de intensidade diferentes, designadamente a manutenção de um relacionamento amoroso com a menor Berta ..., que se inicia com troca de beijos e termina com uma relação sexual de cópula.

A menor Berta ... mostrou-se interessada e colaborante com o arguido e mostrou disponibilidade para beijar o arguido na boca, com introdução da língua na boca um do outro, ser por ele acariciada nos seios e com ele manter relações sexuais de cópula.

O arguido actuou, então, de forma homogénea e no contexto de uma mesma solicitação exterior.

O arguido agiu sempre de forma livre e com o propósito concretizado de praticar actos sexuais de relevo, incluindo um acto sexual de cópula, com uma menor de treze anos de idade, bem sabendo ainda que punha em causa o livre desenvolvimento da personalidade da menor na esfera sexual.

O arguido sabia também serem as suas condutas proibidas e punidas por lei penal.

Cometeu, pelo exposto, em autoria material, sob a forma consumada:

– **Um crime de abuso sexual de crianças, na forma continuada, p. e p. pelo artigo 171.º, n.ºs 1 e 2, com referência ao artigo 30.º, n.ºs 2 e 3, do Código Penal.**

Artigo 16.º, n.º 3, do Código de Processo Penal: (...)

Prova:

Medida de coacção:

Nomeação de defensor:

Notificações:

*

Comunique ao Exmo. Sr. Procurador da República, de acordo com a Directiva n.º 1/2002, publicada no DR II de 04.04.2002 (Circular n.º 6/2002 PGR), Ponto VI, n.º 3, a aplicação do artigo 16.º, n.º 3, do Código de Processo Penal nos presentes autos.

Processei, imprimi, revi e assinei o texto, seguindo os versos em branco (art. 94.º/2 do Código de Processo Penal).

..., ...

O Procurador-Adjunto

I.V. Dos crimes contra a honra

I.V.1. *Crime de difamação (artigo 180.º do Código Penal)*

CLS.
Inquérito n.º

O Ministério Público, nos termos do disposto no artigo 285.º, n.º 4, do Código de Processo Penal, acompanha a acusação particular deduzida pelo assistente AM, de fls. ... dos autos, contra

        AP, melhor identificado na acusação pública a fls. ...,

Pelo que deverá o arguido ser julgado em processo comum, com intervenção do Tribunal Singular, dando-se aqui por reproduzidos os factos descritos na acusação particular deduzida pelo assistente AM a fls. ... dos autos.
Sendo certo que o arguido, no dia 15 de Junho de 2008, na Rua ...., em ..., proferiu as expressões, transcritas na acusação particular, de viva voz, referindo-se ao assistente AM, perante várias pessoas, tendo agido de forma livre, com o propósito concretizado de ofender o bom nome, a honra e consideração do mesmo.
O arguido sabia que a sua conduta era proibida e punida por lei penal.
Praticou, assim, o arguido AP, em concurso efectivo com o crime de ameaça que consta da acusação pública de fls. ...,

    – **Um crime de difamação, p. e p. pelo artigo 180.º, n.º 1, do Código Penal.**

Prova:

___

Medida de coacção:

___

Notificações:

Processei, imprimi, revi e assinei o texto, seguindo os versos em branco (art. 94.º/2 do Código de Processo Penal).

..., ...

O Procurador-Adjunto

I.VI. Dos crimes contra a reserva da vida privada

I.VI.1. *Crimes de perturbação da vida privada (artigo 190.º do Código Penal)*

CLS.
Inquérito n.º

ACUSAÇÃO

O Ministério Público acusa, em processo comum e para julgamento por tribunal de estrutura singular,

MJ

Porquanto:

A arguida tem em sua casa, sita na Rua ..., um telefone fixo com o número ..., a partir do qual telefonou, no dia **6 de Novembro de 2007**, para o n.º de telefone ..., utilizado por MG (cf. fls. 40).

A arguida também utiliza o telemóvel com o número ..., a partir do qual efectuou telefonemas para o número de telefone ..., utilizado por MG (cf. fls. 40), nas **seguintes datas**:

1. 25 de Dezembro de 2007, pelas 18h55;
2. ...

A partir deste mesmo telemóvel a arguida efectuou telefonemas para o número de telefone ..., utilizado por MG (cf. fls. 40), **nas seguintes datas**:

1. 26 de Dezembro de 2007, pelas 11h58;
2. ...

As condutas da arguida acima descritas, praticadas entre o dia 6 de Novembro de 2007 e 5 de Março de 2008, são idênticas, pese embora com graus de intensidade diferentes, em função da hora em que ocorreram, e foram sempre executadas através do recurso ao telefone.

A arguida viveu maritalmente com AJ, actual companheiro da ofendida MG, e actuou motivada pelo ciúme que sentia desta nova relação de AJ.

A arguida actuou, então, de forma homogénea e no contexto de uma mesma solicitação exterior.

A arguida agiu de forma livre e com o propósito concretizado de perturbar a vida privada, a paz e o sossego de MG através da realização de vários telefonemas para o seu telemóvel, inclusive durante a noite, resultado esse que representou.

A arguida sabia que a sua conduta era proibida e punida por lei penal.

Cometeu, pelo exposto, em autoria material e sob a forma consumada:

– **Um crime continuado de perturbação da vida privada agravado, p. e p. pelo artigo 190.º, n.ºs 2 e 3, com referência aos artigos 190.º, n.º 1 e 30.º, n.º 2, do Código Penal.**

Prova:

Medida de coacção:

Nomeação de defensor:

Notificações:

Processei, imprimi, revi e assinei o texto, seguindo os versos em branco (art. 94.º/2 do Código de Processo Penal).

..., ...

O Procurador-Adjunto

I.VII. Dos crimes contra a propriedade

I.VII.1. *Crime de furto (artigo 203.º do Código Penal)*

CLS.
Inquérito n.º

ACUSAÇÃO

O Ministério Público acusa em processo comum e para julgamento por tribunal de estrutura singular,

– **Nuno Manuel ...**

Porquanto:

Em período não concretamente determinado, situado **entre as 13h20 e as 16h00 do dia 22 de Setembro de 2007**, vendo o arguido o veículo automóvel de matrícula ... estacionado na Rua ..., em ..., com as portas destrancadas, após ter aberto a porta dianteira do lado direito, abriu o porta-luvas e retirou do mesmo e levou consigo uma carteira de senhora, de cor preta, pertencente a Maria de Lurdes, id. a fls. ..., que continha no seu interior diversos documentos daquela, nomeadamente, carta de condução, cartão do Serviço Nacional de Saúde, cartão de eleitor, cartão multibanco da Caixa Geral de Depósitos, cartão multibanco do Banco Espírito Santo, dezassete impressos-cheque em branco do Banco ..., continha também diversos cartões de contribuinte de outras pessoas, bem como um telemóvel de marca S..., modelo ..., com o cartão n.º ..., no valor de € 200, da ofendida Maria de Lurdes e ainda três chaves da Escola ... e um porta-chaves da ... com diversas chaves de casa da ofendida.

No dia 23 de Setembro de 2007, em ..., o arguido foi encontrado com o telemóvel supra-referido, o qual lhe foi apreendido, conforme auto de apreensão de fls..., e, no dia seguinte, foi entregue a Maria de Lurdes.

O arguido agiu de forma livre e com o propósito concretizado de fazer sua a carteira da ofendida, bem como os documentos e objectos que se encontravam no seu interior, apesar de saber que não lhe pertenciam e que estava a agir contra a vontade do seu proprietário; sabia, igualmente, que a sua conduta era proibida e criminalmente punível.

Cometeu, assim, o arguido, em autoria imediata e na forma consumada:

– **Um crime de furto qualificado, p. e p. pelo artigo 203.º, n.º 1, e 204.º, n.º 1, al. b), do Código Penal.**

Prova:

Medida de coacção:

Nomeação de defensor:

Notificações:

Processei, imprimi, revi e assinei o texto, seguindo os versos em branco (art. 94.º/2 do Código de Processo Penal).

..., ...

O Procurador-Adjunto

I.VII.2.1. *Crime de furto qualificado (artigo 204.° do Código Penal)*

CLS.
Inquérito n.°

ACUSAÇÃO

O Ministério Público acusa em processo comum e para julgamento por tribunal de estrutura singular, ao abrigo do disposto no artigo 16.°, n.° 3, do Código de Processo Penal:

- **Jorge ...**

Porquanto:

No dia 16.09.2007, entre as 2h00 e as 7h00, o arguido subiu por uma caleira do prédio sito na rua ..., em ..., por onde acedeu à varanda do primeiro andar.

Aqui, partiu as persianas e o vidro da porta sacada da sala, que abriu, e por aí entrou na residência a que corresponde o 1.° direito do referido prédio.

Do interior da residência retirou os seguintes objectos:

1. Uma televisão Samsung cb/20f.32ts, no valor de 160 € (cento e sessenta euros);
2. Um micro-ondas Worten MWK 6380, no valor de 58,99 € (cinquenta e oito euros e noventa e nove cêntimos);
3. Um DVD Mustek, no valor de 500 € (quinhentos euros);
4. Uma televisão Grundig, no valor de 300 € (trezentos euros); e
5. Um computador Pentium 3 VIP 667 e um monitor Samsung, no valor global de 1.180 € (mil cento e oitenta euros),

Objectos esses com um valor global de 2.198,99 € (dois mil cento e noventa e oito euros e noventa e nove cêntimos).

O arguido levou estes objectos consigo, ausentando-se daquele local pela porta principal da residência, que abriu à força.

Os objectos referidos são propriedade de Célia Maria, id. a fls. 32.

O arguido residiu naquela residência até 13 de Setembro 2004, momento em que a ofendida mudou a fechadura da porta principal.

Agiu o arguido de forma livre e com o propósito concretizado de fazer seus tais objectos, contra a vontade e em prejuízo da ofendida, o que representou.

Na posse de tal material informático, acedeu a ficheiros pessoais da ofendida que se encontravam no referido computador, tendo remetido alguns deles por e-mail para o endereço Célia...@....pt, designadamente mensagens telefónicas e trabalhos escritos por Célia..., o que fez nos dias 12 de Janeiro de 2008, pelas 19h25, no dia 13 de Janeiro de 2008, pelas 13h48, e 31 de Janeiro de 2008, pelas 00h47.

Agiu o arguido de forma livre e com o propósito concretizado de aceder ao conteúdo de tais ficheiros, não obstante saber que não lhe pertenciam e que actuava contra a vontade da sua titular.

Sabia ainda que as suas condutas eram proibidas e punidas por lei penal.

Cometeu, pelo exposto, em autoria material, sob a forma consumada e em concurso efectivo real:

– **Um crime de furto qualificado p. e p. pelos artigos 203.º, n.º 1, e 204.º, n.º 2, al. e), do Código Penal; e**

– **Um crime de acesso indevido p. e p. pelo artigo 44.º, n.ºs 1 e 2, al. b), da Lei n.º 67/98, de 26.10.**

Artigo 16.º, n.º 3 do Código de Processo Penal:

Prova:

Medida de coacção:

Nomeação de defensor:

Notificações:

Comunique ao Exmo. Sr. Procurador da República, de acordo com a Directiva n.º 1/2002, publicada no DR II de 04.04.2002 (Circular n.º 6/2002 PGR), Ponto VI, n.º 3, a aplicação do artigo 16.º, n.º 3, do Código de Processo Penal nos presentes autos.

Processei, imprimi, revi e assinei o texto, seguindo os versos em branco (art. 94.º/2 do Código de Processo Penal).

..., ...

O Procurador-Adjunto

I.VII.2.2. *Crime de furto qualificado (artigo 204.º do Código Penal)*

CLS.
Inquérito n.º

NOTA PRÉVIA À ACUSAÇÃO:

Dispõe o artigo 204.º, n.º 1, al. b), do Código Penal, além do mais, que quem furtar coisa móvel alheia colocada em veículo é punido com pena de prisão até cinco anos ou com pena de multa até 600 dias.

Importa interpretar o conceito de veículo ínsito no tipo, à luz dos elementos literal e teleológico, de modo a perceber a sua abrangência.

Do ponto vista literal, e de acordo com o Dicionário da Língua Portuguesa, da Porto Editora, veículo é "qualquer viatura ou meio de transporte (…)".

A teleologia da norma pode ser analisada sob o ponto de vista sistemático, antes de mais recorrendo às normas do Código Penal.

Mesmo não existindo neste código um conceito de veículo, é possível alcançá-lo recorrendo à conjugação de várias disposições, designadamente dos artigos 279.º, n.º 1, al. c), 289.º, n.º 1, 293.º, que relacionam o conceito de veículo com o transporte por ar, água ou terra.

No ordenamento jurídico português há outras normas que contribuem para clarificar este conceito, designadamente o Decreto-Lei n.º 143/78, de 12 de Junho (entretanto revogado), que aprovou o Regulamento do Imposto Municipal sobre Veículos e se referia aos automóveis, aos barcos e às aeronaves como veículos.

Dos elementos interpretativos acima sumariamente expostos, resulta que o conceito de veículo referido na al. b) do n.º do artigo 204.º do Código Penal inclui não apenas automóveis mas também outros meios de transporte, como aviões, comboios e barcos.

ACUSAÇÃO

O Ministério Público acusa, em processo comum e para julgamento por tribunal de estrutura singular,

AP
E
VF

Porquanto:

Em hora não concretamente apurada da **madrugada de 1 para 2 de Março de 2008**, os arguidos, na execução de um plano que previamente gizaram, entraram a bordo da embarcação "LM", registada com o n.º ..., propriedade da Sociedade de Pesca PR, que se encontrava atracada no primeiro pontão do porto de pesca da ..., e retiraram e fizeram suas 20 redes de tresmalho de fundo, no valor de € 1.000 (mil euros).

As redes tinham cerca de 30 metros de comprimento cada, cerca de 3,5 metros de altura e 100 milímetros de malhagem, sendo que cada rede tinha, em altura, 50 malhas de 100 milímetros e 5,5 malhas de alvitana em altura, a tralha inferior era constituída por uma bóia entralhada de 6 em 6 alvitanas e a tralha superior tinha um cabo de nylon, com madre em chumbo.

De seguida, em hora não concretamente apurada anterior às 11 horas do dia **2 de Março de 2008**, os arguidos colocaram as mencionadas redes no interior da embarcação "IM", registada com o n.º ..., propriedade do arguido AP e de JP, e deslocaram-se para a bacia de manobra do porto de abrigo da ....

Os arguidos agiram de forma livre, em comunhão de esforços e intentos, com o propósito concretizado de entrarem na embarcação "LM" e de fazerem suas 20 redes de tresmalho de fundo, bem sabendo que tais redes se encontravam colocadas num veículo, que não lhes pertenciam e que actuavam contra a vontade do respectivo proprietário.

Sabiam, igualmente, que as suas condutas eram criminalmente proibidas e punidas.

O arguido AP foi condenado em prisão efectiva superior a 6 meses pela prática de crime doloso, por sentença transitada em julgado, nos seguintes processos:

– Processo n.º ..., do Tribunal de Judicial da ..., na pena única de 14 anos e 6 meses de prisão, pela prática de um crime de homicídio qualifi-

cado, p.e p. pelos artigos 131.º e 132.º, n.ºs 1 e 2, als. c) e f) e de um crime de ofensas corporais com dolo de perigo, p. e p. pelo artigo 144.º, n.º 2, ambos do Código Penal, por factos ocorridos no dia 24 de Julho de 1993, tendo cumprido pena de prisão por estes crimes até 6 de Março de 2006;
– Processo n.º ..., do 1.º Juízo do Tribunal Judicial da ..., na pena de prisão em regime de permanência na habitação com vigilância electrónica pelo prazo de 8 meses, pela prática de um crime de ofensa à integridade física simples, p. e p. pelo artigo 143.º, n.º 1, do Código Penal, por factos ocorridos em 12 de Setembro de 2006, sendo que a decisão foi proferida em 17 de Dezembro de 2007, transitou em julgado em 21 de Janeiro de 2008 e cujo cumprimento se mantém.

Entre o momento em que o arguido foi libertado e a prática do crime objecto do processo n.º ..., mediaram pouco mais de 6 meses, entre o momento em que o arguido foi libertado e a prática do crime objecto destes autos decorreu menos de 1 ano e entre a data da decisão no processo n.º ... e a data da prática dos factos objecto dos presentes autos passaram menos de 3 meses.

Não obstante não existir uma situação de homotropia entre as condutas do arguido AP nos processos acima mencionados e nestes autos, considerando o reduzido intervalo de tempo que mediou entre o fim do período de reclusão e a prática dos factos objecto destes autos, bem como o ínfimo lapso temporal decorrido entre a data da sentença proferida no processo n.º ... e a prática dos factos objecto do presente processo, tanto basta para se poder concluir que as anteriores condenações não dissuadiram o arguido da prática de novos ilícitos típicos, pelo que não lhe serviram de suficiente advertência contra o crime.

Pelo exposto, cometeram, em co-autoria e sob a forma consumada:

– O arguido AP, um crime de furto qualificado, agravado pela reincidência, p. e p. pelos artigos 203.º, n.º 1 e 204.º, n.º 1, al. b), com referência aos artigos 75.º e 76.º, todos do Código Penal;

– O arguido VF, um crime de furto qualificado, p. e p. pelos artigos 203.º, n.º 1 e 204.º, n.º 1, al. b), ambos do Código Penal.

Prova:

___

Medida de coacção:

___

Nomeação de defensor:

___

Notificações:

Processei, imprimi, revi e assinei o texto, seguindo os versos em branco (art. 94.º/2 do Código de Processo Penal).

..., ...

O Procurador-Adjunto

I.VII.3. *Crime de abuso de confiança (artigo 205.º, n.º 1, do Código Penal)*

Cls:
Inquérito n.º

ACUSAÇÃO

O Ministério Público, em processo comum e para julgamento com intervenção do tribunal singular, acusa:

Silvério...

Porquanto:

Armando António (id. a fls. 12) é proprietário do veículo automóvel de matrícula ...-AA-..., de marca Peugeot, modelo 307, sendo que, por acordo escrito entre aquele e a Companhia de Seguros ..., titulado pela apólice n.º ..., esta declarou assumir os riscos inerentes à circulação do veículo supra-referido.

Em meados do mês de Maio de 2008, no dia 14 ou 15, em hora não concretamente apurada, junto à Estação dos Correios de ..., que se localiza perto da Estação de Comboios, Armando António entregou ao arguido, mediador de seguros, a quantia de 1000€ (mil euros), em 20 (vinte) notas de 50€ (cinquenta euros), para pagamento do prémio de seguro relativamente à apólice supra-referida.

De imediato, o arguido entregou a Armando António o correspondente Certificado Internacional de Seguro Automóvel (vulgo carta verde), com validade desde o dia 15 de Maio de 2008 a 14 de Maio de 2009.

No entanto, o arguido não entregou na Companhia de Seguros a supra-referida quantia, facto esse que Armando António apenas teve conhecimento no dia 20 de Junho de 2008, quando foi interveniente em acidente de viação na localidade de ..., tendo a referida apólice sido anulada por falta de pagamento no dia 16 de Maio de 2008.

O arguido agiu de forma livre ao comportar-se da maneira descrita, em relação ao ofendido, com o propósito de concretizado de fazer sua a quantia monetária em causa, resultado esse que representou, bem sabendo que tal quantia não lhe pertencia, e que tinha a obrigação de a entregar na supra-referida companhia de seguros.

O arguido sabia que a sua conduta era proibida e punida por lei penal.

Face ao exposto, o arguido cometeu, em autoria material e sob a forma consumada:

- **um crime de abuso de confiança, p. e p. pelo artigo 205.º, n.º 1, do Código Penal.**

Prova:

Medida de coacção:

Nomeação de defensor:

Notificações:

Processei, imprimi, revi e assinei o texto, seguindo os versos em branco (art. 94.º/2 do Código de Processo Penal).

..., ...

O Procurador-Adjunto

I.VII.4. *Crime de roubo (artigo 210.° do Código Penal)*

CLS.
Inquérito n.°

ACUSAÇÃO

O Ministério Público acusa, em processo comum e para julgamento por tribunal de estrutura colectiva,

JB

Porquanto,

No **dia 1 de Fevereiro de 2008, cerca das 19h00**, no Parque de Estacionamento ..., em ..., o arguido aproximou-se de MM pelas costas, empunhando uma faca de cozinha com 11 cm de lâmina, e, ao chegar junto dela, desferiu-lhe uma pancada com força na cabeça, assim provocando a sua queda no solo.

Estando a ofendida caída no chão, o arguido, ao mesmo tempo que a pontapeava, puxou-lhe com força a mala que trazia a tiracolo, conseguindo retirar-lha através do rompimento das alças.

Com a mala na mão, no valor de 40 € (quarenta euros), o arguido fugiu a correr em direcção à rua ....

No interior mala encontrava-se uma carteira, no valor de 38 € (trinta e oito euros) e que continha no seu interior 600 € (seiscentos euros) em dinheiro, um cartão de crédito do banco ..., um cartão de telemóvel com o n.° ..., facturas de despesas médicas, um conjunto de pequenas medalhas em ouro, entre as quais uma meia-lua, um sino e outros objectos, no valor global de 35 € (trinta e cinco euros), e ainda dois certificados de garantia de uma máquina de café Krups e de um desumificador.

MM sofreu escoriações na cara e no corpo e equimoses nas pernas, que lhe determinaram 5 (cinco) dias de doença sem afectação da capacidade para o trabalho geral ou profissional.

Agiu o arguido de forma livre, com o propósito concretizado de se apropriar de tais valores, objectos e documentos, sabendo não lhe pertencerem e que actuava contra a vontade da ofendida e causando-lhe prejuízo patrimonial, resultado que representou.

Não se inibiu de utilizar a violência descrita para concretizar os seus intentos.

Sabia ainda que a sua conduta era proibida e punida por lei penal.

Cometeu, pelo exposto, em autoria material e sob a forma consumada:

– **Um crime de roubo p. e p. pelo artigo 210.º, n.ºˢ 1 e 2, al. b), por referência ao 204.º, n.º 2, al. f), ambos do Código Penal;**

Prova:

Medida de coacção:

Nomeação de defensor:

Notificações:

Processei, imprimi, revi e assinei o texto, seguindo os versos em branco (art. 94.º/2 do Código de Processo Penal).

..., ...

O Procurador-Adjunto

I.VII.5. *Crime de dano (artigo 212.º do Código Penal)*

CLS.
Inquérito n.º

ACUSAÇÃO

O Ministério Público acusa em processo comum e para julgamento por tribunal de estrutura singular,

– **Armando ...**

Porquanto:

No dia **13 de Agosto de 2008, pelas14h25**, na Rua ..., o arguido, na sequência de uma discussão que manteve com Filipe ..., desferiu vários pontapés nas portas dianteira do lado esquerdo e traseira do lado direito do veículo automóvel ligeiro de mercadorias, de marca ..., modelo ..., de matrícula ... e propriedade de Nelson.

Em consequência da conduta do arguido o referido automóvel ficou com duas portas amolgadas, orçando a sua reparação em 401,21 € (quatrocentos e um euros e vinte e um cêntimos).

Agiu o arguido de forma livre e com o propósito concretizado de causar estragos ao veículo do ofendido, apesar de saber que o mesmo não lhe pertencia e que estava a agir contra a vontade do seu proprietário, resultado aquele que representou.

Sabia ainda que a sua conduta era proibida e criminalmente punível.

Cometeu, assim, o arguido, em autoria material e na forma consumada,

– **Um crime de dano, p. e p. no artigo 212.º, n.º 1, do Código Penal.**

Prova:

Medida de coacção:

Nomeação de defensor:

Notificações:

Processei, imprimi, revi e assinei o texto, seguindo os versos em branco (art. 94.º/2 do Código de Processo Penal).

…, …

O Procurador-Adjunto

I.VII.6. *Crime de alteração de marcos (artigo 216.° do Código Penal)*

CLS.
Inquérito n.°

ACUSAÇÃO

O Ministério Público acusa, em processo comum e para julgamento por tribunal de estrutura singular

– A; e
– M,

Porquanto:

No início do mês de **Novembro de 2007**, em data não concretamente apurada, os arguidos deslocaram-se ao prédio rústico, inscrito na matriz predial urbana sob o artigo ..., propriedade do assistente José ..., sito em ..., e, aí, procederam ao arranque de um marco, constituído por um marmeleiro, existente e integrante do prédio do assistente, que se destinava a estabelecer os limites da sua propriedade com a dos arguidos, e ao arrancamento de um outro marco, constituído por uma parte de viga de pré-esforçado, com cerca de 70 cm, que se encontrava cravado no solo em cerca de 30 cm e que se destinava a estabelecer o limite da serventia de passagem a pé, de tractor e de carro, em benefício do prédio do assistente.

O marco constituído pelo marmeleiro encontrava-se no local há pelo menos 50 anos.

E o marco de viga de pré-esforçado foi lá colocado no local há cerca de 7 anos, por decisão proferida no processo n.°..., que correu os seus termos no 1.° Juízo do Tribunal de ...

No dia 21 daquele mesmo mês e ano, pelas 17H30, e naquele mesmo local, os arguidos dirigiram-se ao assistente e disseram-lhe em voz alta e em tom de voz intimidativo: "entras, mas já não sais!".

De seguida, o primeiro arguido agarrou num pau, com cerca de 1 metro de comprimento por 4 centímetros de espessura, ergueu-o no ar e investiu contra o assistente com ele em riste, ao mesmo tempo que afirmava que se ali entrasse o matava.

Agiram os arguidos de forma livre, concertada e em comunhão de esforços, com o propósito concretizado de retirar os marcos delimitativos do seu prédio em relação ao do assistente, para passar a usar, fruir e dispor de tal parte do prédio do assistente como se fosse propriedade sua e em prejuízo daquele, o que representaram. Mais pretenderam os arguidos provocar medo e inquietação ao assistente, o que conseguiram.

Sabiam, ainda, que as suas condutas eram proibidas e punidas por lei penal.

Pelo exposto, cometeram os arguidos A e M, em co-autoria material, sob a forma consumada e em concurso efectivo real:

> – **Um crime de alteração de marcos, p. e. p. pelo n.º 1 do artigo 216.º do Código Penal; e**

> – **Um crime de ameaça, p. e p. pelos artigos 153.º, n.º 1, e 155.º, n.º 1, al. a), do Código Penal.**

Prova:

Medida de coacção:

Nomeação de defensor:

Notificações:

Processei, imprimi, revi e assinei o texto, seguindo os versos em branco (art. 94.º/2 do Código de Processo Penal).

..., ...

O Procurador-Adjunto

I.VIII. Dos crimes contra o património em geral

I.VIII.1. *Crime de burla (artigo 217.º do Código Penal)*

CLS.
Inquérito n.º

ACUSAÇÃO

O Ministério Público acusa, em processo comum e para julgamento por tribunal de estrutura singular,

- **Henrique**
- **Carlos**

Porquanto:

No dia **25 de Julho de 2007, pelas 11h40**, os arguidos abordaram André, id. a fls. 2, junto da loja da TMN no Centro Comercial ..., em ..., mostrando-lhe um telemóvel topo de gama de marca ..., modelo ..., perguntando-lhe se o queria comprar.

Após alguns minutos de diálogo, André chegou a acordo com os arguidos na compra do telemóvel por 200 € (duzentos euros), até porque eles lhe diziam que só o vendiam tão barato por necessitarem de dinheiro.

O André dirigiu-se então ao multibanco existente em tal centro comercial, onde levantou aquela quantia em dinheiro, que entregou depois aos arguidos, recebendo em troca um saco preto atado, com um objecto no seu interior.

Já na posse de tal dinheiro, os arguidos abandonaram o referido centro comercial no veículo de marca ..., de matrícula ..., de cor cinzenta.

Ao abrir o saco, André constatou então que em vez do telemóvel que lhe tinha sido exibido se encontrava antes um pedaço de madeira, sem valor.

Agiram os arguidos de forma livre, concertada, em comunhão de esforços e com o propósito de determinar o ofendido à aquisição de tal pedaço de madeira na convicção de se tratar de tal telemóvel, assim obtendo do mesmo a referida quantia monetária, a que não tinham direito e em seu prejuízo, o que representaram.

Sabia ainda que a sua conduta era proibida e punida por lei penal.

Cometeram, pelo exposto, em autoria material, sob a forma consumada:

– **Um crime de burla p. e p. pelo artigo 217.°, n.° 1, do Código Penal.**

Prova:

Medida de coacção:

Nomeação de defensor:

Notificações:

Processei, imprimi, revi e assinei o texto, seguindo os versos em branco (art. 94.°/2 do Código de Processo Penal).

..., ...

O Procurador-Adjunto

I.VIII.2. *Crime de extorsão (artigo 223.º do Código Penal)*

CLS.
Inquérito n.º

ACUSAÇÃO

O Ministério Público acusa, em processo comum e para julgamento por tribunal de estrutura singular,

- **Rui Miguel ...**,

Porquanto:

No verão de 2007 o arguido conheceu Ana Sofia.

Após alguns encontros em ... e ..., o arguido referiu-lhe estar a residir na Inglaterra.

No mês de Novembro de 2007 o arguido disse à Ana Sofia que ia para Inglaterra, tendo a mesma perguntado ao arguido se lhe comprava alguns telemóveis naquele país, designadamente de marca N..., modelo ..., ao que o arguido referiu que ia ver os preços e que depois lhos comunicava.

Ainda em Novembro de 2007 o arguido telefonou de Inglaterra para a Ana Sofia, dizendo-lhe que existia, na altura, uma promoção em relação a tal tipo de aparelhos, custando dois telemóveis 200 € (duzentos euros). A Ana Sofia disse então ao arguido que estava interessada em 4 (quatro), tendo-lhe o arguido dito que lhe ficariam em 600 € (seiscentos euros) e mais 50 € (cinquenta euros) de portes de envio, ou seja 650 € (seiscentos e cinquenta euros).

Na sequência de tais contactos telefónicos, o arguido acabou por pedir à Ana Sofia que lhe enviasse o dinheiro, uma vez que não podia comprá-los de outra forma. A Ana Sofia, como continuava interessada em adquirir os referidos quatro telemóveis N..., procedeu ao depósito na conta do arguido n.° ..., da Caixa Geral de Depósitos, dos seguintes valores e nas seguintes datas:

- 29.11.2006: 75 € (setenta e cinco euros) – cf. fls. 57;
- 30.11.2006: 250 € (duzentos e cinquenta euros) – cf. fls. 57;
- 13.12.2006: 50 € (cinquenta euros) – cf. fls. 58;
- 14.12.2006: 20 € (vinte euros) – cf. fls. 58; e
- 14.12.2006: 20 € (vinte euros) – cf. fls. 59,

ou seja, um total de 415 € (quatrocentos e quinze euros).

No dia 19 de Fevereiro de 2008, a Ana Sofia transferiu para a conta do arguido o valor de 35 € (trinta e cinco euros), através das conta n.° ... da agência de ... da Caixa Geral de Depósitos, pertencente à sua amiga Anabela ....

Com esta última transferência o arguido ficou na posse de 450 € (quatrocentos e cinquenta euros) para aquisição dos referidos aparelhos, faltando apenas 200 € (duzentos euros) para os supra-aludidos 650 € (seiscentos e cinquenta euros).

Não obstante tal facto, o arguido deixou de dar notícia a respeito da aquisição dos aparelhos, o que levou a Ana Sofia a suspender as remessas de dinheiro, começando a telefonar ao arguido, como forma de obter esclarecimentos a tal respeito.

A partir de 25 de Janeiro de 2008, pelas 23h50, o arguido enviou as seguintes mensagens do cartão de acesso ao serviço telefónico móvel ... para o cartão de acesso ao serviço telefónico móvel da Ana Sofia com o n.° ...:

– "Não tou a gozar contigo, vou-te estragar a vida, além de te pegar fogo à casa, à alguém da tua família que vai parar ao hospital **por isso vê se depositas o dinheiro**, alguém vai a tua casa hoje e de algum familiar e vai chover tiro, acredita que te tás a meter num buraco do caralho, tu e tua família, é melhor não me ignorares, não sabes do que sou capaz de fazer, j'á vais ver cvomo é, daqui a pouco tempo tenho o teu n.° de casa, depois vás ter uma supresa, não gosto que brinquem comigo e tu gozaste, os teus pais não vão ter mais descanso, e o teu filho também não, cuidado que eles desaparecem todos" – dia 25.01.08, pela 24h00;

– "Dpx vex...N vaix goxtar nada...Eh pa aprederex a n brincarex cmg. E a tua Kasa tb vai ficar cm um desenhu altamente" – dia 31.01.08, pela 01h56;

– "Pensa bem kerex ixo ? **Ou vaix amanha ao banco depositar os 200€?** Tu eescolhex eh a ultima opurtinade" – dia 31.01.08, pelas 05h09;

– "Tu nem sonhax o k tah preparado pa ti n saix há tuia pk amanha eh o ultimu dia. E para tua informaxao cuidado sua…" – dia 31.01.08, pelas 05h09;

– "N vaix dizer nada? Vou mandar gente a tua kasa **e vou mandar por o artigo sobre ti no jornal** xau" – dia 31.01.08, pelas 11h48;

– "O combinado era depositar o k falta. N ha ka trokas frente a frente. **Axim k aja lah o guito levam te ox tlmx a kas.** So tenx ate ao fim do mês nem maix um day" – dia **09.02.08**, pelas 14h58;

– "**Eh assim os tlms aparecem tds assim k deposites.** Keres confias n keres fikas a arder…Tu eh K sabes jah ando farto eh mm assim. Se ainda n te fiz mal eh pk te curto e ganhas bem agr eh cgt" – dia **12.02.08**, pelas 19h25;

– "Olha vaix me responder? senao vou kagar mm d vez e voltam para mim ox tlmx…**200€ e recebes os tlms assim k esteja na conta ou então kaga**" – dia **12.02.08**, pelas 21h17;

– "N faxu xegar nada tua kasa. Arranja dixexte fim d Fevereiro. Eu jah te dixe pede a alguém e vaix ver tnx td ganhax td. Eh mm axim" – dia **12.02.08**, pelas 21h28;

– "**O fim deste mês eh dia 28. Ate esse dia tem d tar um deposito. Assim k deposites eu confirmo e passado 5h tenx isso**" – dia **12.02.08**, pelas 21h28;

– "E eh assim tax a dizer k arranjax n m enrroles com da ultima vez k n vale a pena…" – dia **12.02.08**, pelas 21h29;

– "Eh ctg…**Senao perdes td e fikax na merda**…Aindatax a tempo d fixarex bem" – dia **12.02.08**, pelas 21h30;

Na sequência destas mensagens foi realizado o depósito acima mencionado no dia 19 de Fevereiro de 2008.

O arguido continuou a enviar mensagens à ofendida, do mesmo cartão de acesso telefónico, com o seguinte conteúdo:

– "Aguentate k vou tratar d td. Vou ter k ser eu arranhar o € k falta. Ou vou levam xumbo" – dia 21.02.08, pelas 10h25;

– "Karalhu mete bna tua kabexa k n dah. Nexte momento tenhu uma ameaxa em xima d mim ou vaix ajudar ou vaix te fuder tb" – dia 22.02.08, pelas 20h19;

– "Enganeite? Opah vai te fuder então. E deixa k o ppl vai trax d ti se n pagarex o k falta. E cm jah te tinha dito cuidado tem fotx da tua família...E o guito pax paxagenx eh do visa. Pk se vou embora vou gaxtalo. Xau então at maix nc" – dia 26.02.08, pelas 13h27;
– "Acredita uma keixa contra mim n te dah em nada. Eu agr vou ate ao fim e preparate ke te sai td ao contrario. E adeu vemunux entao em tribunal. Mas preparate k me vaix ter d pagar td viagenx para Portugal td. Xau karalhu" – dia 01.04.08, pelas 14h21.

O arguido enviou ainda uma mensagem de correio electrónico à Ana Sofia, com o seguinte teor:
– "doute ate ao fim de Janeiro tenho fotos da tua família cuidado ke correte mal ... se kerem os tlms tens ate ao fim de fevereiro. Os tlms tão em portgal cm um amigo meu assim ke deposites o ke falta os moveis xegam a tua casa na hora".

O arguido nunca apresentou qualquer aparelho à Ana Sofia e nunca restituiu o dinheiro que recebeu, assim o fazendo seu, conforme havia anunciado nas mensagens telefónicas que lhe enviou.

Agiu o arguido de forma livre e com o propósito concretizado de, usando a relação de amizade e de confiança que estabeleceu com a Ana Sofia e o argumento de que em tal país os referidos aparelhos eram mais baratos, determinar a ofendida a entregar-lhe dinheiro, sem intenção de adquirir tais aparelhos ou de lhe restituir tal quantia monetária, que ascendeu a 415 € (quatrocentos e quinze euros), que sabia não lhe pertencer, bem sabendo ainda que com tal conduta produzia prejuízo patrimonial à ofendida.

Ao remeter tais mensagens, agiu com o propósito reiterado de produzir receio, medo e inquietação à ofendida e de assim a determinar à entrega de mais 200 € (duzentos euros), que sabia não serem devidos, e ainda com o objectivo de produzir prejuízo patrimonial à ofendida, o qual logrou concretizar em relação aos 35 € (trinta e cinco euros) transferidos no dia 19 de Fevereiro de 2008, que nunca restituiu, resultado este que representou.

Sabia ainda que as suas condutas eram proibidas e punidas por lei penal.

Cometeu, pelo exposto, em autoria material, sob a forma consumada:

– **Um crime de extorsão p. e p. pelo artigo 223.º, n.º 1, do Código Penal.**

Prova:

_____

Medida de coacção:

_____

Nomeação de defensor:

_____

Notificações:

Processei, imprimi, revi e assinei o texto, seguindo os versos em branco (art. 94.º/2 do Código de Processo Penal).

..., ...

O Procurador-Adjunto

I.IX. Dos crimes contra direitos patrimoniais

I.IX.1. *Crime de insolvência dolosa (artigo 227.° do Código Penal)*

CLS.
Inquérito n.°

ACUSAÇÃO

O Ministério Público acusa em processo comum e para julgamento por tribunal de estrutura singular, ao abrigo do disposto no artigo 16.°, n.° 3, do Código de Processo Penal:

Manuel ...

Porquanto:

A empresa *Confecções* ..., com sede na ... era uma sociedade comercial por quotas, constituída em ... e tinha como objecto o comércio e a indústria de peúgas e confecções.

A *Confecções...* tinha, originariamente, como sócios:
– o arguido **Manuel ...**, com uma quota de 320.000$00;
– António ..., pai do arguido, com uma quota de 80.000$00.

A gerência da *Confecções...* sempre esteve a cargo do arguido **Manuel da Silva Gonçalves**.

Em 13 de Maio de 1994, foi registado um aumento do capital social no valor de 14.600.000$00, passando o mesmo para 15.000.000$00, repartido da seguinte forma:
– **Manuel** ficou a deter uma quota de 12.000.000$00;
– António ficou a deter uma quota de 3.000.000$00.

Em 28 de Novembro de 2001, foi registada a redenominação do valor nominal das quotas e do capital social, passando o mesmo a ser de € 74.819,69 e as quotas de **Manuel** e António de € 59.855,75 e € 14.963,94, respectivamente.

Em 14 de Fevereiro de 2003, **Manuel**, que renunciara à gerência no mês anterior, procedeu à transmissão da sua quota, no valor de € 59.855,75, para a cidadã marroquina Mina ..., solteira, maior.

Em 5 de Maio de 2003, a *Confecções* ..., passou a ter a sua sede no Edifício ...

Por sentença proferida no âmbito do Processo n.º ..., do Tribunal Judicial da Comarca de ..., com data de 23 de Maio de 2003 e já transitada em julgado, foi declarada a falência da *Confecções* ...

Tendo por base os dados registados nas declarações fiscais, para efeitos de IRC, e, bem assim, na documentação contabilística, da *Confecções* ..., respeitante aos anos de 2000 a 2002, de forma a analisar as principais rubricas do balanço e a evolução dos proveitos, dos custos e dos resultados, constata-se que:

Quanto ao Activo
Em 1998, era de € 19.472,27;
Em 1999, era de € 49.627,46;
Em 2000, era de € 4.241,22;
Em 2001, era de € 83.806,97;
Em 2002, era de € 0,00.

As contas que constituem esta massa patrimonial são as da Caixa e Depósitos à Ordem. Destas, saliente-se que, no ano de 2001, a conta de Depósitos à Ordem apresentava um saldo negativo de € 5.947,18, enquanto que a Caixa apresentava um saldo positivo de € 83.806,97.

Quanto ao ano de 2002, as disponibilidades não têm qualquer valor positivo, verificando-se que a conta Bancos não apresentava qualquer saldo e a conta Caixa apresentava um saldo negativo de € 4.441,21, valor incorporado no Balanço na rubrica "Dívidas a Instituições de Crédito".

Quanto às Dívidas de Terceiros
Em 1998, eram de € 137.410,61;
Em 1999, eram de € 166.713,53;
Em 2000, eram de € 147.334,74;
Em 2001, eram de € 209.133,08;
Em 2002, eram de € 661.304,75.

Divisa-se, assim, que as obrigações dos clientes conheceram tendência crescente, destacando-se o aumento de 2001 para 2002, na ordem de € 452.171,67, isto é, um aumento de 216,21% relativamente ao ano anterior.

Efectuada a análise da conta de Clientes, no ano de 2002, verificou-se que as vendas aos clientes *S* e *L* representavam 72% das vendas desse ano, com destaque para a ...., que representava 47% das vendas.

Quanto ao Capital Próprio e Passivo

Ano	1998	1999	2000	2001	2002
Capital Social	€ 74.819,69	€ 74.819,69	€ 74.819,69	€ 74.819,69	€ 74.819,69
Prestações Suplementares	€ 149.639,37	€ 149.639,37	€ 34.915,85	€ 34.915,85	€ 34.915,85
Reservas de Reavaliação	€ 124.699,47	€ 124.699,47	€ 124.699,47	€ 124.699,47	€ 124.699,47
Outras Reservas	€ 11.662,78	€11.662,78	€11.662,78	€ 12.797,23	€ 12.797,23
Resultados Transitados	€ 49.262,20 (negativos)	€ 38.923,78 (negativos)	€ 68.176,64 (negativos)	€ 68.176,64 (negativos)	€ 155.309,52 (negativos)
Resultado Líquido do Exercício	€ 10.875,02	€ 25.727,54 (negativos)	€ 22.688,71	€ 108.687,12 (negativos)	€ 50.019,56 (negativos)
Total do Capital Próprio	€ 322.434,13	€ 296.170,00	€ 200.609,86	€ 91.922,81	€ 41.903,15

No que concerne à estrutura do Capital Próprio, é de salientar a existência de Prestações Suplementares e Reservas de Reavaliação, desconhecendo-se quando foram constituídas e quais os pressupostos subjacentes às mesmas.

Os resultados líquidos positivos de 1998 e 2000 não foram suficientes para cobrir os resultados negativos que vinham de anos anteriores (resultados transitados). Os resultados líquidos atingiram em 2001 o valor negativo até aí mais elevado, no montante de € 108.687,12, cifrando-se em 2002 já na casa dos € 205.329,08 (resultado transitado + resultado líquido do exercício).

Acresce ainda que, o ano que registou o resultado líquido do exercício negativo mais elevado (2001) ficou também marcado pela alienação significativa do imobilizado corpóreo da sociedade *Confecções* ..., conforme abaixo se detalhará, o que teve um impacto negativo nos resultados negativos apresentados.

Quanto ao Passivo

No ano de 1998, era de € 101.017,45 (incluindo € 95.010,33 de dívidas a terceiros com prazo);

No ano de 1999, era de € 229.774,90 (incluindo € 190.662,59 de dívidas a terceiros com prazo);

No ano de 2000, era de € 298.640,28 (incluindo € 213.840,70 de dívidas a terceiros com prazo);

No ano de 2001, era de € 390.205,72 (incluindo € 367.956,83 de dívidas a terceiros com prazo);

No ano de 2002, era de € 810.755,45 (incluindo € 742.902,75 de dívidas a terceiros com prazo).

Constata-se um aumento substancial das dívidas a terceiros a curto prazo, tendo-se apurado que, no mês de Dezembro de 2002, a sociedade *Confecções* ..., registou aquisições à S... ... no valor de € 215.239,40 e no ano inteiro no montante de € 381.682,28, ou seja, só no mês de Dezembro adquiriu 56,50% do valor total do ano de 2002.

As dívidas à S... ..., na estrutura das dívidas totais aos fornecedores, representavam 47,5% do total.

Quanto ao Imobilizado

No ano de 2000, o valor do imobilizado corpóreo situava-se nos € 560.780,13.

No ano de 2001, o valor do imobilizado corpóreo situava-se nos € 152.942,39, registando-se uma diminuição de € 412.178,76.

No ano de 2002, o valor do imobilizado corpóreo voltou a cair, agora para os € 131.404,77, havendo uma diminuição de e 21.537,62.

Com efeito, o imobilizado corpóreo sofreu um decréscimo significativo (73,50%) em 2001, decréscimo esse que decorreu da alienação de diverso material à S... ..., através das facturas números 932 e 933 (cf. fls. 54 a 57 do relatório), no valor de € 47.075,20 e € 3.400,00, respectivamente.

Concretizando, o decréscimo de € 412.178.76, em 2001, resultou da alienação do seguinte imobilizado:

– Equipamento Básico: € 379.569,18;
– Equipamento de Transporte: € 15.462,73;
– Ferramentas e Utensílios: € 11.581,21;
– Outras Imobilizações Corpóreas: € 5.565,64.

Relativamente à contabilização da alienação mencionada, lobrigou-se o seguinte:
- a saída do imobilizado através do crédito das respectivas contas de imobilizado;
- foi regularizado o montante das amortizações acumuladas referentes ao imobilizado alienado (conta 48);
- o registo do valor da alienação (facturas 932 e 933) na conta "2113001-Clientes/S........", por contrapartida de custos e perdas extraordinárias e proveitos e ganhos extraordinários.

Esta alienação gerou como resultado para a sociedade *Confecções ...a*, uma menos valia de € 99.623,94, resultante de:
- conta "694 – Perdas em Imobilizações": € 99.693,65;
- conta "794 – Ganhos em Imobilizações: € 69,71.

Este montante de custo (menos valia) resulta da diferença entre o valor actual contabilístico (valor aquisição – amortizações) e o valor de alienação (venda), isto é, os bens foram alienados por valores inferiores àqueles que os mesmos possuíam contabilisticamente, traduzindo-se, assim, num custo de carácter extraordinário para a sociedade *Confecções ....*

No que concerne ao recebimento dos valores da alienação, vislumbra-se que a empresa *S....*, a quem foi facturado o imobilizado, é também fornecedora da *Confecções ...*, sendo as operações registadas na conta "22130001", pelo que os valores em dívida e os valores a receber foram ficando em conta corrente.

Deste modo, da confrontação de ambas as contas sobressai que a empresa *S...*, em finais de 2002, era credora de € 25.335,19, ou seja, dito inversamente, a sociedade *Confecções ...*, era devedora deste valor, apurado da seguinte forma:
- "2113001-Cliente/S...": € 356.347,09
- "2113001-Fornecedor/S....": € 381.682,28

Saldo a favor da *S....*": € 25.335,19.

Logo, no ano de 2001, a sociedade *Confecções*, alienou 73.5% do seu imobilizado corpóreo, essencialmente equipamento básico e transportes, sendo que tal imobilizado era essencial à actividade de produção.

Nessa medida, a venda revelou-se bastante prejudicial para a sociedade *Confecções*, que, para além de ficar sem equipamentos essenciais à actividade de produção, incorreu num custo (adveniente da menos valia) de € 99.623,94.

Ademais, o resultado do exercício apresentado na Declaração Anual (fls. 64 dos autos) e no Balanço de 2001, no valor de € 2.936,12 negativos, não corresponde a realidade das operações realizadas esse ano, uma vez que o balancete de encerramento deste mesmo ano apresentava um resultado negativo na ordem dos € 108.687,21.

Pelo que, desconhece-se qual a origem do resultado líquido de 2001 apresentado para efeitos fiscais, ainda que em 28 de Maio de 2003 haja sido apresentada uma declaração de substituição a rectificar o resultado líquido de 2001 (cf. fls. 570 dos autos).

No ano de 2002, verificou-se um acréscimo no imobilizado corpóreo, no montante de € 22.729,55, resultante da alienação de bens registados nas contas:

– Edifícios e Outras Construções: € 1.745,79
– Equipamento Administrativo: € 20.983,76.

Após esta alienação, a sociedade *Confecções*, ficou sem equipamento administrativo, revelando-se esta conta saldada (saldo zero).

Sublinhe-se que este equipamento foi vendido a Zélia ... (cf. fls. 88 do relatório), no valor de € 1.610,00 e datada de 22 de Abril de 2202, sendo registada na conta "... – Zélia ...".

A residência da compradora coincide com a do arguido, na medida em que Zélia ... é a sua companheira.

Segundo o extracto da conta de cliente (21110001) e o Balancete Analítico de 31 de Maio de 2003 (cf. fls. 575 dos autos e 90 do relatório) não foi efectuado qualquer registo do recebimento deste montante até a data em que foi decretada a falência (23.05.2003).

A sociedade *Confecções* ..., ficou, pois, sem qualquer equipamento administrativo para poder laborar, nomeadamente computadores, programas de computadores, impressoras, fotocopiadoras, ar condicionado e mobiliário, conforme se pode constatar do mapa das mais valias e menos valias fiscais (cf. fls. 84 e 87 do relatório).

Com esta alienação, a sociedade *Confecções* ..., deixou de ter qualquer valor registado na rubrica de equipamento administrativo de imobilizado corpóreo.

Após os registos contabilísticos da alienação, designadamente o registo da saída dos bens vendidos, o registo da regularização das amortizações acumuladas referente aos bens vendidos e o registo da factura de venda, ressalta que a sociedade *Confecções* incorreu novamente numa menos valia (de € 2.165,21), a qual resultou do facto de se ter vendido imobilizado corpóreo a um preço inferior àquele que está registado na contabilidade, gerando, desta forma, um custo no montante aludido.

Donde, também em 2002, a sociedade *Confecções*, para além alienar imobilizado essencial à laboração da empresa, teve ainda um custo de € 2.165,21 resultante da alienação; por outro lado, ficou por receber o montante de € 1.610,00 relativo à venda do imobilizado (factura 955) a Zélia ....

No final de 2002, a sociedade *Confecções* ..., apresentava no imobilizado corpóreo o valor de € 131.404,79, que dizia respeito ao edifício da fábrica e a obras no mesmo, a um compressor da marca *Rand* e a dois veículos automóveis, um *Opel*, modelo *Kadett*, com a matrícula ..., e um *Volkswagen*, modelo *Passat*, com a matrícula ....

A máquina e os dois veículos encontravam-se totalmente amortizados.

As alienações referidas anteriormente retiraram, numa primeira fase, a capacidade industrial da sociedade *Confecções* ..., e, numa segunda fase, a sua capacidade administrativa, tendo como consequência, a acrescer à perda dos bens alienados, os custos extraordinários resultantes destas alienações no montante total de € 101.789,15.

Ficando o imobilizado reduzido ao edifício, a duas viaturas e a um compressor, a actividade desta empresa ficava, na prática, comprometida.

Reforce-se que, em ambas as alienações, não correu qualquer fluxo financeiro: no caso da *S.*..., a haver pago algo terá sido com o fornecimento de mercadoria, não sendo possível verificar se os fornecimentos registados na contabilidade ocorreram na sua globalidade; no caso de Zélia, a sua dívida jamais chegou a ser liquidada até à data em que foi decretada a falência da sociedade *Confecções* ....

Quanto ao imobilizado incorpóreo, é de salientar a constituição de uma Reserva de Reavaliação (que consiste na correcção monetária de determinados activos não monetários, com expressão no Capital Próprio através das denominadas «reservas de reavaliação», as quais representam, em rigor, resultados potenciais), cujo procedimento contabilístico está previsto na Directriz Contabilística (DC) n.º 16, designada por "Reavaliação de Activos Imobilizados Tangíveis", e se aplica, portanto, a activos tangíveis e não a intangíveis.

No processo de reavaliação, deverão ser indicados no Anexo ao Balanço e à Demonstração dos Resultados os diplomas legais em que se baseou a reavaliação ou, diferentemente, se trata de uma reserva extraordinária.

Ora, compulsado o registo contabilístico de reavaliação do imobilizado intangível (incorpóreo) da *Confecções*, denota-se que o mesmo é incorrecto, dado que não está sustentado nem nos princípios legalmente estabelecidos, nem nos princípios tradicionalmente aceites e seguidos pela generalidade dos técnicos de contas.

Depois, a dita reserva foi constituída, segundo mapa do imobiliário incorpóreo (vide fls. 31 do apenso 1) no ano de 1998 e no montante de € 124.699,37, estando, deste jeito, a estrutura de capitais próprios da empresa sobrevalorizada neste montante, o que permitiu ocultar a situação de falência técnica nos anos de 2001 e 2002.

Mais ainda:

Durante o ano de 2000, o arguido **Manuel** deslocou-se, várias vezes, a Marrocos, estabelecendo contactos com o governo daquele país no intuito de deslocalizar a fábrica da *Confecções*, para o país em questão, posto que os custos de produção e a isenção de impostos aí fossem muito atractivos.

Nesse contexto, em Dezembro de 2001 cessou a actividade produtiva da *Confecções*, tendo vendido, como se plasmou, a maquinaria a uma firma, a *S.*, com sede em ..., que o próprio havia constituído.

O objectivo era o de a empresa marroquina produzir as peúgas para um único cliente, a *Confecções*, a qual, por sua vez, adquiriria as matérias-primas para a *S...*, por se mostrar vantajoso em termos alfandegários.

Ao proceder a esta deslocalização, a sociedade *Confecções*, sob a gestão singular e a direcção efectiva do arguido **Manuel ...**:

– cessou a actividade produtiva;

– despediu cerca de 20 funcionários (permanecendo apenas a empregada de escritório, Sónia...);

– deixou dívidas a fornecedores.

Dentre essas dívidas, destaca-se a atinente à sociedade *O...* sociedade comercial de direito espanhol, sem representação em Portugal, com sede na ..., no montante de € 33.385,09 (vide o ponto 2 dos factos assentes na sentença que decretou a falência), de tal sorte que foi a *O...* quem veio instaurar a acção tendente à falência da sociedade *Confecções* ....

São ainda de assinalar as seguintes dívidas a outros fornecedores:

– à sociedade *C...*, com sede ..., no valor de € 1.655,67;

– à sociedade *V...*, com sede no ..., no valor de € 4.637,51;

– à sociedade *K...*, no valor de € 3.250,22;

– à sociedade *M...*, com sede..., o montante de € 7.744,34.

As dívidas a fornecedores ascendiam, por conseguinte, ao montante global de € 47.397,74.

A sociedade *Confecções* ..., devia também ao Estado, a título de IRC, a quantia de € 23.232,99 (vide o ponto 3 dos factos assentes na sentença que decretou a falência).

O equipamento alienado à *S.* ..., chegou a laborar em território marroquino, mais concretamente na zona industrial de ..., tendo, inclusive, o arguido **Manuel** ... pedido à funcionária Sónia ... para o acompanhar, em Janeiro de 2002, a Marrocos, a fim de ensinar à funcionária marroquina, de seu nome Mina ..., o funcionamento do escritório da empresa.

A Sónia ..., volvida uma semana, regressou a ....

Realce-se, no entanto, que foi sempre a Sónia ... quem, no escritório de..., efectuou todo o trabalho administrativo, quer da *Confecções...* quer da *S... ....*, até finais de 2002, altura em que deixou a *Confecções...* por mútuo acordo, por estar saturada dos atrasos nos pagamentos.

Em todas as tarefas que Sónia ... executou no escritório, para as duas firmas, fê-lo no cumprimento das ordens que lhe iam sendo transmitidas pelo arguido **Manuel** ...

Acresce que, dois funcionários portugueses, do sector da produção, se deslocaram da *Confecções...* para ..., para ajudar na instalação da fábrica.

Todavia, a *S...* não conseguiu laborar a 100%, por falta de mão-de--obra qualificada e pela má qualidade da energia eléctrica.

Nesse conspecto, a qualidade do produto final da *S...*era má, o que conduziu à perda de clientes.

Em finais de 2002 início de 2003, o arguido **Manuel** ... deixou, de forma definitiva, o território de Marrocos, abandonando a *S..* e transmitindo a respectiva quota e cedendo a gerência da *Confecções...*, com sede na ..., à Mina ..., funcionária da firma *S...*, em ....

As acções supra descritas levadas a cabo pelo arguido **Manuel** ..., concretizadas na dissipação e dissimulação do património da sociedade *Confecções* ..., de que era sócio-gerente, foram causa directa e necessária da posterior decisão judicial de declaração de falência desta sociedade.

Destarte, o arguido **Manuel** ... agiu de forma livre e voluntária, no intuito, alcançado, de fazer desaparecer e dissimular o património, mormente o imobilizado corpóreo, da sociedade ..., e de, desse modo, obstar a que os credores da sociedade conseguissem obter a cobrança coerciva dos seus legítimos créditos à custa dos bens respectivos, o que representou.

Agindo do referido modo livre e voluntário, o arguido representou que as condutas por si assumidas lesavam os legítimos interesses dos credores da sociedade *Confecções* ..., e lhes causariam, como causaram, graves prejuízos, impedidos que ficaram de cobrar os seus créditos.

Sabia, também, que tais condutas eram proibidas e criminalmente punidas.

Pelo exposto, cometeu o arguido **Manuel ...** a autoria material, sob a forma consumada, de:

– **Um crime de insolvência dolosa**, p. e p. pelo artigo 227.º, n.ᵒˢ 1, al. a), 2 e 3, do Código Penal.

Prova:

Medida de coacção:

Nomeação de defensor:

Notificações:

Processei, imprimi, revi e assinei o texto, seguindo os versos em branco (art. 94.º/2 do Código de Processo Penal).

..., ...

O Procurador-Adjunto

I.IX.2. *Crime de insolvência negligente (artigo 228.°, n.° 1, al. b), do Código Penal)*

CLS.
Inquérito n.°

Os presentes autos iniciaram-se com uma certidão extraída de um processo de insolvência, que correu termos no 2.° Juízo deste Tribunal, sob o n.° ..., no qual a sociedade comercial J requereu a sua declaração de insolvência, alegando encontrar-se absolutamente impossibilitada de cumprir as suas obrigações vencidas ou quaisquer outras e esclarecendo que o seu passivo é manifestamente superior ao seu activo.

De acordo com tal certidão, esta sociedade foi declarada insolvente por sentença de 25 de Junho de 2007.

Foi junta certidão da Conservatória do Registo Comercial (fls. 9 a 12), de acordo com a qual a J tem dois sócios mas apenas o sócio C exerce as funções de gerente e obriga a sociedade.

*

Estes factos são susceptíveis de integrar, além do que adiante se considerará, os elementos do tipo de ilícito do crime de insolvência dolosa, p. e p. pelo artigo 227.° do Código Penal.

*

Foram realizadas diligências com vista a apurar da verificação deste crime, designadamente foi inquirida M, técnica oficial de contas, que disse ter trabalhado na J entre Janeiro de 2003 e Junho de 2007 e esclareceu que esta sociedade foi atingida pela crise que afecta todo o sector têxtil português, com a especial fragilidade de os seus produtos serem preferencialmente vendidos nos meses de verão (trata-se de peças de vestuário utilizadas na praia), o que levou a que deixasse de ter capacidade para cumprir as suas obrigações, particularmente para com o fisco e a segurança social. Disse ainda que a situação da J se agravou a partir do momento em que foi sujeita a uma penhora que determinou a paralisação da sua actividade, no final do mês de Maio de 2007.

C, sócio-gerente da J, constituído arguido e interrogado nessa qualidade (fls. 240) disse, além do mais, que a sociedade gradualmente deixou de ter capacidade para cumprir as suas obrigações e justificou tal facto com a crise do sector têxtil em Portugal, a invasão do mercado por produtos chineses e indianos e o facto de os produtos da J serem sazonais. Disse ainda que a penhora das instalações da sociedade, efectuada em Maio de 2007, foi decisiva para a paralisação da sua actividade.

Foi junto o Parecer do Administrador da Insolvência a propósito do incidente de qualificação da insolvência (fls. 180 a 182), que referiu que a situação da sociedade se ficou a dever à grave crise que afecta o sector têxtil, ao facto de a J desenvolver uma actividade sazonal, ao aumento dos custos das matérias-primas e a uma penhora de que foi objecto que afectou os bens móveis necessários à continuidade da sua actividade.

Neste parecer o Administrador da Insolvência qualificou a insolvência como fortuita, por entender que "não concorreram elementos susceptíveis de relacionar a conduta dos seus administradores com o estado declarado de insolvência que a permitem qualificar como culposa".

Na sequência deste parecer, e com a concordância do Ministério Público (fls. 186), a insolvência foi qualificada como fortuita (fls. 188 e 189).

*

Dispõe o artigo 227.º, n.ºs 1 e 3, do Código Penal, com a epígrafe "Insolvência dolosa", que:

"*1 – O devedor que com intenção de prejudicar os credores:*

a) Destruir, danificar, inutilizar ou fizer desaparecer parte do seu património;

b) Diminuir ficticiamente o seu activo, dissimulando coisas, invocando dívidas supostas, reconhecendo créditos fictícios, incitando terceiros a apresentá-los, ou simulando, por qualquer outra forma, uma situação patrimonial inferior à realidade, nomeadamente por meio de contabilidade inexacta, falso balanço, destruição ou ocultação de documentos contabilísticos ou não organizando a contabilidade apesar de devida;

c) Criar ou agravar artificialmente prejuízos ou reduzir lucros; ou

d) Para retardar falência, comprar mercadorias a crédito, com o fim de as vender ou utilizar em pagamento por preço sensivelmente inferior ao corrente;

é punido, se ocorrer a situação de insolvência e esta vier a ser reconhecida judicialmente, com pena de prisão até cinco anos ou com pena de multa até 600 dias.
 (...)
 3 – Sem prejuízo do disposto no artigo 12.º, é punível nos termos dos n.ᵒˢ 1 e 2 deste artigo, no caso de o devedor ser pessoa colectiva, sociedade ou mera associação de facto, quem tiver exercido de facto a respectiva gestão ou direcção efectiva e tiver praticado algum dos factos previstos no n.º 1."

O tipo objectivo tem de ser analisado sob três primas: o agente, as modalidades da acção e o resultado típico.

Quanto ao agente, trata-se de um crime específico puro, uma vez que só pode ser praticado por um devedor cuja insolvência possa ser objecto de reconhecimento judicial ou, caso o devedor seja uma pessoa colectiva, pelas pessoas singulares que pratiquem as condutas típicas como titulares dos seus órgãos (n.º 3).

Na situação de autos, o agente do crime – o sócio-gerente que pratica determinados actos como titular de órgão da sociedade – corresponde à especificidade do tipo.

No que respeita às modalidades da acção, podem reconduzir-se a condutas que provocam uma diminuição real do património, condutas que provocam uma diminuição fictícia do património líquido e condutas que visam ocultar uma situação de crise conhecida do devedor.

No caso em apreciação, não resultam dos autos indícios de que o arguido C tenha actuado de acordo com alguma das modalidades de conduta acima descritas, uma vez que apenas foi possível apurar que a insolvência se ficou a dever à grave crise que afecta o sector têxtil, ao facto de a J desenvolver uma actividade sazonal, ao aumento dos custos das matérias-primas e a uma penhora de que foi objecto que afectou os bens móveis necessários à continuidade da sua actividade (cf. Parecer do Administrador da Insolvência de fls. 180 a 182, inquirição de M a fls. 230 e interrogatório do arguido C a fls. 240).

Por último, verificou-se o resultado típico, uma vez que ocorreu uma situação de impotência económica.

Quanto ao tipo subjectivo, trata-se de um crime doloso, em que se exige a intenção de prejudicar os credores.

A al. d) contém ainda um outro elemento subjectivo da ilicitude, uma vez que exige a intenção de vender ou utilizar em pagamento por preço sensivelmente inferior ao corrente as mercadorias compradas a crédito e a intenção de retardar o reconhecimento judicial da insolvência.

À semelhança do referido quanto às modalidades de acção, também não há indícios de que o arguido tenha actuado com intenção de prejudicar os credores, nem tão pouco de transaccionar mercadorias a um preço inferior ou de retardar o reconhecimento judicial da insolvência, pelo que não há indícios que sustentem o elemento subjectivo do tipo de ilícito.

Por último o tipo exige a verificação de uma condição objectiva de punibilidade, em concreto exige o reconhecimento judicial da situação de insolvência, o que aconteceu nos presentes autos (cf. fls. 100).

Em conclusão, não resultam dos autos indícios suficientes de que o arguido C, enquanto sócio-gerente da J tenha provocado uma diminuição real ou fictícia do património ou que tenha ocultado uma situação de crise, nem tão pouco há elementos que permitam concluir que o arguido tenha actuado com intenção de prejudicar os credores ou de transaccionar mercadorias a um preço inferior ou de retardar o reconhecimento judicial da insolvência, pelo que não há indícios que sustentem o elemento subjectivo do tipo de ilícito.

Ora, dos elementos recolhidos nos autos, não é possível concluir pela imputação ao arguido C de um crime de insolvência dolosa, não se afigurando que em julgamento, com base nesse mesmos elementos, lhe viesse a ser aplicada uma qualquer pena.

Assim, na falta de diligência útil a ordenar, determina-se o arquivamento destes autos de inquérito, nesta parte, ao abrigo do preceituado no artigo 277.º, n.º 2, do Código de Processo Penal, sem prejuízo da sua reabertura, nos termos do artigo 279.º, n.º 1, do mesmo diploma legal, caso venham a surgir novos elementos de prova que invalidem os fundamentos ora invocados, no prazo estabelecido pelo artigo 118.º, n.º 1, al. b), do Código Penal.

Cumpra o disposto no artigo 277.º, n.º 3, do Código de Processo Penal.

ACUSAÇÃO

O Ministério Público acusa, em processo comum e para julgamento por tribunal de estrutura singular,

C

Porquanto:

O arguido e M são os sócios da J, sociedade por quotas, matriculada na Conservatória do Registo Comercial da ... com o n.º ... e com sede em ..., porém só o arguido exerce as funções de gerente e obriga a sociedade (cf. fls. 106 a 109).

Por decisão de 25 de Junho de 2007, proferida no âmbito do processo n.º ..., que correu os seus termos no 2.º Juízo deste Tribunal, a J foi declarada insolvente (cf. fls. 96 a 101).

A J estava em dificuldades económicas e financeiras pelo menos desde o ano de 2003, uma vez que tem uma dívida de € 1.190 à ..., vencida em 11 de Julho de 2003 e não paga.

No ano de 2004 mantiveram-se as dificuldades económicas e financeiras da J, que acumulou as seguintes dívidas vencidas e não pagas:

Credor	Valor em euros	Vencimento
...		

No ano de 2005 mantiveram-se as dificuldades económicas e financeiras J, que acumulou as seguintes dívidas vencidas e não pagas:

Credor	Valor em euros	Vencimento
...		

No ano de 2006 mantiveram-se as dificuldades económicas e financeiras da J, que acumulou as seguintes dívidas vencidas e não pagas:

Credor	Valor em euros	Vencimento
...		

No ano de 2007 mantiveram-se as dificuldades económicas e financeiras da J, que acumulou as seguintes dívidas vencidas e não pagas:

Credor	Valor em euros	Vencimento
...		

Além destas dívidas, a J tem ainda dívidas fiscais que ascendem a € 803.731,93, sendo que a parcela mais antiga remonta a Fevereiro de 2004 (cf. fls. 198 a 203).

Porém, a J só em 19 de Junho de 2007 se apresentou à insolvência.

O arguido, na qualidade de sócio-gerente da J, agiu de forma livre, com o propósito concretizado de não requerer em tempo nenhuma providência de recuperação, conforme lhe era legalmente imposto, só o tendo feito a 19 de Junho de 2007, 3 anos e 11 meses depois da primeira dívida não paga, bem sabendo que esta sociedade apresentava dificuldades económicas e financeiras desde 2003 e até 2007 e que não cumpria as obrigações para com os credores.

O arguido sabia que a sua conduta era proibida e punida por lei penal.

Pelo exposto, cometeu, em autoria material e sob a forma consumada:

Um crime de insolvência, p. e p. pelo artigo 228.º, n.º 1, al. b), do Código Penal, com referência aos artigos 14.º, n.º 1, do Código Penal, 6.º do Código dos Processos Especiais de Recuperação da Empresa e de Falência e 18.º, n.º 1, do Código da Insolvência e da Recuperação de Empresas.

Prova:

Medida de coacção:

Nomeação de defensor:

Notificações:

Processei, imprimi, revi e assinei o texto, seguindo os versos em branco (art. 94.º/2 do Código de Processo Penal).

..., ...

O Procurador-Adjunto

I.IX.3. *Crime de apropriação ilegítima e crime de receptação (artigos 209.º, n.º 2, e 231.º do Código Penal)*

{Nota: contra a previsão da negligência no artigo 231.º, n.º 2, do Código Penal, consulte-se a anotação ao preceito em causa no **Comentário Conimbricense ao Código Penal.**

A tese da não previsão da negligência no artigo 231.º, n.º 2, do Código Penal não convence.

Na verdade, não faria sentido que o legislador previsse no preceito em causa o dolo directo e o dolo necessário no n.º 1, reservando o n.º 2, apenas para o dolo eventual. Tal técnica não é seguida em qualquer preceito do Código Penal, sendo tal constatação um elemento interpretativo de monta para desde logo se afirmar que tal caminho interpretativo não é curial.

Por outro lado, em todas as versões do Código Penal sempre se puniu no respectivo preceito a receptação dolosa e a receptação negligente. Veja-se a este respeito a anotação ao artigo 329.º do Código Penal de 1982 de Leal Henriques – Simas Santos, em O Código Penal de 1982, vol. 4, 1987, páginas 259 a 260, Edição Rei dos Livros, 1989. Aí se refere o seguinte:

"O n.º 3 prevê a receptação culposa, que ocorre quando o agente, não tendo conhecimento certo da origem criminosa da coisa que adquire ou recebe, devia tê-la presumido em função da própria qualidade da coisa, da desproporção entre o preço proposto e o valor ou da condição de quem oferece."

Tal n.º 3 do artigo 329.º do Código Penal de 1982 correspondia ao n.º 1 do artigo único do Decreto-Lei n.º 28/79, de 22.02, sendo de notar que foi suprimido o seu n.º 2. Foi com o Código Penal de 1982 que a receptação negligente passou a ter relevância a título de crime, posto que até então fazia parte dos ilícitos contravencionais.

Para além do elemento interpretativo ligado à técnica de construção dos tipos e de tal elemento histórico, importa anda referir que uma opinião veiculada em Comissão Revisora de Código Penal não tem qualquer valor interpretativo desacompanhada de outros elementos inequívocos a respeito da vontade que fez vencimento em tal Comissão.

Finalmente, a letra do artigo 231.º, n.º 2, do Código Penal plasma de forma inequívoca a negligência, quando estabelece:

"Quem, sem previamente se ter assegurado da sua legítima proveniência, adquirir ou receber, a qualquer título, coisa que, pela sua qualidade ou pela condição de quem lhe oferece, ou pelo montante do preço proposto, faz razoavelmente suspeitar que provém de facto ilícito típico contra o património, é punido...".

Se o arguido não se assegurou da legítima proveniência e apenas devia ter suspeitado, como qualquer cidadão normal, como um bom pai de família, da proveniência de facto ilícito típico contra o património, como afirmar o dolo? Para que existisse dolo eventual era necessário que o arguido previsse como possível que a coisa tivesse proveniência ilícita e que a adquirisse admitindo tal possibilidade, coisa diferente da censura pelo facto de ter suspeitado da proveniência ilícita, mas não se conformando com tal possibilidade.

Concluindo, no artigo 231.º, n.º 2, do Código Penal apenas se pune a negligência, consciente ou inconsciente}

CLS.
Inquérito n.º

ACUSAÇÃO

O Ministério Público acusa, em processo comum e para julgamento por tribunal de estrutura singular,

- **Jorge** ...
- **Sérgio** ...
- **Carlos** ...

Porquanto:

No **dia 6 de Junho de 2008, cerca das 12h00**, um indivíduo cuja identidade se não logrou apurar, aproveitando a ausência ou a distracção de <u>Rosa</u>, id. a fls..., retirou do interior da Mercearia "N...", sita na rua ..., um telemóvel de marca..., modelo ..., no valor de 150 € (cento e cinquenta euros), com o IMEI ..., que levou consigo, assim o fazendo seu, contra a vontade e em prejuízo da ofendida, o que representou.

O arguido **Jorge** veio a encontrar tal telemóvel junto do molho norte da ..., numa madrugada de dia próximo do dia de São João, ficando com ele e não comunicando tal facto à Polícia de Segurança Pública ou a outra autoridade, indiferente ao facto de através do IMEI ou da marca do telemóvel se poder encontrar o seu proprietário e que tal conduta perpetuava o prejuízo patrimonial de tal proprietário.

Em data anterior a 12 de Junho de 2008 ou nesse mesmo dia, na oficina Auto ..., o arguido Jorge ... veio a oferecer tal telemóvel ao arguido **Sérgio**, que aceitou a oferta de tal aparelho, não obstante lhe ter sido comunicado pelo Jorge que o havia achado em tais circunstâncias, indiferente ao valor de tal aparelho e ao facto de lhe ser possível e ao ofertante saber a quem pertencia e que o Jorge não havia comunicado o achado à Polícia de Segurança Pública ou a outra autoridade.

No dia 15 ou 16 de Julho de 2008, no café "P...", sito em ..., o arguido Sérgio vendeu tal aparelho ao arguido **Carlos** por 100 € (cem euros), que o adquiriu sem curar de saber qual a sua proveniência, sem pedir qualquer documento comprovativo da sua aquisição e bem sabendo que o preço solicitado e pago era inferior ao real, e que o passou a utilizar até ao dia 17 de Dezembro de 2008.

Agiu o arguido Jorge ... de forma livre, deliberada e consciente.

Agiram os arguidos Sérgio ... e Carlos ... de forma livre e manifestando uma total falta de cuidado, que o dever de previdência aconselha, e que deviam e podiam ter, em face quer do modo como lhe foi oferecido o objecto, quer da contrapartida exigida, quer ainda do respectivo valor de mercado, para evitar a aquisição de tal objecto, obtido por aquele modo supra descrito, e assim a manutenção do prejuízo patrimonial da ofendida, resultado esse que de igual forma podiam e deviam ter previsto, mas que não previram.

Sabiam ainda que praticavam factos proibidos e punidos por lei penal.

Pelo exposto, praticaram os arguidos em autoria material e na forma consumada:

*) Jorge ...:
- **um crime de apropriação ilegítima p. e p. pelo artigo 209.º, n.ᵒˢ 1 e 2, do Código Penal;**

*) Sérgio ...:
- **um crime de receptação negligente p. e p. pelos artigos 15.º, al. b), e 231.º, n.º 2, do Código Penal;**

*) Carlos ...:
- **um crime de receptação negligente p. e p. pelos artigos 15.º, al. b), e 231.º, n.º 2, do Código Penal.**

Prova:

Medida de coacção:

Nomeação de defensor:

Notificações:

Processei, imprimi, revi e assinei o texto, seguindo os versos em branco (art. 94.º/2 do Código de Processo Penal).

..., ...

O Procurador-Adjunto

I.X. Dos crimes contra a família, os sentimentos religiosos e o respeito devido aos mortos

I.X.1. *Crime de violação da obrigação de alimentos (artigo 250.º do Código Penal)*

CLS.
Inquérito n.º

ACUSAÇÃO

O Ministério Público acusa em processo comum e para julgamento por tribunal de estrutura singular:

José...

Porquanto:

O arguido e Rosa (id. a fls.) casaram entre si e têm uma filha menor, Carina..., nascida em 7 e Maio de 2005 (cf. fls.).

O arguido e Rosa vivem separados desde Setembro de 2006, tendo o exercício do poder paternal relativo a tal filha menor sido regulado no âmbito do processo n.º ..., que correu termos no 1.º juízo do Tribunal Judicial da Comarca de ....

Por sentença de 19 de Março de 2007, nos autos de processo referidos, o exercício do poder paternal foi atribuído à Rosa e o arguido ficou adstrito ao pagamento de uma pensão mensal de alimentos à filha Carina, no valor de ... € (... euros).

O arguido não paga a pensão de alimentos que se encontra legalmente obrigado a cumprir desde Junho de 2007. O arguido tem condições para proceder a tal pagamento, uma vez que trabalha como pedreiro em França, aufere um vencimento mensal de €1.500 (mil e quinhentos euros), vive só e paga uma renda mensal de €400 (quatrocentos euros).

Rosa vive com os dois filhos do casal, a menor Carina e Francisco, de 20 anos de idade, faz trabalhos de limpeza e costura, aufere um vencimento mensal de cerca de 550 € (quinhentos e cinquenta euros). A menor Carina estuda, tal como o irmão Francisco, que frequenta a Escola Profissional de ..., auferindo um subsídio mensal de €74,82 (setenta e quatro euros e oitenta e dois cêntimos), sendo estes os únicos rendimentos disponíveis para o pagamento das suas despesas de alimentação, vestuário, saúde e educação.

O arguido agiu de forma livre, com o propósito concretizado de não cumprir a obrigação de alimentos que estava legalmente obrigado a cumprir, pondo em perigo com a sua conduta a satisfação das necessidades fundamentais da sua filha menor, sem auxílio de terceiro, o que representou.

O arguido sabia que a sua conduta era prevista e punida por lei penal.

Pelo exposto, incorreu o arguido José, em autoria material e sob a forma consumada, na prática de:

– **Um crime de violação da obrigação de alimentos**, p. e p. pelo n.º 3 do artigo 250.º do Código Penal (com a redacção da Lei n.º 61/2008, de 31 de Outubro).

Prova:

Medida de coacção:

Nomeação de defensor:

Notificações:

Processei, imprimi, revi e assinei o texto, seguindo os versos em branco (artigo 94.º, n.º 2, Código de Processo Penal)

..., ...

O Procurador-Adjunto

I.X.2. *Crime de profanação de cadáver ou de lugar fúnebre (artigo 254.º do Código Penal)*

CLS.
Inquérito n.º

Os presentes autos tiveram origem no auto de notícia da Guarda Nacional Republicana, (fls. 2) tendo por base a circunstância de Deolinda … ter dado entrada nas urgências do Hospital Distrital de …, no dia …, sofrendo hemorragias e apresentando sintomas de ter tido um parto, não aparecendo o feto.

Alguns dos factos constantes dos autos são susceptíveis de configurar a prática, pela arguida Deolinda …, de um crime de infanticídio, p. e p. no artigo 136.º do Código Penal.

Foram inquiridas as testemunhas José António …, João Manuel…, Manuel …, Maria do Rosário … e Joaquim José … (cf. fls. 19, 27, 29, 38 e 42), tendo sido interrogada a arguida Deolinda …; foi ordenada a autópsia do cadáver e remetidas ao Instituto de Medicina Legal de … amostras de sangue e fragmentos de vísceras para exames toxicológicos e histológicos; foi solicitada a realização de avaliação psicológica da arguida.

Compulsados os autos, ressuma da prova reunida a ausência de indícios suficientemente elucidativos da prática pela arguida Deolinda de factos susceptíveis de integrar a autoria material do crime de infanticídio, p. e p. no artigo 136.º do Código Penal.

Nos termos desta disposição legal, "a mãe que matar o filho durante ou logo após o parto e estando ainda sob a sua influência perturbadora, é punida com pena de prisão de 1 a 5 anos".

Trata-se aqui de um privilegiamento típico do crime de homicídio (artigo 131.º do Código Penal) Para além de serem mencionados os elementos constitutivos do tipo legal de crime, são descritas certas circunstâncias especiais de cariz atenuante: uma de carácter temporal (a conduta deve ter lugar durante ou logo após o parto); outra de carácter pessoal (a conduta deve ter lugar sob a influência perturbadora do parto) – cf. <u>Nuno Gonçalves da Costa</u>, "Infanticídio privilegiado (contributo para o estudo dos crimes contra a vida no Código Penal)", Lisboa, 1997, págs. 128 e 129. Por via disso, a sua aplicabilidade depende, antes de mais, do preenchimento dos elementos do tipo objectivo e subjectivo do homicídio simples.

Realce-se, assim, que o objecto do facto é o filho enquanto vida já relevante para efeito do preenchimento do tipo legal de homicídio, o que bem se demonstra pela inserção sistemática do tipo legal de crime de infanticídio (artigo 136.°) no Capítulo I ("Dos crimes contra a vida") do Título I ("Dos crimes contra as pessoas") do Código Penal.

Isto é, torna-se necessário, atenta a respectiva redacção e inserção sistemática, que o filho tenha nascido com vida e que a morte tenha sobrevindo posteriormente, ainda que durante o parto.

Ora, a conjugação dos factos indiciariamente apurados no presente processo não permite alcançar uma conclusão firme e segura sobre se a criança terá nascido com ou sem vida.

Efectivamente, a arguida Deolinda ... apenas refere que no dia ... se sentiu mal – "crise de dores que julgava serem intestinais porque estava com diarreia e uma hemorragia mais abundante" (relatório pericial de fls. 145) – e que enquanto estava sentada na sanita da casa de banho sentiu que "algo lhe estava a acontecer e desmaiou". Refere ainda que quando acordou viu que tinha acabado de dar à luz um bebé, que estava na sanita com o cordão umbilical partido, não dando "quaisquer sinais de vida, pelo que logo concluiu que estava morto" (cf. as suas declarações de fls. 33 e 34).

Tal explicação do desmaio é, acrescente-se, compatível com a história clínica evidenciada pela arguida e diagnosticada no relatório de fls. 142 e ss. dos autos. Na verdade, ali se refere que por ser hipertensa crónica com problemas de insuficiência cardíaca, com passado registado de sintomas neuropsicológicos (perda de consciência, de visão e cefaleias intensas) e, inclusivamente, de um acidente isquémico cerebral, aquando do parto a sua tensão arterial teria subido "para níveis muito superiores ao normal, bloqueando o normal funcionamento do cérebro que assim entra numa actividade caótica, sendo frequente o aparecimento de convulsões a que sobrevém, geralmente, o desmaio".

Acresce que o parto ocorreu sem qualquer assistência, não havendo indícios, inclusivamente, de que terceiros (incluindo os familiares mais próximos da arguida, designadamente o seu marido – cf. o depoimento de fls. 27) tenham tido conhecimento da sua gravidez.

Por outro lado, relevante é ainda a indicação contida no relatório da autópsia médico-legal, nos termos da qual se assevera não ser sequer possível garantir a existência de respiração parcial do cadáver (cf. fls. 59), sendo certo que tal fenómeno, mesmo que tivesse sido dado como comprovado, é susceptível de ser verificado num feto que nasça já sem vida (esclarecimento de fls. 66 e 67).

Além do mais, não só as análises toxicológicas efectuadas ao sangue e às vísceras foram negativas (relatório pericial de fls. 43 e ss.) como também não foram encontrados sinais de lesões traumáticas no cadáver (conclusão vertida sob o n.º 5 do relatório da autópsia, a fls. 60).

Daí que não espante o teor da conclusão presente no n.º 3 do referido relatório, nos termos da qual "nada se pode concluir quanto à causa determinante da morte do feto", e que, em todo o caso, dado o conjunto dos achados necrópsicos, não seja possível "admitir medico-legalmente e, muito menos, com grande grau de probabilidade, a morte violenta do feto à nascença" (esclarecimento a fls. 67).

Estas conclusões mais não poderão significar do que, na verdade, a insuficiência da matéria indiciária relativamente à verificação do aludido crime de infanticídio.

Em conformidade, por não terem sido obtidos tais indícios, determina-se, nesta parte, nos termos do artigo 277.º, n.º 2, do Código de Processo Penal, o **arquivamento** dos autos.

Notifique a arguida mediante via postal simples (artigo 277.º, n.º 3 e n.º 4, alínea a), do Código de Processo Penal).

ACUSAÇÃO

O Ministério Público acusa, em processo comum e para julgamento por tribunal de estrutura singular:

Deolinda...

Porquanto

Entre Março e Abril do ano de 2007, a arguida Deolinda engravidou, não tendo dado conhecimento desta gravidez a José António ..., com quem se encontra casada.

No dia 31 de Outubro de 2008, no interior da sua residência, sita na Rua ..., em ..., a arguida sofreu as primeiras crises de dores de parto e dirigiu-se para a casa de banho.

Ali, uma vez sentada na sanita, desmaiou.

Após ter recuperado os sentidos, a arguida deparou-se com um bebé na sanita, com o cordão umbilical partido, tendo concluído que o mesmo estava já morto.

Então, não dizendo nada a ninguém e com o propósito de esconder o nascimento do bebé, embrulhou-o numa toalha e colocou-o dentro de uma embalagem vazia de cartão de detergente SKIP que ali se encontrava, atrás da máquina de lavar a roupa, refugiando-se de seguida no quarto.

Entre as 21 e 22 horas desse mesmo dia, a arguida deu entrada no Hospital Distrital de ..., apresentando hemorragias e expulsão da placenta com características de gravidez de termo, tendo sempre negado a existência de qualquer feto.

A arguida agiu livre, com o propósito concretizado de, ao agir como o descrito, esconder o corpo do infante, pensando que assim manteria em segredo o seu nascimento, bem sabendo que a sua conduta era susceptível de ser merecedora de censura por atentar contra o sentimento moral colectivo de respeito para com os defuntos.

Detinha ainda a consciência de que a sua conduta era proibida e punida por lei penal.

Incorreu, assim, na prática, como autora material, sob a forma consumada, de

– **Um crime de profanação de cadáver**, p. e p. no artigo 254.°, n.° 1, alínea a), do Código Penal.

Prova:

Medida de coacção:

Nomeação de defensor:

Notificações:

Processei, imprimi, revi e assinei o texto, seguindo os versos em branco (art. 94.°/2 do Código de Processo Penal).

..., ...

O Procurador-Adjunto

I.XI. Dos crimes de falsificação

I.XI.1. *Crime de falsificação ou contrafacção de documentos (artigo 256.º do Código Penal)*

CLS.
Inquérito n.º

ACUSAÇÃO

O Ministério Público acusa em processo comum e para julgamento por tribunal de estrutura singular,

– **Dinis Alberto ...**

Porquanto:

O arguido exerce a profissão de desenhador da construção civil, em ...

No exercício da sua actividade, o arguido, em data não concretamente determinada, situada nos meses de Julho ou Agosto de 2007, procedeu à elaboração de um termo de responsabilidade, datou-o de 30 de Julho de 2007 e indicou como técnico responsável pelo projecto de arquitectura António Jorge ....

Acresce que, no local destinada à assinatura, o arguido apôs no termo de responsabilidade, pelo seu próprio punho, o nome de António Jorge ... como se da assinatura deste se tratasse, sem que para tal estivesse por aquele autorizado.

O termo de responsabilidade deu entrada na Câmara Municipal de ... em 28 de Agosto de 2007, a acompanhar o requerimento de licenciamento administrativo para reconstrução de cobertura de uma moradia, sita em ..., elaborado por Maria de Jesus ....

O arguido agiu de forma livre e com o propósito concretizado de assinar um nome que sabia não ser o seu, bem sabendo que a assinatura é um acto estritamente pessoal e que não tinha feito qualquer acordo anterior com o verdadeiro titular destinado ao uso daquela assinatura.

Ao actuar da forma descrita o arguido imitou uma assinatura que não era sua, bem sabendo que, dessa forma, punha em causa a segurança e credibilidade do termo de responsabilidade entregue na Câmara Municipal de ...e que, assim, obteria o licenciamento administrativo para a reconstrução da cobertura de uma moradia, que não seria emitido desacompanhado de termo de responsabilidade assinado por um técnico inscrito em associação pública de natureza profissional, designadamente, inscrito na Associação dos Agentes Técnicos de Arquitectura e Engenharia.

Desta forma, o arguido obteve um benefício que sabia ilegítimo.

Sabia igualmente o arguido que a sua conduta era proibida e criminalmente punível.

Cometeu, assim, o arguido, em autoria imediata e na forma consumada,

– **Um crime de falsificação de documento, p. e p. pelo artigo 256.º, n.º 1, al. c), do Código Penal.**

Prova:

Medida de coacção:

Nomeação de defensor:

Notificações:

Processei, imprimi, revi e assinei o texto, seguindo os versos em branco (art. 94.º/2 do Código de Processo Penal).

..., ...

O Procurador-Adjunto

I.XI.2. *Crime de passagem de moeda falsa (artigo 265.º do Código Penal)*

CLS.
Inquérito n.º

ACUSAÇÃO

O Ministério Público acusa em processo comum e para julgamento por tribunal de estrutura singular, ao abrigo do disposto no artigo 16.º, n.º 3, do Código de Processo Penal:

G...

Porquanto:

No dia **3 de Março de 2008, cerca das 18h30m**, o arguido G... dirigiu-se ao estabelecimento comercial, denominado ..., sito na Rua ..., em .... Uma vez aí, apontou para as garrafas de cerveja, que se encontravam expostas, e com as mãos fez sinal de que pretendia adquirir uma embalagem de seis garrafas de cerveja, no valor de € 2,70 (dois euros e setenta cêntimos). Pagou as mesmas com uma nota de € 100,00 (cem euros), com o n.º de série ... (cf. fls. 48), tendo recebido o respectivo troco, após o que se ausentou do local.

Sujeita tal nota a exame, a fls. ..., aí se concluiu ser a mesma falsa por se tratar de uma reprodução obtida por impressão off-set, à excepção do número de série que foi obtido por reprodução electrofotográfica policromática, contrafacção essa a que foi atribuído pelo Laboratório Central do B.C.E. o indicativo de classe comum EUA0100 P00003c.

No **mesmo dia, cerca das 19h30m**, o arguido dirigiu-se ao supermercado denominado ..., sito em ..., onde escolheu uma "sweatshirt" no valor de € 7,99 (sete euros e noventa e nove cêntimos), após o que se dirigiu para a caixa do referido estabelecimento a fim de a pagar.

Como meio de pagamento da referida "sweatshirt", o arguido entregou à funcionária que se encontrava de serviço na caixa daquele estabelecimento, uma nota de € 100,00 (cem euros), com o n.º de série...

Como esta desconfiasse que a nota podia ser falsa, pediu ao arguido para aguardar um pouco enquanto ia buscar dinheiro trocado para lhe dar o respectivo troco.

O arguido, enquanto a funcionária da caixa se retirou da mesma, a fim de se certificar da veracidade da nota por ele entregue, aguardou junto à caixa registadora.

Após passar a nota na máquina ultravioleta, a funcionária, apercebendo-se de que a nota podia ser mesmo falsa, chamou a polícia ao local.

O arguido, entretanto, e como a funcionária do dito estabelecimento tardava em atendê-lo, dando-lhe o respectivo troco, num momento em que esta de novo se ausentou, começou a dirigir-se lentamente para a porta de saída, sem receber o troco a que teria direito, pois conhecia a natureza falsa da nota que entregou para pagamento da "sweatshirt".

Quando o arguido viu os agentes policiais que entretanto tinham chegado ao local, começou a correr no sentido da porta principal, que não logrou alcançar por ter sido retido por estes mesmos agentes.

Sujeita tal nota a exame pericial no Laboratório da Polícia Científica, aí se concluiu ser a mesma falsa por tratar-se de uma reprodução obtida por impressão off-set, à excepção do número de série que foi obtido por reprodução electrofotográfica policromática, contrafacção essa a que foi atribuído pelo Laboratório Central do B.C.E. o indicativo de classe comum EUA0100 P00003c.

Ao actuar da forma descrita, o arguido agiu de forma livre, com o propósito concretizado de passar moeda que conhecia ser falsa, ofendendo e violando a protecção dada à integridade do sistema monetário oficial e regularidade da circulação fiduciária, o que representou.

O arguido sabia que a sua conduta era prevista e punida por lei penal.

Cometeu, pelo exposto, o arguido **G...**, em autoria material, sob a forma consumada e em concurso real efectivo:

– **Dois crimes de passagem de moeda falsa,** p. e p. pelo artigo 265.º, n.º 1, al. a) do Código Penal.

*

Requer-se a declaração de perda a favor do Estado da nota de € 100,00 (cem euros), com o n.º ... e da nota de € 100,00 (cem euros), com o n.º ..., ambas constantes de fls. 49 dos presentes autos, devendo ordenar-se a sua destruição, por perfuração, porquanto foram destinadas à prática de facto ilícito típico e, atenta a sua natureza, oferecerem sérios riscos de poderem vir a ser utilizadas para a prática de futuros crimes de similar natureza, nos termos do disposto no artigo 11.º da Convenção internacional para a repressão de moeda falsa e no artigo 109.º, n.º 1 e n.º 3, do Código Penal.

Artigo 16.º, n.º 3, do Código de Processo Penal:

Prova:

Medida de coacção:

Nomeação de defensor:

Notificações:

Comunique ao Exmo. Sr. Procurador da República, de acordo com a Directiva n.º 1/2002, publicada no DR II de 04.04.2002 (Circular n.º 6/2002 PGR), Ponto VI, n.º 3, a aplicação do artigo 16.º, n.º 3, do Código de Processo Penal nos presentes autos.

Processei, imprimi, revi e assinei o texto, seguindo os versos em branco (art. 94.º/2 do Código de Processo Penal).

..., ...

O Procurador-Adjunto

I.XII. Dos crimes de perigo comum

I.XII.1.1. *Crime de incêndios, explosões e outras condutas especialmente perigosas (artigo 272.º do Código Penal)*

CLS.
Inquérito n.º

ACUSAÇÃO

O Ministério Público acusa, em processo comum e para julgamento por tribunal de estrutura singular,

- **José Maria...**

Porquanto:

No dia 24 de Maio de 2008, cerca das 23.30 horas, em ..., no decurso das festas daquela localidade, conforme havia, previamente, convencionado com a Comissão de Festas de ..., após a recolha da procissão das velas, o arguido começou a queimar e a lançar foguetes e fogo-de-artifício.

O arguido efectuou a queima e lançamento dos foguetes e fogo-de-artifício em frente à Capela de ..., do lado direito da estrada, atento o sentido de marcha ..., numa eira situada junto a um campo agrícola só com erva rasteira e silvas verdes.

Naquele dia, na referida localidade de ..., sentia-se algum vento, que deu origem a que as canas dos foguetes e fogo-de-artifício lançados fossem cair dentro da massa florestal, que dista em cerca de 150 metros do local do lançamento, assim permitindo que algum propulsor ainda incandescente, em contacto com as árvores e outra vegetação, provocasse a deflagração de um foco de incêndio.

Tal foco de incêndio teve início a cerca de 30 metros da linha de água que separa a referida massa florestal dos povoamentos.

Em consequência do foco de incêndio iniciado, ardeu, por completo, uma área de 0,75 hectares, sendo 0,3 hectares de pinheiro bravo com cinco anos de idade, 0,17 hectares de rebentos de eucalipto com seis anos de idade, 0,14 hectares de eucaliptos com cinco anos de idade e 0,14 hectares de mato.

Tal área ardida integra terrenos da propriedade de Maria Adelaide ..., José António ..., Maria Emília ..., Augusto Fonseca ... e Fernando Pinto ....

Os prejuízos ocasionados pelo incêndio ascendem a valor não inferior a 1.557,07 € (mil quinhentos e cinquenta e sete euros e sete cêntimos), sendo certo que, não fora a atempada intervenção dos bombeiros, o incêndio iniciado teria consumido uma área florestal com uma muito maior extensão, provocando um prejuízo de milhares de euros, seguramente superior a 5.000 € (cinco mil euros), quer pela continuidade de área florestal, composta por combustíveis na vertical e na horizontal, quer pelas condições atmosféricas que se verificavam na altura.

Ao agir conforme descrito, lançando foguetes e fogos-de-artifício à distância acima indicada da massa florestal e com o vento que se fazia sentir na altura, o arguido não observou as precauções exigidas pela mais elementar prudência e cuidado que era capaz de adoptar e que deveria ter adoptado para impedir a verificação de um resultado que de igual forma podia e devia prever, mas que não previu, colocando em perigo com tal conduta aquela área florestal, de grande extensão, perigo esse que, concretizado, teria provocado um prejuízo superior a 5.000 € (cinco mil euros).

O arguido, que agiu de forma livre, bem sabia que a sua conduta era proibida e punida por lei penal.

Pelo exposto, cometeu o arguido em autoria material e sob a forma consumada,

– **Um crime de incêndio praticado por negligência, previsto e punido pelos artigos 15.°, n.° 1, al. b), e 274.°, n.os 1, 2, alínea a), 3, 4 e 5, por referência ao artigo 202.°, alínea a) do Código Penal.**

Prova:

Medida de coacção:

Nomeação de defensor:

Notificações:

Processei, imprimi, revi e assinei o texto, seguindo os versos em branco (art. 94.º/2 do Código de Processo Penal).

..., ...

O Procurador-Adjunto

Nota: não se aprecia a matéria contra-ordenacional, por maior facilidade de exposição.

I.XII.1.2. *Crime de incêndios, explosões e outras condutas especialmente perigosas (artigo 272.° do Código Penal)*

CLS.
Inquérito n.º

ACUSAÇÃO

O Ministério Público acusa, em processo comum e para julgamento por tribunal de estrutura colectiva:

- **Victor ...,**

Porquanto:

No **dia 14 de Julho de 2008, antes das 14h44m**, o arguido dirigiu-se apeado para sensivelmente o meio do talhão n.º 12 da Mata Nacional de ..., mais precisamente para o ponto de tal talhão que dista cerca de 300 metros da carreira de tiro aí existente, pertença da ... e situada a sul de tal ponto, cerca de 400 metros do IC ..., que liga a ..., estrada esta situada a leste (nascente) de tal ponto, e entre 1000 e 1500 metros do parque de campismo de ..., sito a norte de tal ponto, na mesma Mata Nacional.

Uma vez chegado a tal ponto, efectuou uma abertura num tronco de pinheiro aí existente, fez um monte de caruma junto de tal abertura e nesta colocou uma vela de cera, que acendeu com um isqueiro cor de laranja, pegando-se o fogo à caruma e depois à arvore e outras árvores e mato aí existente, ardendo uma área total de 0, 14 hectares de pinheiro bravo com idade de cerca de 50 anos, mais precisamente 216 (duzentas e dezasseis) árvores de DAP (diâmetro à altura do peito) 005 a 035, com um valor global de 256, 13 € (duzentos e cinquenta e seis euros e treze cêntimos).

O combate a este incêndio iniciou-se cerca das 15h00 e só terminou pelas 19h00, sendo certo que só por força da intervenção dos bombeiros é que tal incêndio se não propagou àquela carreira de tiro, ao referido parque de campismo, cujo valor global ascende a mais de 250.000 € (duzentos e cinquenta mil euros), e demais mata nacional, superior a 300 hectares.

Cerca das 20h50m, o arguido dirigiu-se de novo para tal Mata Nacional e, com a ajuda de fósforos e com caruma, à qual pegou fogo, iniciou um foco de incêndio a cerca de 1500 metros a noroeste do primeiro, atrás referido, após o que procedeu de igual forma a cerca de 16 metros, depois a cerca de 33 metros, depois a cerca de 150 metros e, finalmente, a cerca de 28 metros, foco este que dista da casa do guarda aí existente cerca de 33 metros.

Por força do fogo ateado pelo arguido arderam mato, pinheiros e arbustos, sendo certo que se não fosse a pronta intervenção de populares e dos bombeiros tal fogo ter-se-ia propagado ao casario ali existente a cerca de 300 metros, algum em madeira, já dentro da povoação de ..., de valor bem superior a 5.000 € (cinco mil euros), bem como à referida casa do guarda, cujo valor não é inferior a 14.964 € (catorze mil, novecentos e sessenta e quatro euros), ao parque de campismo de ..., à carreira de tiro e a toda a mata nacional, que segue a sul até à fábrica de ..., sita em ...

O vento, na altura, tinha direcção noroeste e era forte.

O terreno apresentava no local combustíveis finos abundantes, como por exemplo caruma de pinheiro.

O terreno é plano no local.

O tempo estava seco e muito quente.

O arguido tem um coeficiente de inteligência de 69, correspondente à classe débil, tem um ambiente familiar altamente deteriorado e disfuncional, a que não serão alheios os hábitos alcoólicos imoderados e patenteados quer pelo arguido quer por sua mãe e dois irmãos, com quem coabitava à data dos factos, apresenta uma "idade mental" situada entre os 8 e os 12 anos, pobres recursos intelectuais, os quais, associados à influência alcoólica referida determinam a sua inimputabilidade em razão de anomalia psíquica, sendo, no entanto, necessárias medidas de tratamento médico-psiquiátrico (psicofarmológico, psicoterapêutico e psicossocial) suficientemente assíduas e eficazes, recorrendo-se, inclusive, numa primeira fase, ao seu internamento hospitalar, pelo que há fundado receio que o arguido venha a repetir actos idênticos.

O arguido foi julgado no processo comum colectivo n.° ..., deste Tribunal Judicial de ..., por factos consubstanciadores de dois crimes de incêndio p. e p. pelo artigo 1.º, n.º 2, da Lei 19/86, de 19.07, tendo sido aí declarada a sua inimputabilidade, embora na altura se tivesse considerado que o mesmo não era perigoso.

Cometeu, pelo exposto, em autoria material, sob a forma consumada:

– **Um crime de incêndio p. e p. pelo artigo 274.º, n.º 1, 2, al. a), do Código Penal, devendo ser declarado inimputável perigoso, nos termos do artigo 20.º do Código Penal, e ser sujeito a medida de internamento, nos termos previstos no artigo 91.º, n.ºs 1 e 2, e 274.º, n.º 9, do Código Penal.**

Prova:

Medida de coacção:

Nomeação de defensor:

Notificações:

Processei, imprimi, revi e assinei o texto, seguindo os versos em branco (art. 94.º/2 do Código de Processo Penal).

..., ...

O Procurador-Adjunto

I.XII.2. *Crime de infracção de regras de construção, dano em instalações e perturbação de serviços (artigo 277.º do Código Penal)*

CLS.
Inquérito n.º

Os presentes autos iniciaram-se com uma participação da Esquadra da ...da Polícia de Segurança Pública, de acordo com a qual, no dia 13 de Maio de 2006, pelas 16h30, numa obra em construção, na Rua ...., AF caiu, juntamente com um taipal de madeira, de uma altura de cerca de 4 metros e faleceu.

De acordo com as fotografias tiradas no local, não existiam equipamentos de protecção colectiva e individual.

*

Tais factos são susceptíveis de integrar os elementos do tipo de ilícito do crime de infracção de regras de construção agravado pelo resultado, p. e p. pelos artigos 277.º, n.ºs 1, al. a), e 2 e 285.º do Código Penal, em concurso aparente com o tipo de ilícito do crime de homicídio por negligência, p. e p. pelo artigo 137.º do Código Penal.

*

Para além de outros factos que adiante se considerarão, importa analisar a responsabilidade criminal de FR, dono da obra, e de AM, engenheiro responsável técnico da obra.

*

Dispunha o artigo 277.º, n.ºs 1, al. a), e 2 do Código Penal, na versão à data dos factos que "1. Quem: No âmbito da sua actividade profissional infringir regras legais, regulamentares ou técnicas que devam ser observadas no planeamento, direcção ou execução de construção, demolição ou instalação, ou na sua modificação (...) e criar deste modo perigo para a vida ou para a integridade física de outrem, ou para bens patrimoniais alheios de valor elevado, é punido com pena de prisão de 1 a 8 anos. 2. Se o perigo referido no número anterior for criado por negligência, o agente é punido com pena de prisão até 5 anos".

Na verdade, o arguido FR é apenas dono da obra na qual ocorreu o acidente, uma vez que celebrou com a sociedade "CG" um contrato de empreitada para a construção de uma moradia e muro, no lugar de Quinta ..., não existindo indícios de que tenha actuado no âmbito de qualquer actividade profissional.

Já o arguido AM interveio nesta obra no âmbito da sua actividade profissional, como engenheiro responsável técnico da obra.

Constituído arguido e interrogado nessa qualidade (fls. ...) confirmou a sua intervenção na obra mas referiu que não era da sua responsabilidade fiscalizar a execução prática do plano de segurança, uma vez que não era coordenador de segurança.

JG, responsável pela execução da empreitada, interrogado a fls. 131 a 133, quanto à intervenção de AM referiu ser este o responsável técnico pela obra, mas que a obra nunca teve coordenador de segurança.

Ora, as condições de segurança e de saúde no trabalho em relação à construção civil estão previstas no Regulamento de Segurança no Trabalho da Construção Civil (Decreto n.º 41821, de 11 de Agosto de 1958), que apenas atribui responsabilidades nesta matéria ao empregador em relação aos seus trabalhadores (artigo 150.º), e no Decreto-Lei n.º 273/2003, de 29 de Outubro, que apenas atribui responsabilidades nesta matéria ao dono da obra, ao coordenador de segurança e à entidade executante (artigos 5.º, 9.º e 11.º), sendo que não existem indícios de que o arguido AM actuasse em qualquer destas qualidades.

*

Uma vez que não há indícios da verificação do crime de infracção de regras de construção, importa analisar a responsabilidade de FR e de AM, à luz do crime de homicídio por negligência.

Dispõe o artigo 137.º do Código Penal que "1 — Quem matar outra pessoa por negligência é punido com pena de prisão até três anos ou com pena de multa. 2 — Em caso de negligência grosseira, o agente é punido com pena de prisão até 5 anos".

Quanto à definição do conceito de negligência dispõe o artigo 15.º que "Age com negligência quem, por não proceder com o cuidado a que, segundo as circunstâncias, está obrigado e de que é capaz: a) Representar corno possível a realização de um facto que preenche um tipo de crime mas actuar sem se conformar com essa realização; ou b) Não chegar sequer a representar a possibilidade de realização do facto".

Importa analisar a conduta de FR, dono da obra, à luz destes conceitos.

FR celebrou com a sociedade "CG" um contrato de empreitada para a construção de uma moradia e muro, cuja cláusula primeira determina que a execução da empreitada se faça em rigorosa conformidade com o Projecto aprovado pela Câmara Municipal de ..., Projectos das Especialidades, Projecto de Segurança e Memória Descritiva de Trabalhos e cuja cláusula décima sexta atribui às CG a responsabilidade pelo cumprimento da legislação portuguesa atinente à construção civil.

Para além do que ficou contratualmente estabelecido, a sociedade "CG" obrigou-se ainda, na fase pré-contratual, ao "cumprimento da legislação em vigor no que respeita a segurança e higiene no trabalho" (fls. 335).

Trata-se de uma cláusula acessória escrita anterior ao contrato, válida por força do disposto no artigo 222.º, n.º 1, do Código Civil (por maioria de razão), uma vez que corresponde à vontade do declarante, não resultando dos autos o contrário, pelo que o dono da obra poderia legitimamente confiar que a "CG" cumpriria a obrigação que tinha assumido.

Conforme resulta das suas próprias declarações (fls. 387 e 388), ao celebrar o contrato de empreitada, FR, desconhecedor das regras técnicas e das normas legais aplicáveis à construção civil, contratou com quem as conhecia, confiando que seriam cumpridas.

A fluidez do processo camarário corroborou a ideia do dono da obra de que tudo se passava de acordo com as normas legais.

De salientar também que FR cumpriu a obrigação de elaborar o Plano de Segurança e de Saúde, nos termos do disposto no artigo 5.º do Decreto-Lei n.º 273/2003 (fls. 344 a 355).

A verificação de tipo de ilícito dos crimes negligentes pressupõe a produção de um resultado típico nos crimes de resultado; a violação de um dever objectivo de cuidado; a previsibilidade objectiva do resultado; a existência de uma acção ou omissão da acção devida; a imputação objectiva desse resultado à acção do sujeito e a inexistência de causa de justificação.

O tipo de culpa desdobra-se na censurabilidade da acção objectivamente violadora do dever de cuidado, em função das qualidades e capacidades individuais do agente; na previsibilidade individual (excepto na negligência inconsciente) e na exigibilidade do comportamento lícito alternativo.

O crime de homicídio negligente é um crime de resultado, sendo que, nos presentes autos, produziu-se o resultado típico: a morte de AF.

Porém, o mesmo não é possível afirmar-se quanto à violação do dever objectivo de cuidado. Vejamos.

FR celebrou um contrato com a sociedade "CG" que atribuía a esta última a obrigação de cumprir o Projecto de Segurança, a legislação sobre construção civil e sobre segurança e higiene no trabalho, e elaborou o Plano de Segurança e de Saúde a que estava obrigado, sendo que a Câmara Municipal não levantou qualquer obstáculo.

Ora, sendo FR um desconhecedor da matéria da construção actuou da forma mais adequada, contratando uma empresa especialista nesta área, não lhe sendo exigível que actuasse de forma diferente.

Posto isto, não há indícios que FR tenha actuado violando o dever objectivo de cuidado a que estava obrigado, em função das suas qualidades e capacidades individuais, como também não se pode afirmar que este arguido pudesse prever o resultado que veio a suceder como consequência da sua conduta, nem tão pouco que tenha omitido qualquer actuação a que estivesse obrigado ou que o resultado morte possa ser imputado à sua conduta.

Quanto ao arguido AM, engenheiro responsável técnico da obra, resulta dos autos que as suas funções na obra se circunscreviam a aspectos técnicos de engenharia, não lhe competindo desenvolver ou executar o plano de segurança, uma vez que não assumiu as funções de coordenador de segurança.

De acordo com o Termo de Abertura do Livro de Obra (fls. 213), este arguido realizou os projectos de arquitectura, estabilidade, instalação de gás, redes prediais de águas e esgotos e isolamento térmico.

À semelhança do acima mencionado quanto ao arguido FR, também no que respeita a AM, não obstante se ter verificado o resultado típico (morte), não há indícios que permitam concluir que o arguido tenha violado um dever objectivo de cuidado, uma vez que não resulta dos autos que desempenhasse funções ligadas à segurança da obra, não lhe sendo exigível que actuasse de forma diferente.

Também não é viável afirmar-se que AM pudesse prever o resultado que veio a suceder como consequência da sua conduta, nem tão pouco que tenha omitido qualquer actuação a que estivesse obrigado ou que o resultado morte lhe possa ser assacado.

Assim, na falta de diligência útil a ordenar, determina-se o arquivamento destes autos de inquérito, em relação aos arguidos FR e AM, ao abrigo do preceituado no artigo 277.º, n.º 2, do Código de Processo Penal, sem prejuízo da sua reabertura, nos termos do artigo 279.º, n.º 1, do mesmo diploma legal, caso venham a surgir novos elementos de prova que invalidem os fundamentos ora invocados, no prazo do artigo 118.º, n.º 1, al. b), do Código Penal.

*

Os factos objecto deste inquérito ocorreram no dia 13 de Maio de 2006, pelo que, nos termos do disposto no artigo 2.º, n.º 1, do Código Penal é necessário analisar qual o regime concretamente mais favorável ao agente.

O artigo 277.º do Código Penal foi alterado pela Lei n.º 59/2007, de 4 de Setembro, porém tal alteração apenas acrescentou ao tipo de ilícito as obras de conservação.

Não obstante esta alteração em nada influir na verificação do tipo objectivo em relação às pessoas singulares, o mesmo já não acontece em relação às pessoas colectivas.

Com efeito, a responsabilidade penal das pessoas colectivas foi uma das alterações significativas da última reforma penal.

Posto isto, da análise do disposto no artigo 11.º do Código Penal, em vigor à data dos factos, conclui-se que a "SG" não poderia ser criminalmente responsabilizada pela prática do crime de infracção de regras de construção, p. e p. pelo artigo 277.º do Código Penal, pelo que, atendendo ao disposto no artigo 2.º, n.º 1, do Código Penal, têm os autos de ser arquivados em relação à "SG", ao abrigo do disposto no artigo 277.º, n.º 1, *in fine,* do Código de Processo Penal.

Cumpra o disposto no artigo 277.º, n.º 3, do Código de Processo Penal.

Comunique ao Exmo. Sr. Procurador da República, de acordo com a Directiva n.º 1/2002, publicada no DR II de 04.04.2002 (Circular n.º 6/2002 PGR), Ponto V, n.º 4, que foi proferido despacho de arquivamento, nos termos dos n.ºs 1 e 2 do artigo 277.º do Código de Processo Penal, relativamente a processo por crime punível com pena de prisão superior a 5 anos (crime de infracção de regras de construção agravado pelo resultado, p. e p. pelos artigos 277.º, n.ᵒˢ 1, al. a), e 2 e 285.º do Código Penal, em concurso aparente com o crime de homicídio por negligência, p. e p. pelo artigo 137.º do Código Penal).

ACUSAÇÃO

O Ministério Público acusa em processo comum e para julgamento por tribunal de estrutura singular, ao abrigo do disposto no artigo 16.º, n.º 3, do Código de Processo Penal:

JG
E
AV

Porquanto:

O arguido JG é sócio-gerente da sociedade "SG", que assumiu as obrigações da "CG".

No dia **25 de Janeiro de 2006,** FR celebrou com a sociedade "CG" um contrato de empreitada para a construção de uma moradia e muro, no lugar de Quinta ... (cf. fls. 179 a 183).

A cláusula primeira de tal contrato tem o seguinte teor: *"o primeiro outorgante (...) dá de empreitada CG e a, aceita, a construção de uma moradia e muro a executar em rigorosa conformidade com o projecto aprovado pela Câmara Municipal de ..., Projectos das Especialidades, Projecto de Segurança e Memória Descritiva de Trabalhos"* e a cláusula décima sexta, em particular a ai a), determina que: *"São da exclusiva responsabilidade da CG as seguintes obrigações: a) Cumprir e fazer cumprir a Legislação Portuguesa referente à construção civil (...)"*.

Para além do que ficou contratualmente estabelecido, a sociedade "CG" obrigou-se ainda, na fase pré-contratual, ao *"cumprimento da legislação em vigor no que respeita a segurança e higiene no trabalho"* (fls. *335*).

Para cumprimento do contrato de empreitada, a sociedade "CG" destacou três dos seus trabalhadores: AF e AP (id. a fls. 71), pedreiros de 1.ª, e o arguido AV, na qualidade de encarregado da obra, com a função de dirigir os trabalhos no local.

No dia **13 de Maio de 2006**, da parte da tarde, AF encontrava-se na Rua ..., a desempenhar funções ao serviço da sociedade "SG" e procedia, de acordo com instruções do arguido AV, ao fecho dos pilares da zona central, o que consistia na colocação de pequenos pedaços de madeira, fazendo o remate da cofragem na zona envolvente à armação em ferro dos pilares, que seria posteriormente betonada.

Nesse **mesmo dia** e local, pelas 16h30, AF dirigiu-se aos taipais da cofragem da varanda, no alçado principal, enquanto decorriam trabalhos preparatórios ao enchimento da 1.ª laje acima da quota da soleira (laje do tecto da cave), e caiu, juntamente com uma das placas de madeira da cofragem, até ao piso abaixo da cota da soleira (cave), de uma altura de cerca de 3,5 metros.

Com a referida queda, AF sofreu lesões crâneo-encefálicas que lhe provocaram a morte (fls. 24 a 31).

No momento da queda encontravam-se também no estaleiro da obra AP e o arguido AV, que tinham acesso a toda a obra, designadamente aos taipais da cofragem da varanda, no alçado principal.

A cofragem da varanda estava a ser feita recorrendo à colocação de taipais *doka*, em madeira, de 2mx0,5m sobre 4 vigas também de madeira e da mesma marca, sendo toda a estrutura sustentada por prumos metálicos assentes sobre o solo, ao nível da cave.

No momento em que ocorreu a queda de AF, já estavam colocadas e devidamente fixadas a 1.ª e 3.ª vigas de madeira, aplicadas, respectivamente, junto ao muro de betão da cave e junto ao pilar de suporte da varanda, a cerca de 1,50m daquele muro. A 4.ª viga, terceira a ser colocada, ficaria do lado de fora do pilar. Esta seria necessária à sustentação dos taipais de madeira já assentes sobre a estrutura, e encontrava-se apenas aplicada em cerca de metade do alçado da moradia, do lado oposto àquele em que ocorreu a queda da vítima. Desse lado, a viga não havia ainda sido colocada, encontrando-se AP a preparar o material necessário à sua colocação, feita a partir de baixo (do nível da cave) para cima. Posteriormente, seria ainda colocada, aproximadamente a meio do vão entre as duas primeiras vigas aplicadas, a 2.ª e última viga de sustentação da varanda (quarta a ser aplicada, apenas com função de reforçar a estrutura). Só no final seriam reforçados os pregos e, aleatoriamente, alguns dos taipais de madeira da estrutura de cofragem.

No local da queda de AF existia cerca de 0,5m de taipal de madeira, sem qualquer apoio, dado que a 4.ª viga de apoio (terceira na ordem de colocação) ainda não havia sido aplicada e os taipais de madeira não se encontravam devidamente fixados por pregos, já que essa operação só seria realizada após a colocação de todas as vigas de madeira (quatro), e os trabalhos de cofragem não tinham ainda sido concluídos naquela zona.

A bordadura da 1.ª laje acima da cota da soleira da moradia (laje do tecto da cave) encontrava-se, na sua quase totalidade, e em particular no local onde ocorreu a queda de AF, completamente desprovida de qualquer protecção colectiva (guarda-corpos rígidos ou flexíveis, solidamente fixados), dispondo, numa parte da periferia da referida laje, de uma protecção colectiva apenas parcialmente montada e sem todos os elementos obrigatórios, potenciando uma queda para o exterior de cerca de 3,5m de altura.

Ao nível da cota da soleira também não existia protecção colectiva, em concreto, não havia qualquer guarda-corpos ou ponte com guarda-corpos do terreno para a laje, ao nível do rés-do-chão.

O acesso à laje era efectuado a partir da cave, através da estrutura de cofragem da escada interior que, não só não dispunha de qualquer protecção colectiva ou vedação destinada a proteger do risco de queda em altura os trabalhadores que por ali circulavam, como a abertura da caixa de escadas, ao nível da laje, se encontrava também completamente desprotegida, expondo os trabalhadores a uma queda para o interior da cave da moradia.

Nos muros de sustentação de terras existentes na fachada posterior e lateral esquerda também não existiam guarda-corpos.

Além disso, os trabalhadores não dispunham, para a execução dos trabalhos em que se encontravam envolvidos, de qualquer equipamento de protecção individual, como por exemplo de arnês de segurança, devidamente ancorado a uma linha de vida estável e resistente, que evitasse ou atenuasse o risco de queda em altura.

No Plano de Segurança e Saúde foi indicado como coordenador de segurança o arguido JG, que também desempenhava a função de executante da obra, sendo estas funções incompatíveis.

O dono da obra, FR, designou MM como coordenador de segurança da obra no dia 31 de Maio de 2006.

Entre o início da obra e a data da queda de AF, tinham estado a trabalhar no estaleiro da obra dois subempreiteiros, contratados pelo arguido JG, um responsável pelos trabalhos de movimentação de terras e pelo desaterro necessário à implantação da construção – a empresa Aj…, designadamente o motorista FM – e um armador de ferro responsável pelos trabalhos de armação de ferro realizados – JP.

O **perigo para a vida ou para a integridade física** de AF, AP e AV resultou da **violação de regras técnicas**, em particular do facto de os taipais de madeira da 1.ª laje acima da cota da soleira não terem qualquer apoio e não se encontrarem devidamente fixados por pregos, bem como da **violação de regras legais e regulamentares**, em concreto do facto de praticamente não existir protecção colectiva, designadamente guarda-corpos, na 1.ª laje acima da cota da soleira, nem no terreno para a laje, ao nível do rés-do-chão, na escada de acesso à laje, na abertura da caixa das escadas ou nos muros de sustentação de terras existentes na fachada posterior e lateral esquerda, bem como do facto de não existir protecção individual, nomeadamente arnês de segurança ancorado a uma linha de vida estável, nem tão pouco coordenador de segurança.

JG, enquanto sócio-gerente da sociedade "SG", que assumiu as obrigações da "CG", estava obrigado, no âmbito da sua actividade profissional, a avaliar os riscos associados à execução da obra, a definir as medidas de prevenção adequadas e a propor ao dono da obra o desenvolvimento e as adaptações do mesmo, a elaborar fichas de procedimentos de segurança para os trabalhos que implicassem riscos especiais e a assegurar que, designadamente os representantes dos trabalhadores para a segurança, higiene e saúde no trabalho que trabalhassem no estaleiro, tinham conhecimento das mesmas. Estava ainda obrigado a assegurar a aplicação do plano de segurança e saúde e das fichas de procedimentos de segurança por parte, nomeadamente, dos seus trabalhadores.

Enquanto entidade patronal JG estava ainda obrigado a pôr à disposição dos operários os cintos de segurança, máscaras e óculos de protecção que fossem necessários.

Porém, não obstante saber que estava obrigado e era capaz de cumprir as obrigações acima mencionadas de planeamento e execução de uma obra de construção, bem como de assegurar a disponibilidade dos elementos de segurança referidos, no âmbito da sua actividade profissional, o arguido JG de forma livre não as cumpriu, pelo que não actuou com cuidado, infringindo regras legais, regulamentares e técnicas, representando com possível que o facto de os taipais de madeira da 1.ª laje acima da cota da soleira não se encontrarem fixados por pregos, bem como o facto de não existirem equipamentos de protecção colectiva ou individual, criasse perigo para a vida e para a integridade física dos trabalhadores, designadamente para AF, AP e AV, porém não se conformou com a criação de tal perigo.

Em consequência do referido incumprimento das regras de planeamento e execução de uma obra de construção, bem como da existência de taipais não devidamente fixados por pregos e da ausência de medidas protecção colectiva e individual resultou a morte de AF, na sequência de queda de uma altura de cerca de 3,5 metros, que lhe provocou lesões crâneo-encefálicas.

AV, encarregado da obra, estava, por força das suas funções de direcção dos trabalhos no local, obrigado a comunicar ao arguido JG as situações de riscos associados à execução da obra e a implementar ele próprio as medidas de prevenção adequadas a fazer face a tais riscos, designadamente a colocação de equipamentos de protecção colectiva ou individual.

Porém, não obstante saber que estava obrigado e era capaz de cumprir as obrigações acima mencionadas, o arguido AV, de forma livre, não as cumpriu, pelo que não actuou com cuidado e não comunicou as situações de risco verificadas na obra nem zelou pela eliminação de tais riscos, violando regras técnicas e representando como possível que o facto de os taipais de madeira da 1.ª laje acima da cota da soleira não se encontrarem fixados por pregos, bem como o facto de não existirem equipamentos de protecção colectiva ou individual criasse perigo para a vida e para a integridade física dos trabalhadores AF e AP, porém não se conformou com a criação de tal perigo.

Posto que o arguido AV não comunicou ao arguido JG a necessidade de fixar pregos nos taipais e de colocar equipamentos de protecção colectiva e individual e que não os fixou nem colocou por intervenção própria, tais equipamentos não se encontravam na obra, o que conduziu à morte de AF, na sequência de queda de uma altura de cerca de 3,5 metros, que lhe provocou lesões crâneo-encefálicas.

Cometeram, pelo exposto,

a) O arguido JG, em autoria material, sob a forma consumada e em concurso efectivo:
– Dois crimes de infracção de regras de construção, p. e p. pelo artigo 277.°, n.ºs 1, al. a) e 2, do Código Penal, com referência aos artigos 15.°, 26.° e 30.°, n.° 1, também do Código Penal, e aos artigos 40.° e 150.° do Decreto n.° 41 821 de 11 de Agosto de 1958; 11.° a 13.° da Portaria n.° 101/96, de 3 de Abril, e artigos 4.° a 6.°, 9.°, 20.° e 22.° do Decreto-Lei n.° 273/2003, de 29 de Outubro;

– Um crime de infracção de regras de construção agravado pelo resultado, p. e p. pelos artigos 277.º, n.ºs 1, al. a) e 2 e 285.º todos do Código Penal, com referência aos artigos 15.º, 26.º e 30.º, n.º 1, também do Código Penal, e aos artigos 40.º e 150.º do Decreto n.º 41 821 de 11 de Agosto de 1958; 11.º a 13.º da Portaria n.º 101/96, de 3 de Abril, e artigos 4.º a 6.º, 9.º, 20.º e 22.º do Decreto-Lei n.º 273/2003, de 29 de Outubro.

b) O arguido AV, em autoria material, sob a forma consumada e em concurso efectivo:
– Um crime de infracção de regras de construção, p. e p. pelo artigo 277.º, n.ºs 1, al. a) e 2, do Código Penal, com referência aos artigos 15.º, 26.º e 30.º, n.º 1, também do Código Penal, e aos artigos 40.º e 150.º do Decreto n.º 41 821 de 11 de Agosto de 1958; 11.º a 13.º da Portaria n.º 101/96, de 3 de Abril, e artigos 4.º a 6.º, 9.º, 20.º e 22.º do Decreto-Lei n.º 273/2003, de 29 de Outubro;
– Um crime de infracção de regras de construção agravado pelo resultado, p. e p. pelos artigos 277.º, n.ºs 1, al. a) e 2 e 285.º todos do Código Penal, com referência aos artigos 15.º, 26.º e 30.º, n.º 1, também do Código Penal, e aos artigos 40.º e 150.º do Decreto n.º 41 821 de 11 de Agosto de 1958; 11.º a 13.º da Portaria n.º 101/96, de 3 de Abril, e artigos 4.º a 6.º, 9.º, 20.º e 22.º do Decreto-Lei n.º 273/2003, de 29 de Outubro.

Artigo 16.º, n.º 3, do Código de Processo Penal:

Prova:

Medida de coacção:

Consigno, para efeito do disposto nos artigos 2.º e 3.º do Decreto-Lei n.º 59/89, de 22 de Fevereiro, que AF era portador de cartão da Segurança Social com o n.º ... (cf. fls. 140).

Nomeação de defensor:

Notificações:

Comunique à Exma. Sr.ª Procuradora da República, de acordo com a Directiva n.º 1/2002, publicada no DR II de 04.04.2002 (Circular n.º 6/2002 PGR), Ponto VI, n.º 3, a aplicação do artigo 16º, n.º 3, do Código de Processo Penal nos presentes autos.

Processei, imprimi, revi e assinei o texto, seguindo os versos em branco (art. 94.º/2 do Código de Processo Penal).

..., ...

O Procurador-Adjunto

I.XIII. Dos crimes contra a segurança das comunicações

I.XIII.1. *Crime de atentado à segurança de transporte rodoviário, por negligência (artigo 290.º, n.ºˢ 1, al. b), 2 e 4 do Código Penal)*

CLS.
Inquérito n.º

ACUSAÇÃO

O Ministério Público acusa em processo comum e para julgamento por tribunal de estrutura singular, por aplicação do disposto no artigo 16.º, n.º 2, alínea b), do Código de Processo Penal:

Manuel Cardoso, casado, carpinteiro, filho de...e de ... nascido a 15.08.1947, em ..., residente na Rua ..., em ...,

Porquanto:

O arguido, em data que não foi possível precisar, mas que se situa no ano de 2008, em momento anterior ao dia 29 de Setembro, adquiriu um lote de pinheiros a Anselmo José (id. a fls. 31). Tais árvores encontravam-se num terreno deste último de ..., inscrito na matriz sob o n.º ..., rústico, da freguesia de ..., terreno esse vizinho de outro de José Gonçalo, inscrito na matriz sob o n.º..., da mesma freguesia, ambos sitos junto da E.M. n.º ..., no troço entre PC e ST.

Foi o próprio arguido, Manuel Cardoso, que proveu ao corte dos pinheiros comprados, na véspera dos factos aqui em análise.

No decurso desse corte, o arguido verificou que um dos pinheiros abatidos caíra para cima de uma acácia, sita no terreno contíguo ao de Anselmo José. Por tal motivo, essa acácia, como pôde constatar a olho nu, ficara num plano inclinado, correndo sérios riscos de tombar para o lado da rodovia.

Não obstante, o arguido não procurou contactar o proprietário do terreno vizinho ao de Anselmo José, para obviar a tal situação, nem procedeu, por sua iniciativa, ao corte da acácia, a fim de evitar a forte possibilidade da queda desta, para a rodovia, em momento futuro.

No dia **29 de Setembro de 2008, pelas 2 horas e 30 minutos**, quando Dário José, condutor do veículo ligeiro de passageiros, de matrícula AG-...-..., circulava pela E.M. N.° ..., pela hemifaixa direita de rodagem, no sentido de marcha Porto Carvalho-Santana, numa zona em que a estrada descreve uma curva que, no seu início, em virtude do arvoredo que ladeia as bermas da rodovia, não permite descortinar visualmente na totalidade o espaço imediato, viu abater-se, à sua frente, uma árvore. Apesar de ter travado, o condutor não teve hipótese de se desviar do objecto assim caído, que ocupava a faixa de rodagem, cuja largura, nesse ponto, é de 5,20m, e embateu contra a árvore.

Em virtude de tal colisão, sofreu o ofendido as lesões descritas no auto de exame de sanidade de fls. 79 e 80, que se dá por inteiramente reproduzido, e que foram causa directa e adequada de um período de 343 dias de doença, dos quais 20 dias (correspondentes aos dias de internamento hospitalar e permanência em Serviço de Urgências) são de incapacidade total para o trabalho geral e profissional.

Por força de tal colisão sofreu a viatura de matrícula AG-...-..., os seguintes estragos: ...

A árvore que tombou para a E.M. n.° ..., naquele momento e local, e que esteve na origem do supra mencionado embate, como se veio a apurar, era precisamente a acácia sita no terreno de José Gonçalo, e que, em consequência do corte de pinheiros operado, no dia anterior, pelo arguido, no terreno contíguo de Anselmo José, ficara já em plano inclinado, em virtude de sobre ela haver caído um dos pinheiros que foram objecto do dito corte.

O arguido, tendo constatado que a acácia saíra do normal plano vertical por causa do corte e queda dum pinheiro, apercebeu-se do perigo eminente que representaria uma perfeita inacção, naquele caso. Porém, não alertou o proprietário da acácia para tal perigo, para que aquele pudesse prevenir um mal maior, nem procedeu, por sua iniciativa, ao respectivo corte, de molde a que a acácia pudesse cair, com segurança, para o lado dos terrenos, bem antevendo que, a qualquer momento, a árvore poderia tombar em direcção da rodovia, assim atentando contra a segurança e a fluência rodoviárias dos utentes que por ali circulavam, e, ademais, criando perigo para a integridade física daqueles.

O arguido violou, deste modo, os mais elementares deveres objectivos de cuidado que sobre si recaíam, na medida em que, quem procede a um corte de pinheiros daquela natureza, operação que envolve naturais riscos, em função da dimensão das árvores abatidas, da proximidade de outros terrenos e da E.M. n.° ..., deve assegurar-se que do benefício que assim recolhe não resulta um estado de perigosidade, quer para os bens, quer para as demais pessoas.

Pelo que, o arguido representou a queda da acácia como possível e susceptível de afectar a circulação rodoviária, em ordem a criar, desse modo, perigo para a integridade física e para os bens dos que circulavam por aquele troço da E.M. n.° ..., o que veio a acontecer, embora não haja admitido a concretização dessa possibilidade, o que poderia e deveria ter feito, tendo, para além de estragos vários na viatura de matrícula AG-...-..., causado ao ofendido as lesões atrás descritas.

O arguido agiu de forma livre, sabendo que a sua conduta era proibida e punida por lei penal.

Pelo exposto, cometeu o arguido em autoria material, sob a forma consumada e em concurso aparente:

> – **Um crime de atentado à segurança de transporte rodoviário, por negligência**, p. e p. pelos artigos 15.°, alínea a), e 290.°, n.ᵒˢ 1, alínea b), 2 e 4, e um crime de ofensa à integridade física por negligência, p. e p. pelos artigos 15.°, alínea a), e 148.°, n.° 1, todos do Código Penal.

Prova:

Medida de coacção:

Consigno, para efeito do disposto nos artigos 2.º e 3.º do Decreto-Lei n.º 59/89, de 22 de Fevereiro, que o ofendido é titular do n.º ... da Segurança Social (cf. fls. 140).

Nomeação de defensor:

Notificações:

Notifique o Hospital ..., nos termos do artigo 6.º, números 1 e 2, do Decreto-Lei n.º 218/99, de 15-06.

***

Processei, imprimi, revi e assinei o texto, seguindo os versos em branco (art. 94.º, n.º 2, do Código de Processo Penal).

..., ...

O Procurador-Adjunto

I.XIII.2. *Crime condução perigosa de veículo rodoviário (artigo 291.° do Código Penal): acusação com pedido cível*

CLS.
Inquérito n.°

Os presentes autos tiveram origem no auto de notícia, constante de fls. 2, no qual se dá conta que, no dia 23 de Março de 2007, pelas 15h50, na Rua 1.° de Maio, em ..., João Paulo, conduzindo o veículo ligeiro de passageiros, marca Citroën, modelo AX, com a matrícula ..., apercebendo-se da perseguição movida pela viatura da Polícia de Segurança Pública, acelerou a marcha em direcção à Estrada Nacional n.° ..., não parando perante o sinal STOP aí existente e que, na localidade de ..., o arguido não parou perante um sinal luminoso de cor vermelha, seguindo a velocidade não inferior a 100 km/h, em local de velocidade permitida de 50 km/h. Dá-se ainda conta que o mesmo, junto à Escola Básica de ..., em ..., ignorando o sinal de sentido proibido, entrou em sentido contrário, pondo em perigo várias crianças que aí circulavam.

No mesmo auto se dá conta que João Paulo não possuía carta de condução, nem qualquer outro documento que o habilitasse a conduzir.

Procedeu-se a inquérito, nos termos do artigo 262.° do Código de Processo Penal, no decurso do qual foram realizadas as diligências que se afiguraram oportunas para o apuramento da verdade.

Inquiridos os agentes da Polícia de Segurança Pública, testemunhas da ocorrência, os mesmos confirmaram o auto por si elaborado, nada mais acrescentando sobre a situação que presenciaram.

Foi constituído arguido e interrogado como tal, João Paulo. Requisitou-se, igualmente, o certificado do registo criminal do arguido.

Averiguou-se informação sobre a titularidade do registo sobre o veículo automóvel de matrícula ... e ainda informação sobre a titularidade de carta de condução pelo arguido.

Apreciando:

I – Importa averiguar se os factos denunciados relativamente à condução desrespeitadora das regras estradais, junto à Escola Básica de ..., onde circulavam várias crianças são passíveis de consubstanciar a prática pelo arguido João Paulo um **crime de condução perigosa de veículo rodoviário**, previsto e punível pelo artigo 291.º, n.º 1, alínea b), do Código Penal.

O bem jurídico protegido com este tipo legal de crime é a segurança do tráfego rodoviário, punindo todas as condutas que se mostrem susceptíveis de lesar este tipo de circulação, e que, ao mesmo tempo, coloquem em perigo a vida, a integridade física ou bens patrimoniais de valor elevado (neste sentido, Paula Ribeiro de Faria, Comentário Conimbricense ao Código Penal, tomo 2, pág. 1080).

A verificação deste tipo de ilícito decorre do facto do agente não se encontrar em condições de conduzir com segurança, devido à "violação grosseira das regras relativas à prioridade, à obrigação de parar, à ultrapassagem, à mudança de direcção, à passagem de peões, à inversão do sentido de marcha em auto-estrada ou em estradas fora de povoações, ao limite de velocidade e à obrigação de circular na faixa de rodagem à direita".

Porém, consubstanciando-se como um crime de perigo concreto, para que a figura delitual do artigo 291.º se complete é ainda necessário que, por falta de condições para a condução ou por violação grosseira das regras de circulação rodoviária ora enumeradas, seja criado perigo para a vida ou para a integridade física de outrem, ou para bens patrimoniais alheios de valor elevado, devendo resultar do comportamento apurado um perigo concreto para esses indicados bens jurídicos individuais.

Quanto ao elemento subjectivo, na modalidade dolosa, dir-se-á que este tipo legal de crime se basta com qualquer uma das formas de dolo (cf. artigo 14.º do Código Penal), sendo que o dolo não está, obviamente, directamente relacionado com o dano, mas com o próprio perigo. Desta forma, existe dolo na acção sempre que o agente tenha consciência de que não se encontra em condições de conduzir com segurança; existe dolo na criação do perigo quando o agente, pelo menos, tenha consciência da efectiva possibilidade ou probabilidade de lesão dos bens jurídicos tutelados pela norma face ao seu comportamento, isto é, sempre que o agente haja previsto o perigo ou situação perigosa conformando-se com essa situação.

Reportando-nos à factualidade em análise e compulsados os autos, do auto de notícia decorre que o arguido conduzia o veículo em sentido contrário, numa zona escolar, onde, na altura, circulavam várias crianças.

No entanto, embora se mencione, no auto, que o arguido teria colocado essas crianças em perigo, não se apurou, de forma concreta, a existência de criação de tal perigo, em relação a elas. Apenas há a referência a várias crianças que circulavam na via pública, não se logrando apurar a identificação de tais crianças, quantas seriam e até mesmo se a actuação do arguido as teria colocado em qualquer espécie de perigo individualizado para a sua integridade física. Neste ponto, não se pode olvidar que o preenchimento do tipo legal de crime em análise não se basta com a existência de um perigo abstracto, exigindo-se a criação de um perigo concreto.

Assim não se indiciou suficientemente que o arguido João Paulo ao efectuar uma condução desrespeitadora das regras estradais, tenha criado um perigo concreto para a integridade física das pessoas que circulavam naquela rua junto à Escola Básica de …, concretamente as crianças de tal escola.

A acusação contra determinada pessoa depende de se ter apurado, no decurso do inquérito, a existência de indícios suficientes de que aquele praticou factos qualificados como crime, ou seja, um juízo de que existe uma forte possibilidade de vir a ser aplicada ao arguido, em razão da prática daqueles factos e em sede de audiência de julgamento, uma pena ou medida de segurança – artigo 283.º, n.º 2 do Código de Processo Penal.

Ora, como supra mencionado, do inquérito não resultaram indícios suficientes que possam consubstanciar essa forte possibilidade de aplicação de uma pena ao arguido pelo crime em análise.

Conclui-se que, apesar de realizadas todas as diligências consideradas úteis e necessárias, neste momento, à descoberta da causa, as mesmas se revelaram infrutíferas, em virtude de não ter sido possível indiciar que o arguido tivesse praticado o crime de condução perigosa de veículo rodoviário, previsto e punível pelo artigo 291.º, n.º 1, alínea b), do Código Penal.

Pelo exposto, determino, nesta parte, o arquivamento dos autos, nos termos do n.º 2 do artigo 277.º do Código de Processo Penal.

Cumpra o disposto no artigo 277, n.º 3 e 4, alínea a) do Código de Processo Penal.

Extraía certidão de fls. 2 a 3, 8, 17 a 19, 25 a 28, 31 a 39, 78 a 80, 130 a 132, 152 a 153, 158 a 162 dos autos e remeta à Polícia de Segurança Pública para procedimento contra-ordenacional, de forma a averiguar se o arguido regularizou, e em que data, o registo de propriedade do veículo ligeiro de passageiros, marca Citroën, modelo AX, com a matrícula ..., e desta forma, aquilatar da eventual responsabilidade e perdimento a favor do Estado do veículo referido, nos termos do artigo 162.º, n.º 2 do Código da Estrada.

Tendo em conta que, relativamente à ordem de paragem emitida pela autoridade policial ao arguido, no dia 21 de Maio de 2007, descrita no auto de notícia que deu origem ao Inquérito ..., apenso aos autos, não estão todos os elementos apurados, designadamente como se procedeu à ordem de paragem e ainda à identificação do Agente António como agente da autoridade, e para não protelar o andamento do processo, extraía certidão de fls. 140 a 141 dos autos e de fls. 2 a 3 do Inquérito ..., apenso, e remeta à Polícia de Segurança Pública para procedimento contra-ordenacional pela contra-ordenação prevista e punível no artigo 4.º, n.ºˢ 1 e 3 do Código da Estrada.

Notifique António Cardoso, Agente da Polícia de Segurança Pública de ..., n.º ..., para vir apresentar, no prazo de 10 dias, o número de beneficiário da Segurança Social e a instituição que o abrange.

ACUSAÇÃO

O Ministério Público acusa em processo comum e para julgamento por tribunal de estrutura singular, ao abrigo do disposto no artigo 16.º, n.º 3 do Código de Processo Penal:

- **João Paulo**,

Porquanto,

No **dia 23 de Março de 2007, pelas 15h50, na Rua 1.º de Maio, em** ..., o arguido, conduzindo o veículo ligeiro de passageiros, marca Citroën, modelo AX, com a matrícula ...BF, apercebendo-se da perseguição movida pela viatura descaracterizada da Polícia de Segurança Pública, mas com o sinal rotativo ligado, acelerou a marcha em direcção à Estrada Nacional N.º ..., não parando perante o sinal STOP aí existente. Continuando a sua marcha, na localidade de ..., o arguido não parou perante um sinal luminoso de cor vermelha e seguiu a velocidade não inferior a 100 km/h, em local de velocidade permitida de 50 km/h.

Junto à **Escola Básica de** ..., em ..., o arguido, ignorando o sinal de sentido proibido, entrou em sentido contrário.

O arguido não possuía carta de condução, nem qualquer outro documento que o habilitasse a conduzir.

No dia **17 de Abril de 2007, pelas 13h50, na Rua** ..., o arguido conduzia o ciclomotor "tipo Scooter", com a matrícula ..., sem qualquer capacete de protecção. Apercebendo-se da presença da viatura descaracterizada da Polícia, o arguido pôs-se em fuga. Na verdade, o arguido não possuía licença de condução de ciclomotores, nem qualquer outro documento que o habilitasse a conduzir.

No dia **8 de Maio de 2007, pelas 2h30, na Rotunda do Cavador**, em ..., o arguido conduzindo o veículo ligeiro de passageiros BF supraidentificado, e transportando Sandra Cristina, id. a fls. 22, Leandro Henrique, id. a fls. 23, Gerson Filipe, id. a fls. 24, circulava com as luzes de cruzamento (médios) desligadas.

Por tal motivo, o veículo descaracterizado da Polícia de Segurança Pública, com a matrícula ...EU, moveu-lhe perseguição, seguindo na sua retaguarda, tendo ligado o rotativo policial, junto à rotunda da Rodovia Urbana de ...

Ao aproximar-se do veículo do arguido, pela via da esquerda da faixa de rodagem, no início de uma ligeira curva à esquerda, este guinou na direcção do veículo policial e seguiu a sua marcha.

Cerca de 100 metros adiante, na sequência da tentativa do veículo policial se colocar ao lado do veículo do arguido, para que o agente da PSP colocasse a raquete de sinalização para o obrigar a parar, o arguido guinou novamente na direcção daquele veículo, indo embater com a parte lateral esquerda na parte lateral direita da viatura policial, empurrando-o contra o separador central em betão e continuou a sua marcha.

Foi movida perseguição até à Rotunda da Serra ..., e sem que nada o fizesse prever, o arguido, com o propósito de se colocar em fuga, saindo do veículo, travou bruscamente à frente do veículo policial, indo este embater na traseira do veículo do arguido.

Acto seguido, o arguido abandonou o seu veículo e fugiu em direcção a um pinhal, sendo seguido pelo agente da Polícia de Segurança Pública Eduardo, que foi no seu alcance, vindo a interceptá-lo num canavial a cerca de 500 metros do local do embate.

Aí, quando o referido agente da PSP procedia à sua imobilização e detenção, o arguido desferiu-lhe vários murros e pontapés e mordeu-o no dedo médio da mão esquerda.

Como consequência directa e necessária do embate, o agente António Cardoso foi assistido no Serviço de Urgência do Hospital ... e sofreu as lesões melhor descritas nos relatórios de perícia de avaliação do dano corporal, junto a fls. 112 a 114 e 156 a 157, que lhe determinaram um período de doença de 8 dias, todos com afectação da capacidade para o trabalho geral e profissional.

Ainda como consequência directa e necessária da conduta posterior do arguido, o agente Eduardo foi assistido no Serviço de Urgência do Hospital ... e sofreu as lesões melhor descritas no relatório de perícia de avaliação do dano corporal, junto a fls. 85 a 87, que lhe determinaram um período de doença de 7 dias, todos com afectação da capacidade para o trabalho geral e profissional.

Ainda em resultado do embate, o veículo policial sofreu danos na frente e lateral esquerda e direita, designadamente no capôt, na frente, no guarda-lamas, na óptica esquerda e direita, no pára-choques, no radiador ar condicionado, no radiador água, na carga ar condicionado, no canto farol chapa, na tampa espelho direito, no jogo "juventos", no farolim pisca, nos frisos porta direita 23,28x2, e ainda amolgadelas na chapa e na pintura, cuja reparação ascendeu a 3.218,23 € (três mil duzentos e dezoito euros e vinte e três cêntimos), conforme documento junto a fls. 116 dos autos.

O arguido não possuía carta de condução, nem qualquer outro documento que o habilitasse a conduzir.

Não possuía, ainda, qualquer seguro de responsabilidade civil obrigatório válido e eficaz do veículo supra-referido.

No dia **21 de Maio de 2007, pelas 14h45**, o arguido conduzia o ciclomotor com a matrícula ... na **Rua dos Ferreiros** em direcção à Praça 8 de Maio. Tendo-se apercebido do veículo descaracterizado da Polícia de Segurança Pública, o arguido acelerou a marcha do ciclomotor e pôs-se em fuga, circulando em sentido contrário ao do trânsito na Praça 8 de Maio.

De facto, o arguido não possuía licença de condução de ciclomotores, nem qualquer outro documento que o habilitasse a conduzir.

No dia **14 de Junho de 2007, pelas 12h40, na Avenida Amália Rodrigues**, em ..., o arguido conduzia o ciclomotor referido, não possuindo ainda licença de condução de ciclomotores, nem qualquer documento que o habilitasse a conduzir.

O arguido bem sabia que não tinha documento que o habilitasse a conduzir e que, nessas condições, lhe estava vedada a condução de veículos a motor na via pública, não se coibindo de o fazer nas situações referidas, o que representou.

O arguido bem sabia ainda que não estava a cumprir com as regras estradais, no dia 8 de Maio de 2007, pelo que não observou as precauções exigidas pela mais elementar prudência e cuidado que era capaz de adoptar e que devia ter adoptado para impedir a verificação de um resultado que de igual forma podia e devia prever, mas que não previu, colocando em perigo o veículo policial, as pessoas que consigo circulavam e ainda os agentes da Polícia de Segurança Pública, causando as lesões supra descritas em António.

Agiu igualmente de forma livre com o propósito concretizado, através do emprego da violência supra descrita dirigida contra o agente de autoridade policial Eduardo, de se eximir ao cumprimento dos comandos que aquele lhe queria impor, assim pondo em causa a autoridade subjacente ao mesmo, o que representou.

Sabia também que não podia conduzir a velocidade superior a 50 km/h nas localidades, no entanto, agiu de forma livre não se coibindo de exceder tal limite em mais de 50km/h, o que representou.

O arguido sabia que devia respeitar os sinais de cedência de passagem e os sinais luminosos, que devia proteger a cabeça usando capacete e que, de noite, devia ter as luzes de cruzamento ligadas, no entanto agiu de forma livre, não se coibindo de não respeitar tais regras, o que representou.

Sabia ainda que não podia circular em sentido oposto ao estabelecido, no entanto, agiu de forma livre não se coibindo de desrespeitar tal regra nos dias 23 de Março e 21 de Maio de 2007, o que representou.

O arguido sabia igualmente que não podia transitar na via pública sem possuir seguro válido de responsabilidade civil relativo ao seu veículo automóvel e que desta forma incorria em responsabilidade contra-ordenacional.

Sabia o arguido que as suas condutas eram proibidas e punidas por lei penal e contra-ordenacional.

Cometeu, pelo exposto, em autoria material, na forma consumada e em concurso real e efectivo:

– **dois crimes de condução sem habilitação legal**, previsto e punível pelo artigo 3.°, n.ºs 1 e 2 do Decreto-Lei n.° 2/98, de 03.01, com referência ao artigo 121.°, n.° 1 do Código da Estrada, aprovado pelo Decreto-Lei n.° 114/94, de 03.05, na redacção do Decreto-Lei n.° 44/2005, de 23.02;

– **três crimes de condução sem habilitação legal**, previsto e punível pelo artigo 3.°, n.ºs 1 e 2 do Decreto-Lei n.° 2/98, de 03.01, com referência ao artigo 121.°, n.° 1 do Código da Estrada;

– **um crime de condução perigosa**, previsto e punível pelos artigos 291.°, n.° 1 alínea b) e n.° 2 e 69.°, n.° 1 alínea a), ambos do Código Penal, na redacção anterior à da Lei n.° 59/07, de 04.09;

– **um crime de ofensa à integridade física por negligência** p. e p. pelos artigos 15.°, al. b), e 148.°, n.° 1, do Código Penal, na redacção anterior à da Lei n.° 59/07, de 04.09 (em relação ao agente António Cardoso);

– **um crime de resistência e coacção,** previsto e punível pelo artigo 347.° do Código Penal, na redacção anterior à da Lei n.° 59/07, de 04.09;

– **uma contra-ordenação,** prevista e punível pelos artigos 27.°, n.ºs 1 e 2, alínea a), 3.° ponto, 146.°, alínea i) e 147.°, n.ºs 2 e 3 do Código da Estrada;

– **uma contra-ordenação,** prevista e punível pelos artigos 21.º e 23.º, alínea a) do Decreto-Lei n.º 22-A/98, de 1 de Outubro e artigos 146.º, alínea n) e 147.º, n.ᵒˢ 2 e 3 do Código da Estrada;
– **uma contra-ordenação,** prevista e punível pelo artigo do 69.º, n.º 1, alínea a) e 76.º, alínea a) do Decreto-Lei n.º 22-A/98 de 1 de Outubro e artigos 146.º, alínea l) e 147.º, n.ᵒˢ 2 e 3, do Código da Estrada;
– **uma contra-ordenação,** prevista e punível pelos artigos 82.º, n.ᵒˢ 3 e 6 do Código da Estrada;
– **uma contra-ordenação,** prevista e punível pelos artigos 61.º, n.º 1 alínea b) e 5 do Código da Estrada;
– **duas contra-ordenações,** previstas e puníveis pelos artigos 13.º, n.ᵒˢ 1 e 4, 145.º, n.º 1, alínea a) e 147.º, n.ᵒˢ 2 e 3 do Código da Estrada;
– **uma contra-ordenação,** prevista e punível pelos artigos 150.º, n.ᵒˢ 1 e 2, 145.º, n.º 2 e 147.º, n.ᵒˢ 2 e 3 do Código da Estrada.

Artigo 16.º, n.º 3, do Código de Processo Penal:

Atentas as respectivas moldura penal seria competente para o julgamento o tribunal de estrutura colectiva (artigo 14.º, n.º 2, alínea *b)* do Código de Processo Penal).

No entanto, atendendo à idade do arguido, ao prejuízo que provocou, ao tipo de lesões sofridas pelos ofendidos e ao princípio da proporcionalidade das penas, não obstante as condenações anteriores, entende-se que, com razoabilidade, em concreto, não será de aplicar àquele pena superior a cinco anos de prisão, pelo que, nos termos do n.º 3 do artigo 16.º do Código de Processo Penal, se deduz acusação para julgamento com intervenção do tribunal de estrutura singular.

PROVA
  1. **Por Documentos:**
     1.1. – de fls...;
  2. **Pericial:**
     2.1. – exames de fls. ...;
  3. **Testemunhas:** (...).

Estatuto processual do arguido

O arguido encontra-se sujeito às medidas de coacção de termo de identidade e residência, prestado a fls. 20, obrigação de apresentação periódica diária no posto policial da área de residência e prestação de caução, no montante de 100 €, que lhe foi aplicada por despacho judicial proferido no dia 08.05.07, constante de fls. 69 a 71 dos autos.

Tendo em conta que os pressupostos que determinaram a medida de coação de apresentação diária permanecem actuais, nomeadamente, o perigo da continuação da actividade criminosa, entende-se ser a mesma de manter, até à realização da audiência de julgamento, por se entender como suficiente, proporcional e adequada.

Atento a que a caução prestada não se afigurou suficiente para acautelar a prática de actos ilícitos relativos à circulação estradal, visto que após a prestação da mesma terem sido apensos os inquéritos ... e ..., promovo o reforço da caução prestada, que deverá ser fixado em 200 €.

Nos termos do disposto nos artigos 191.°, 192.°, 193.°, 196.°, 197.°, 198.°, n.° 1 e 2 e 204.°, alínea c), 205.° e 207.°, n.° 1, todos do Código de Processo Penal, promovo a manutenção das medidas de coação aplicadas ao arguido e o reforço da caução no valor de 200 €.

Consigno que o ofendido Eduardo é beneficiário n.° ... SAD/PSP.

Mantêm-se como defensora do arguido, a Sra. Dra. Ana ..., nomeada a fls. 65 dos autos (artigo 66.°, n.° 4 do Código de Processo Penal).

Comunique, informando o arguido de que fica obrigado, caso seja condenado, a pagar os honorários da defensora oficiosa, salvo se for concedido apoio judiciário, e que pode proceder à substituição desse defensor, mediante a constituição de advogado (artigo 64.°, n.° 4 do Código de Processo Penal).

Cumpra o disposto no artigo 283.°, n.° 5 do Código de Processo Penal.

Notifique ainda o arguido com a advertência que pode pagar as coimas correspondente às contra-ordenações, no prazo de 15 dias, pelo mínimo de 1624,58 € (300 € – excesso de velocidade, 99,76€ – sinal de cedência de passagem, 74,82€ – sinal luminoso, 120€ – uso de capacete, 30€ – luzes de cruzamento, 250€ x 2vezes – circulação em sentido contrário, 500 € – seguro de responsabilidade civil), nos termos do disposto no artigo 172.º, n.º 1 e 2, sem prejuízo do disposto no n.º 4, do Código da Estrada, na redacção do Decreto-Lei 44/2005, de 23 de Fevereiro.

Cumpra o disposto no n.º 2, do artigo 6.º do Decreto-lei 218/99, de 15 de Junho, notificando o Hospital, para querendo, no prazo de 20 dias, vir aos autos deduzir pedido de indemnização cível.

Comunique superiormente o presente despacho (na totalidade), uma vez que existem agentes da Polícia de Segurança Pública ofendidos.

Pedido Cível

O Ministério Público, ao abrigo do disposto nos artigos 1.º, 3.º, n.º 1, alínea a), e 5.º, n.º 1, alínea a) da Lei n.º 60/98, de 27.08, e artigos 71.º, 73.º, n.º 1, 74.º, n.º 1, 76.º, n.º 3, 77.º, n.º 1 e 5, e 79.º, n.º 1, do Código de Processo Penal, vem em representação do Estado deduzir pedido de indemnização civil contra:

    1. João Paulo, identificado na acusação que antecede e
    2. Fundo de Garantia Automóvel, unidade orgânica departamental do Instituto de Seguros de Portugal, com sede na Av. da República, n.º 59 – 4.º e 5.º pisos, 1050-189 Lisboa;

nos termos e nos seguintes fundamentos:

1.º
Para efeitos do presente pedido cível dão-se aqui por integralmente reproduzidos os factos da acusação.

2.º
Por força do embate causado pelo veículo ...BF conduzido pelo Réu, o veículo policial ...EU sofreu estragos na frente e lateral esquerda e direita, designadamente os danos descritos na acusação que antecede.

3.º
Com a reparação dos danos causados no veículo policial despendeu o Estado Português a quantia de 3.218,23 € (três mil e duzentos e dezoito euros e vinte e três cêntimos), conforme documento junto a fls. 116, que aqui se dá por integralmente reproduzido para todos os efeitos legais.

4.º
Além disso, na sequência das agressões perpetradas, o agente da Polícia de Segurança Pública Eduardo sofreu as lesões melhor descritas no relatório médico, que aqui se dá por integralmente reproduzido para todos os efeitos legais.

5.º
Assim, ficou impossibilitado de trabalhar desde 8 de Maio a 17 de Maio de 2007.

6.º
Não tendo, durante tal período, prestado qualquer serviço.

7.º
Porém, a Polícia de Segurança Pública pagou-lhe, relativamente a tais dias, as seguintes quantias, assim discriminadas (Documento junto a fls. 123):
– vencimento: 351,74 €;
– suplemento: 60, 85 €;
– fardamento: 1,83 €;
– subsídio de alimentação: 20,15 €;
– subsídio de Natal: 34,39 €;

– suplemento de patrulha: 56,26 €;
– Suplemento de turno: 40,40 €.

8.º
Perfazendo a quantia total de 600,01 € (seiscentos euros e um cêntimo).

9.º
Despendeu ainda a quantia de 30,54 € (trinta euros e cinquenta e quatro cêntimos), referentes a duas consultas médicas no Posto Clínico da Policia de Segurança Pública de ... – Documento junto a fls. 124 a 127 dos autos.

10.º
No montante global, relativamente a tais danos, de 630,55 € (seiscentos e trinta euros e cinquenta e cinco cêntimos).

11.º
Desta forma, relativamente a todos os prejuízos, o Estado despendeu a quantia total de 3.848,78 € (três mil e oitocentos e quarenta e oito euros e setenta e oito cêntimos).

12.º
Tais prejuízos são **imputáveis ao 1.º Réu**, nos termos dos artigos 483.º, n.º 1, do Código Civil, constituindo-se na obrigação de os reparar, nos termos dos artigos 562.º do Código Civil, dado que lhes deu causa (artigo 563.º do Código Civil).

13.º
À data, não tinha o 1.º Réu, nem qualquer outra pessoa, contrato de seguro automóvel válido e eficaz, relativamente ao veículo ligeiro de passageiros, com a matrícula ...BF.

14.º
Assim, **os Réus** são solidariamente responsáveis pelos encargos efectuados relativamente aos danos causados no veículo ligeiro de passageiros, com a matrícula ...BF, nos termos dos artigos 1.º, n.º 1, 2.º, 21.º, n.º 1 e

2, al. b), 29.º, n.º 6, todos do Decreto-Lei n.º 522/85, de 31.12, (actualmente dos artigos 47.º, n.º 1, 49.º, n.º 1, alínea b) e 62.º, n.º 1 do Decreto-Lei 291/2007, de 21.08), e artigo 497.º, n.º 1, do Código Civil.

15.º
Sendo que ao montante a cargo do 2.º Réu Fundo de Garantia Automóvel haverá que deduzir uma franquia de 299,28 €, nos termos do artigo 21.º, n.º 3, do Decreto-Lei n.º 522/85, de 31.12.

16.º
Aos montantes em causa devem acrescer os juros à taxa legal, desde a data da notificação do despacho que recebeu a acusação e o presente pedido cível até integral pagamento, nos termos dos artigos 804.º, n.º 2 e 806.º, n.º 1 e 2, ambos do Código Civil.

17.º
O presente pedido cível fundamenta-se no disposto nos artigos 483.º, n.º 1, 562.º, 563.º e 566.º, n.º 1 e 2, 592.º, 593.º, 804 e 806, n.º 2, todos do Código Civil e artigos 1.º, n.º 1, 2.º, 21.º, n.º 1 e 2, al. b), 29.º, n.º 6, todos do Decreto-Lei n.º 522/85, de 31.12, (**actualmente dos artigos 47.º, n.º 1, 49.º, n.º 1, alínea b) e 62.º, n.º 1 do Decreto-Lei 291/2007, de 21.08**), do Código Civil.

> **Nestes termos e nos mais de direito, deve o presente pedido cível ser julgado procedente, por provado, e em consequência:**
>
> **a) Serem os Réus condenados solidariamente a pagar ao Estado a importância de 3.218,23 € (três mil e duzentos e dezoito euros e vinte e três cêntimos), a que acrescem juros de mora à taxa legal, desde a notificação judicialmente ordenada deste pedido cível até integral pagamento, sendo deduzida a franquia de 299,98 €, relativamente ao Réu Fundo de Garantia Automóvel;**
>
> **b) Ser o 1.º Réu condenado a pagar ao Estado a quantia de 630,55 € (seiscentos e trinta euros e cinquenta e cinco cêntimos), a que acrescem juros de mora à taxa legal, desde a notificação judicialmente ordenada deste pedido cível até integral pagamento.**

c) No caso de não proceder o pedido efectuado na alínea a), designadamente no que respeita ao Fundo de Garantia Automóvel, subsidiariamente, ser o 1.º Réu condenado a pagar ao Estado a importância de 3.218,23 € (três mil e duzentos e dezoito euros e vinte e três cêntimos), a que acrescem juros de mora à taxa legal, desde a notificação judicialmente ordenada deste pedido cível até integral pagamento.

Mais se requer a notificação dos Réus para contestarem, querendo, nos termos do artigo 78.º, n.º 1 do Código de Processo Penal, no prazo e sob legal cominação, seguindo-se os demais termos processuais adequados.

Prova:
– A indicada na acusação.

Valor: 3.848,78 € (três mil oitocentos e quarenta e oito euros e setenta e oito cêntimos).

Junta: duplicados e cópia legais.

***

Processei, imprimi, revi e assinei o texto, seguindo os versos em branco – artigo 94.º, n.º 2 do Código de Processo Penal.

..., ...

O Procurador-Adjunto

I.XIII.3. *Crime de condução de veículo em estado de embriaguez (artigo 292.º, n.º 1, do Código Penal)*

CLS.
Inquérito n.º

ACUSAÇÃO

O Ministério Público, nos termos do artigo 391.º-B, n.º 1, do Código Processo Penal, acusa em processo abreviado, para julgamento por tribunal de estrutura singular:

- **Joaquim ...**,

Porquanto:

No **dia 4 de Fevereiro de 2008, pelas 04h15**, o arguido conduzia o veículo ligeiro de passageiros de matrícula ..., na rua ...., em ..., com uma taxa de álcool no sangue de 2,47 g/l.

Agiu de forma livre, deliberada e consciente, bem sabendo que a sua conduta era proibida e punida por lei penal.

Cometeu, pelo exposto, o arguido, em autoria material, e na forma consumada:

– **Um crime de condução de veículo em estado de embriaguez p. e p. pelos artigos 69.º, n.º 1, al. a), e 292.º, n.º 1, do Código Penal.**

Prova:

Medida de coacção:

Nomeação de defensor:

Notificações:
*
Comunique ao Exmo. Sr. Procurador da República, de acordo com a Directiva n.º 1/2002, publicada no DR II de 04.04.2002 (Circular n.º 6/2002 PGR), Ponto VI, n.º 3, a dedução de acusação em processo abreviado, do Código de Processo Penal nos presentes autos.

Processei, imprimi, revi e assinei o texto, seguindo os versos em branco (art. 94.º/2 do Código de Processo Penal).

..., ...

O Procurador-Adjunto

I.XIV. Dos crimes contra a autoridade pública

I.XIV.1. *Crime de resistência e coacção sobre funcionário (artigo 347.º, n.º 1, do Código Penal)*

CLS.
Inquérito n.º

ACUSAÇÃO

O Ministério Público acusa, em processo comum e para julgamento por tribunal de estrutura singular,

Aníbal

Porquanto:

No dia 26 de Fevereiro de 2008, pelas 13h35, o arguido encontrava-se ao lado do veículo de matrícula ..., junto da Estação de Caminhos-de-ferro da ...,

Uma vez que era conhecido do agente da Polícia de Segurança Pública de ..., José (id. a fls. ...), sendo referenciado pela prática de diversos crimes contra o património (cf. certificado de registo criminal de fls. ... e ss), o referido agente dirigiu-se na direcção do arguido, com intenção de apurar se o veículo no qual o mesmo se fazia transportar não seria também furtado.

À aproximação do agente José, o arguido precipitou-se a esconder um volume de maços de cigarros "SG Ventil" no receptáculo da porta do veículo.

No banco traseiro do veículo encontrava-se um saco de viagem em nylon, de cor preta, pelo que o agente José solicitou ao arguido que lhe mostrasse o respectivo conteúdo.

Nessa altura, o arguido retirou o saco do interior do veículo com um gesto brusco e vigoroso, tendo então desferido uma pancada com o mesmo no peito do agente José, após o que lhe desferiu um pontapé na perna esquerda, de que não resultaram lesões, mas que lhe produziram dor.

Acto seguido, o arguido colocou-se em fuga, dizendo ao agente José "Tchau, filho da puta!", correndo para o interior da Estação de Caminhos-de-ferro, levando o saco consigo.

Foi então o arguido perseguido pelo agente José e, no decurso de tal perseguição, porque o arguido não parava, mesmo depois de tal lhe ter sido ordenado com as palavras "Alto, polícia, vou disparar!", o agente José efectuou dois disparo para o ar, com a pistola que possuía, mas nem assim o arguido parou.

Quando o arguido estava prestes a conseguir saltar a vedação ali existente, o agente José agarrou-o e puxou-o para baixo, altura em que o arguido esboçou diversos gestos com os braços com vista a atingir com as mãos o corpo do referido agente, sem que o conseguisse concretizar, tendo o agente José logrado, a dada altura, deitar o arguido no chão, com vista a imobilizá-lo, ao que o arguido lhe desferiu vários murros, provocando-lhe traumatismo do 3.º dedo da mão direita IFP (articulação interfalângica proximal) e escoriação a nível IFP região dorsal do 2.º dedo da mão esquerda, que lhe determinaram 3 (três) dias de doença sem incapacidade para o trabalho (cf. relatório médico de fls. ...).

Agiu o arguido de forma livre e com o propósito concretizado de molestar o corpo e a saúde do agente José e de lhe produzir as lesões verificadas, resultado esse que representou.

Agiu ainda com o propósito concretizado de se eximir ao cumprimento dos comandos que aquele agente, cuja qualidade de polícia conhecia, lhe pretendia impor, assim pondo em causa a autoridade subjacente aos mesmos, o que representou.

Sabia ainda que a sua conduta era proibida e punida por lei penal.

Cometeu, pelo exposto, em autoria material, sob a forma consumada:

– **Um crime de resistência à autoridade pública p. e p. pelo artigo 347.º, n.º 1, do Código Penal.**

Prova:

Medida de coacção:
_____

Nomeação de defensor:
_____

Notificações:
_____

Processei, imprimi, revi e assinei o texto, seguindo os versos em branco (artigo 94.º, n.º 2, Código de Processo Penal)

..., ...

O Procurador-Adjunto

I.XIV.2.1. *Crime de desobediência (artigo 348.º do Código Penal)*

CLS.
Inquérito n.º

ACUSAÇÃO

O Ministério Público acusa, em processo comum e para julgamento por tribunal de estrutura singular,

Dulce...

Porquanto:

No processo de execução ordinária n.º ..., que correu termos no 1.º juízo deste Tribunal Judicial de ..., a arguida Dulce ..., executada naqueles autos, foi constituída depositária dos bens ali apreendidos.

Mediante carta registada com aviso de recepção, por si recebida no dia 7 de Junho de 2007, foi a arguida notificada de despacho proferido naqueles autos a ordenar-lhe que, no prazo de 10 dias, procedesse à entrega dos bens penhorados ao encarregado da venda, sob pena de vir a ser condenada em multa e de incorrer na prática de um crime de desobediência.

Não obstante, a arguida não entregou tais bens, nem contactou o encarregado da venda, querendo e conseguindo não cumprir uma ordem emanada de autoridade judicial no exercício das suas funções, o que era do seu perfeito conhecimento.

Agiu a arguida de forma livre e com o propósito concretizado de não obedecer à ordem que lhe fora transmitida, apesar da obrigação aludida, pondo em causa a autoridade subjacente à mesma, o que representou.

Além do mais, detinha a consciência de que a sua conduta era proibida e punida por lei penal.

Incorreu, assim, na prática, como autora material e sob a forma consumada, de

– **Um crime de desobediência**, p. e p. pelo artigo 348.º, n.º 1, alínea b), do Código Penal.

Prova:

Medida de coacção:

Nomeação de defensor:

Notificações:

Processei, imprimi, revi e assinei o texto, seguindo os versos em branco (art. 94.º/2 do Código de Processo Penal).

…, …

O Procurador-Adjunto

I.XIV.2.2. *Crime de desobediência (artigo 348.º do Código Penal)*

CLS.
Inquérito n.º

ACUSAÇÃO

O Ministério Público acusa, em processo comum e para julgamento por tribunal de estrutura singular, nos termos do disposto no artigo 16.º, n.º 2, alínea b), do Código de Processo Penal:

N

Porquanto:

No dia 15 de Julho de 2007, a Guarda Nacional Republicana – Posto de … procedeu à apreensão do veículo ligeiro de passageiros de matrícula …, propriedade do arguido, por circular na via pública sem possuir seguro de responsabilidade civil, tendo ficado o arguido como fiel depositário.

Nesse mesmo dia, foi o arguido notificado de que a utilização ou a alienação do referido veículo o faria incorrer na prática de um crime de desobediência.

Não obstante tal notificação, o arguido, no **dia 11 de Agosto de 2007, pelas 20 horas**, conduziu o referido veículo na Rua …., em …

Ao ser notificado naquela data, teve o arguido pleno conhecimento das obrigações que sobre si impendiam, nomeadamente, a não utilização e a não alienação do referido veículo.

Agiu o arguido de forma livre e com o propósito concretizado de utilizar tal veículo, bem sabendo que o mesmo se encontrava apreendido, que tal apreensão tinha sido efectuada por autoridade competente e que por isso não o podia conduzir, agindo com o claro intuito de desrespeitar a ordem emanada da autoridade competente.

O arguido sabia que a sua conduta era proibida e punida por lei penal.

Cometeu, pelo exposto, em autoria material e sob a forma consumada:

– **Um crime de desobediência, p.p. pelo artigo 348.º, n.º 1. al. b), do Código Penal.**

Prova:

Medida de coacção:

Nomeação de defensor:

Notificações:

Processei, imprimi, revi e assinei o texto, seguindo os versos em branco (art. 94.º/2 do Código de Processo Penal).

..., ...

O Procurador-Adjunto

I.XIV.2.3. *Crime de desobediência praticado por pessoa colectiva (artigo 348.º do Código Penal)*

CLS.
Inquérito n.º

ACUSAÇÃO

O Ministério Público acusa, em processo comum e para julgamento por tribunal de estrutura singular,

   O
   P
   Q, Lda

Porquanto:

No dia 13 de Setembro de 2007, a Comissão Regional da Reserva Agrícola do Centro, sita na..., deliberou ordenar à sociedade arguida a cessação imediata da deposição de aterro e construção de muros, que estavam a ser feitas em solo da Reserva Agrícola Nacional, em concreto na Rua ..., sem prévio parecer daquela Comissão, (cfr. acta de fls.).

No dia 4 de Outubro de 2007, a sociedade arguida, na pessoa da arguida O, sócia-gerente, foi notificada desta deliberação, bem como de que o incumprimento da ordem de cessação constituía crime de desobediência, (cfr. fls.).

Na sequência desta notificação, em 18 de Outubro de 2007, a sociedade arguida, representada pelo arguido P, também sócio-gerente, respondeu à Comissão Regional da Reserva Agrícola do Centro, tendo juntado procuração forense, pugnando pela legitimidade e legalidade do aterro sito em (cfr. fls.).

Entre os dias 4 e 30 de Outubro de 2007, os arguidos continuaram as obras no aterro, designadamente estabilizaram-no, cobriram-no de *tout-venant* e vedaram-no com um muro de 30 centímetros de espessura, onde fixaram estruturas metálicas para completar a vedação (cfr. fotos de fls.).

Entre os dias 30 de Outubro de 2007 e 15 de Fevereiro de 2008, os arguidos continuaram os trabalhos no aterro, em concreto colocaram placas metálicas de vedação fixadas aos varões existentes no muro de vedação (cfr. fotos de fls.).

Os arguidos, em seu nome e em nome e no interesse da sociedade arguida, agiram sempre em comunhão de esforços e de meios, de forma livre e com o propósito único e concretizado de não obedecer à ordem legítima que lhes fora regularmente comunicada, pondo em causa a autoridade que lhe estava subjacente, o que representaram.

Sabiam os arguidos que tal conduta era proibida e punida por lei penal.

Pelo exposto, cometeram, todos em co-autoria e sob a forma consumada,

– **Os arguidos O e P, um crime de desobediência, p. e p. pelo artigo 348.º, n.º 1, al. a), do Código Penal com referência aos artigos 11.º, n.º 7, do Código Penal e 17.º, n.os 1 e 2 e 39.º, n.º 2, do Decreto-Lei n.º 196/89, de 14 de Junho (alterado pelos Decretos-Lei n.os 274/92, de 12.12 e 272/95, de 25.10 e pela Portaria n.º 1403/2002, de 29.10);**

– **A arguida Q, Lda, um crime de desobediência, p. e p. pelo artigo 348.º, n.º 1, al. a), do Código Penal com referência ao artigo 11.º, n.os 2, al. a), e 4, do Código Penal e 17.º, n.os 1 e 2 e 39.º, n.º 2, do Decreto-Lei n.º 196/89, de 14 de Junho (alterado pelos Decretos-Lei n.os 274/92, de 12.12 e 272/95, de 25.10 e pela Portaria n.º 1403/2002, de 29.10).**

Prova:

Medida de coacção:

Nomeação de defensor:

Notificações:

Processei, imprimi, revi e assinei o texto, seguindo os versos em branco (art. 94.º/2 do Código de Processo Penal).

…, …

O Procurador-Adjunto

I.XIV.3. *Crime de violação de imposições, proibições ou interdições (artigo 353.º do Código Penal)*

CLS.
Inquérito n.º

ACUSAÇÃO

O Ministério Público acusa em processo comum e para julgamento por tribunal de estrutura singular,

– **Carlos Alberto ...**

Porquanto:

Por sentença de .../.../..., proferida no âmbito do processo sumário n.º ..., do ... Juízo deste Tribunal, foi o aqui arguido condenado como autor material de um crime de condução de ciclomotor em estado de embriaguez, p. e p. pelo artigo 292.º do Código Penal, numa pena de ... dias de multa à taxa diária de ... €, perfazendo o montante global de ... € e ainda na pena acessória de proibição de condução de veículos motorizados pelo período de 12 (doze) meses.

Mais, foi aí determinado que o arguido, a fim de cumprir esse período de inibição, no prazo de 10 dias após o trânsito em julgado da sentença, deveria entregar a sua carta de condução, na secretaria do tribunal ou em qualquer posto policial.

Nesse dia e no acto de leitura da sentença, no qual esteve presente, ficou o arguido bem ciente do teor da decisão.

Ora, a referida sentença criminal transitou em julgado no dia .../.../... e o arguido entregou a sua licença de condução, neste Tribunal, nesse mesmo dia (cf. certidão de fls. 25 a 38).

Contudo, no dia **20 de Junho de 2008, pelas 00h30**, o arguido conduziu um velocípede com motor, matrícula ..., propriedade de Luís ..., na Rua ...em ....

No referido circunstancialismo, o arguido sofreu um acidente de viação, por despiste, enquanto conduzia o referido velocípede com motor.

O arguido agiu de forma livre e com o propósito concretizado de conduzir o referido veículo, bem sabendo que, com a descrita conduta, violava a pena acessória de proibição de condução de veículos motorizados pelo período de 12 (doze) meses que lhe tinha sido imposta por sentença criminal, no âmbito do processo sumário n.º ..., do ... Juízo deste Tribunal.

O arguido sabia que a sua conduta era proibida e criminalmente punível.

Cometeu, assim, o arguido, em autoria material e na forma consumada,

– **Um crime de violação de proibições ou interdições, p. e p. pelo artigo 353.º do Código Penal.**

Prova:

Medida de coacção:

Nomeação de defensor:

Notificações:

Processei, imprimi, revi e assinei o texto, seguindo os versos em branco (art. 94.º/2 do Código de Processo Penal).

..., ...

O Procurador-Adjunto

I.XIV.4.1. *Crime de descaminho ou destruição de objectos colocados sob poder público (artigo 355.° do Código Penal)*

CLS.
Inquérito n.°

ACUSAÇÃO

O Ministério Público acusa, em processo comum e para julgamento por tribunal de estrutura singular:

Maria ...

Porquanto:

No âmbito do processo de execução fiscal n.° ..., a correr termos no Serviço de Finanças de ..., em que figura como executada Costa ..., Lda, de que a arguida é sócia-gerente, foram penhorados, no dia 7 de Maio de 2008, para garantir o pagamento de quantia devida ao Centro Regional de Segurança Social de ..., no montante de 9.896,91 € (nove mil oitocentos e noventa e seis euros e noventa e um cêntimos) e legais acréscimos, os seguintes bens:

– um reboque agrícola com grua com a matrícula C-..., do ano de 2000;
– uma pinça florestal do ano de 2001;
– um reboque da marca ..., de matrícula C..., do ano de 1991; e
– um conjunto de travão eléctrico P10, adquirido em 1992, conforme melhor resulta do auto de fls. 3 e 4 cujo teor aqui se dá por reproduzido.

Os bens encontravam-se em bom estado de conservação e funcionamento à data da penhora.

Nesse acto foi constituída fiel depositária dos bens a ora arguida, que se encontrava presente, tendo assinado o auto e sido advertida de que tais bens deixariam de estar na sua disponibilidade, que ficavam à sua guarda e que deveria apresentá-los quando tal lhe fosse exigido.

Contactada pelo encarregado de venda para apresentar tais bens, a arguida não apresentou o reboque de matrícula ... nem a pinça florestal, mostrando outros em seu lugar, desconhecendo-se o paradeiro dos penhorados e o seu estado de funcionamento. Também não apresentou o conjunto de travão eléctrico P10, logrando mostrar apenas o reboque de marca ...

O travão eléctrico P10 encontra-se na Oficina ..., propriedade de José ..., em mau estado de conservação, sendo inviável a sua reparação.

A arguida agiu de forma livre, com o propósito concretizado de subtrair ao poder público tais bens, que bem sabia estarem apreendidos e destinarem-se a assegurar o pagamento de uma dívida pecuniária da sua responsabilidade, impossibilitando a sua venda, o que representou.

A arguida sabia que a sua conduta era proibida e punida por lei penal.

Pelo exposto, cometeu a arguida, em autoria material e sob a forma consumada:

- **Um crime de descaminho de objectos colocados sob o poder público, p. e p. pelo artigo 355.º do Código Penal.**

Prova:

Medida de coacção:

Nomeação de defensor:

Notificações:

Processei, imprimi, revi e assinei o texto, seguindo os versos em branco (art. 94.º/2 do Código de Processo Penal).

..., ...

O Procurador-Adjunto

I.XIV.4.2. *Crime de descaminho ou destruição de objectos colocados sob poder público (artigo 355.º do Código Penal)*

CLS.
Inquérito n.º

ACUSAÇÃO

O Ministério Público acusa, em processo comum e para julgamento por tribunal de estrutura singular, nos termos do disposto no artigo 16.º, n.º 2, alínea b), do Código de Processo Penal:

Carlos ...,

Porquanto:

No âmbito dos autos de execução comum com o n.º ...-A/2008, cujos termos correm no ....º Juízo do Tribunal Judicial de ..., movidos pelo Ministério Público, e onde é executado o arguido, foram penhorados, no dia 1 de Março de 2008, para garantir o pagamento da importância devida, no montante de 579,81 € (quinhentos e setenta e nove euros e oitenta e um cêntimos), os seguintes bens:

– uma arca frigorífica da marca "Whirlpool" AFG 521/G, 215 litros, n.º 300043004998, em razoável estado de conservação e funcionamento, avaliada em 130 € (cento e trinta euros); e
– uma mesa de telefone com assento incorporado em madeira castanha, em razoável estado de conservação e avaliada em 80 € (oitenta euros).

Encontrando-se presente no acto de penhora, o arguido foi constituído fiel depositário dos bens, tendo assinado o auto e sido advertido de que os bens referidos deixariam de estar na sua disponibilidade, ficando à sua guarda, com obrigação de os conservar em seu poder, devendo apresentá-los quando solicitado.

No dia 12 de Julho de 2008, mediante despacho judicial proferido nos aludidos autos de execução comum n.º ...-A/2008, foi dada ordem de notificação pessoal ao arguido, para no prazo de 5 dias, "...apresentar os bens penhorados, no tribunal ou ao encarregado da venda, sob pena de incorrer em crime de desobediência".

No entanto, efectuadas as diligências necessárias, não foi possível notificar o arguido, uma vez que se ausentou para parte incerta, não apresentando os bens ou informando do seu paradeiro.

O arguido actuou de forma livre, com o propósito concretizado de subtrair ao poder público os bens referidos, bem sabendo que estavam apreendidos e se destinavam a assegurar o pagamento do montante em dívida, não possibilitando a sua venda, o que representou.

Sabia, ainda, que a sua conduta era proibida e punida por lei.

Cometeu o arguido, pelo exposto, em autoria material e na forma consumada:

– **Um crime de descaminho de objectos colocados sob o poder público, p. e p. pelo artigo 355.º do Código Penal.**

Prova:

Medida de coacção:

Nomeação de defensor:

Notificações:

Processei, imprimi, revi e assinei o texto, seguindo os versos em branco (art. 94.º/2 do Código de Processo Penal).

..., ...

O Procurador-Adjunto

I.XV. Dos crimes contra a realização da justiça

I.XV.1. *Crime de falsidade de depoimento ou declaração (artigo 359.º do Código Penal)*

CLS.
Inquérito n.º

ACUSAÇÃO

O Ministério Público acusa, em processo comum e para julgamento por tribunal de estrutura singular, nos termos do disposto no artigo 16.º, n.º 2, alínea b), do Código de Processo Penal:

HR,
e
BA,

Porquanto:

No **dia 22 de Janeiro de 2008, pelas 12 horas**, na Esquadra da Polícia de Segurança Pública da ..., o arguido **HR** encontrava-se perante JF, Agente Principal da Polícia de Segurança Pública, a fim de ser por este constituído e interrogado como arguido, no âmbito do processo de inquérito n.º...., a correr termos no Departamento de Investigação e Acção Penal de ....

Iniciado tal interrogatório e depois de ter sido advertido de que a falta ou falsidade da resposta sobre a sua identidade e sobre os seus antecedentes criminais o poderiam fazer incorrer em responsabilidade penal, ao arguido HR foi perguntado se tinha antecedentes criminais, ao que respondeu que não tinha.

No entanto, por sentença proferida no processo abreviado n.°...., do ....° Juízo, do Tribunal Judicial da ..., transitada em julgado em 6 de Novembro de 2000, o arguido HR foi condenado pela prática em 21 de Fevereiro de 2000 de um crime de condução de motociclo sem habilitação legal, previsto e punível pelo artigo 3.°, n.° 1, do Decreto-Lei n.° 2/98, de 3/1, na pena de 60 (sessenta) dias de multa, à taxa diária de 750$00 (setecentos e cinquenta escudos), num total de 45.000$00 (quarenta e cinco mil escudos).

No dia **30 de Janeiro de 2008, pelas 16 horas**, no Posto da Guarda Nacional Republicana de ...., o arguido BA, encontrava-se perante JS, Cabo Chefe da Guarda Nacional Republicana, a fim de ser por este constituído e interrogado como arguido, no âmbito do processo de inquérito n.° ..., a correr termos no Departamento de Investigação e Acção Penal de ....

Iniciado tal interrogatório e depois de ter sido advertido de que a falta ou falsidade da resposta sobre a sua identidade e sobre os seus antecedentes criminais o poderiam fazer incorrer em responsabilidade penal, ao arguido BA foi perguntado se já esteve preso e porque motivo e se já tinha ou não sido condenado e por que crimes, ao que respondeu que não.

No entanto, por sentença proferida no processo comum singular n.° ..., do Tribunal Judicial de ..., transitada em julgado em 18 de Fevereiro de 2002, o arguido BA foi condenado pela prática em 8 de Janeiro de 2002 de um crime de condução de veículo sem habilitação legal, previsto e punível pelos artigos 3.°, n.° 1, do Decreto-Lei n.° 2/98, de 3/1 e 121.°, n.° 2, do Decreto-Lei n.° 114/94, com a redacção introduzida pelo Decreto-Lei n.° 2/98, de 3/1, numa pena de multa no montante total de 78.000$00 (setenta e oito mil escudos), tendo sido determinada a não inscrição da respectiva decisão condenatória no registo criminal, nos termos do disposto no artigo 17.°, n.° 1, da Lei n.° 57/98, de 18/8.

Ao responderem negativamente às perguntas que lhes foram feitas acerca dos antecedentes criminais, durante os respectivos interrogatórios, **os arguidos HR e BA**, agiram com o propósito concretizado de não responderem com a verdade a tais perguntas, omitindo o facto de terem sido já anteriormente julgados e condenados por sentença transitada em julgado, o que representaram, apesar da advertência que lhes foi previamente feita.

Sabiam ainda ambos os arguidos que as respectivas condutas são proibidas e punidas por lei penal.

Pelo exposto, cometeu cada um dos arguidos, em autoria material e na forma consumada:

– Um crime de **falsidade de depoimento ou declaração**, p. e p. pelo artigo 359.º, n.ºs 1 e 2, do Código Penal.

Prova:

Medida de coacção:

Nomeação de defensor:

Notificações:

Processei, imprimi, revi e assinei o texto, seguindo os versos em branco (art. 94.º/2 do Código de Processo Penal).

..., ...

O Procurador-Adjunto

I.XV.2. *Crime de falsidade de testemunho, perícia, interpretação ou tradução (artigo 360.° do Código Penal)*

CLS.
Inquérito n.°

ACUSAÇÃO

O Ministério Público acusa, em processo comum e para julgamento por tribunal de estrutura singular, nos termos do disposto no artigo 16.°, n.° 2, alínea b), do Código de Processo Penal:

    PO, ...
    e
    AL,..,

Porquanto:

No dia **11 de Fevereiro de 2008, pelas 15 horas e 46 minutos**, PO dirigiu-se à 3.ª Esquadra da Polícia de Segurança Pública da ....

Ali, perante VM, chefe n.° ..., da Polícia de Segurança Pública da ..., apresentou queixa, aduzindo que, naquele mesmo dia, pelas 14 horas, quando se encontrava no interior do automóvel ligeiro de passageiros, de matrícula ..., de marca "Fiat Punto", de cor preta, estacionado na Avenida ..., na ..., foi abordado por dois indivíduos de raça negra, aparentando ter entre os dezasseis e os dezoito anos de idade, ambos com cerca de um metro e setenta centímetros de altura, trajando calças de ganga azul, "à boca de sino" e usando, um deles, uma boina preta e o outro um boné vermelho com a inscrição "Chicago Bulls", sendo que este último, empunhando uma navalha de "ponta e mola", o ameaçou e feriu na palma da mão direita, embora sem lhe causar lesão que suscitasse necessidade de receber tratamento hospitalar. Mais relatou que, após ter sido ameaçado e ferido, os mencionados dois indivíduos, lhe retiraram da porta lateral da frente do sobredito veículo, o cheque n.° ..., endossado à ... e com o valor inscrito de 280.00 € (duzentos e oitenta euros), bem como o cheque n.° ..., ao portador e com o valor inscrito de 78.95 € (setenta e oito euros e noventa e cinco cêntimos), tendo-o, posteriormente, forçado a abandonar o automóvel em que se encontrava para, de seguida, abandonarem o local com o mesmo automóvel.

Em consequência da queixa que apresentara, PO originou junto da autoridade policial a quem se dirigira a convicção da possibilidade de verificação dos factos, tal como os relatara, desencadeando a instauração do processo de inquérito n.°......

No dia **26 de Março de 2008, pelas 14 horas e 50 minutos**, na Esquadra da Polícia de Segurança Pública da ..., PO encontrava-se perante JM, chefe n.° ..., da Polícia de Segurança Pública da ..., a fim de por este ser inquirido como testemunha, no âmbito do processo de inquérito n.° ..., a correr termos nos serviços do Ministério Público, junto do Tribunal Judicial da ....

Iniciada tal inquirição e depois de ter sido advertido de que era obrigado a responder com verdade à matéria dos autos, sob pena de poder incorrer em responsabilidade penal, o arguido PO, acerca de tal matéria, disse confirmar o teor da denúncia por si apresentada, acrescentando que o veículo automóvel em referência já tinha sido recuperado e a si entregue, no próprio dia em que lhe foi retirado, por um seu amigo C, natural do ..., que terá encontrado tal veículo abandonado nos arredores de .... Mais referiu que, recuperado o veículo, o mesmo ficou estacionado no Largo ..., em ..., durante três dias, findos os quais, terá sido levado pela empresa "C", em virtude de não terem sido pagas as prestações devidas por força de contrato celebrado com tal empresa, sendo que, entretanto, o seu sogro OL, foi buscar o veículo à mencionada empresa, estando o mesmo em casa daquele, em .... Declarou ainda o arguido que não comunicou à polícia a recuperação do veículo por esquecimento. Mais salientou, durante a mesma inquirição, que não recuperou os três cheques que lhe terão sido também retirados.

No **dia 22 de Abril de 2008, pelas 16 horas e 30 minutos**, na Esquadra da Polícia de Segurança Pública da ..., AL, encontrava-se perante VC, Agente Principal n.° da Polícia de Segurança Pública da ..., a fim de por este ser inquirido como testemunha, no âmbito do processo de inquérito n.º ..., a correr termos nos serviços do Ministério Público, junto do Tribunal Judicial da ....

Iniciada tal inquirição e depois de ter sido advertida de que era obrigada a responder com verdade à matéria dos autos, sob pena de poder incorrer em responsabilidade penal, AL, acerca de tal matéria, disse confirmar que, no dia em que o arguido PO, seu marido, apresentou a denúncia, o mesmo estava em poder do veículo ali mencionado, uma vez que havia sido a própria arguida que lhe havia entregue as respectivas chaves de ignição. Referiu ainda a arguida AL, durante a mesma inquirição, que naquele mesmo dia, o seu marido lhe telefonou a informá-la que tinha sido assaltado e que lhe haviam retirado o automóvel. Mais acrescentou que, no dia seguinte, o seu marido a informou que o automóvel havia sido encontrado em ... e recuperado por um amigo deste último, de nacionalidade ....

No entanto, no supra-referido dia 11 de Fevereiro de 2008, o mencionado automóvel ligeiro de passageiros, de matrícula ..., de marca "Fiat Punto", de cor preta, não se encontrava em poder do arguido PO, uma vez que, tal automóvel havia sido entregue, no dia 27 de Janeiro de 2008, à "C", pela AL, mulher do arguido PO, em virtude de incumprimento do pagamento mensal das prestações estipuladas no contrato de crédito n.º ..., de que aquela arguida era outorgante juntamente com a referida empresa "C", automóvel esse que só viria a ser restituído, em 19 de Fevereiro de 2008, a OL, pai da arguida AL, data em que este último procedeu ao pagamento total das prestações em atraso e demais encargos junto da referida "C".

Ao comunicar e relatar junto da Polícia de Segurança Pública os factos supra descritos, o arguido PO agiu de forma livre e com o propósito concretizado de suscitar naquela autoridade policial a errada convicção da eventual verificação de tais factos, bem sabendo que os mesmos não tinham ocorrido, pois que o automóvel que referia ter-lhe sido subtraído não estava em seu poder nas sobreditas circunstâncias de tempo e lugar, mas em poder da acima referida empresa "C", o que representou.

Ao prestarem declarações pela forma supra descrita, durante as respectivas inquirição como testemunhas, os arguidos PO e AL agiram de forma livre e com o propósito concretizado de relatar factos que sabiam que não tinham nem poderiam ter ocorrido, apesar da advertência que lhes foi previamente feita, o que representaram.

Sabiam ainda ambos os arguidos que as respectivas condutas são proibidas e punidas por lei penal.

Pelo exposto, cometeram os arguidos:

PO, em autoria material, na forma consumada e em concurso efectivo:
– **um crime de simulação de crime** de roubo (cf. artigo 210.º, n.ᵒˢ 1 e 2, al. b), por referência ao 204.º, n.º 2, al. f), ambos do Código Penal), **p. e p. pelo artigo 366.º, n.º 1, do Código Penal**; e
– **um crime de falsidade de testemunho, p. e p. pelo artigo 360.º, n.º 1, do Código Penal**,
e
AL, em autoria material e na forma consumada:
– **um crime de falsidade de testemunho**, p. e p. pelo artigo 360.º, n.º 1, do Código Penal.

Prova:

Medida de coacção:

Nomeação de defensor:

Notificações:

Processei, imprimi, revi e assinei o texto, seguindo os versos em branco (art. 94.º/2 do Código de Processo Penal).

..., ...

O Procurador-Adjunto

I.XVI. Dos crimes cometidos no exercício de funções públicas

I.XVI.1. *Crime de corrupção passiva para acto lícito (artigo 373.º do Código Penal)*

CLS.
Inquérito n.º

ACUSAÇÃO

O Ministério Público acusa em processo comum e para julgamento por tribunal de estrutura singular:

> **Berta ...;**
> **António João ...;**
> **José Manuel ...;**
> **Jorge Mário ...;**
> **Rosa Paula ...**
> **Laboratórios, etc, Lda ...;**

Porquanto:

A arguida Berta é médica e exerce funções, desde 1990, no Centro de Saúde de ..., em regime de tempo completo, sem dedicação exclusiva.

A arguida Berta exerce também medicina privada, no Centro Médico de ..., no Consultório ... e na Policlínica ..., sendo sócia, juntamente com o seu marido, de uma sociedade cujo objecto social é a prestação de serviços médicos.

A arguida Berta por ser médica a exercer funções, em regime de tempo completo, num Centro de Saúde, naturalmente integrado no Serviço Nacional de Saúde, é funcionária pública, por força do disposto no Estatuto do Médico (previsto no Decreto-Lei n.º 373/79, de 8 de Setembro, alterado pelo Decreto--Lei n.º 248/80, de 24 de Julho, designadamente no artigo 9.º, n.º 1), no regime legal das carreiras médicas (previsto no Decreto-Lei n.º 73/90, de 6 de Março, com as alterações introduzidas pelos Decreto-Lei n.º 29/91, de 11 de Janeiro, Decreto-Lei n.º 210/91, de 12 de Junho, Decreto--Lei n.º 114/92, de 4 de Junho, Decreto-Lei n.º 128/92, de 4 de Julho, Decreto-Lei n.º 396/93, de 24 de Novembro Decreto-Lei n.º 198/97, de 2 de Agosto, Decreto-Lei n.º 19/99, de 27 de Janeiro, Decreto-Lei n.º 412/99, de 15 de Outubro; Decreto-Lei n.º 229/2005, de 29 de Dezembro e Decreto--Lei n.º 44/2007, de 23 de Fevereiro, em particular o n.º 1 do artigo 10.º), na Lei de Bases da Saúde (Lei n.º 48/90, de 24 de Agosto, alterada pelos Decreto-Lei n.º 10/93, de 15 de Janeiro, Lei n.º 27/2002, de 8 de Novembro, Lei n.º 212/2006, de 27 de Outubro e Decreto-Lei n.º 227/2007, de 29 de Maio, designadamente o n.º 2 da Base XII), e no Estatuto do Serviço Nacional de Saúde (aprovado pelo Decreto-Lei n.º 11/93, de 15 de Janeiro, alterado pelos Declaração de Rectificação n.º 42/93, de 31 de Março, Decreto-Lei n.º 77/96, de 18 de Junho, Decreto-Lei n.º 112/97, de 10 de Maio, Lei n.º 53/98, de 11 de Março, Decreto-Lei n.º 97/98, de 18 de Abril, Decreto-Lei n.º 401/98, de 17 de Dezembro, Decreto-Lei n.º 157/99, de 10 de Maio; Decreto-Lei n.º 156/99, de 10 de Maio, Decreto-Lei n.º 68/2000, de 26 de Abril; Decreto-Lei n.º 185/2002, de 20 de Agosto; Decreto-Lei n.º 223/2004, de 3 de Dezembro; Decreto-Lei n.º 222/2007, de 29 de Maio e Decreto-Lei n.º 276-A/2007, de 31 de Julho, em especial o artigo 18.º, n.º 1).

No **ano de 2006** a arguida Berta prescreveu os seguintes medicamentos no âmbito do Serviço Nacional de Saúde:

(...)

E no âmbito da sua actividade privada prescreveu os seguintes:

(...)

No **ano de 2007** a arguida Berta prescreveu os seguintes medicamentos no âmbito do Serviço Nacional de Saúde:

(...)

E no âmbito da sua actividade privada prescreveu os seguintes:

(...)

Em momento não concretamente apurado, anterior a 5 de Janeiro de 2007, os arguidos António João, delegado de informação médica a exercer funções na arguida Laboratórios, etc, Lda, Rosa Paula, proprietária da

Agência de Viagens ..., José Manuel e Jorge Mário, legais representantes e únicos sócios da arguida Laboratórios, etc, Lda., estabeleceram um plano entre si segundo o qual, e de acordo com a divisão de tarefas estabelecida, o primeiro contactava com médicos, no sentido de divulgar e promover os medicamentos fabricados e comercializados pela arguida Laboratórios, etc, Lda, e incentivá-los a prescrevê-los, através da entrega de incentivos materiais, denominados "investimentos", que consistiam na oferta de créditos em agências de viagens para participações em congressos, na conversão destes créditos em dinheiro ou no pagamento directo de determinadas somas em dinheiro.

A arguida Rosa Paula, de acordo com o plano estabelecido, ficou encarregue de receber os médicos na Agência de Viagens ..., de proceder à abertura de créditos em nome dos médicos em tal agência para a realização de viagens por estes escolhidas, no valor indicado pelos arguidos José Manuel e Jorge Mário ou de, em alternativa, entregar aos médicos o valor da viagem, deduzido de ...% que fazia seu.

Os arguidos José Manuel e Jorge Mário ficavam encarregues de definir a estratégia empresarial e de pagar à agência de viagens que disponibilizava o dinheiro ou as viagens e de proceder aos pagamentos, quer da agência de viagens quer directamente aos médicos.

Na execução do plano gizado, em data não concretamente apurada anterior a 5 de Janeiro de 2007, o arguido António João estabeleceu contactos com a arguida Berta, no Centro de Saúde de ...,

No âmbito de tais contactos, o arguido António João divulgou e promoveu, junto da arguida Berta, os medicamentos fabricados e comercializados pela arguida Laboratórios, etc, Lda, e incentivou-a a prescrevê-los, através da promessa de entrega dos mencionados incentivos materiais.

Em **5 de Janeiro de 2007**, uma vez que a arguida Berta prescreveu, designadamente no Centro de Saúde ..., produtos fabricados ou comercializados pela arguida Laboratórios, etc, Lda, os arguidos José Manuel e Jorge Mário, como contrapartida, solicitaram à arguida Rosa Paula que procedesse à abertura de um crédito à arguida Berta, na Agência de Viagens ..., no valor de € 1.100 (mil e cem euros), para uma viagem que a arguida Berta ia fazer para participação no Congresso ....

Porém, a arguida Berta utilizou este crédito para efectuar uma viagem à Tunísia, no período de **31 de Julho de 2007 a 7 de Agosto de 2007**.

Em **30 de Julho de 2007**, uma vez que a arguida Berta prescreveu, designadamente no Centro de Saúde ..., produtos fabricados ou comercializados pela arguida Laboratórios, etc, Lda, os arguidos José Manuel e Jorge Mário, como contrapartida, solicitaram à arguida Rosa Paula que procedesse à abertura de um crédito à arguida Berta, na Agência de Viagens ..., no valor de € 2.075 (dois mil e setenta e cinco euros), para uma viagem que a arguida Berta ia fazer para participar no Congresso...

Contudo, a arguida Berta optou por receber o valor deste crédito, depois de deduzidos ...%, em cheque emitido à sua ordem pela arguida Rosa Paula, datado de **16 de Setembro de 2007**, no valor de € ....

Em **28 de Outubro de 2007**, uma vez que a arguida Berta prescreveu, designadamente no Centro de Saúde ..., produtos fabricados ou comercializados pela arguida Laboratórios, etc, Lda, os arguidos José Manuel e Jorge Mário, como contrapartida, solicitaram à arguida Rosa Paula que procedesse à abertura de um crédito à arguida Berta, na Agência de Viagens ..., no valor de € 1.427,50 (mil quatrocentos e vinte e sete euros e cinquenta cêntimos), para comparticipação em despesas de formação e estudos da arguida Berta.

A arguida Berta optou por receber este valor, depois de deduzidos ...%, em cheque emitido à sua ordem pela arguida Rosa Paula, datado de **12 de Dezembro de 2007**, no valor, de € ..., ...

Em data não concretamente apurada, anterior a 10 de Fevereiro de 2007, os arguidos José Manuel e Jorge Mário acordaram com a arguida Berta no pagamento € 5 (cinco euros), € 2,5 (dois euros e cinquenta cêntimos) e € 3,50 (três euros e cinquenta cêntimos), por cada prescrição que a arguida fizesse dos medicamentos K..., Bm... e Hip..., respectivamente, sendo tais pagamentos efectuados cada mês e meio, através de depósito em banco estrangeiro ou em banco nacional, em conta indicada pela arguida Berta.

No âmbito de tal acordo, a arguida Berta prescreveu, designadamente no Centro de Saúde de..., os medicamentos K..., Bm... e Hip... e os arguidos José Manuel e Jorge Mário pagaram-lhe a quantia de € 400 (quatrocentos euros) em **10 de Fevereiro de 2007**, € 450 (quatrocentos e cinquenta euros) em **21 de Abril de 2007**, € 410 (quatrocentos e dez euros) em **5 de Julho de 2007** e € 350 (trezentos e cinquenta euros) em **8 de Outubro de 2007**, como contrapartida pela prescrição de tais medicamentos.

A arguida **Berta** agiu de forma livre, com o propósito concretizado de aceitar e fazer seus os valores disponibilizados pelos arguidos José

Manuel e Jorge Mário, quer sob a forma de pagamento ou comparticipação de viagens, quer sob a forma de dinheiro ou cheque para depósito em conta bancária por si titulada.

A arguida Berta bem sabia que, por ser médica de um serviço público, não lhe era devido qualquer valor pela prescrição de medicamentos no âmbito das suas funções públicas.

A arguida sabia que a sua conduta era proibida e criminalmente punida.

Os arguidos **António João. José Manuel e Jorge Mário** agiram sempre de forma livre, em comunhão de esforços e intentos com Rosa Paula, com o propósito concretizado de prometer e de dar, através de Rosa Paula, uma vantagem patrimonial a uma médica, traduzida na comparticipação de viagens e na entrega de dinheiro, para que esta prescrevesse determinados medicamentos, bem sabendo que se tratava de uma médica de um serviço público, a actuar no âmbito de funções públicas e que essa vantagem patrimonial não lhe era devida.

Os arguidos sabiam também serem as suas condutas proibidas e punidas por lei penal.

A arguida **Rosa Paula** agiu também de forma livre, em comunhão de esforços e intentos com António João, Jorge Mário e José Manuel, com o propósito concretizado de receber dinheiro de Jorge Mário e José Manuel e entregá-lo a Berta, através de comparticipações em viagens ou em numerário, ficando com uma percentagem para si, bem sabendo que tais vantagens atribuídas a Berta se destinavam a que esta prescrevesse determinados medicamentos e que se tratava de uma médica de um serviço público, a actuar no âmbito de funções públicas e que essa vantagem patrimonial não lhe era devida.

A arguida sabia também que a sua conduta era proibida e criminalmente punida.

Os arguidos José Manuel e Jorge Mário, únicos sócios da arguida **Laboratórios, etc, Lda** e com funções de gerência, actuaram também em nome e no interesse desta sociedade, de forma livre e com o propósito concretizado de obter para esta última um aumento das vendas dos produtos ali fabricados e comercializados, através da comparticipação das viagens realizadas por Berta e da entrega de dinheiro a esta última, como contrapartida da prescrição dos mencionados produtos, bem sabendo José Manuel e Jorge Mário que Berta era médica de um serviço público, a actuar no âmbito de funções públicas e que essa vantagem patrimonial não lhe era devida.

Sabiam ainda os arguidos José Manuel e Jorge Mário que, ao actuar da forma descrita, em nome e no interesse da arguida **Laboratórios, etc, Lda,** praticavam actos proibidos e criminalmente punidos.

Pelo exposto, cometeram os arguidos, na forma consumada:

– **Berta ... um crime de corrupção passiva para acto lícito**, p. e p. pelo artigo 373.º, n.º 1, do Código Penal, com referência ao artigo 386.º, n.º 1, als. a) e c) do mesmo diploma legal;

– **António João ..., um crime de corrupção activa para acto lícito**, em co-autoria com José Manuel ..., Jorge Mário ... e Rosa Paula ... p. e p. pelo artigo 374.º, n.º 2, do Código Penal, com referência aos artigos 26.º, 373.º e 386.º, n.º 1, als. a) e c) do mesmo diploma legal;

– **José Manuel ...um crime de corrupção activa para acto lícito**, em co-autoria com António João ..., Jorge Mário ... e Rosa Paula ... p. e p. pelo artigo 374.º, n.º 2, do Código Penal, com referência aos artigos 26.º, 373.º e 386.º, n.º 1, als. a) e c) do mesmo diploma legal;

– **Jorge Mário ... um crime de corrupção activa para acto lícito**, em co-autoria com António João ..., José Manuel ... e Rosa Paula ... p. e p. pelo artigo 374.º, n.º 2, do Código Penal, com referência aos artigos 26.º, 373.º e 386.º, n.º 1, als. a) e c) do mesmo diploma legal;

– **Rosa Paula ... um crime de corrupção activa para acto lícito**, em co-autoria com António João ..., José Manuel ... e Jorge Mário ... p. e p. pelo artigo 374.º, n.º 2, do Código Penal, com referência aos artigos 26.º, 373.º e 386.º, n.º 1, als. a) e c) do mesmo diploma legal;

– **Laboratórios, etc, Lda ... um crime de corrupção activa para acto lícito**, p. e p. pelo artigo 374.º, n.º 2, do Código Penal, com referência aos artigos 11.º, n.ºs 2, al. a), 4, 7, 9, al. a), 26.º, 373.º e 386.º, n.º 1, als. a) e c) do mesmo diploma legal.

Prova:

___

Medida de coacção:

___

Nomeação de defensor:

___

Notificações:

Processei, imprimi, revi e assinei o texto, seguindo os versos em branco (art. 94.º/2 do Código de Processo Penal).

..., ...

O Procurador-Adjunto

I.XVI.2. *Crime de corrupção activa para acto ilícito (artigo 374.º do Código Penal)*

CLS.
Inquérito n.º

NOTA PRÉVIA:

Resulta dos autos que o arguido depois de submetido ao teste de despistagem de alcoolémia, e apresentando uma TAS que o fazia incorrer no crime de condução de veículo em estado de embriaguez p. e p. pelo artigo 292.º do Código Penal, ofereceu dinheiro, inicialmente ao soldado da G.N.R. que o fiscalizou e posteriormente, já no Posto da G.N.R., a este e outro soldado, para que estes não elaborassem a respectiva participação criminal, de forma a não ser submetido a julgamento.

Tais factos consubstanciam a prática de crime de corrupção activa p. e p. pelo artigo 374.º, n.º 1, do Código Penal.

Como estão em causa dois funcionários e dois momentos espácio-temporais distintos, importa determinar se estamos perante um só crime ou, pelo contrário, se estamos perante um concurso real de dois crimes de corrupção.

Existindo uma única resolução inicial do arguido, mantida ao longo de toda a sua actuação, existe um só crime, ou seja, a multiplicidade de condutas violadoras do mesmo tipo legal, adoptadas na mesma ocasião ou em ocasiões sucessivas, em execução do mesmo propósito criminoso, corresponde à prática de um único crime, salvo quando essas condutas consistam na violação de bens jurídicos eminentemente pessoais e pertencentes a sujeitos ofendidos distintos (cf. já neste sentido, o Ac. STJ de 23/10/91, BMJ 410, p. 382).

Ou seja, para se concluir pela existência de concurso efectivo torna--se necessário, além da pluralidade de tipos violados, o recurso ao critério da pluralidade de juízos de censura, traduzido por uma pluralidade de resoluções autónomas (conforme Eduardo Correia), existindo unidade de resolução quando, segundo o senso comum sobre a normalidade dos fenómenos psicológicos, se puder concluir que os vários actos são o resultado de um só processo de deliberação, sem serem determinados por nova motivação, atendendo-se à maior ou menor conexão dos factos no tempo e avaliando-se pelo que é normal ou não em tais casos no campo psicológico da resolução (cf. já neste sentido, o Ac. STJ de 27/10/93, proc. 44697).

No caso verifica-se que existe uma única resolução inicial que preside a toda a actuação do arguido, que é o eximir-se à submissão a julgamento e verifica-se, também, que não obstante a conduta do arguido se ter dirigido a duas pessoas diferentes, o certo é que tal oferta foi feita na presença de ambos e dirigida, simultaneamente, a ambos.

Constata-se, também, que o bem jurídico violado não é eminentemente pessoal, porquanto a incriminação visa a salvaguarda das condições necessárias ao bom funcionamento do Estado, finalidade esta que se analisa em dois momentos, por um lado, na defesa da dignidade e do prestígio da Administração, como pressupostos da confiança que nela deposita a colectividade, e por outro, na criação de um obstáculo ao perigo de falsificação da vontade do Estado. Ou seja, traduzindo-se a corrupção numa manipulação do aparelho de Estado pelo funcionário através da violação a "autonomia intencional" da Administração ou da infracção à chamada "legalidade administrativa", é fácil de ver que o bem jurídico protegido não é eminentemente pessoal.

Pelo exposto, o arguido incorreu na prática de apenas um crime de corrupção activa.

ACUSAÇÃO

O Ministério Público acusa em processo comum, para julgamento por tribunal de estrutura singular:

– **Manuel ...,**

Porquanto,

No dia **30 de Setembro de 2008, cerca das 18H45**, o arguido seguia ao volante da viatura de matrícula ...JF, ao km 15 na Estrada Nacional n.° ..., quando foi fiscalizado pelo soldado da G.N.R. Fernando, que lhe realizou o teste de despistagem de álcool no sangue, tendo o mesmo acusado positivo, pelo que o arguido foi transportado para o Posto da G.N.R. de ...

No trajecto entre Az... e Pb... o arguido, dirigindo-se ao soldado Fernando, disse-lhe "deixe isso que eu dou-lhe 200 euros", oferta esta que repetiu por várias vezes, não obstante o soldado Fernando o ter advertido que tal conduta preenchia um tipo de crime.

Já no Posto da G.N.R. de ..., depois de realizado novo teste de despistagem e de o mesmo ter acusado o valor de 3,2 gr/l de TAS, o arguido dirigindo-se ao soldado Fernando e ao soldado Silvino, repetiu a oferta de dar, a ambos, 500 € (quinhentos euros) "para que a coisa ficasse assim" e "para que a situação acabasse por ali".

Realizada a contra-prova, no Hospital de ..., acusou uma TAS de 3,5 g/l, tendo sido presente a julgamento, no âmbito do Processo Sumário n.° ..., do 1.° Juízo, do Tribunal de ..., pela prática de um crime de condução de veículo em estado de embriaguez p. e p. pelo artigo 292.° do Código Penal, e condenado.

Agiu o arguido de forma livre e com o propósito único e reiterado de não ser sujeito ao referido exame, para evitar assim ser submetido a julgamento, como efectivamente foi, ao oferecer tais quantias monetárias aos referidos agentes da Guarda Nacional Republicana, os quais, pelo exercício das suas funções apenas têm direito a auferir o respectivo vencimento e outros eventuais privilégios remuneratórios pagos pela sua entidade patronal – o Estado –, com exclusão de quaisquer outros pagamentos processados por terceiros particulares, representando ainda que com a sua conduta os levaria a prosseguir interesses próprios e privados, na esfera de actividade da Administração Pública, assim pervertendo a autonomia intencional desta mesma administração na prossecução dos fins que lhe estão adstritos.

Sabia ainda que a sua conduta era proibida e punida por lei penal.

Pelo exposto, cometeu o arguido, em autoria material e sob a forma consumada,

    – Um crime de corrupção activa p. e p. pelo artigo 374.°, n.° 1, do Código Penal.

Prova:

I. Documental:
- Certidão dos autos de Processo Sumário n.º ... do 1.º Juízo do Tribunal Judicial de ...;
- Documento de fls. 11 e 12.

II. Testemunhal:
- Fernando, soldado da G.N.R. n.º ..., do Posto Territorial de ...;
- Silvino, soldado da G.N.R. n.º ..., do Posto Territorial de ....

Estatuto Coactivo:

Nomeação de defensor:

Notificações:

Comunique superiormente.

Processei, imprimi, revi e assinei o texto, seguindo os versos em branco (art. 94.º n.º 2 do Cód. Processo Penal).

.../...

O Procurador-Adjunto

I.XVI.3. *Crime de peculato (artigo 375.° do Código Penal)*

CLS.
Inquérito n.°

ACUSAÇÃO

O Ministério Público acusa, em processo comum e para julgamento por tribunal de estrutura colectiva:

- **Jorge...**; e
- **Paulo ...**,

Porquanto:

Nos autos de Liquidação de Activo n.° ... /08, do 2.° Juízo do Tribunal Judicial de ... foi nomeada encarregada de venda dos prédios rústicos com os artigos 1472, da freguesia de ..., descrito na 1.ª Conservatória de Registo Predial de ... sob o n.° ... a fls. 47 do Livro B142, e 1427 e 1466 (prédio misto) da mesma freguesia, descrito na 1.ª Conservatória de Registo Predial de ... sob o n.° 55.087 a fls. 46 do Livro B142, "B – Agência de Leilões, Ld.ª", id. a fls. 96 a 100, de que os arguidos eram sócios-gerentes.

No dia 17 de Janeiro de 2008, pelas 15h00, realizou-se leilão para venda de tais imóveis, em ..., no qual os mesmos foram adjudicados a José Augusto ..., pelos valores de, respectivamente, € 35.000 (trinta e cinco mil euros) e € 60.000 (sessenta mil euros), o qual, nesse mesmo acto, entregou ao arguido Jorge, o cheque n.° ..., por si assinado, com data de ..., à ordem de tal Agência de Leilões, com o valor inscrito em números e por extenso de € ... (...), relativo a conta sua com o n.° ... na agência da Caixa Geral de Depósitos de ..., destinando-se o mesmo a servir de meio de pagamento de:

 – ...% do valor de venda, equivalentes a € ... (...);
 – ...% de comissão a tal leiloeira, equivalentes a € ... (...); e
 – ...% de Imposto sobre o Valor Acrescentado, no valor de € ... (...).

Tal cheque veio a ser depositado na conta n.º ... do Banco Comercial Português, titulada por tal sociedade B. e pelos arguidos, cujo valor lhes foi creditado em tal conta.

Os arguidos, agindo de forma concertada e em comunhão de esforços, fizeram sua tal quantia, não a entregando à ordem dos autos de Liquidação de Activo acima referidos, como deviam, bem como não mais se interessaram pela concretização dos demais actos necessários à realização das escrituras a favor do adquirente, em prejuízo do mesmo e dos credores em tais autos.

Tal quantia monetária foi utilizada pelos arguidos em proveito pessoal.

Agiram os arguidos de forma livre e com o propósito concretizado de fazerem sua tal quantia, da forma descrita e naquela qualidade, não obstante saberem que a mesma não lhes pertencia e que deviam proceder à sua entrega nos moldes também descritos, assim produzindo prejuízo patrimonial ao Estado e ao José Augusto, o que representaram.

Sabiam ainda que as suas condutas eram proibidas e punidas por lei penal.

Cometeram, pelo exposto, em co-autoria material, sob a forma consumada:

— **Um crime de peculato p. e p. pelos artigos 375.º, n.º 1 e 386.º, n.º 1, al. c), do Código Penal.**

Prova:

Medida de coacção:

Nomeação de defensor:

Notificações:

Processei, imprimi, revi e assinei o texto, seguindo os versos em branco (art. 94.º/2 do Código de Processo Penal).

..., ...

O Procurador-Adjunto

I.XVII. Dos crimes fora do Código Penal

I.XVII.1. *Crime de cheque sem provisão (Decreto-Lei n.º 454//91, de 28 de Dezembro)*

CLS.
Inquérito n.º

ACUSAÇÃO

O Ministério Público acusa, em processo comum e para julgamento por tribunal de estrutura singular,

Paulo...

Porquanto:

No **dia 3 de Janeiro de 2008** e com tal data, o arguido assinou e entregou à ordem de S... Hotéis, Ld.ª, id. a fls. ..., o cheque n.º ..., com o valor inscrito de 750 € (setecentos e cinquenta euros), em números e por extenso, destinado a servir de meio de pagamento de hospedagem no hotel ..., relativa ao período de 13 de Novembro de 2007 a 3 de Janeiro de 2008.

Tendo sido sacado sobre a conta n.º ... titulada pelo arguido no Banco ..., agência de ..., foi o cheque apresentado a pagamento na dependência de ... do Banco ..., sendo, contudo, devolvido no dia 7 de Janeiro de 2008, por falta de provisão, conforme declaração aposta no seu verso.

Ao não receber o montante titulado pelo cheque, a ofendida teve prejuízos, posto que não o pôde utilizar na sua actividade comercial.

O arguido agiu de forma livre, ciente de que a referida conta não tinha provisão e com o propósito concretizado de produzir prejuízo patrimonial à ofendida e de pôr em causa a confiança pública no poder

circulatório e liberatório do cheque, como título de crédito, o que representou.
Sabia que praticava factos proibidos e punidos por lei penal.
Cometeu pelo exposto, em autoria material e na forma consumada:

- **Um crime de emissão de cheque sem provisão, p. e p. pelo artigo 11.º, n.º 1, al. a), do Decreto-Lei n.º 454/91, de 28 de Dezembro, com as alterações introduzidas pelos Decretos-Leis n.os 316/97, de 19.11, 323/01, de 17.12, 83/03, de 24.04, e pela Lei n.º 48/05, de 29.08.**

Prova:

Medida de coacção:

Nomeação de defensor:

Notificações:

Processei, imprimi, revi e assinei o texto, seguindo os versos em branco (art. 94.º/2 do Código de Processo Penal).

..., ...

O Procurador-Adjunto

I.XVII.2. *Crime de reprodução ilegítima de programa protegido (Decreto-Lei n.º 252/94, de 20 de Outubro e Decreto-Lei n.º 109/91, de 17 de Agosto)*

CLS.
Inquérito n.º

ACUSAÇÃO

O Ministério Público acusa, em processo comum e para julgamento por tribunal de estrutura singular,

JG
e,
LO, Lda

Porquanto:

O arguido JG é o único sócio-gerente da arguida "LO, Lda".
Em datas não concretamente apuradas, anteriores ao dia 29 de Dezembro de 2007, na sede da arguida, na Rua ..., o arguido JG instalou em 7 (sete) computadores e utilizou os seguintes programas informáticos:
– 4 (quatro) Windows 98;
– 1 (um) Windows 95;
– 3 (três) Word 97;
– 3 (três) Excel 97;
– 2 (dois) Acess 97;
– 3 (três) Power Point 97;
– 5 (cinco) Autocad 2000;
– 1 (um) Cype.

Porém, o arguido apenas dispunha de licenças para os seguintes programas informáticos:
– 1 (um) Windows 98;

- 1 (um) Word 97;
- 1 (um) Autocad 2000;
- 1 (um) Cype.

O arguido JG agiu de forma livre, com o propósito concretizado de instalar nos seus computadores programas informáticos protegidos para os quais não dispunha de licença, bem sabendo que os estava a reproduzir sem para tal estar autorizado.

O arguido reproduziu várias vezes programas para os quais apenas tinha uma licença de utilização e instalou nos seus computadores programas para os quais não tinha qualquer licença, sendo certo que tais programas se destinavam à sua actividade profissional e que a sua actuação foi facilitada pela ausência de fiscalização até ao dia 29 de Dezembro de 2007, pelo que actuou de forma essencialmente homogénea e no quadro da solicitação de uma mesma situação exterior que diminui consideravelmente a sua culpa.

O arguido actuou também em nome e no interesse da arguida "LO, Lda".

O arguido sabia que a sua conduta era proibida e punida por lei penal.

Pelo exposto, praticaram os arguidos, na forma consumada,

– O arguido JG, em autoria imediata, um crime continuado de reprodução ilegítima de programa protegido, p. e p. pelos artigos 9.°, n.° 1, da Lei n.° 109/91, de 17 de Agosto, alterada pelo Decreto-Lei n.° 323/2001, de 17 de Dezembro, e 14.°, n.ᵒˢ 1 e 2, do Decreto-Lei n.° 252/94, de 20 de Outubro, rectificado pela Declaração de Rectificação n.° 2-A/95, de 31 de Janeiro, e alterado pelo Decreto-Lei n.° 334/97, de 27 de Novembro, com referência aos artigos 2.°, al. c) e 3.°, n.° 3, da Lei n.° 109/91, de 17 de Agosto, e 30.°, n.° 2 e 79.° do Código Penal;

– A arguida "LO, Lda", em autoria mediata, um crime continuado de reprodução ilegítima de programa protegido, p. e p. pelos artigos 9.°, n.° 1, da Lei n.° 109/91, de 17 de Agosto, alterada pelo Decreto-Lei n.° 323/2001, de 17 de Dezembro, e 14.°, n.ᵒˢ 1 e 2, do Decreto-Lei n.° 252/94, de 20 de Outubro, rectificado pela Declaração de Rectificação n.° 2-A/95, de 31 de Janeiro, e alterado pelo Decreto-Lei n.º 334/97, de 27 de Novembro, com referência aos artigos 2.º, al. c) e 3.º, n.º 1, da Lei n.º 109/91, de 17 de Agosto e 30.º, n.º 2 e 79.º do Código Penal.

Prova:

Medida de coacção:

Nomeação de defensor:

Notificações:

Processei, imprimi, revi e assinei o texto, seguindo os versos em branco (art. 94.º/2 do Código de Processo Penal).

..., ...

O Procurador-Adjunto

I.XVII.3. *Crime de abate clandestino (Decreto-Lei n.° 28/84, de 20 de Janeiro)*

CLS.
Inquérito n.°

ACUSAÇÃO

O Ministério Público acusa, em processo comum e para julgamento por tribunal de estrutura singular, ao abrigo do disposto no artigo 16.°, n.° 3 do Código de Processo Penal,

    M...;
    J
    e
    A

Porquanto:

No dia 22 de Dezembro de 2007, uma brigada da Autoridade para a segurança Alimentar e económica deslocou-se às instalações da L sita em ..., a solicitação do médico veterinário que aí exercia funções.

Aí, foi constatado que, nesse dia tinham sido descarregados 739 kg (setecentos e trinta e nove quilogramas) de carcaças de pato fresco com miúdos, sendo que 516 kg (quinhentos e dezasseis quilogramas), cerca de 206 carcaças de pato, não apresentavam marcas sanitárias comprovativas de terem sido submetidas a inspecção sanitária, designadamente, não estavam marcadas com o selo de salubridade, muito embora fossem consideradas aptas para o consumo humano, pelo que, depois de apostas as marcas de salubridade, foram as mesmas vendidas à L, pelo preço de € 650 (seiscentos e cinquenta euros).

Tais carcaças de pato foram remetidas, transportadas e descarregadas na L através da guia n.º ..., de 21 de Dezembro de 2007, emitida pela M, da qual o arguido J é administrador e gerente industrial.

Efectivamente, tais patos, que se destinavam ao consumo público, foram abatidos no período compreendido entre 17 e 18 de Dezembro de 2007, no matadouro propriedade da sociedade M, sem que no local estivesse presente o veterinário oficial do estabelecimento, P, pelo que não se procederam às necessárias inspecções antes e depois da morte dos patos e não foram apostos os respectivos selos de salubridade.

Nos dias 23 e 24 de Dezembro de 2007, uma vez que o veterinário oficial do matadouro da M estava a participara na greve dos médicos veterinários, que ocorreu nesses dias, o arguido J contactou com o arguido A, para que este se deslocasse ao matadouro da M e aí procedesse à inspecção sanitária do abate de aves, o que este fez.

O arguido A era médico veterinário, contratado em regime de avença na Direcção Regional de Agricultura do ..., desempenhando funções de inspector sanitário afecto à Direcção de Serviços de Veterinária, na Divisão de Intervenção do ..., assegurando a Inspecção Sanitária no ..., e só nesse centro de abate lhe era permitido exercer funções de Inspecção Sanitária, o que ambos os arguidos sabiam.

Na actividade que desenvolveu no matadouro de M, o arguido A apôs cerca de 7000 (sete mil) selos de salubridade nos animais abatidos, após a referida inspecção sanitária.

Tais selos foram-lhe entregues pelo arguido J e estavam guardados, dentro de um envelope, no gabinete de trabalho do veterinário P, do qual o arguido J possuía a chave.

Os arguidos A e J sabiam que os selos de marcação de salubridade estavam na posse e à responsabilidade do veterinário oficial da M, P, que era o único que legitimamente os podia apor, ou autorizar a aposição, nos animais abatidos.

Os arguidos agiram livre e conscientemente, bem sabendo que tais selos se destinam a garantir a integridade ou autenticidade do sistema legal de certificação pública e que os utilizavam ilegitimamente, com o propósito concretizado de, ao agirem do modo descrito, fazer crer aos compradores das aves que as mesmas possuíam certificação pública, sabendo que dessa forma prejudicavam a fé pública aposta nos selos.

Sabiam que tal conduta era proibida e punida por lei penal.

O arguido J agiu em nome e no interesse da M, de que é legal representante, com intenção de, ao actuar do modo descrito, não prejudicar o normal funcionamento da actividade de abate e comercialização de aves.

Os arguidos J e M, agiram de forma livre e consciente, bem sabendo que o abate de aves, destinadas ao consumo público, carece de inspecção sanitária, a realizar pelo veterinário oficial do matadouro, e que, ao actuarem do modo descrito, realizavam um abate sem inspecção sanitária e, um outro, inspeccionado por médico sem competência para tal, o que quiseram.

Sabiam que praticavam factos proibidos e punidos por lei penal.

A sociedade M é criminalmente responsável, nos termos do artigo 3.º do Decreto-Lei n.º 28/84, de 20 de Janeiro, alterado pelos Decreto-Lei n.ºs 347/89, de 12 de Outubro, 6/95, de 17 de Janeiro, 48/95, de 15 de Março, 20/99, de 28 de Janeiro, 162/99, de 13 de Maio, 143/2001, de 26 de Abril, Leis n.ºs 13/01, de 4 de Junho, e 108/01, de 28 de Novembro, sendo punida nos termos dos artigos 7.º e 8.º daquele diploma.

É, ainda, a sociedade M solidariamente responsável pelo pagamento da multa e indemnização em que o arguido J vier a ser condenado, nos termos do artigo 2.º, n.º 3, do Decreto-Lei n.º 28/84, de 20 de Janeiro.

Pelo exposto praticaram os arguidos:

J:
– Um crime de abate clandestino p. e p. pelo artigo 22.º, n.º 1, al. a), do Decreto-Lei n.º 28/84, de 20 de Janeiro, alterado pelos Decreto-Lei n.ºs 347/89, de 12 de Outubro, 6/95, de 17 de Janeiro, 48/95, de 15 de Março, 20/99, de 28 de Janeiro, 162/99, de 13 de Maio, 143/2001, de 26 de Abril, Leis n.ºs 13/01, de 4 de Junho, e 108/01, de 28 de Novembro, em co-autoria com M;
– Uma contra-ordenação p. e p. pelo artigo 4.º, n.º 1 e n.º 3, do Decreto-Lei n.º 178/93, de 12 de Maio, por referência ao artigo 3.º, n.º 1, al. e), e ao Anexo I, Capítulo XI, ponto 49, da Portaria n.º 971/94, de 29 de Outubro, em co-autoria com M;
– Um crime de contrafacção de selo p. e p. pelo artigo 269.º, n.º 3, do Código Penal, em co-autoria com A.

M:
– Um crime de abate clandestino p. e p. pelo artigo 22.º, n.º 1, al. a), do Decreto-Lei n.º 28/84, de 20 de Janeiro, em co-autoria com J;

— Uma contra-ordenação p. e p. pelo artigo 4.º, n.º 1 e n.º 3, do Decreto-Lei n.º 178/93, de 12 de Maio, por referência ao artigo 3.º, n.º 1, al. e), e ao Anexo I, Capítulo XI, ponto 49, da Portaria n.º 971/94, de 29 de Outubro, em co-autoria com J.

A:
— Um crime de contrafacção de selo p. e p. pelo artigo 269.º, n.º 3, do Código Penal, em co-autoria com J.

Artigo 16.º, n.º 3, do Código de Processo Penal: (...)

[**Nota:** o recurso ao disposto no art. 16.º, n.º 3, do Cód. Proc. Penal é *aconselhável* porque a soma das penas máximas correspondentes aos crimes imputados a J é de 5 anos (2 + 3) **e multa** não inferior a 100 dias, e isto não obstante o disposto no art. 6.º, n.º 1, do Dec. Lei n.º 48/95, de 15.03. E dizemos aconselhável porque o art. 14.º, n.º 2, al. b), do Cód. Proc. Penal pode ser interpretado no sentido de se referir *apenas e tão-só* às penas de prisão].

Prova:

Medida de coacção:

Nomeação de defensor:

Notificações:

Comunique superiormente (ponto VI, n.º 3, da Circular n.º 06/02, de 11.03).

Processei, imprimi, revi e assinei o texto, seguindo os versos em branco (art. 94.º/2 do Código de Processo Penal).

..., ...

O Procurador-Adjunto

I.XVII.4. *Crime de Fraude sobre mercadorias (Decreto-Lei n.º 28/84, de 20 de Janeiro) e Crime de venda, circulação ou ocultação de produtos ou artigos contrafeitos (Código da Propriedade Industrial)*

CLS.
Inquérito n.º

A American SA, além dos factos que adiante se considerarão, apresentou queixa contra a loja situada na Rua, e seus gerentes, dizendo que em causa pode estar também um crime de contrafacção, imitação e uso ilegal de marca, p. e p. pelo artigo 323.º do Código da Propriedade Industrial.

Porém, das diligências efectuadas no âmbito deste inquérito, designadamente a inquirição da testemunha Pedro (fls.) e o interrogatório do arguido Marcelino (fls.), não foi possível obter indícios que sustentem que os arguidos fabricavam sapatilhas na loja ....

Os elementos da Autoridade de Segurança Alimentar e Económica que ali se deslocaram no dia 5 de Julho de 2008, também não se aperceberam de nenhuma actividade que permitisse suspeitar que os arguidos ali se dedicassem também à fabricação de sapatilhas, para além da respectiva venda.

Face ao exposto, dos elementos recolhidos nos autos não resulta uma possibilidade razoável de aos arguidos vir a ser aplicada uma pena, em julgamento, pela prática do crime de contrafacção, imitação e uso ilegal de marca (artigo 283.º, n.º 2, *a contrario*), pelo que, na falta de diligência útil a ordenar, se determina o arquivamento destes autos de inquérito, nesta parte, ao abrigo do preceituado no artigo 277.º, n.º 2, do Código de Processo Penal, sem prejuízo da sua reabertura, nos termos do artigo 279.º, n.º 1, do mesmo diploma legal, caso venham a surgir novos elementos de prova que invalidem os fundamentos ora invocados, dentro do prazo estabelecido pela al. c) do n.º 1 do artigo 118.º do Código Penal.

Cumpra o disposto no artigo 277.º, n.º 3, do Código de Processo Penal.

Nota prévia à acusação:

A relação entre o crime de fraude sobre mercadorias, p. e p. pelo artigo 23.º, n.º 1, al. a), do Decreto-Lei n.º 28/84, de 20 de Janeiro (alterado pelas Leis n.os 13/2001, de 04.06 e 20/2008, de 21.04 e pelos Decretos-Lei n.os 347/89, de 12.10, 6/95, de 17.01, 20/99, de 28.01, 162/99, de 13.05, 143/2001, de 26.04, 81/2002, de 04.04 e 70/2007, de 26.03) e o crime de venda, circulação ou ocultação de produtos ou artigos contrafeitos, p. e p. pelo artigo 324.º, com referência ao artigo 323.º, al. a), do Código da Propriedade Industrial (aprovado pelo Decreto-Lei n.º 36/2003, de 05.03, alterado pela Lei n.º 16/2008, de 01.04 e pelos Decretos-Lei n.os 318/2007, de 26.09, 360/2007, de 02.11 e 143/2008, de 25.07) tem sido objecto de intensa actividade jurisprudencial.

Distinguem-se duas correntes na jurisprudência dos tribunais superiores sobre esta temática.

Por um lado, a que defende tratar-se de uma relação de concurso aparente, aplicando-se a pena correspondente ao crime de fraude sobre mercadorias (Acórdãos do Tribunal da Relação do Porto de 02-06-99, proc. n.º 9910286; de 27-03-2001, proc. n.º 00113605; de 10-10-2001, proc. n.º 0110430; de 29-05-2002, proc. n.º 0210246, todos *in* www.dgsi.pt).

Por outro, as decisões que apontam para uma relação de concurso efectivo, ideal heterogéneo (Acórdãos do Tribunal da Relação do Porto de 31-05-2000, proc. n.º 0040190; 06.02.2002, proc. n.º 0141051; de 05-02-2003, proc. n.º 0240915; de 07-01-2004, proc. n.º 0315263; de 12-10-2005, proc. n.º 0510721; Acórdãos do Tribunal da Relação de Guimarães de 17-03-2003, proc. n.º 1505/02-1; 17-10-2005, proc. n.º 173/05-1, todos *in* www.dgsi.pt).

Considerando que a jurisprudência maioritária e mais recente entende tratar-se de uma situação de concurso efectivo, deduzir-se-á acusação pelos dois crimes.

ACUSAÇÃO

O Ministério Público acusa em processo comum e para julgamento por tribunal de estrutura singular:

Marcelino ...
E
B, Unipessoal Lda, ...

Porquanto:

O arguido Marcelino é o único gerente da arguida B, Unipessoal Lda.
A arguida B, Unipessoal Lda. é proprietária do estabelecimento comercial ....
Em data não concretamente apurada, anterior a 5 de Julho de 2008, o arguido Marcelino adquiriu a um indivíduo não identificado pelo menos 23 (vinte e três) pares de sapatilhas que apresentavam a marca "Nike", modelo "Shox" e expô-las para venda, em vários expositores, e vendeu-as no estabelecimento comercial ..., pelo preço de € 99,50 (noventa e nove euros e cinquenta cêntimos) cada par.
Tais sapatilhas não eram da marca "Nike", a qualidade dos acabamentos era inferior à desta marca, sobretudo ao nível dos amortecedores, os códigos das etiquetas não coincidiam com o modelo e a cor das sapatilhas e alguns não existiam, as sapatilhas não se encontravam acondicionadas em qualquer caixa e alguns modelos não tinham a etiqueta autocolante da composição têxtil.
Os arguidos não tinham qualquer documento contabilístico de suporte da aquisição das sapatilhas.
O arguido Marcelino agiu de forma livre, com o propósito concretizado de expor para venda e de vender sapatilhas que sabia serem contrafeitas e que ao vendê-las por preços muito próximos dos praticados na venda de artigos originais da marca Nike as fazia passar por autênticas.
O arguido sabia igualmente que actuava contra a vontade do titular da marca.
O arguido expôs para venda e vendeu no seu estabelecimento comercial e no âmbito da sua actividade profissional diversos pares de sapatilhas contrafeitas, que ostentavam a marca "Nike", sendo certo que a sua actuação foi facilitada pela ausência de fiscalização até ao dia 5 de Julho de 2007, pelo que actuou de forma essencialmente homogénea e no quadro da solicitação de uma mesma situação exterior que diminui consideravelmente a sua culpa.
O arguido Marcelino actuou também em nome da arguida B, Unipessoal Lda e no interesse colectivo.

O arguido sabia que as suas condutas eram proibidas e punidas por lei penal.

Pelo exposto, praticaram os arguidos, na forma consumada,

– O arguido **Marcelino**, em autoria imediata e em concurso efectivo:
– Um crime continuado de fraude de mercadorias, p. e p. pelo artigo 23.°, n.° 1, al. a), do Decreto-Lei n.° 28/ /84, de 20 de Janeiro (alterado pelas Leis n.ºs 13/2001, de 04.06 e 20/2008, de 21.04 e pelos Decretos-Lei n.ºs 347/89, de 12.10, 6/95, de 17.01, 20/99, de 28.01, 162/99, de 13.05, 143/2001, de 26.04, 81/2002, de 04.04 e 70/2007, de 26.03), com referência aos artigos e 30.°, n.° 2, e 79.° do Código Penal, e
– Um crime continuado de venda, circulação ou ocultação de produtos ou artigos contrafeitos, p. e p. pelo artigo 324.°, com referência ao artigo 323.°, al. a), ambos do Código da Propriedade Industrial (aprovado pelo Decreto-Lei n.° 36/2003. de 05.03, alterado pela Lei n.° 16/2008, de 01.04 e pelos Decretos-Lei n.ºs 318/2007, de 26.09, 360/2007, de 02.11, e 143/2008, de 25.07) e aos artigos 30.°, n.° 2, e 79.° do Código Penal.

– A arguida **"B, Unipessoal Lda"**, em autoria mediata e em concurso efectivo:
– Um crime continuado de fraude de mercadorias, p. e p. pelo artigo 23.°, n.° 1, al. a), com referência ao artigo 3.°, n.ºs 1 e 3, ambos do Decreto-Lei n.° 28/84, de 20 de Janeiro (alterado pelas Leis n.ºs 13/2001, de 04.06 e 20/2008, de 21.04 e pelos Decretos-Lei n.ºs 347/89, de 12.10, 6/95, de 17.01, 20/99, de 28.01, 162/99, de 13.05, 143/2001, de 26.04, 81/2002, de 04.04 e 70/2007, de 26.03), com referência aos artigos e 30.°, n.° 2, e 79.° do Código Penal, e
– Um crime continuado de venda, circulação ou ocultação de produtos ou artigos contrafeitos, p. e p. pelo artigo 324.°, com referência aos artigos 320.° e 323.°, al. a), todos do Código da Propriedade Industrial (aprovado pelo Decreto-Lei n.° 36/2003. de 05.03, alterado pela Lei n.° 16/

/2008, de 01.04 e pelos Decretos-Lei n.ºs 318/2007, de 26.09, 360/2007, de 02.11, e 143/2008, de 25.07), aos artigos 3.º, n.ºs 1 e 3 do Decreto-Lei n.º 28/84, de 20 de Janeiro, na redacção indicada, e 30.º, n.º 2, e 79.º do Código Penal.

*

Objectos:

Fls. 2 a 4: Estão apreendidos 23 (vinte e três) pares de sapatilhas contrafeitas, pelo que, nos termos do disposto nos artigos 330.º do Código da Propriedade Industrial e 75.º, n.º 5 do Decreto-Lei n.º 28/84, de 20 de Janeiro, na redacção indicada, promovo que tais objectos sejam declarados perdidos a favor do Estado e seja ordenada a sua destruição, logo que transitar em julgado a sentença proferida nos autos.

Prova:

Medida de coacção:

Nomeação de defensor:

Notificações:

Processei, imprimi, revi e assinei o texto, seguindo os versos em branco (art. 94.º/2 do Código de Processo Penal).

…, …

O Procurador-Adjunto

I.XVII.5. *Crime contra a qualidade dos géneros alimentícios (Decreto-Lei n.º 28/84, de 20 de Janeiro)*

CLS.
Inquérito n.º

ACUSAÇÃO

O Ministério Público acusa, em processo comum e para julgamento por tribunal de estrutura singular,

Joaquim ...,

Porquanto:

No dia ..., pelas... no restaurante "X Marina", sito no Edifício ..., em ..., de que o arguido é proprietário e sócio-gerente, encontrando-se naquela altura do ano à frente do referido estabelecimento, existia numa câmara frigorífica de conservação de produtos, em pleno funcionamento, acondicionados num tabuleiro de aço inoxidável, lombinhos de suíno, lombos de bovino, 0,765 kg de costeletas de bovino e duas carcaças e meia de frango, com o peso de 1,920 kg, pronto a cozinhar, e numa arca congeladora, também em pleno funcionamento, que se encontrava numa dependência anexa à cozinha, 7 kg de espadarte à posta, 12 kg de cabeças de tamboril, cherne e corvinas, produtos esses que o arguido destinava a serem confeccionados nesse estabelecimento para venda de refeições ao público.

Os referidos géneros alimentares apresentavam as seguintes características:
- Relativamente aos lombos de bovino e lombinhos de suíno era possível a sua beneficiação, de que resultou 2 kg de aparas esverdeadas e com viscosidade;

- As costeletas de bovino apresentavam-se esverdeadas e com viscosidade;
- O frango possuía o interior acastanhado e flácido;
- O espadarte encontrava-se queimado pelo frio e acastanhado;
- As cabeças de pescado apresentavam-se queimadas pelo frio,

Motivos pelos quais se tratava de alimentos anormais, avariados, embora não susceptíveis de criar perigo para a vida ou para a saúde e integridade física alheias.

Tais géneros alimentícios tinham um valor global de € 60 (sessenta euros).

O arguido tinha perfeito conhecimento do estado de tais géneros alimentícios e, não obstante, não se absteve de os conservar para tal fim, agindo sempre de forma livre, deliberada e consciente, bem sabendo que a sua conduta era proibida por lei penal.

Cometeu, pelo exposto, em autoria material, sob a forma consumada:

– Um crime contra a qualidade de géneros alimentícios p. e p. pelo artigo 24.º, n.º 1, al. c), 81.º, n.º 1, al. a), 82.º, n.º 1, al. c), e n.º 2, al. c), do Decreto-Lei n.º 28/84, de 20 de Janeiro, alterado pelos Decreto-Lei n.os 347/89, de 12 de Outubro, 6/95, de 17 de Janeiro, 48/95, de 15 de Março, 20/99, de 28 de Janeiro, 162/99, de 13 de Maio, 143/2001, de 26 de Abril, Leis n.os 13/01, de 4 de Junho, e 108/01, de 28 de Novembro.

Prova:

Medida de coacção:

Nomeação de defensor:

Notificações:

Processei, imprimi, revi e assinei o texto, seguindo os versos em branco (art. 94.º/2 do Código de Processo Penal).

..., ...

O Procurador-Adjunto

I.XVII.6. *Crime de abalroamento (artigo 169.º do Código Penal e Disciplinar da Marinha Mercante)*

CLS.
Inquérito n.º

ACUSAÇÃO

O Ministério Público acusa, em processo comum e para julgamento por tribunal de estrutura singular,

- REMÍGIO...;
- ANTÓNIO...;
- ALBERTO...;
- JOSÉ...; e
- DOMINGOS....

Porquanto:

No dia 5 de Setembro de 2007, pelas 3 horas, o arrastão F... denominado "MAR DE M...", propriedade da sociedade "Pesca..., Lda.", com sede em ..., partiu do porto de ..., comandado por Remígio, mestre da embarcação.

A embarcação "MAR DE M..." navegava sem equipamento de EMC operacional e com o sistema MONICAP de bordo avariado.

Cerca das 4 horas e 20 minutos, à excepção do motorista que estava de serviço na máquina, o arguido Alberto, e do arguido António, pescador, que governava a embarcação sem que para tal estivesse habilitado, toda a tripulação estava a dormir, nomeadamente o arguido Remígio, mestre da embarcação.

A embarcação navegava então a cerca de 8 milhas de terra, em frente à praia da ..., quando, na posição Latitude ..., Longitude ..., embateu com a sua proa contra a embarcação de recreio denominada "QUE D...", de nacionalidade inglesa, registada no porto de ..., com data de construção de

1980, com o comprimento de 12,53 metros e governada pelo seu proprietário, Cristopher…, natural da Nova Zelândia e residente em …, Reino Unido.

Na área onde ocorreu o embate não havia outras embarcações para além da embarcação "MAR DE M…" e da embarcação "QUE D…", que navegava com toda a sinalização devida.

O mar estava calmo, inexistindo na linha do horizonte obstáculos que impedissem que a embarcação de Cristopher… fosse visível a olho nu.

Atingida pela sua popa, a embarcação "QUE D…" afundou-se de imediato em consequência do embate, não tendo sido possível a Cristopher…, o seu único tripulante, fazer qualquer pedido de socorro.

Acordado pelo estrondo causado pelo embate, o arguido Remígio pegou no leme da embarcação "MAR DE M…" e começou a contornar os destroços da embarcação embatida, tendo então ouvido Cristopher…a gritar. Àquele foram lançadas várias bóias e, posteriormente, foi recolhido a bordo da embarcação "Mar de M…" e transportado para o porto de …, sem que tivesse sido informado de que havia sido abalroado por aquela mesma embarcação que o recolheu.

O arguido Remígio reuniu então toda a tripulação da embarcação "Mar de M…" à excepção do primeiro motorista, tendo solicitado a todos que encobrissem o sucedido, ao que os arguidos Alberto…, Domingos… e José… acederam.

No dia 10 de Setembro de 2007, os arguidos Alberto…, Domingos e José… foram inquiridos como testemunhas pelo agente de 1.ª classe da Polícia Marítima, Sousa, perante o qual juraram dizer a verdade.

Àquele agente, o arguido Alberto… declarou desconhecer o que motivou o acidente e não ter perguntado ao náufrago porque o seu inglês é muito superficial; momentos depois foi novamente para a máquina e não conversou com mais ninguém.

Os arguidos Domingos e José declararam que, como iam a dormir, não ouviram qualquer estrondo e que não sabiam o que se passou na realidade, mas apenas que quem ia de serviço era o mestre.

As declarações acima referidas feitas pelos arguidos Alberto, Domingos e José não correspondiam à verdade.

Os arguidos Remígio e António agiram de forma livre e concertada, bem sabendo ambos que este último, tendo a categoria de pescador, não detinha as habilitações necessárias e legalmente exigidas para governar a embarcação "MAR DE M…".

O arguido Remígio bem sabia, ainda, que a embarcação "MAR DE M…" não dispunha do equipamento de monitorização contínua EMC a que estava obrigada, tendo agido de forma livre e com o propósito concretizado de navegar sem tal sistema.

Ao procederem conforme descrito, os arguidos Remígio e António não asseguraram uma vigilância visual e auditiva apropriada, não utilizando todos os meios disponíveis adequados às circunstâncias e condições existentes de modo a permitir uma apreciação completa da situação e do risco de abalroamento, não tendo assim desviado a embarcação "MAR DE M…" do caminho da embarcação "QUE D…".

Violaram, assim, as regras 5 e 13, alínea a) da Convenção Internacional para Evitar Abalroamentos no Mar, aprovada para ratificação pelo Decreto-Lei n.º 55/78, de 27 de Junho.

Ao actuarem da forma supra descrita, os arguidos Remígio e António agiram ainda sem o cuidado e a prudência que poderiam e deveriam ter observado nas circunstâncias em causa para evitar um resultado que de igual forma podiam e deviam prever e que previram, embora não se tivessem conformado com a sua produção, dando, pois, causa ao abalroamento da embarcação "QUE D…" e à sua consequente destruição.

O arguido Remígio agiu ainda com o propósito concretizado de determinar os arguidos Alberto, Domingos e José à prestação de declarações que não correspondiam à verdade, o que representou.

Os arguidos Alberto, Domingos e José agiram de forma livre e com o propósito concretizado de prestar, perante o agente da Polícia Marítima, declarações que não correspondiam à verdade, o que representaram.

Os arguidos Remígio, António, Alberto, Domingos e José bem sabiam que as suas condutas eram proibidas e punidas por lei penal.

Face ao exposto,

1. **REMÍGIO e ANTÓNIO** cometeram em co-autoria e sob a forma consumada um crime de abalroamento, p. e p. pelos artigos 13.º e 15.º, alínea a) do Código Penal e artigo 169.º do Código Penal e Disciplinar da Marinha Mercante (aprovado pelo Decreto-Lei n.º 33.252, de 20 de Novembro de 1943, alterado pelos Decretos-Lei n.ᵒˢ 39.688, de 05.06.1954; 307/70, de 02.07; 678/75, de 06.12; 194/78, de 19.07; 39/85, de 11.02);

2. **REMÍGIO** cometeu ainda, em autoria material e sob a forma consumada, uma contra-ordenação p. e p. pelo artigo

21.º-A, n.º 2, alínea m) do Decreto-Lei n.º 287/87, de 7 de Julho, com a redacção que lhe foi introduzida pelo Decreto-Lei n.º 383/98, de 27 de Novembro; e

3. **REMÍGIO, ALBERTO, JOSÉ e DOMINGOS**, cometeram, o primeiro como instigador e os restantes em autoria material e sob a forma consumada, um crime de falsidade de testemunho, p. e p. pelas disposições conjugadas dos artigos 26.º e 360.º, n.º 1 do Código Penal.

Prova:

Medida de coacção:

Nomeação de defensor:

Notificações:

Processei, imprimi, revi e assinei o texto, seguindo os versos em branco (art. 94.º/2 do Código de Processo Penal).

..., ...

O Procurador-Adjunto

I.XVII.7. *Crime de aproveitamento de obra usurpada (artigos 197.º e 199.º do Código dos Direitos de Autor e Direitos Conexos)*

CLS.
Inquérito n.º

ACUSAÇÃO

O Ministério Público acusa, em processo comum e para julgamento por tribunal de estrutura singular,

- **João ...**;

Porquanto:

No **dia 5 de Outubro de 2008, pelas 10 horas**, junto ao recinto do mercado de ..., na Avenida ...., em ..., o arguido tinha no interior do veículo ligeiro de mercadorias de marca ..., de matrícula ..., que ali havia estacionado, acondicionados em caixas de papelão, 460 videogramas de formato DVD e 300 fonogramas de formato CD, para venda ao público a 5 € (cinco euros) cada dois DVD's ou CD's, os quais havia adquirido em ... por 100 € (cem euros), não possuindo qualquer documento referente à aquisição dos mesmos.

O arguido não apresentou qualquer documento dos autores, produtores ou seus legítimos representantes, autorizando a fixação, reprodução e/ou distribuição pública dos referidos CD's e DVD's.

Os CD's e DVD's apresentavam as seguintes características:
(inserir o exame)

O arguido agiu de forma livre e com o propósito concretizado de colocar à venda obras de criação musical e artística fixadas em formato de CD-R's e DVD-R's, sem autorização dos autores ou produtores, o que representou.

O arguido sabia que a sua conduta era prevista e punida por lei penal.

Pelo exposto, praticou o arguido em autoria material e sob a forma consumada:

- **Um crime de aproveitamento de obra usurpada**, p. e p. pelas normas conjugadas do disposto no n.º 1 do artigo 199.º e artigo 197.º, ambos do Código dos Direitos de Autor e Direitos Conexos, aprovado pelo Decreto-Lei n.º 63/85, de 14.03, e alterado pelas Leis n.ºs 45/85, de 17.09, e 114/91, de 03.09, pelos Decretos-Leis n.ºs 332/97 e 334/97, ambos de 27.11, e pelas Leis n.ºs 50/04, de 24.08, 24/06, de 30.06. 16/08, de 01.04.

*

Requer-se a declaração de perda a favor do Estado dos objectos apreendidos a fls. ... dos autos, devendo ordenar-se a sua destruição, porquanto foram destinados à prática de facto ilícito típico e, atenta a sua natureza, oferecerem sérios riscos de poderem vir a ser utilizados para a prática de futuros crimes de idêntico jaez, nos termos do disposto nas normas contidas no n.º 1 e n.º 2 do artigo 201.º do Código dos Direitos de Autor e Direitos Conexos, na redacção indicada, e do n.º 1 do artigo 109.º do Código Penal.

Prova:

Medida de coacção:

Nomeação de defensor:

Notificações:

Processei, imprimi, revi e assinei o texto, seguindo os versos em branco (art. 94.º/2 do Código de Processo Penal).

..., ...

O Procurador-Adjunto

I.XVII.8. *Crime de violação do direito moral (artigo 198.º, al. b), com referência ao artigo 197.º, do Código dos Direitos de Autor e Direitos Conexos)*

CLS.
Inquérito n.º

ACUSAÇÃO

O Ministério Público acusa, em processo comum e para julgamento por tribunal de estrutura singular,

**Carlos ...
E
Ricardo**

Porquanto:

Em data não concretamente apurada **durante o ano de 2002**, o arguido Carlos contactou a C., Lda, para que esta efectuasse um projecto de obra para a construção de uma farmácia que pretendia abrir em..., designada Farmácia SC.

Na sequência deste contacto, a C., Lda encarregou a queixosa A, Lda, da elaboração do projecto de arquitectura para tal farmácia.

Em **10 de Janeiro de 2003**, o arquitecto VC, sócio-gerente da queixosa, apresentou o projecto arquitectónico da Farmácia SC (fls.) ao arguido Carlos que, após algumas alterações, a aceitou e ambos acordaram que a queixosa A, Lda apresentaria o projecto na Câmara Municipal da ... e acompanharia toda a realização da obra.

Porém, o arguido Carlos, em data não concretamente determinada **anterior a 12 de Dezembro de 2005**, sem nada dizer à queixosa A, Lda (cfr. fls. 26 e 27), contratou com o arguido Ricardo no sentido de este elaborar um projecto de alterações e dirigir as obras.

Na sequência das modificações efectuadas pelo arguido Ricardo, a obra para a construção da Farmácia SC foi executada pela C& F, Lda (fls. 146 a 150) com as alterações que se enunciam:

(...)

Em síntese, a Farmácia SC apenas tem em comum com o projecto elaborado pela queixosa a implantação do edifício, no que se refere ao seu perímetro, à cota de soleira e a uma área de construção muito próxima da que foi prevista para cada piso.

Em consequência, a queixosa tem sido confrontada com comentários depreciativos de colegas arquitectos e de engenheiros que julgam que esta farmácia foi executada com base num seu projecto, ao que acresce que ficou a queixosa impossibilitada de a divulgar no seu *curriculum* e de a publicitar como um seu trabalho criativo, pois que a forma como foi executada a desvirtuou em relação ao projecto inicial.

Os arguidos agiram de forma livre e com o propósito concretizado de alterar, contra a vontade da queixosa, o projecto de arquitectura por ela elaborado, bem sabendo que atentavam contra a integridade desta obra e que, dessa forma, afectavam a honra e consideração da queixosa, o que representaram.

Os arguidos sabiam que as suas condutas eram proibidas e punidas por lei penal.

Pelo exposto, praticaram, em co-autoria e sob a forma consumada,

- **Um crime de violação do direito moral**, p. e p. pelo artigo 198.º, al. b), com referência ao artigo 197.º, do Código dos Direitos de Autor e Direitos Conexos, aprovado pelo Decreto-Lei n.º 63/85, de 14.03, e alterado pelas Leis n.ºs 45/85, de 17.09; 114/91, de 03.09; 50/2004, de 14.08; 24/2006, de 30.06; 16/2008, de 01.04 e pelos Decretos-Lei n.ºs 332/97 e 334/97, ambos de 27.11, com referência às normas contidas nos artigos 9.º, n.ºs 1 e 3, 56.º, 59.º, n.º 1, 60.º 68.º, n.º 2, al. l), do mesmo diploma.

Prova:

I. **Por Documentos: de fls...;**
II. **Pericial:**
III. **Testemunhas:**

Medida de coacção:

Nomeação de defensor:

Notificações:

Processei, imprimi, revi e assinei o texto, seguindo os versos em branco (art. 94.º/2 do CPP).

..., ...

O Procurador-Adjunto

I.XVII.9.1. *Crime de tráfico de estupefacientes (artigo 21.º, n.º 1, do Decreto-Lei n.º15/93, de 22 de Janeiro)*

CLS.
Inquérito n.º

ACUSAÇÃO

O Ministério Público acusa, em processo comum e para julgamento por tribunal de estrutura colectiva,

- **Maria da Conceição ....**;
- **Filipa ...**;
- **Pedro ...**;
- **João Jorge ...**;
- **José ...**; e
- **Eunice ...**,

Porquanto:

A arguida **Maria da Conceição** foi condenada por crime de tráfico de estupefacientes p. e p. pelo artigo 21.º, n.º 1, do Decreto-Lei n.º 15/93, de 22.01, na pena de 7 (sete) anos de prisão, no processo comum colectivo n.º ...., tendo saído em liberdade condicional a 7 de Agosto de 2004.

O arguido **José ...** foi condenado por crime de homicídio qualificado p. e p. pelo artigo 132.º do Código Penal (versão original), na pena de 12 anos de prisão, e por crime de ofensas corporais com dolo de perigo p. e p. pelo artigo 144.º do Código Penal (versão original), na pena de 10 meses de prisão, tendo sido condenado, em cúmulo jurídico de tais penas, no processo comum colectivo n.º ..., na pena única de 12 anos e 8 meses de prisão, tendo saído em liberdade condicional a **7 de Fevereiro de 2001**, pena essa já julgada extinta.

A arguida **Filipa** é nora da **Maria da Conceição** e vivia no andar de debaixo – n.º 16, r/c esquerdo – daquele que é ocupado por esta última

– n.º 16, 1.º dt.º –, na rua de ..., fazendo-se o acesso a tais residências, pela rua de ..., através de uma abertura mural existente no muro que veda o pátio das mesmas.

O arguido **José** ... vive em comunhão de cama, mesa e habitação com a arguida **Eunice** ..., sendo o arguido José ... filho da Maria da Conceição.

Tais arguidos não exercem actividade profissional desde, pelo menos, 2004, tendo o arguido José Pinto da Luz cessado a actividade de comércio a retalho de têxteis em 1998.

Os arguidos Maria da Conceição, Tânia, José e Eunice não consomem produtos estupefacientes.

Os arguidos José e Eunice desde o ano de 2003 que vinham adquirindo heroína e cocaína para revenda a terceiros, o que a arguida Maria da Conceição passou a fazer também desde, pelo menos, o mês de Novembro de 2004 e a arguida Filipa desde, pelo menos, o mês de Fevereiro de 2006.

Estes arguidos abastecem-se de heroína e cocaína junto dos mesmos fornecedores e em simultâneo.

O afluxo à abertura mural que dá acesso às residências da Maria da Conceição e Filipa, pela rua de ..., de indivíduos conotados com o consumo de heroína e de cocaína começou a tornar-se notado pela polícia no mês de Novembro de 2004, o mesmo acontecendo com o acesso de toxicodependentes de tais drogas à residência dos arguidos José e Eunice, sita rua ...

Entre os muitos indivíduos que adquiriam estupefacientes aos arguidos, nas residências supra-referidas, contam-se os seguintes:

1. <u>Frederico</u>, id. a fls. 1013, que adquiriu ao **José e Eunice,** no ano de 2006, entre um quarto de grama e meia grama de heroína, por várias vezes, e à **Maria da Conceição,** por diversas vezes, no ano de 2006, heroína e, no dia 13 de Julho de 2006, 0,143 gramas de cocaína.

Também adquiriu panfletos de heroína, a 20 € (vinte euros) cada, à arguida **Filipa**.

2. <u>Carlos Filipe,</u> id. a fls. 747, que adquiriu ao José e à Eunice, no mês de Julho de 2006, 250 € (duzentos e cinquenta euros) de cocaína e de heroína;

3. <u>Emanuel</u>, id. a fls. 774, que adquiriu ao **José e à Eunice** 100 euros de heroína nas três semanas anteriores a 24 de Agosto de 2006, pagando 20 € (vinte euros) por panfleto, adquirindo em média, no período anterior, e no decurso de 2006, um panfleto de 20 € (vinte euros), uma a duas vezes por semana;

4. <u>Natália</u>, id. a fls. 776, que adquiria, em média, ao **José e à Eunice**, no decurso de 2006, um panfleto de heroína ou de cocaína por dia, pagando 20 € (vinte euros) por panfleto;

5. <u>Paulo Alexandre</u>, id. a fls. 1065, que adquiria ao **José e à Eunice**, nos anos de 2003 e de 2004 e até Março de 2006, quase diariamente, cerca de 5 a 6 gramas de heroína por 100 € (cem euros), bem como cocaína, por idêntico valor;

6. <u>António André</u>, id. a fls. 1110, que no mês de Junho de 2006 adquiriu ao arguido **José**, na residência deste e da Eunice, três vezes cocaína, tendo pago 20 € (vinte euros) e 40 € (quarenta euros), em tais aquisições;

Este consumidor, no decurso de 2006, adquiriu cocaína, por 15 (quinze) vezes, à arguida Maria da Conceição, pagando 25 € (vinte e cinco euros) de cada vez, droga esta que a arguida trazia num avental que habitualmente envolvia as saias que trajava;

7. <u>Luís Filipe</u>, id. a fls. 1139, que no decurso de 2005 adquiriu ao **José e à Eunice**, por diversas vezes, heroína, à razão de 20 € (vinte euros) o panfleto;

Este consumidor adquiria heroína e cocaína à arguida Maria da Conceição desde 2005, que trazia tal droga no avental que habitualmente vestia, pagando-lhe 20 € (vinte euros) por panfleto de heroína ou cocaína;

8. <u>Carlos Manuel</u>, id. a fls. 1165, que no decurso de 2005 adquiriu na residência dos arguidos **José e Eunice**, a duas raparigas apresentando terem vinte e cinco anos e trinta e cinco anos, por diversas vezes, um panfleto de heroína por 20 € (vinte euros), que aí se encontravam com o conhecimento dos referidos arguidos e em execução de instruções dos mesmos, raparigas estas que quando avistavam os consumidores, entre os quais o Carlos Manuel, abriam um pouco a porta da residência, recebiam o dinheiro e entregavam depois a heroína, que iam buscar ao interior da casa;

Este consumidor, no decurso de 2005, designadamente nos dias 14 de Julho de 2005, pela manhã e após as 10h00, e 20 de Julho de 2005, pelas 22h00, adquiriu heroína à arguida **Maria da Conceição**, pagando por panfleto, equivalente a cerca de uma dose diária, 20 € (vinte euros), com quem nem sequer falava, e que ao ver o Carlos Manuel se dirigia ao interior da sua habitação, regressando com o panfleto que lhe vendia;

9. <u>António Carlos</u>, id. a fls. 1168, que no decurso do ano de 2006 adquiriu, por diversas vezes, a raparigas que tratavam da limpeza da resi-

dência dos arguidos **José e Eunice** e com conhecimento e mediante instruções destes, tanto que a arguida Eunice permanecia no interior da residência, panfletos de heroína pelo valor de 20 € (vinte euros), correspondente a cerca de uma dose diária;

Este consumidor, no decurso de 2006, designadamente no dia 17 de Julho de 2006, pelas 23h20, adquiriu à arguida **Maria da Conceição** um panfleto de heroína por 20 € (vinte euros);

10. Elísio Miguel, id. a fls. 1071, que, por duas vezes, no ano de 2006, adquiriu ao **José** 40 € (quarenta euros) de heroína, na referida residência, correspondentes a dois panfletos;

Este consumidor, a partir do mês de Janeiro de 2006, adquiriu heroína à arguida **Maria da Conceição**, quer no pátio quer no interior da sua residência, detendo tal droga, por vezes, num avental que vestia, aquisição essa à razão de uma a duas doses de cada vez, pelas quais pagava 20 € (vinte euros) a dose, sendo, contudo, mais frequente a aquisição pelo Elísio de duas doses de cada vez por 40 € (quarenta euros);

Tal consumidor passou também a adquirir heroína a partir de Fevereiro de 2006 à arguida **Filipa**, adquirindo à razão de uma a duas doses de cada vez, pelas quais pagava 20 € (vinte euros) a dose, sendo, contudo, mais frequente a aquisição pelo Elísio Ferreira de duas doses de cada vez por 40 € (quarenta euros). Quando chegava ao pátio anexo às residências da Maria da Conceição e da Filipa adquiria a quem lhe aparecesse primeiro, ou seja, a uma ou outra arguida;

11. Fernando José, id. a fls. 1068, que desde Fevereiro de 2006 até 11 de Julho de 2006, pelo menos, adquiria diariamente cocaína nas residências dos arguidos **José** e **Eunice**, e a estes, e, com mais frequência, às arguidas **Maria da Conceição** e **Filipa**, no interior das residências destas, pagando de cada vez 40 € (quarenta euros) por dois panfletos de cocaína ou 20 € (vinte euros) por um panfleto;

12. Romeu José, id. a fls. 1141, que de Junho a meados de Agosto de 2006, se deslocou no veículo de matrícula ... até junto da referida abertura mural, por onde entrava, tendo no interior do pátio adquirido, por diversas vezes, panfletos de 20 € (vinte euros) de heroína, sendo recebido por crianças de idade inferior a 10 a 12 anos, que levavam o dinheiro e traziam a heroína da residência da **Maria da Conceição**;

13. Carlos Daniel, id. a fls. 754, que durante os meses de Julho e de Agosto de 2006 e até 24 de Agosto desse ano, adquiriu cocaína à **Maria da Conceição** ou a indivíduos intermediários daquela, que eram contacta-

dos no pátio anexo à residência da mesma, pagando por panfleto 20 € (vinte euros). No dia 24 de Agosto de 2006, foi apreendido a este consumidor um panfleto (embrulho de plástico branco) contendo **0,175 gramas de cocaína (cloridrato)**, a qual havia adquirido momentos antes à arguida **Maria da Conceição**, na sua residência, tendo pago 20 € (vinte euros) pelo mesmo, local esse para onde se deslocou juntamente com <u>Daniel José</u>, id. a fs. 759, no veículo de matrícula ..., tendo em vista a aquisição de tal droga;

14. <u>Joaquim José</u>, id. a fls. 1074, que no período compreendido entre o início de Julho de 2006 e 17 de Agosto de 2006, se deslocou por 10 (dez) vezes com outros consumidores até junto da referida abertura mural das residências das arguidas **Maria da Conceição** e **Filipa**, ficando a aguardar no seu veículo de matrícula ... enquanto os indivíduos que o acompanhavam se deslocavam ao pátio existente após tal abertura mural, local este onde adquiriam heroína e cocaína, para eles e para o Joaquim José, pagando este 20 € por panfleto de cocaína ou de heroína;

15. <u>Hugo Alexandre</u>, id. a fls. 767, que se encontrava a realizar trabalhos de pedreiro na casa da arguida **Maria da Conceição**, sita na rua ..., e a quem foi apreendido no dia 24 de Agosto de 2006, pelas 18h30, em tal local, numa mochila, no interior de uma caixa, um panfleto contendo **0,463 gramas de heroína**, droga esta que lhe havia sido fornecida pela arguida **Maria da Conceição**, pela qual pagou 20 € (vinte euros), para quem trabalhava;

16. <u>Bruno Rodrigo</u>, id. a fls. 780, e <u>Pedro Manuel</u>, id. a fls. 785, que, no dia 24 de Agosto de 2006, pela tarde, se dirigiram no veículo ... até junto da referida abertura mural, onde, enquanto o segundo permaneceu no interior da viatura, o Bruno Rodrigo se deslocou apeado até ao interior do pátio existente após a referida abertura em concreto ao n.° ..., onde adquiriu à arguida **Filipa**, por 35 € (trinta e cinco) euros, dois panfletos contendo **1,088 gramas de heroína**; em dias anteriores e por diversas vezes no ano de 2006, o Bruno Rodrigo adquiriu em tal local heroína à arguida **Maria da Conceição**, pagando por cada panfleto de heroína 20 € (vinte euros);

17. <u>Fernando Miguel</u>, id. a fls. 1143, que a partir do mês de Junho de 2006 até 24 de Agosto de 2006 adquiriu cocaína e heroína à arguida **Filipa** no interior da residência desta, aquisições essas que, sendo habitualmente de um panfleto de tal droga, pelo qual pagava 20 € (vinte euros), no decurso do mês de Junho, porque financiadas por indivíduo

consumidor que explorava uma barraca que servia pão com chouriço no recinto das festas de São João, na cidade de ..., eram de três doses de cocaína ou de heroína, pelas quais pagava à arguida 50 € (cinquenta euros), ou de 6 doses de cocaína ou de heroína, pelas quais pagava à arguida 100 € (cem euros); algumas vezes, o Fernando Miguel chegou a adquirir cocaína e heroína à arguida **Maria da Conceição** no interior da residência da arguida Filipa, sita no r/c esquerdo referido; para esse efeito o arguido deslocava-se a tal local fazendo-se transportar no veículo de matrícula ...;

18. Pedro Daniel, id. a fls. 1145, que no decurso do mês de Agosto de 2005, designadamente, no dia 25 de Agosto, pelas 21h00, e depois aos Domingos, no decurso dos meses seguintes de 2005 até inícios de 2006, se deslocou, por diversas vezes, no veículo de matrícula ..., acompanhado por um tal "Vítor M", já falecido, até junto da abertura mural que dá acesso à residência da **Maria da Conceição**, onde aquele Vítor lhe adquiria heroína, sendo para o Pedro Daniel à razão de um panfleto de 20 € (vinte euros) de cada vez;

19. Ana Catarina, id. a fls. 1153, que adquiriu, por diversas vezes, no decurso de Junho de 2006, heroína à arguida **Filipa**, à razão de, pelo menos, um panfleto de 20 € (vinte euros) de cada vez; e

20. Pedro Miguel, id. a fls. 1173, que, por várias vezes, especialmente aos fins-de-semana, se deslocava à residência da arguida **Maria da Conceição**, fazendo-se transportar no veículo de matrícula ..., que o atendia junto à porta de entrada, e a quem adquiria à razão de um panfleto de heroína por 20 € (vinte euros), droga essa que a arguida trazia, por vezes, num avental que vestia.

O arguido **Pedro**, no decurso de 2006, na sequência de serviços de pintura que lhe prestou, passou a relacionar-se com a arguida **Maria da Conceição**, frequentando a sua casa e aí chegando a partilhar algumas refeições. Esta relação de confiança, com especial incidência no decurso do meses de Junho, Julho e Agosto, levou a que o arguido Pedro, com a anuência da arguida Maria da Conceição, atendesse alguns dos consumidores que se deslocavam à residência daquela à procura de heroína, aos quais entregava panfletos de heroína ou de cocaína, à razão de 20 € (vinte euros) cada. Entre os consumidores que adquiriram heroína à Maria da Conceição através do arguido Pedro conta-se o António Carlos, acima referido, que lhe adquiriu por diversas vezes heroína à razão de um panfleto diário pelo valor de 20 € (vinte euros).

O arguido Pedro não é consumidor de produtos estupefacientes.

No dia 24 de Agosto de 2006, cerca das 18h00, a arguida <u>Maria da Conceição</u> detinha na sua residência, sita na rua ..., n.º 16, 1.º Dt.º, na cidade de ..., o seguinte:
- num dos bolsos do avental de cor preto que a arguida trazia vestido:
  - duas embalagens de heroína, com o peso líquido de **18,836 gramas**;
  - uma embalagem de cocaína, com o peso líquido de **2,608 gramas**;
  - um telemóvel prateado e azul de marca Sagem de cor azul e prateado, com as inscrições no visor myC2-3, com a respectiva bateria incorporada e com um cartão OPTIMUS que exibe os n.ºˢ ... e com o IMEI n.º ...;
  - 180 € (cento e oitenta e euros) em notas, provenientes de venda de heroína e de cocaína;
  - vários papéis com números e anotações manuscritas;
- na sala comum:
  - um telemóvel Nokia prateado e branco, com bateria e sem cartão e sem qualquer referência de IMEI e número de série;
- no quarto da arguida:
  - um saco com 40 (quarenta) cartuchos de calibre 12, escondido debaixo da cama;
  - uma caixa em papelão, também escondida debaixo da cama, contendo uma espingarda caçadeira de tipo "pump-action", de calibre 12 (para cartucho de caça), de marca FABARM, de provável modelo SDASS HEAVY COMBAT, com número de série ... e o n.º ... gravado no cano, fabricada em Bréscia – Itália, de tiro unitário, com alimentação, extracção e ejecção por bombeamento ("pump-action" – culatra accionada manualmente pelo movimento do fuste), de monogatilho, com percussão central e indirecta, de monocano de alma lisa, com cano de cerca de 505 mm de comprimento, possuindo carregador tubular com capacidade para quatro cartuchos, tendo a arma um comprimento total de cerca de 970 mm, em bom estado de funcionamento, examinada a fls. 1098 a 1101;
  - um estojo de limpeza em madeira da referida arma, examinado a fls. 1098 a 1101, escondido também debaixo da cama;
  - dois telemóveis, sendo um de marca Nokia, modelo 1100, de cor preta e cinzenta, sem cartão, com o IMEI ..., e outro de marca Newgen, modelo C620, de cor prateada, sem cartão, com o IMEI ...;

- uma caixa de comprimidos NOSTAN, de 1,2 gramas, própria para sessenta comprimidos, com quarenta e quatro comprimidos da mesma marca no seu interior, sendo que quarenta comprimidos se encontravam devidamente acondicionados nos respectivos blisters e quatro se encontravam avulsos, comprimidos esses utilizados habitualmente para cortar (misturar com) a heroína; e
- no caixote do lixo, junto à entrada:
  - um pedaço de saco de plástico incolor, dobrado em forma rectangular, tendo-lhe sido extraídos três recortes circulares próprios para acondicionar estupefacientes, com uma fita adesiva de cor castanha numa das suas extremidades; e
  - um pedaço de saco de plástico incolor, do qual foram extraídos dois recortes em forma circular, igualmente próprios para acondicionar produto estupefaciente, tendo numa as extremidades uma fita adesiva de cor castanha.

No dia 24 de Agosto de 2006, cerca das 18h00, a arguida Filipa detinha na sua residência, sita na rua n.º 16, r/c esquerdo, na cidade de ..., o seguinte:
- na sala, sobre um móvel:
  - uma nota de 50 € (cinquenta euros);
  - um pacote contendo heroína, com o peso líquido de **0,581 gramas**;
  - um pacote contendo cocaína, com o peso líquido de **0,161 gramas**;
  - uma pedra de canábis resina, com o peso líquido de **9,436 gramas**;
  - uma colher de plástico;
  - um saco de plástico com a menção "...", do qual foram extraídos vários recortes de forma circular destinados a embalar heroína ou cocaína;
  - dois recortes circulares de plástico avulsos, destinados a embalar cocaína ou heroína;
  - uma tesoura com mecanismo de corte de cor prateado, com a inscrição "stainless" e com as pegas em plástico de cor preta;
  - no interior de uma bolsa preta em cabedal, própria para usar à cintura, com quatro fechos, 360 € (trezentos e sessenta euros) em notas, sendo nove notas de 20 € (vinte euros), dez notas de 10 € (dez euros) e dezasseis notas de 5 € (cinco euros);

- 33 € (trinta e três euros) em moedas, sendo vinte e três moedas de 1 € (um euro) e cinco moedas de 2 € (dois euros);
– na cozinha, em cima do frigorífico, uma balança de precisão, de marca "Dolcevita –IMETEC, em bom estado de funcionamento;
– no quarto de dormir:
  - um telemóvel de marca Motorola V 620, com o IMEI ..., com cartão Optimus introduzido, com o n.° ...;
  - um bloco de notas quadriculado, com os dizeres "Spring", tendo diversos escritos manuscritos com referências a nomes e valores;
– no esgoto da casa de banho, foi apreendida uma pedra de cocaína, com o peso líquido de **3,611 gramas**, e um pequeno saco plástico contendo no seu interior heroína, com o peso bruto de **3,746 gramas**, que a arguida Filipa lançou pelo autoclismo.

No dia 24 de Agosto de 2006, cerca das 18h00, os arguidos José e de Eunice detinham na sua residência, sita na rua ..., o seguinte:
– na sala sobre o aparador:
  - 13 (treze) embalagens plásticas com a extremidade vulcanizada, contendo no seu interior heroína, com o peso líquido total de **7,270** gramas;
  - uma embalagem plástica com as extremidades fechadas por nós, contendo no seu interior heroína, com o peso líquido de **9,801 gramas**;
  - 37 (trinta e sete) pacotes contendo no seu interior cocaína, com o peso líquido total **6,566 gramas**;
  - 145 € (cento e quarenta e cinco euros) em notas de 20, 10 e 5 euros;
  - numa mala de tiracolo, da Eunice, 2500 € (dois mil e quinhentos euros), em notas de 50, 20, 10 e 5 euros;
  - um plasma de 42 polegadas, de marca Singer, modelo "S42A", com o número de série ..., com o respectivo suporte e comando à distância;
  - um leitor de DVD a marca "Belson", modelo "BSA-3603", sem número de série visível, com o respectivo comando a distância;
  - uma câmara de filmar da marca Sony, modelo "DCR-PC110E", com o número de série ..., sem a bateria, em razoável estado de conservação;

- um telemóvel de marca Motorola, modelo "V1050", com o número de série"…", com a respectiva bateria; e
- um telemóvel de marca Nokia, modelo "6103", com o IMEI …, contendo no seu interior um cartão Vodafone, com o número de série …, a que corresponde o número **91…**, a que respeitam as transcrições de escutas do apenso III dos autos.

Tais produtos estupefacientes apreendidos aos arguidos eram destinados a revenda a consumidores, fazendo os arguidos corresponder a 20 € (vinte euros) uma quantidade de 0,463 a 0,726 gramas de heroína, em função do valor global adquirido, ou uma quantidade mínima de 0, 143 gramas a 0,175 gramas de cocaína.

Os arguidos procediam à venda de tais estupefacientes com especial incidência no período da tarde e só terminavam cerca das 21h30.

O dinheiro que lhes foi apreendido era proveniente de transacções de heroína, cocaína e canábis, esta no caso da Filipa.

Os 180 € (cento e oitenta euros) apreendidos à Maria da Conceição no seu avental representam um conjunto mínimo de 9 (nove) panfletos de 20 € (vinte euros), correspondentes a cerca de 4,5 gramas de heroína ou de 1,575 gramas de cocaína.

Os 443 € (quatrocentos e quarenta e três) euros apreendidos à arguida Filipa representam um conjunto mínimo de 22 (vinte e dois) panfletos de 20 € (vinte euros), correspondentes a cerca de 10,186 gramas de heroína ou de 3,85 gramas de cocaína.

Os 2.645 € (dois mil seiscentos e quarenta e cinco) euros apreendidos aos arguidos José e Eunice representam um conjunto mínimo de 132 panfletos de 20 € (vinte euros), correspondentes a cerca de 61,116 gramas de heroína ou de 23,10 gramas de cocaína.

Os telemóveis em causa serviam para contactarem entre si e com consumidores de tais produtos estupefacientes, utilizando nas conversações linguagem cifrada, para além de que os arguidos iam utilizando diversos aparelhos e cartões de acesso ao serviço telefónico móvel.

A arguida Filipa sabia que a arguida Maria da Conceição utilizava menores de 10 e 11 anos de idade na revenda de produtos estupefacientes e não se coibiu de, mesmo assim, prosseguir na revenda desses produtos de forma concertada e em comunhão de esforços com aquela.

A arma que se encontrava na residência da Maria da Conceição era propriedade do arguido **João Jorge**, que a adquiriu em 22 de Janeiro de 2005. O arguido João Jorge foi possuidor até 25 de Junho de 2005 de licença de uso e de porte de arma de caça, que caducou a 25 de Junho de 2005, não sendo, em 24 de Agosto de 2006, titular de licença ou mesmo de autorização para detenção de tal arma no domicílio, não sendo também a **Maria da Conceição** titular de qualquer licença de uso e de porte de arma de caça.

No **dia 23 de Janeiro de 2007, pelas 18h00**, o arguido **Pedro** detinha na sua residência, sita na rua ..., mais concretamente, na primeira gaveta de uma mesa de cabeceira do seu quarto, uma navalha de ponta e mola, de cor prateada, com cerca de 20 cm aberta e com um material, de cor castanho, numa das extremidades, a imitar madeira, e, na mesma mesa de cabeceira, um telemóvel de marca Sharp, modelo GX25, de cores preta e prateada, com o IMEI ..., com a respectiva bateria incorporada e com um cartão SIM da operadora Vodafone, objectos esses examinados a fls. 1178, contendo tal telemóvel uma listagem de números de telefone, melhor descrita a fls. 1179 a 1181, onde constam, entre outros, os contactos telefónicos da arguida Maria da Conceição, "Nice Kinta" e "Zé Cigano", com os n.^{os} ..., respectivamente.

Agiram as arguidas **Maria da Conceição e Filipa** de forma livre, concertada, em comunhão de esforços, conhecendo a natureza e características estupefacientes dos produtos que comercializavam e do que detinham na sua posse com vista à revenda a terceiros, não se coibindo de utilizar menores de 10 e 11 anos na actividade de revenda de tais produtos, tendo sempre o propósito concretizado de, com as suas condutas, auferirem vantagem económica, o que representaram.

Agiram os arguidos **José e Eunice** de forma livre, concertada, em comunhão de esforços, conhecendo a natureza e características estupefacientes dos produtos que comercializavam e do que detinham na sua posse com vista à revenda a terceiros, tendo sempre o propósito concretizado de, com as suas condutas, auferirem vantagem económica, o que representaram.

Agiu o arguido **Pedro** de forma livre, concertada e em comunhão de esforços com a Maria da Conceição, conhecendo a natureza e características estupefacientes dos produtos que vendia a terceiros, tendo sempre o propósito concretizado de, com a sua conduta, auferir vantagem económica, o que representou.

Agiram os arguidos **Maria da Conceição e João Jorge** de forma livre, concertada, em comunhão de esforços, com o propósito concretizado de deterem a arma que lhes foi apreendida, não obstante não serem titulares de licença de detenção, uso ou porte de tal arma, bem sabendo que a mesma era imposta por lei.

Agiu o arguido **Pedro** de forma livre e com o propósito concretizado de deter a navalha de ponta e mola que lhe foi apreendida, não obstante conhecer as suas características e que a sua detenção é vedada por lei.

Não obstante as condenações supra-aludidas, por referência aos arguidos **Maria da Conceição**, que se encontrava em situação de liberdade condicional, e **José**, e de terem cumprido pena de prisão, à data dos factos descritos os arguidos não tinham interiorizado a advertência contida naquelas condenações, antes reincidindo na prática de crimes.

Sabiam os arguidos que as suas condutas eram proibidas e punidas por lei penal.

Cometeram, pelo exposto, os arguidos:

*) **Maria da Conceição** e **João Jorge**, em co-autoria material, sob a forma consumada:
  – um crime de detenção de arma proibida p. e p. pelo artigo 2.º, n.º 1, al. aa), 3.º, n.º 5, al. c), e 86.º, n.º 1, al. c), da Lei n.º 05/2006, de 23 de Fevereiro;

*) **Maria da Conceição, em concurso efectivo real com o anterior, e Filipa,** em co-autoria material, sob a forma consumada:
  – um crime de tráfico de estupefaciente p. e p. pelo artigo 21.º, n.º 1, com a agravante do artigo 24.º, al. i), do Decreto-Lei n.º 15/93, de 22 de Janeiro, alterado pelas Leis n.º 45/96, de 03.09; 30/2000, de 29.11; 101/2001, de 25.08; 104/2001, de 25.08; 3/2003, de 15.01; 47/2003, de 22.08; 11/2004, de 27.03; 17/2004, de 17.05; 14/2005, de 26.01; 48/2007, de 29.08 e 59/2007, de 04.09 e pelos Decretos-Lei n.ºs 81/95, de 22.04; 214/2000, de 02.09; 69/2001, de 24.02 e 323/2001, de 17.12, com referência às Tabelas I-A, I-B e I-C anexas àquele diploma, <u>agrava a responsabilidade da arguida Maria da Conceição a reincidência, nos termos do artigo 75.º e 76.º, ambos do Código Penal.</u>

*) **Pedro**, em co-autoria material com **Maria da Conceição**, sob a forma consumada e em concurso efectivo real:

– um crime de detenção de arma proibida p. e p. pelo artigo 2.°, n.° 1, al. ar), 3.°, n.° 2, al. f), 4.°, n.° 1, e 86.°, n.° 1, al. d), da Lei n.° 05/06, de 23.02; e
– um crime de tráfico de menor gravidade p. e p. pelo artigo 25.°, al. a), do Decreto-Lei n.°15/93, de 22 de Janeiro, alterado pelas Leis n.os 45/96, de 03.09; 30/2000, de 29.11; 101/2001, de 25.08; 104/2001, de 25.08; 3/2003, de 15.01; 47/2003, de 22.08; 11/2004, de 27.03; 17/2004, de 17.05; 14/2005, de 26.01; 48/2007, de 29.08 e 59/2007, de 04.09 e pelos Decretos--Lei n.os 81/95, de 22.04; 214/2000, de 02.09; 69/2001, de 24.02 e 323/2001, de 17.12, com referência à Tabelas I-A anexa àquele diploma;

*) **José** e **Eunice**, em co-autoria material, sob a forma consumada:
– um crime de tráfico de estupefacientes p. e p. pelo artigo 21.°, n.° 1, do Decreto-Lei n.°15/93, de 22 de Janeiro, alterado pelas Leis n.° 45/96, de 03.09; 30/2000, de 29.11; 101/2001, de 25.08; 104/2001, de 25.08; 3/2003, de 15.01; 47/2003, de 22.08; 11/2004, de 27.03; 17/2004, de 17.05; 14/2005, de 26.01; 48/2007, de 29.08 e 59/2007, de 04.09 e pelos Decretos--Lei n.os 81/95, de 22.04; 214/2000, de 02.09; 69/2001, de 24.02 e 323/2001, de 17.12, com referência às Tabelas I-A e I-B anexas àquele diploma; <u>mais agrava a responsabilidade do arguido José da Conceição Pinto da Luz a reincidência, nos termos do artigo 75.° e 76.°, ambos do Código Penal.</u>

Requer-se a declaração de perdimento a favor do Estado do produto estupefaciente apreendido nos autos e a sua destruição, após trânsito em julgado do acórdão que recair sobre esta acusação, nos termos dos artigos 35.°, n.° 2, e 62.°, n.° 6, do Decreto-Lei n.° 15/93, de 22 de Janeiro, na redacção indicada, e 109.°, n.° 1, do Código Penal.

Requer-se a declaração de perdimento a favor do Estado das armas, munições e estojo de limpeza apreendidos nos autos, nos termos do artigo 109.°, n.° 1, do Código Penal e do artigo 78.° da Lei n.° 05/06, de 23 de Fevereiro.

Requer-se a declaração de perdimento a favor do Estado dos demais objectos apreendidos nos autos, porquanto se destinavam à prática dos factos descritos ou foram adquiridos com os proveitos de tal actividade (artigo 35.°, n.° 1, do Decreto-Lei n.° 15/93, de 22 de Janeiro, na redacção indicada).

***

LIQUIDAÇÃO (artigos 7.° e 8.° da Lei n.° 05/02, de 11 de Janeiro)

Compulsados os autos verifica-se que os arguidos Maria da Conceição, José, Eunice e Filipa não exerciam qualquer actividade profissional desde, pelo menos, 2004, tendo o arguido José cessado a actividade de comércio a retalho de têxteis em 1998 (cf. fls. 224 a 242).

Foram-lhes apreendidas as quantias monetárias que se encontram discriminadas na acusação, juntamente com o produto estupefaciente e objectos aí também descritos.

A quantia monetária apreendida à arguida **Maria da Conceição** encontrava-se guardada no seu avental, juntamente com a droga que lhe foi apreendida na mesma peça de roupa, sendo proveniente de transacções de heroína e de cocaína com consumidores.

As quantias monetárias detidas pela arguida **Filipa** encontravam-se no mesmo local onde foi apreendida a droga e demais objectos, sendo proveniente de transacções de heroína, cocaína e canábis resina, porquanto se encontrava até guardada numa bolsa de trazer à cintura.

As quantias monetárias apreendidas aos arguidos **José** e **Eunice** não se coadunam no seu valor com a ausência de actividade profissional dos mesmos de carácter regular, sendo provenientes de transacções de heroína e de cocaína, pois que se encontravam até no mesmo local onde a droga foi apreendida.

Em face do exposto, por constituírem vantagem da actividade delituosa supra descrita, requer-se a declaração de perdimento a favor do Estado de todas as quantias monetárias apreendidas aos arguidos, nos termos do artigo 36.°, n.ºs 2 e 5, do Decreto-Lei n.° 15/93, de 22 de Janeiro, na redacção indicada, e 7.°, n.ºs 1 e 2, al. a), da Lei n.° 05/02, de 11 de Janeiro.

Prova:

(…)

Requer-se que as testemunhas R. e AC., supra-identificados, prestem declarações em audiência de julgamento <u>com ocultação de imagem e com recurso a teleconferência</u>, nos termos dos artigos 1.º, n.ºs 1, 4 e 5, 2.º, al. a), b) e c), 4.º, n.ºs 1 e 2, 5.º, 6.º, 7.º e segs. da Lei n.º 93/99, de 14 de Julho, alterada pela Lei n.º 29/2008, de 4 de Julho (**Lei de Protecção de Testemunhas**), porquanto alegam receio fundado a respeito da sua integridade física e de seus bens, pelo facto de … e temerem represálias pela prestação de depoimento, sendo as testemunhas consumidores de produtos estupefacientes e assim vulneráveis a pressões por tal facto, designadamente pela dependência de droga.

Medida de coacção:

Nomeação de defensor:

Notificações:

Comunique superiormente.

Processei, imprimi, revi e assinei o texto, seguindo os versos em branco (art. 94.º/2 do Código de Processo Penal).

…, …

O Procurador-Adjunto

I.XVII.9.2. *Crime de tráfico de estupefacientes (artigo 21.º, n.º 1, do Decreto-Lei n.º 15/93, de 22 de Janeiro)*

CLS.
Inquérito n.º

ACUSAÇÃO

O Ministério Público acusa em processo comum e para julgamento por tribunal de estrutura singular, ao abrigo do disposto no artigo 16.º, n.º 3, do Código de Processo Penal:

Jaime ...

Porquanto,

No dia 28 de Junho de 2008, pelas 14h35m, no Largo ..., o arguido conduzia o veículo ciclomotor de matrícula ..., marca Honda, modelo SFX, quando foi interceptado pelas autoridades policiais.

O arguido não possuía licença de condução ou qualquer outro documento que o habilitasse a conduzir veículos motorizados na via pública, mas, ainda assim, assumiu a direcção efectiva do referido ciclomotor, bem sabendo que a condução de veículos motorizados na via pública só é permitida a quem seja titular de licença de condução, emitida por entidade competente.

O arguido agiu de forma livre, deliberada e consciente.

No mesmo circunstancialismo espácio-temporal, o arguido trazia consigo, no bolso da camisa, 6 (seis) pequenos sacos de plástico, que continham Heroína, com o peso líquido de 3,928 gramas (cf. relatório de fls....).

No mesmo dia, o arguido tinha na sua residência, sita em ..., em concreto no seu quarto, em cima de uma arca, diversos recortes de plástico e plástico recortado, destinados a embrulhar doses de heroína.

O arguido agiu de forma livre, bem sabendo da natureza estupefaciente daquela substância, que lhe pertencia, destinando a mesma à venda a consumidores que o procurassem para o efeito.

À data da prática dos factos o arguido encontrava-se sujeito a medida de coacção de obrigação de permanência na habitação, sob vigilância electrónica, aplicada no âmbito do Inquérito n.° ..., deste tribunal, no qual foi acusado pela prática, em autoria material e sob a forma consumada, de um crime de tráfico de substâncias estupefacientes, p. e p. pelo artigo 21.°, n.° 1 do Decreto-Lei n.° 15/93, de 22 de Janeiro, por factos praticados nos dias 12 de Setembro de 2007 e 24 de Dezembro de 2007.

Por acórdão proferido no âmbito do Comum Colectivo n.° ..., do 1.° Juízo deste Tribunal, não transitado em julgado à data do presente despacho, foi o arguido condenado pela prática do mesmo crime na pena de dois anos e três meses de prisão, suspensa por três anos na sua execução.

O arguido é toxicodependente e à data da prática dos factos encontrava-se a efectuar tratamento da toxicodependência supervisionado pelo C.A.T. da ....

Ainda assim o arguido praticou os factos supra descritos quando sujeito a medida de coacção de obrigação de permanência na habitação, bem sabendo que com a sua conduta violava as obrigações que daquela decorriam, o que representou.

Sabia ainda o arguido que as suas condutas eram proibidas e punidas pela lei penal.

Conforme resulta de certidão de fls.... cujo teor aqui se dá por reproduzido, o arguido, por acórdão transitado em julgado em 26 de Abril de 2001, foi condenado na pena de 3 anos de prisão pela prática de um crime de tráfico de menor gravidade. O arguido cumpriu esta pena de prisão efectiva, ininterruptamente, de 04 de Maio de 2000 a 28 de Janeiro de 2002, data em que foi libertado condicionalmente até ao dia 04 de Maio de 2003, data do fim da pena.

Todavia, a condenação anteriormente aplicada bem como a pena de prisão cumprida não constituíram dissuasão suficiente para o afastar da prática de novos crimes, revelando assim uma personalidade que se recusa a aceitar as prescrições da ordem jurídica, motivo pelo qual deve ser considerado reincidente.

Face ao exposto, cometeu o arguido, em autoria material, sob a forma consumada e em concurso efectivo real:

– Um crime de condução de veículo motorizado na via pública sem habilitação legal, p. e p. pelo artigo 3.º, n.º 1 do Decreto-Lei n.º 2/98, de 3 de Janeiro, com referência aos artigos 121.º, n.º 1, 122.º, n.º 2, alínea b), e 124.º, n.º 1, alínea a), todos do Código da Estrada (aprovado pelo Decreto-Lei n.º 114/94, de 3 de Maio, revisto e republicado pelo Decreto-Lei n.º 44/2005, de 23 de Fevereiro, e alterado pelo Decreto-Lei n.º 113/2008, de 1 de Julho);
– Um crime de tráfico de menor gravidade, agravado pela reincidência, p. e p. pelo artigo 25.º, n.º 1, alínea a), com referência à Tabela I-A anexa e ao artigo 21.º, todos do Decreto-Lei n.º 15/93, de 22 de Janeiro, alterado pelas Leis n.º 45/96, de 03.09; 30/2000, de 29.11; 101/2001, de 25.08; 104/2001, de 25.08; 3/2003, de 15.01; 47/2003, de 22.08; 11/2004, de 27.03; 17/2004, de 17.05; 14/2005, de 26.01; 48/2007, de 29.08 e 59/2007, de 04.09 e pelos Decretos-Lei n.ºs 81/95, de 22.04; 214/2000, de 02.09; 69/2001, de 24.02 e 323/2001, de 17.12 e com referência aos artigos 75.º e 76.º do Código Penal.

Mais se requer a destruição da amostra guardada em cofre, após trânsito da decisão final, atento o disposto no artigo 62.º, n.º 6 do Decreto-Lei n.º 15/93, de 22 de Janeiro.

Artigo 16.º, n.º 3, do Código de Processo Penal

Prova:

Medida de coacção:

Nomeação de defensor:

Notificações:

Comunique ao Exmo. Sr. Procurador da República, de acordo com a Directiva n.º 1/2002, publicada no DR II de 04.04.2002 (Circular n.º 6/2002 PGR), Ponto VI, n.º 3, a aplicação do artigo 16°, n.º 3, do Código de Processo Penal nos presentes autos.

Processei, imprimi, revi e assinei o texto, seguindo os versos em branco (artigo 94.º, n.º 2, Código de Processo Penal)

..., ...

O Procurador-Adjunto

I.XVII.10. *Crime de abuso de confiança em relação à Segurança Social (artigos 6.º, n.º 1, 7.º, n.º 1 e 107.º, n.ᵒˢ 1 e 2, por referência ao 105.º, n.ᵒˢ 1, 4 e 5, da Lei n.º 15/2001, de 5 de Junho)*

CLS.
Inquérito n.º

ACUSAÇÃO

O Ministério Público acusa, em processo comum e para julgamento por tribunal de estrutura singular:

- **W..., Lda**., com sede na rua ...; e
- **J**, empresário, casado, filho de ... e de ..., nascido a .../.../..., em ..., titular do bilhete de identidade n.º ..., emitido a .../.../..., em ..., e residente na rua ...,

Porquanto:

A sociedade arguida tem por objecto ..., o que faz desde, pelo menos, Novembro de 2001, sendo a contribuinte n.º ... da Segurança Social, com sede na rua ...

O arguido J é sócio-gerente desde a constituição da sociedade.

Nos períodos de Novembro de 2001, Abril de 2002 a Agosto de 2003 e Novembro de 2003 a Agosto de 2006, o arguido J, agindo na qualidade de sócio-gerente da sociedade arguida, entregou nas instituições de segurança social as declarações de remunerações dos trabalhadores ao seu serviço, tendo procedido ao desconto das contribuições devidas à Segurança Social pelos referidos trabalhadores, nas remunerações efectivamente pagas aos mesmos em tais períodos, com a aplicação da taxa de 11%, descontos esses que se traduziram nos seguintes montantes:

Quotizações efectivamente retidas (e não pagas): ...

Nos períodos de Novembro de 2001, Maio de 2002, Março de 2003 a Agosto de 2003, Novembro de 2003 a Novembro de 2004 e Janeiro de 2005 a Agosto de 2006 o arguido J, agindo na qualidade de sócio-gerente da sociedade arguida, entregou nas instituições de segurança social as declarações de remunerações dos gerentes ao seu serviço, designadamente o arguido, tendo procedido ao desconto das contribuições devidas à Segurança Social pelo referido gerente, nas remunerações efectivamente pagas ao mesmo em tais períodos, com a aplicação da taxa de 10%, descontos esses que se traduziram nos seguintes montantes:

Quotizações efectivamente retidas (e não pagas): ...

Tais prestações, cada uma de valor superior a 7.500 €, no valor global de ... €, não foram, porém, entregues pelos arguidos à Segurança Social até ao dia 15 do mês seguinte àquele a que respeitam, assim como não os entregaram nos 90 (noventa) dias posteriores.

Os arguidos foram ainda notificados nos termos e para os efeitos do disposto no artigo 105.°, n.°4, al. b) do RGIT, na redacção da Lei n.° 53--A/2006, de 29 de Dezembro, para comprovarem nos autos que procederam ao pagamento das quantias descritas na acusação e respectivos juros de mora no prazo de 30 dias a contar da notificação, não tendo pago tais quantias no referido prazo.

Os arguidos gastaram em proveito próprio tais montantes, assim os fazendo seus, não obstante não lhes pertencerem, em prejuízo do Estado, que não os pôde utilizar para as finalidades previstas na legislação da Segurança Social.

Agiu o arguido em nome e no interesse da W..., Lda., bem como no seu próprio interesse.

Agiram os arguidos de forma livre, deliberada e consciente, bem sabendo que tal conduta era proibida e punida por lei penal.

Cometeram, pelo exposto, em co-autoria material, sob a forma consumada:

- **Um crime de abuso de confiança em relação à Segurança Social p. e p. pelos artigos 7.°, n.° 1 – no que respeita à sociedade arguida – e 107.°, n.ºs 1 e 2, por referência ao**

105.°, n.os 1, 4 e 5, da Lei n.° 15/2001, de 5 de Junho, alterada pelas Leis n.os 109-B/2001, de 27.12; 32-B/2002, de 30.12; 107-B/2003, de 31.12; 55-B/2004, de 30.12; 39-A//2005, de 29.07; 60-A/2005, de 30.12; 53-A/2006, de 29.12; 22-A/2007, de 29.06; 67-A/2007, de 31.12; 64-A/2008, de 31.12 e pelos Decretos-Lei n.os 229/2002, de 31.10 e 307--A/2007, de 31.08.

Prova:

Medida de coacção:

Nomeação de defensor:

Notificações:

Processei, imprimi, revi e assinei o texto, seguindo os versos em branco (art. 94.°/2 do Código de Processo Penal).

..., ...

O Procurador-Adjunto

I.XVII.11.1. *Crime de abuso de confiança fiscal (artigo 105.°, n.ᵒˢ 1 a 4 da Lei n.° 15/2001, de 5 de Junho)*

CLS.
Inquérito n.°

ACUSAÇÃO

O Ministério Público acusa, em processo comum e para julgamento por tribunal de estrutura singular

   1 Unipessoal, Ld.ª, e
   Ana ...

Porquanto:

A sociedade arguida 1 Unipessoal, Lda." tem por objecto social o comércio a retalho de jogos e brinquedos, artigos lúdicos em geral, de desporto e campismo.

No que ao Imposto sobre o Valor Acrescentado (I.V.A.) respeita, a sociedade arguida encontrava-se enquadrada no regime normal, de periodicidade trimestral.

A gerência da sociedade arguida, desde a constituição da sociedade, está a cargo da arguida Ana, responsável pela administração e gestão dos pagamentos aos credores da sociedade, nomeadamente, pelo pagamento de impostos ao Estado.

A sociedade arguida exerceu normalmente a sua actividade nos períodos de tributação respeitantes ao ano de 2007.

A sociedade arguida não procedeu ao envio das declarações periódicas de I.V.A., nem entregou nos cofres do Estado o I.V.A. liquidado nas operações tributáveis efectuadas, até ao dia 15 do segundo mês seguinte ao trimestre a que respeitam, designadamente dos períodos de tributação do ano de 2007, nem decorridos noventa dias sobre o termo de tal prazo legal, no montante global de ... € (...), assim discriminado:

Mês	I.V.A. liquidado	I.V.A. dedutível	I.V.A. a entregar
Março 2007	€ ...	€ ...	€ ...
Junho 2007	€ ...	€ ...	€ ...
Setembro 2007	€ ...	€ ...	€ ...
Dezembro 2007	€ ...	€ ...	€ ...
Total	€ ...	€ ...	€ ...

As arguidas foram notificadas, nos termos e para os efeitos do disposto no artigo 105.°, n.° 4, alínea b) do R.G.I.T., na redacção da Lei n.° 53--A/2006, de 29 de Dezembro, para comprovarem nos autos que procederam ao pagamento das quantias descritas na acusação e respectivos juros de mora, no prazo de 30 dias a contar da notificação, não tendo pago tais quantias no referido prazo, sendo cada prestação de valor superior a € 7.500.

Agiu a arguida Ana em nome e no interesse da sociedade arguida 1 Unipessoal, Lda., bem como no seu próprio interesse.

Ao não entregarem nos cofres do Estado o I.V.A. mencionado, integrando-o na esfera patrimonial da sociedade arguida, agiram de forma livre e com o propósito concretizado, único e reiterado, de prejudicar o Estado e de obter vantagem patrimonial a que não tinham direito, resultado que representaram.

Sabiam ainda que as suas condutas eram proibidas e punidas por lei penal.

Cometeram, pelo exposto, em co-autoria material e sob a forma consumada:

– **Um crime de abuso de confiança fiscal,** p. e p. pelos artigos 7.°, n.° 1 – no que respeita à sociedade arguida – e 105.°, n.ᵒˢ 1 a 4 da Lei n.° 15/2001, de 5 de Junho, alterada pelas Leis n.ᵒˢ 109-B/2001, de 27.12; 32-B/2002, de 30.12; 107-B/2003, de 31.12; 55-B/2004, de 30.12; 39-A/2005, de 29.07; 60-A/2005, de 30.12; 53-A/2006, de 29.12; 22-A/2007, de 29.06; 67-A/2007, de 31.12; 64-A/2008, de 31.12 e pelos Decretos-Lei n.ᵒˢ 229/2002, de 31.10 e 307-A/2007, de 31.08.

Prova:

Medida de coacção:

Nomeação de defensor:

Notificações:

Processei, imprimi, revi e assinei o texto, seguindo os versos em branco (art. 94.º/2 do Código de Processo Penal).

..., ...

O Procurador-Adjunto

I.XVII.11.2. *Crime de abuso de confiança fiscal (artigo 105.º, n.ᵒˢ 1 a 4 da Lei n.º 15/2001, de 5 de Junho)*

CLS.
Inquérito n.º

ACUSAÇÃO

O Ministério Público acusa em processo comum e para julgamento por tribunal de estrutura singular,

Carlos Manuel...

Porquanto:

O arguido tem domicílio fiscal na Rua ..., área do Serviço de Finanças de ..., estando registado pelo exercício da actividade de aluguer de máquinas e equipamentos, a que corresponde a CAE 071340.

Encontrava-se enquadrado para efeitos de imposto sobre o rendimento das pessoas singulares (I.R.S.) no regime de contabilidade organizada nos exercícios de 2003 e 2004 e no regime simplificado de determinação do rendimento colectável no exercício de 2005.

Para efeitos de imposto sobre o valor acrescentado (I.V.A.), estava enquadrado no regime normal de periodicidade trimestral.

Cessou a actividade em 27 de Dezembro de 2005.

O arguido exerceu normalmente a sua actividade durante os exercícios de 2003 e 2004.

O arguido não procedeu ao envio das declarações periódicas de I.V.A., nem entregou nos cofres do Estado o I.V.A. liquidado nas operações tributáveis efectuadas, sendo cada prestação de valor superior a € 7.500, no montante global de € ..., até ao dia 15 do segundo mês seguinte ao trimestre a que respeitavam, designadamente dos períodos de tributação dos anos de 2003 e 2004, nem decorridos noventa dias sobre o termo de tal prazo legal, assim discriminado:

FACTURA	DATA	VALOR LÍQUIDO	I.V.A.
(...)	(...)	(...)	(...)
Soma		47.031,27 €	**8.936,04 €**

Durante a acção inspectiva, o arguido procedeu à entrega das declarações periódicas de I.V.A. dos períodos 03.09T, 03.12T e 04.12T, não tendo, contudo, entregue nos cofres do Estado o imposto liquidado nas facturas emitidas.

Veio depois a regularizar o ano de 2003 e parcialmente o ano de 2004, encontrando-se em dívida ... € e os **juros compensatórios,** em cobrança do processo de execução fiscal n.º...

Ao não entregar nos cofres do Estado o I.V.A. mencionado, integrando-o na sua esfera patrimonial, agiu o arguido de forma livre e com o propósito concretizado, único e reiterado, de prejudicar o Estado e de obter vantagem patrimonial a que não tinha direito, resultado que representou.

Sabia ainda que a sua conduta era proibida e punida por lei penal.

Cometeu, pelo exposto, em autoria material e sob a forma consumada:

– **Um crime de abuso de confiança fiscal,** p. e p. pelo artigo 105.º, n.os 1 a 4 do R.G.I.T., aprovado pela Lei n.º 15/2001, de 5 de Junho, alterada pelas Leis n.os 109-B/2001, de 27 de Dezembro; 32-B/2002, de 30 de Dezembro; 107-B/2003, de 31 de Dezembro; 55-B/2004, de 30 de Dezembro; 39-A/2005, de 29 de Julho; 60-A/2005, de 30 de Dezembro; 53-A/2006, de 29 de Dezembro; 22-A/2007, de 29 de Junho e 67-A/2007, de 31 de Dezembro; 64-A/2008, de 31 de Dezembro e pelos Decretos-Lei n.os 229/2002, de 31 de Outubro e 307-A/2007, de 31 de Agosto.

Prova:

Medida de coacção:

Nomeação de defensor:

Notificações:

Processei, imprimi, revi e assinei o texto, seguindo os versos em branco (art. 94º/2 do Código de Processo Penal).

..., ...

O Procurador-Adjunto

I.XVII.12. *Crime de pesca proibida e de utilização de rede proibida (Decreto n.° 44 623, de 10 de Outubro de 1962)*

CLS.
Inquérito n.°

ACUSAÇÃO

O Ministério Público acusa, em processo comum e para julgamento por tribunal de estrutura singular,

RM

Porquanto:

No dia 18 de Dezembro de 2006, em hora não concretamente apurada, na margem do rio ..., debaixo da ponte ..., na ..., o arguido pescou cerca de quinhentos gramas de enguias, com tamanho inferior a 20 centímetros, vulgarmente designadas meixão, mediante a utilização de uma rede cuja malha não pode ser ultrapassada por uma bitola com dois milímetros de espessura e trinta milímetros de largura e que não permite que o peixe seja apanhado pela boca.

De seguida, o arguido transportou os quinhentos gramas de meixão no seu veículo automóvel ligeiro de mercadorias, de matrícula ... e de marca ..., juntamente com dois peneiros em rede nylon, uma rede de encosto de nylon e uma rede de boca em nylon com saco.

O arguido agiu sempre de forma livre e com o propósito concretizado de pescar enguias por um processo em que o peixe não é apanhado pela boca, mas antes por uma rede cuja malha não pode ser ultrapassada por uma bitola com dois milímetros de espessura e trinta milímetros de largura, bem sabendo serem as suas condutas proibidas e punidas por lei penal.

Cometeu, pelo exposto, em autoria material, sob a forma consumada e em concurso efectivo e ideal:

– Um crime de utilização de rede proibida, p. e p. pelos artigos 34.°, 2.° §, al. d), e 65.° do Decreto n.° 44 623, de 10 de Outubro de 1962;

– Um crime de pesca proibida, p. e p. pelos artigos 44.°, al. i), e 65.° do Decreto n.° 44 623, de 10 de Outubro de 1962.

Prova:

Medida de coacção:

Nomeação de defensor:

Notificações:

Processei, imprimi, revi e assinei o texto, seguindo os versos em branco (art. 94.°/2 do Código de Processo Penal).

..., ...

O Procurador-Adjunto

I.XVII.13. *Crime de tráfico de armas (artigo 87.º, n.º 1, da Lei n.º 5/2006, de 23 de Fevereiro*

CLS.
Inquérito n.º

ACUSAÇÃO

O Ministério Público acusa em processo comum e para julgamento por tribunal de estrutura singular, ao abrigo do disposto no artigo 16.º, n.º 3, do Código de Processo Penal:

Luís

Porquanto,

No dia **22 de Dezembro de 2007**, em hora não concretamente apurada, da parte da manhã, o arguido contactou Conceição, dizendo-lhe que tinha dinamite se ela quisesse comprar e que, não querendo, lhe arranjasse comprador para esse material.

No mesmo dia, pelas 14h00, o arguido dirigiu-se à residência da Conceição, sita em ..., e colocou num lanheiro, no pátio da referida casa, um saco plástico contendo:

– um cartucho e meio de Gelamonite 33, com diâmetro de 25 mm, comprimento 100 mm;

– cinco detonadores pirotécnicos, constituídos por uma cápsula de alumínio, dentro da qual contém a carga explosiva à base de pentrite e uma mistura de explosivos primários, um dos quais se encontrava escorvado em 50 cm de mecha lenta e

– três metros de mecha lenta, constituída por um núcleo de pólvora negra, com um fio central, envolvido com fios de juta e fibras, um revestimento de alcatrão e uma cobertura final em propileno (cf. fls.).

No mesmo dia, o arguido tinha, no quarto da sua residência, sita em ..., um detonador pirotécnico, constituído por uma cápsula de alumínio,

dentro da qual contém a carga explosiva à base de pentrite e uma mistura de explosivos primários (cf. fls.).
O arguido pretendia vender os objectos mencionados.

O arguido com a conduta descrita, agiu de forma livre, com o propósito concretizado de deter aqueles explosivos com intenção de posteriormente os transmitir, conhecendo as suas características, não possuindo licença nem autorização para o efeito, o que representou.

Sabia o arguido que a sua conduta era proibida e punida por lei penal.

Cometeu, pelo exposto, em autoria material e na forma consumada:

– **Um crime de tráfico de armas**, p. e p. pelo artigo 87.º, n.º 1, com referência aos artigos 86.º, n.º 1 alínea a) e 2.º, n.º 5, alínea j), todos da Lei n.º 5/2006, de 23 de Fevereiro.

Artigo 16.º, n.º 3, do Código de Processo Penal:

Prova:

Medida de coacção:

Nomeação de defensor:

Notificações:

Comunique ao Exmo. Sr. Procurador da República, de acordo com a Directiva n.º 1/2002, publicada no DR II de 04.04.2002 (Circular n.º 6/2002 PGR), Ponto VI, n.º 3, a aplicação do artigo 16.º, n.º 3, do Código de Processo Penal nos presentes autos.

Processei, imprimi, revi e assinei o texto, seguindo os versos em branco (artigo 94.º, n.º 2, Código de Processo Penal)

..., ...

O Procurador-Adjunto

I.XVIII. Processo Abreviado

I.XVIII.1. *Crime de falsidade de depoimento ou declaração (artigo 359.°, n.ᵒˢ 1 e 2, do Código Penal)*

Inquérito n.° ...

Requisite o certificado de registo criminal do arguido.

ACUSAÇÃO

O Ministério Público, nos termos dos artigos 391.°-A, n.° 3, al. b), e 391.°-B, n.°1, do Código Processo Penal, acusa em processo abreviado, para julgamento por tribunal de estrutura singular:

- **Armando** ..., id. a fls. 6, cujo teor aqui se dá por integralmente reproduzido para todos os efeitos legais,

Porquanto:

No dia **2 de Junho de 2008, pelas 11h25**, o arguido foi constituído nessa qualidade e interrogado nos serviços do Ministério Público deste Tribunal Judicial de ..., no âmbito da carta precatória n.° ..., tendo sido expressamente advertido do dever de responder com verdade a respeito dos seus antecedentes criminais, tendo respondido que nunca tinha estado preso e que nunca tinha sido condenado.

Acontece, porém, que o arguido já havia sido condenado, por sentença transitada em julgado, no Comum Singular n.° ... deste Tribunal, por crime de ofensa à integridade física por negligência cometido em 8 de Novembro de 2007, na pena de 120 dias de multa à taxa diária de 4 €, pena essa que foi declarada extinta pelo pagamento.

Agiu de forma livre, deliberada e consciente, bem sabendo que a sua conduta era proibida e punida por lei penal.

Cometeu, pelo exposto, o arguido, em autoria material, e na forma consumada:

– **Um crime de falsidade de depoimento ou declaração, p. e p. pelo artigo 359.°, n.ᵒˢ 1 e 2, do Código Penal.**

Prova:

- documentos de fls. 1 a 15.

Determino a sujeição do arguido a termo de identidade e residência (artigo 196.° do Código de Processo Penal), uma vez que não se verificam em concreto quaisquer das circunstâncias previstas no artigo 204.° do Código de Processo Penal.

Proceda à formulação de pedido electrónico de nomeação de defensor ao arguido ao SINOA, atento o disposto no artigo 64.°, n.° 3, do Código de Processo Penal e artigo 2.° da Portaria n.° 10/2008, de 3 de Janeiro.

Comunique oportunamente, nos termos do artigo 66.°, n.° 1, do Código de Processo Penal, sendo ao arguido com a identificação do ilustre defensor e respectivo escritório.

Notifique o arguido de que fica obrigado, caso seja condenado, a pagar os honorários do defensor oficioso, salvo se lhe for concedido apoio judiciário, e que pode proceder à substituição do defensor mediante a constituição de advogado(a) (cf. artigo 64.°, n.° 4, do Código de Processo Penal).

Mais informe o arguido de que caso não solicite apoio judiciário na segurança social, será responsável pelo pagamento de 450 € a título de honorários à defensora (o triplo do valor estabelecido no artigo 36.°, n.° 2, da Lei n.° 34/2004, de 29.07, na redacção da Lei n.° 47/2007, de 28.08), atento o disposto no artigo 36.°, n.° 7, da Lei n.° 34/2004, de 29.07, na redacção da Lei n.° 47/2007, de 28.08, e, caso o mesmo seja requerido e lhe seja indeferido, ficará sujeita ao pagamento de 150 € (artigo 39.º, n.º 8, da Lei n.º 34/2004, de 29.07, na redacção da Lei n.º 47/2007, de 28.08).

Cumpra o disposto no artigo 283.º, n.º 5, do Código de Processo Penal, solicitando ao OPC da área da respectiva residência a constituição formal como arguido e a entrega ao mesmo da declaração a que alude o artigo 39.º, n.º 3, da Lei n.º 34/2004, de 29.07, na redacção da Lei n.º 47/2007, de 28.08, para que a envie a este inquérito, no prazo de 10 dias, o qual deverá ainda ser advertido de que:
– prestando falsas declarações na referida declaração, pagará 750 €, nos termos do artigo 39.º, n.º 8, da Lei n.º 34/2004, de 29.07, na redacção da Lei n.º 47/2007, de 28.08;
– caso não junte aos autos a declaração e não constitua advogado nos autos, pagará 450 € a título de honorários ao defensor nomeado (artigo 39.º, n.º 9, da Lei n.º 34/2004, de 29.07, na redacção da Lei n.º 47/2007, de 28.08).

Comunique superiormente (Ponto VI, n.º 3, da Circular n.º 06/02, de 11.03, da P.G.R.).

Processei, imprimi, revi e assinei o texto, seguindo os versos em branco (art. 94.º, n.º 2, do Cód. Proc. Penal).

…, …

O Procurador-Adjunto

I.XIX. Processo Sumaríssimo

I.XIX.1. *Crime de condução de veículo em estado de embriaguez (artigo 292.º, n.º 1, e 69.º, n.º 1, al. a), ambos do Código Penal)*

CLS.
Inquérito n.º

ACUSAÇÃO

O Ministério Público requer a aplicação de sanções penais em processo sumaríssimo, nos termos dos artigos 392.º e ss do Código Processo Penal, ao arguido:

- Avelino ...

Porquanto:

No dia ..., pelas 20h40, o arguido conduzia o ciclomotor de matrícula ..., na rua ..., em ..., com uma taxa de álcool no sangue de 1,37 g/l.

Agiu o arguido de forma livre, deliberada e consciente, bem sabendo que praticava factos proibidos e punidos por lei penal.

Pelo exposto, praticou o arguido em autoria material e na forma consumada,

– Um crime de condução de veículo em estado de embriaguez p. e p. pelos artigos 69.º, n.º 1, al. a), e 292.º, n.º 1, ambos do Código Penal.

*

Prova:

*

Sanções Penais Propostas:

Os autos indiciam suficientemente que o arguido praticou, em autoria material, o crime de condução de veículo em estado de embriaguez p. e p. pelo artigo 292.°, n.° 1, do Código Penal, a que corresponde pena de prisão até 1 (um) ano ou pena de multa até 120 (cento e vinte) dias.

A esta pena acresce, nos termos do artigo 69.°, n.° 1, al. a), do Código Penal, a proibição de conduzir veículos motorizados por um período fixado entre 3 meses e 3 anos.

Dispõe o artigo 70.° do Código Penal que se ao crime forem aplicáveis, em alternativa, pena privativa e pena não privativa da liberdade, o tribunal deve dar preferência à pena não privativa, desde que esta realize de forma adequada e suficiente as finalidades da punição.

As finalidades da aplicação de uma pena residem primordialmente na tutela dos bens jurídicos, traduzida na tutela das expectativas comunitárias na vigência da norma violada e, na medida possível, na reinserção do agente na comunidade. Por outro lado, a pena não pode ultrapassar, em caso algum a medida da culpa.

No caso em análise as exigências de prevenção especial positiva são medianas, atenta a taxa de álcool demonstrada e sem esquecer que o arguido não tem antecedentes criminais, aparecendo a conduta dos autos como um acto episódico.

Apesar das exigências de prevenção geral positiva sentidas no caso serem elevadas, face ao tipo de conduta em causa, que põe em perigo uma pluralidade de bens jurídicos e à frequência com que tem lugar, não se afigura que no caso reclamem a aplicação ao arguido de uma pena de prisão.

Assim, afigura-se que as exigências de prevenção geral e especial ficam satisfeitas com a aplicação ao arguido de uma pena de multa, pois esta, no caso, assegura uma censura suficiente do facto e, simultaneamente, uma garantia para a comunidade da validade e vigência da norma violada.

Nos termos dos artigos 47.°, n.° 1, e 71.° do Código Penal, a determinação dos dias de multa tem como critérios a culpa do agente e as exigências de prevenção.

É a prevenção geral positiva ou de integração que fornece "um espaço de liberdade ou de indeterminação", uma "moldura de prevenção", dentro de cujos limites podem e devem actuar considerações de prevenção especial de socialização, sendo que vão assim determinar em última instância a medida da pena.

A função da culpa no sistema punitivo reside numa incondicional proibição de excesso, a culpa constitui um limite inultrapassável de todas e quaisquer considerações preventivas.

Na determinação da medida concreta da pena ter-se-á em conta o disposto no artigo 71.º, n.º 2, do Código Penal, ou seja, o Tribunal deve atender a todas as circunstâncias que deponham a favor ou contra o agente.

Contra o agente pesa o facto de a ilicitude da conduta ser grande e grandes serem as exigências de prevenção geral, efectivamente, o ilícito em causa, pela frequência inquietante que assume na actualidade, e especialmente no nosso país, gera na comunidade um sentimento que demanda uma mais solene punição do agente a fim de ser recuperada a confiança na vigência e validade da norma violada.

A condução de veículos é uma actividade que comporta perigos e que exige ao condutor bastante atenção, coordenação e habilidade, qualidades estas que ficam consideravelmente diminuídas com a ingestão de álcool, pelo que tal condução após a ingestão de bebidas alcoólicas potencia o perigo de lesão de uma multiplicidade de bens jurídicos.

A culpa do agente é grande, pois actuou com dolo directo e apresenta uma taxa de álcool no sangue já indiciadora de alguma insensibilidade ao direito. No entanto, atendendo ao facto de não possuir antecedentes criminais, tal conduta aparece como episódica.

Tudo ponderado, afigura-se adequado a aplicação de uma pena de 60 (sessenta) dias de multa.

Para a determinação do montante diário da multa deverá atender-se à situação económica e financeira do arguido e aos seus encargos pessoais (cf. artigo 47.º, n.º 2, do Código Penal) – ora, o arguido aufere uma parca reforma de 210 € (duzentos e dez euros), não possui bens imóveis e vive em casa das filhas alternadamente, que o apoiam, tendo gastos em medicamentos, porquanto é idoso e doente.

Assim, o quantitativo diário devido deve ser fixado em termos daquele constituir um sacrifício real para o arguido sem, no entanto, deixar de lhe serem asseguradas as condições indispensáveis ao suporte das suas necessidades de sustento.

Tudo ponderado, afigura-se adequado que o montante diário da pena de multa se fixe em € 5, 00 (cinco euros).

Relativamente à proibição de conduzir veículos motorizados prevista no artigo 69.°, n.° 1, al. a), do Código Penal, pelos motivos já aduzidos, designadamente, pelas exigências de prevenção quer geral quer especial, afigura-se adequado fixá-la em 3 (três) meses, sobretudo tendo em consideração que se tratou da condução de um ciclomotor.

*

Pelo exposto, afigura-se adequado fixar ao arguido a seguinte sanção, cuja aplicação se propõe:

– **Uma pena de 60 (sessenta) dias de multa, à taxa diária de € 5, 00 (três euros), o que perfaz a quantia global de € 300 (trezentos euros); e**
– **Proibição de conduzir veículos motorizados por um período de 3 (três) meses.**

*

Remeta os autos à distribuição como processo sumaríssimo, nos termos e para efeitos do disposto nos artigos 395.° e ss. do Código de Processo Penal.

*

Comunique superiormente (ponto VI, n.° 3, da Circular n.° 06/02, de 11.03).

***

Processei, imprimi, revi e assinei o texto, seguindo os versos em branco (art. 94.°/2 do Código de Processo Penal).

..., ...

O Procurador-Adjunto

I.XIX.2. *Crime de especulação (Decreto-Lei n.° 28/84, de 20 de Janeiro)*

CLS.
Inquérito n.°

Nos presentes autos, impulsionados com base na participação da ASAE, de fls. ... resultou suficientemente indiciado que os arguidos F, D e C., bem como os seus legais representantes, respectivamente JV, JS e JF incorreram na prática de um crime de especulação, p. e p. pelas alíneas c) e d) do artigo 35.°, conjugado com os artigos 3.° e 7.° do Decreto-Lei n.° 28/84, de 2 de Janeiro, na redacção introduzida pelo Decreto-Lei n.° 20/99, de 28 de Janeiro, em concurso aparente com um crime de fraude sobre mercadorias, p. e p. pela alínea b) do artigo 23.°, conjugado com os artigos 3.° e 7.° do Decreto-Lei n.° 28/84 de 20/2001, alterado pelos Decreto-Lei n.ᵒˢ 347/89, de 12 de Outubro, 6/95, de 17 de Janeiro, 48/95, de 15 de Março, 20/99, de 28 de Janeiro, 162/99, de 13 de Maio, 143/2001, de 26 de Abril, Leis n.ᵒˢ 13/2001, de 4 de Junho, e 108/2001, de 28 de Novembro.

No entanto, e por se entender estarem reunidos os pressupostos de aplicação da suspensão provisória do processo, excepto no que diz respeito a um dos arguidos, foi a mesma proposta aos arguidos, por um período de 6 meses, sob a condição de, durante esse período, as sociedades arguidas fornecerem géneros alimentícios, até ao montante de 90 000$00 cada, a diversos lares, devendo cada um dos legais representantes daquelas custear, pelo período de um ano lectivo, a frequência de aulas de natação de 3 (três) crianças do Lar ....

Tanto as sociedades arguidas como os seus legais representantes anuíram ao que lhes foi proposto (cf. fls. 203, 208, 210, 212, 213, e 215) pelo que o Meritíssimo Juiz deu a sua concordância à suspensão provisória do processo, por um período de 6 (seis) meses.

Assim, foram os arguidos notificados para darem cumprimento ao regime fixado, fornecendo aos autos os elementos comprovativos do cumprimento de tais injunções.

Ora, compulsados os autos, constata-se que a arguida sociedade D, e o seu legal representante JS não cumpriram as injunções que lhes foram propostas (e que os mesmos aceitaram).

Assim sendo, tendo já decorrido o prazo de suspensão fixada, e mostrando-se incumpridas as injunções determinadas, mais não resta do que determinar a revogação da suspensão, devendo o processo prosseguir os seus ulteriores termos processuais (artigo 282.°, n.° 3, in fine, do Código de Processo Penal).

Comunique superiormente, para os efeitos do ponto VI.3 da Circular n.° 6/2002, de 11/03/02 da PGR.

O Ministério Público, nos termos do artigo 392.° e seguintes do Código de Processo Penal, requer a aplicação de pena de multa em processo sumaríssimo e para decisão em tribunal de estrutura singular quanto a

JS
E
D

Porquanto:

No dia **23 de Maio de 2008**, pelas ...horas, no hipermercado ..., sito em ..., estavam expostos os seguintes produtos:
- 60 embalagens de chouriça de carne D;
- 7 embalagens de paio aos quartos D;
- 4 embalagens de salpicão extra lombo D;
- 12 embalagens de salpicão corrente D;
- 36 embalagens de chouriça corrente de vinho D;
- 36 embalagens de chouriça de sangue D;
- 38 embalagens de chouriço colorau corrente D.

Tais produtos apresentavam um peso líquido inferior àquele indicado nas etiquetas neles apostas pelo embalador, neste caso a sociedade D, da qual o arguido é legal representante.

Assim, e melhor explicitando, relativamente ao salpicão de lombo extra D verificaram-se as seguintes discrepâncias:

QUADRO I

Amostra n.º	Diferença entre o peso líquido e o indicado pelo embalador (g)
1	-8,27
2	-10,79
3	-8,25
4	-11,24

Relativamente às embalagens de chouriça de colorau corrente D, verificaram-se os seguintes desfasamentos quanto ao peso:

QUADRO II

Amostra n.º	Diferença entre o peso líquido e o indicado pelo embalador
1	-8,37
2	-7,65
3	-7,33
4	-7,27
5	-10,98
6	-7,32
7	-7,58
8	-6,69
9	-9,85
10	-7,12
11	-6,78
12	-6,23
13	-7,14
14	-11,10
15	-7,30
16	-9,36
17	-6,29
18	-6,53
19	-7,45
20	-6,07

No que toca às embalagens de salpicão corrente D, constatam-se as seguintes discrepâncias:

QUADRO III

Amostra n.º	Diferença entre o peso líquido e o indicado pelo embalador
1	-4,37
2	-11,81
3	-9,13
4	-7,22
5	-12,65
6	-10,05
7	-9,37
8	-11,89
9	-11,65

No que concerne às chouriças de carne D, as diferenças apuradas foram as seguintes:

QUADRO IV

Amostra n.º	Diferença entre o peso líquido e o indicado pelo embalador
1	-8,15
2	-7,75
3	-8,81
4	-11,82
5	-8,29
6	-10,69
7	-12,62
8	-9,91
9	-9,60
10	-8,12
11	-8,55
12	-10,24
13	-7,84
14	-12,30
15	-8,71
16	-11,71
17	-7,74
18	-9,22
19	-10,48
20	-7,76

Quanto à chouriça de sangue D apurou-se o seguinte:

QUADRO V

Amostra n.º	Diferença entre o peso líquido e o indicado pelo embalador (g)
1	-8,29
2	-10,80
3	-8,19
4	-12,22
5	-4,39
6	-8,08
7	-7,86
8	-10,42
9	-7,47
10	-10,86
11	-11,45
12	-11,66
13	-13,10
14	-10,10
15	-10,99
16	-7,94
17	-8,79
18	-7,36
19	-8,54
20	-10,55

Quanto à chouriça corrente de vinho D, apurou-se o seguinte:

QUADRO VI

Amostra n.º	Diferença entre o peso líquido e o indicado pelo embalador (g)
1	-11,97
2	-11,17
3	-9,55
4	-8,07
5	-7,42
6	-9,22
7	-11,61
8	-12,04
9	-9,24
10	-11,99
11	-8,26
12	-12,00
13	-8,26
14	-9,66
15	-12,11
16	-8,32
17	-8,81
18	-9,49
19	-11,14
20	-7,63

O arguido JS, que agiu de forma livre, bem conhecia a qualidade e peso dos referidos produtos, actuando com o propósito concretizado de vender os géneros alimentícios *supra* descritos sem que a indicação do peso correspondesse ao peso real desses mesmos géneros, na medida em que o peso indicado era superior ao peso real do conteúdo efectivo daqueles produtos, tendo intenção de fazer crer aos consumidores que os enchidos expostos e rotulados tinham peso superior ao que na realidade apresentavam.

Pretendia ainda o arguido JS, desta forma, em seu nome e em representação da empresa D, obter um lucro ilícito para a sociedade arguida.

Sabia ainda que as suas condutas eram proibidas e punidas pela lei penal.

A sociedade arguida é responsável criminalmente, nos termos do artigo 3.º do citado Decreto-Lei n.º 28/84 e é passível de sofrer as penas previstas no artigo 7.º do mesmo diploma legal.

Com a factualidade descrita, os arguidos JS e a sociedade D, legalmente representada pelo primeiro arguido, praticaram em co-autoria material, sob a forma consumada:

– **Um crime de especulação**, p. e p. pelo artigo 35.º, n.º 1, al. d) do Decreto-Lei n.º 28/84, de 20 de Janeiro, alterado pelos Decreto-Lei n.ºs 347/89, de 12 de Outubro, 6/95, de 17 de Janeiro, 48/95, de 15 de Março, 20/99, de 28 de Janeiro, 162/99, de 13 de Maio, 143/2001, de 26 de Abril e pelas Leis n.ºs 13/01, de 4 de Junho, 108/2001, de 28 de Novembro e 20/2008, de 21 de Abril, em concurso aparente com um crime de fraude sobre mercadorias, previsto e punido pelo artigo 23.º, al. b) do mesmo diploma legal.

Prova:

Constitui o tipo objectivo deste crime a prática, pelo agente, da venda de bens contidos em embalagens cujas quantidades sejam inferiores às mencionadas.

Na verdade, todos os géneros alimentícios *supra* descritos foram efectivamente vendidos pela sociedade D, de que o arguido é legal representante, à sociedade F, a qual explora o hipermercado E, sito em ....

Quanto ao tipo subjectivo do crime previsto e punido nos termos do artigo 35.º, n.º 1, al. d) do Decreto-Lei n.º 28/84, de 20 de Janeiro, na redacção indicada, este é constituído pelo dolo genérico, ou seja, basta o conhecimento e a vontade de praticar o facto típico aí aludido.

O bem jurídico que o legislador pretendeu proteger com a incriminação plasmada no crime de especulação é a economia nacional, bem como a confiança e o interesse patrimonial dos consumidores.

Por outro lado, segundo a perspectiva que perfilhamos, com o tipo de ilícito previsto no artigo 23.º do Decreto-Lei n.º 28/84, de 20 de Janeiro, na redacção indicada, procurou o legislador proteger directamente a confiança do consumidor e, reflexamente, o seu interesse patrimonial.

Destas considerações, podemos assentar que os bens jurídicos inerentes ao crime de especulação e crime de fraude sobre mercadorias são, grosso modo, sobreponíveis.

Convirá ainda trazer à colação que no crime de fraude sobre mercadorias se faz a ressalva de que este preceito se aplicará, salvo se o facto estiver previsto em tipo legal de crime que comine pena mais grave. E é precisamente isso que acontece, no confronto da dosimetria penal entre este crime e o crime de especulação.

Tudo somado, entendemos que entre estes dois crimes se estabelece uma relação de concurso aparente, prevalecendo a norma incriminadora do artigo 35.º do Decreto-Lei n.º 28/84, de 20 de Janeiro.

Da factualidade apurada nos presentes autos não restam dúvidas que a conduta do arguido preencheu os elementos do tipo de crime previsto e punido pelo artigo 35.º, n.º 1, al. d), do Decreto-Lei n.º 28/84, de 20 de Janeiro.

O tipo legal de crime em causa, de acordo com o disposto no artigo 35.º, n.º 1, al. d), prevê a aplicação de pena de prisão de seis meses a três anos, cumulada com pena de multa até 100 dias; tal pena de multa, de acordo com o estabelecido no artigo 47.º, 1 do Código Penal, tem um limite mínimo de 10 dias.

No que concerne à sociedade aqui arguida, há que fazer apelo à norma prevista nos artigos 3.º, n.ºs 1 e 2 e 7.º, n.ºs 1 e 4 do Decreto-Lei n.º 28/84, de 20 de Janeiro, a qual preceitua que pelos crimes previstos neste diploma são aplicáveis às pessoas colectivas e equiparadas as seguintes penas principais:

a) Admoestação;
b) Multa;
c) Dissolução;

Sendo que "cada dia de multa corresponde a uma quantia entre € 4,99 e € 4987, 98, que o tribunal fixará em função da situação económica e financeira da pessoa colectiva ou equiparada e dos seus encargos".

O tipo de crime que se imputa ao arguido, qualificado como estando na faixa da *pequena criminalidade*, pois prevê uma pena de prisão com a duração máxima de 3 anos, não é particularmente originador de grande alarme social, embora, no campo da prevenção geral, convém não esquecer que este tipo de crimes, os quais protegem os bens jurídicos da economia nacional e da confiança e interesse patrimonial dos consumidores, exigem uma reacção penal que não descure as expectativas da comunidade na manutenção das normas violadas, as quais, no que toca à protecção do consumidor, têm, aliás, vindo a ser crescentes deste há uns anos a esta parte.

Tendo isto em consideração, há a dizer que, não obstante o desvalor da acção imputada aos arguidos, a paz social não foi posta em causa com o seu comportamento.

Um dos bens jurídicos protegidos pelo artigo 35.º, n.º 1, do Decreto--Lei n.º 28/84, de 20 de Janeiro, é, a par da economia nacional, a confiança e o interesse patrimonial dos consumidores, como já se disse.

Em concreto, verifica-se que, não obstante os produtos terem sido postos em circulação no circuito comercial, nomeadamente com a aquisição dos mesmos por parte da sociedade que explora o hipermercado, não se indicia, em momento algum, que os mesmos chegassem efectivamente a ser adquiridos pelos consumidores, cujos interesses são aqui tutelados penalmente, não tendo resultado, portanto, qualquer consequência concreta especialmente gravosa para eles.

Considere-se ainda que, relativamente à discrepância entre o peso indicado e ao peso realmente existente nos géneros alimentícios em causa, tal não atingiu um valor particularmente elevado, ficando-se essa diferença, na maior parte dos casos, pela casa das unidades de grama, nunca tendo ultrapassado a casa das duas dezenas.

Atente-se ainda para a circunstância de, no âmbito da prevenção especial, não existirem quaisquer factos que indiciem que o arguido JS necessite, actualmente, de ser reintegrado socialmente.

Desta forma, tendo em conta o disposto no artigo 35.º, n.º 1 do Decreto-Lei n.º 28/84, de 20 de Janeiro, e nos artigos 40.º e 71.º do Código Penal, afigura-se-nos adequada a condenação do **arguido JS** numa pena concreta de **prisão de seis meses**.

No entanto, dado o disposto no artigo 44.º do Código Penal, há que considerar não existirem factos que revelem a necessidade imperiosa da aplicação de uma pena de prisão ao arguido, pois o mesmo, tendo vindo a exercer a sua profissão de gerente da sociedade D, não demonstra actualmente necessidade de se reintegrar socialmente; de outro modo, e se assim não fosse, esse fim seria mais eficazmente atingido com uma condenação do arguido numa pena privativa da liberdade, a qual, por não haver relativamente ao arguido qualquer carência de reintegração social, surge aqui como sendo desnecessária e excessiva.

Por outro lado, a eventual execução pelo arguido duma pena concreta de prisão de seis meses parece não ser indispensável para prevenir e afastar o arguido de um eventual cometimento de outros crimes.

Deste modo, a pena de multa em substituição da pena de prisão de seis meses mostra-se concretamente adequada e suficiente para prevenir as exigências de prevenção especial, nomeadamente para advertir e censurar o arguido relativamente à conduta desvaliosa que lhe é imputada e prevenir que ele, futuramente, não volte a cometer outros crimes deste género. Em concreto, impõe-se a **substituição desta pena curta de prisão por pena de multa, tal como alude o artigo 44.º do Código Penal**.

Tendo em consideração tudo o que foi já dito, e segundo o estabelecido no artigo 47.º, n.º 1, do Código Penal, *ex vi* do n.º 1 do artigo 43.º do mesmo diploma legal, afigura-se-nos adequada a fixação de uma **pena de multa com a duração de 50 dias**.

Quanto ao quantitativo diário, dado que o arguido exerce a profissão de gerente comercial da empresa D, dispondo, pois, de uma boa situação económico-financeira, e atendendo ao disposto no n.º 2 do artigo 47.º do Código Penal, temos por apropriado a fixação de um **montante de € 10 (dez euros) diários**, perfazendo a **pena de multa o total de € 500 (quinhentos euros)**.

Uma vez que o artigo 35.º, pela prática deste crime, prevê ainda cumulativamente a aplicação de uma pena de multa até 100 dias, e dado que o seu limite mínimo é de dez dias, de acordo com o disposto no artigo 47.º, n.º 1 e artigo 71.º do Código Penal, surge como concretamente adequada, tendo em conta as considerações já *supra* efectuadas, designadamente acerca da culpa e das finalidades de prevenção geral e especial, a determinação de uma pena de multa de duração de **50 dias, à razão de € 10 (10 euros) diários**, tendo em atenção a boa situação económica do arguido.

No entanto, o **artigo 6.º, n.º 1 do Decreto-Lei n.º 48/95, de 15 de Março**, estabelece que, relativamente às normas que prevejam cumulativamente penas de prisão e de multa – como é o caso do n.º 1 do artigo 35.º do Decreto-Lei n.º 28/84, de 20 de Janeiro, que prevê a punição com pena de prisão de 6 meses a três anos *e* multa não inferior a 100 dias – "sempre que a pena de prisão for substituída por multa será aplicada uma só pena equivalente à soma da multa directamente imposta e da que resultar da substituição da prisão."

Assim, ao arguido JS será aplicada *uma só pena de multa, equivalente à soma da multa directamente imposta e àquela que resulta da substituição da pena curta de prisão. Essa tal pena única de multa resulta, então, num quantitativo de 100 dias, à razão diária de € 10 (dez euros), num total de mil euros.*

No que à sociedade diz respeito, entende-se adequada a aplicação de uma pena de multa, a título principal de *50 dias de multa à taxa diária de € 25, o que perfaz um montante total de € 1250 (mil, duzentos e cinquenta euros).*

*

Remeta os autos à distribuição.

*

Comunique superiormente (ponto VI, n.º 3, da Circular n.º 06/02, de 11.03).

***

Processei, imprimi, revi e assinei o texto, seguindo os versos em branco (art. 94.º/2 do Código de Processo Penal).

…, …

O Procurador-Adjunto

{Nota: o recurso ao processo sumaríssimo neste caso é um mero exercício, posto que parece vedado pelo disposto no artigo 392.º do Código Processo Penal, que exclui a possibilidade de aplicação, sob tal forma de processo, de penas de prisão, ainda que substituídas}

II.
ARQUIVAMENTOS

II.1. Crime de difamação. Direito ao bom nome e reputação e liberdade de expressão

Os em
Inquérito n.° ...

António, Presidente da Câmara da ..., apresentou queixa contra Fernando, por este lhe ter dirigido uma carta, em 18 de Janeiro de 2008, cujo conteúdo considera ser ofensivo da sua honra e bom nome.

Em tal carta, junta aos autos com a queixa, pode ler-se *"10. É uma vergonha e uma ofensa grave aos direitos de qualquer cidadão, estar à espera de uma deliberação Camarária"; "11. É uma vergonha, se não também uma cobardia, o Sr. Presidente não mandar incluir na Agenda a tomada final de uma decisão"; "12. O Sr. Presidente ou não manda nada e é "comandado " por alguns funcionários incompetentes e indignos (...) ou então está nesse lugar como protector de alguns seres pagos por nós, que não trabalham para os cidadãos mas para si próprios"; "13. É que se mandasse, não teria deixado de levantar processos disciplinares a um funcionário superior que "assina de cruz" como confessou, em processos muito sérios, bem como noutros em que desobedeceu ao Executivo mandando alterar o Plano de Urbanização, que contrariam decisões do Executivo tomadas meses antes (...). Se de facto manda mesmo e não impõe regras e disciplina a alguns funcionários superiores, então terá de ser co-responsabilizado e sujeita-se a perder o mandato, pois em termos objectivos está a dar cobertura a quem desobedece à lei e à hierarquia, o que nalguns casos pode ser considerado crime"; "15. (...) consta haver construções não licenciadas e sem afixação pública de editais (...). ... caiu, a ... pode cair. Os "vírus" podem ter algum parentesco!"*.

Referiu ainda António que tal carta foi aberta na secção de expediente da Câmara Municipal da ..., pelos funcionários que ali trabalham, e cujo teor foi por eles lido.

Acrescentou que Fernando entregou cópia da carta a todos os Vereadores que compõem a Câmara Municipal da... e ao Jornal ..., que publicou um excerto na edição de 28 de Janeiro de 2008.

*

Tais factos são susceptíveis de integrar a prática de um crime de difamação agravada, previsto e punido pelos artigos 180.° e 184.° do Código Penal.

*

Foram realizadas diligências, no âmbito do inquérito, com vista ao apuramento dos factos relatados na queixa apresentada

Foram inquiridos Lídio (fls. 35), Maria (fls. 36) e José (fls. 37), Vereadores na Câmara Municipal da ..., que, além do mais, confirmaram a recepção da carta enviada pelo arguido Fernando.

Júlia, chefe da secção de expediente da Câmara Municipal da..., inquirida a fls. 38, disse que a carta junta aos autos lhe chamou especial atenção, pelo que se infere das suas declarações que a carta dirigida ao assistente, junta com a queixa, foi aberta e lida na secção de expediente da Câmara Municipal da ....

António, jornalista do ..., inquirido a fls. 39, disse ter entrevistado o arguido na sequência de uma intervenção que este teve numa reunião camarária e esclareceu que o que escreveu terá sido o que o arguido disse ou, pelo menos, aquilo que considerou mais importante da entrevista

Constituído arguido e interrogado nessa qualidade a fls. 42, Fernando disse, em síntese, que não tinha qualquer intenção de ofender pessoalmente o assistente, mas somente criticar a sua função administrativa e política enquanto Presidente da Câmara.

*

Dispõe o artigo 180.°, n.° 1, do Código Penal que:

1 – Quem, dirigindo-se a terceiro, imputar a outra pessoa, mesmo sob a forma de suspeita, um facto, ou formular sobre ela um juízo, ofensivas da sua honra ou consideração, ou reproduzir uma tal imputação ou juízo, é punido com pena de prisão até 6 meses ou com pena de multa até 240 dias.

E o artigo 184.º prevê a agravação das penas do seguinte modo:

As penas previstas nos artigos 180.º (...) são elevadas de metade nos seus limites mínimo e máximo se a vítima for uma das pessoas referidas na al. l) do nº 2 do artigo 132.º no exercício das suas funções ou por causa delas (...).

Por fim, a al. l) do n.º 2 do artigo 132.º refere, entre outras pessoas, quem for membro de órgão das autarquias locais.

*

Das diligências efetivadas no âmbito do inquérito resultam indícios suficientes de que o arguido escreveu e enviou ao Presidente e Vereadores da Câmara Municipal da ... a carta junta aos autos a fls. 7 a 9, bem como que o arguido concedeu uma entrevista ao ... sobre a mesma matéria.

Resulta igualmente dos autos – e, desde logo da queixa apresentada – que o arguido, não obstante ter endereçado uma carta também ao assistente, pretendeu que o conteúdo da sua missiva fosse divulgado por um número alargado de pessoas, ou seja, o arguido não visou dirigir-se no assistente e imputar-lhe os factos constantes da carta, mas antes quis que um determinado número de pessoas dela conhecessem.

*

Importa, agora, analisar o conteúdo de tal missiva, à luz do conflito entre dois direitos fundamentais: o direito ao bom nome e reputação (artigo 26.º, n.º 1 da Constituição) e a liberdade de expressão (artigo 37.º da Constituição).

a) O direito ao bom nome e reputação e a liberdade de expressão na Constituição da República Portuguesa

J.J. Gomes Canotilho e Vital Moreira (*in* "Constituição da República Portuguesa Anotada, Volume I, Artigos 1.º a 107.º, 4.ª edição revista, Coimbra Editora, 2007, p. 466) definem o direito ao bom nome e reputação como o "direito a não ser ofendido ou lesado na sua honra, dignidade ou consideração social mediante imputação feita por outrem, bem como o direito a defender-se dessa ofensa e a obter a competente reparação".

Quanto à relação deste direito com o discurso político, os referidos autores entendem que "o âmbito do direito ao bom nome e reputação não é menos intenso na esfera política do que na esfera pessoal, devendo ser balanceado com a liberdade do debate político e com a liberdade de critica política, que são inerentes à democracia".

Os constitucionalistas acima mencionados definem a liberdade de expressão como "o direito de não ser impedido de exprimir-se e de divulgar ideias e opiniões" (op. cit. p. 572).

b) O direito ao bom nome e reputação e a liberdade de expressão na Jurisprudência do Tribunal Europeu dos Direitos do Homem

O Tribunal Europeu dos Direitos do Homem (TEDH) tem protegido a liberdade de expressão e de opinião e o direito à critica política em detrimento do direito ao bom nome e à reputação política dos titulares de cargos políticos.

A jurisprudência deste Tribunal, quanto a esta matéria, fundamenta-se no disposto no artigo 10.º da Convenção Europeia dos Direitos do Homem (CEDH), sob a epígrafe *liberdade de expressão,* segundo o qual:

1. Qualquer pessoa tem direito à liberdade de expressão. Este direito compreende a liberdade de opinião e a liberdade de receber ou de transmitir informações ou ideias sem que possa haver ingerência de quaisquer autoridades públicas e sem considerações de fronteiras. O presente artigo não impede que os Estados submetam as empresas de radiodifusão, de cinematografia ou de televisão a um regime de autorização prévia.

2. O exercício desta liberdades, porquanto implica deveres e responsabilidades, pode ser submetido a certas formalidades, condições, restrições ou sanções, previstas pela lei, que constituam providências necessárias, numa sociedade democrática, para a segurança nacional, a integridade territorial ou a segurança pública, a defesa da ordem e a prevenção do crime, a protecção da saúde ou da moral, a protecção da honra ou dos direitos de outrem, para impedir a divulgação de informações confidenciais, ou para garantir a autoridade e a imparcialidade do poder judicial.

Um dos acórdãos emblemáticos do TEDH sobre a relação entre o direito ao bom nome e a liberdade de expressão teve Portugal como protagonista. Trata-se do acórdão Lopes da Silva contra Portugal, de 28 de Setembro de 2000, no qual o Tribunal decidiu que Portugal violou o artigo 10.º da CEDH e condenou o Estado no pagamento da quantia global de 2.238.297$00.

Esta condenação teve por base o facto de o TEDH entender que "a liberdade de expressão vale não somente para as "informações" ou "ideias" favoráveis, inofensivas ou indiferentes mas também para aquelas que ofendem, chocam ou inquietam. Assim o recomendam o pluralismo, a tolerância e o espírito de abertura, sem os quais não há *"sociedade democrática"*. (...) Os limites da critica admissível são mais largos quando é visado um político, agindo na sua qualidade de personalidade pública, do que quando é visado um simples particular. O homem político expõe-se inevitável e conscientemente a um controlo atento das suas acções e gestos, quer pelos jornalistas quer pelos cidadãos, e deve revelar uma maior tolerância Ele tem direito a ver protegida a sua reputação, mesmo além do âmbito da sua vida privada, mas essa protecção deve ser equilibrada com o interesse da livre discussão das questões políticas." (*in* Revista do Mistério Público n.º 113, Ano 29, Jan.-Mar. 2008, "A liberdade de expressão na jurisprudência do Tribunal Europeu dos Direitos do Homem" – Euclides Dâmaso Simões).

c) O direito ao bom nome e reputação e a liberdade de expressão na Jurisprudência dos Tribunais Portugueses

Na sequência das decisões do TEDH, a jurisprudência nacional tem vindo a alterara protecção do direito no bom nome e à reputação quando os visados são políticos e a invocada ofensa se insere no diálogo político próprio de países democráticos.

Os tribunais nacionais fundamentam estas decisões no disposto no n.º 2 do artigo 180.º do Código Penal, considerando que se trata de uma causa de exclusão da ilicitude (artigo 31.º, n.º 2, ala. b), do Código Penal) ou fazendo funcionar a cláusula geral de adequação social (ver Acórdãos do Tribunal da Relação do Porto, de 22 Novembro 2006, processo n.º 0615604, e de 18 de Maio de 2005, processo n.º 0416201).

d) Análise do conteúdo da carta redigida e enviada pelo arguido

A carta enviada pelo arguido está dividida em 18 pontos, pelo que a respectiva análise seguirá a mesma sistematização.

Os **pontos 1 a 9** relatam um processo de licenciamento que corre os seus termos na Câmara Municipal da.. ., sem emitir qualquer juízo de valor acerca do assistente.

No **ponto 10** o assistente considera que estar à espera de uma deliberação camarária há quase 9 meses é *uma vergonha e uma* ofensa aos *direitos de qualquer cidadão*.

Não existe, neste ponto, nenhuma referência ao assistente, pelo que não lhe é imputado qualquer facto ou feito qualquer juízo ofensivo da sua honra ou consideração.

No **ponto 11** o arguido qualifica um comportamento do assistente – não *mandar incluir na Agenda a tomada final de uma decisão – como* uma *vergonha ou* uma *cobardia.*

<u>Abstractamente</u>, esta expressão pode ser considerada como um <u>juízo ofensivo da honra do assistente</u>, pelo que será analisada mais adiante.

Também no **ponto 12**, quando o arguido refere que o assistente *não manda nada* e é *comandado* por outros ou protege *alguns seres que trabalham para si próprios,* pode considerar-se, abstractamente, que tais expressões são <u>ofensivas da honra</u> do assistente, pelo que serão analisadas a seguir.

À semelhança do anterior, **no ponto 13** o arguido volta a insinuar que o assistente *não manda, não levanta processos disciplinares* e não *impõe regras e disciplina a alguns funcionários,* pelo que se pode considerar que, abstractamente, tais afirmações são susceptíveis de <u>ofender a honra</u> do assistente, pelo que serão adiante analisadas.

Neste ponto da carta o arguido refere ainda que determinados comportamentos são, objectivamente, susceptíveis de configurar um ilícito criminal.

Ora, a utilização desta expressão não pode ser tratada como imputação de facto ou de juízo de valor, uma vez que as palavras do arguido significam que qualquer pessoa que dê *cobertura a quem desobedece á lei e á hierarquia, pode incorrer na prática* de *um crime,* independentemente de se tratar ou não do assistente.

No **ponto 14** o arguido refere a possibilidade de recorrer à via judicial, pelo que não imputa no assistente qualquer facto ou qualquer juízo ofensivo da sua honra ou consideração.

No **ponto 15** o arguido limita-se a referir a existência de construções não licenciadas e sem afixação pública de editais e acrescenta que "... *caiu, a* ... pode *cair. Os "vírus" podem ter algum parentesco!",* pelo que não imputa qualquer facto ou faz qualquer juízo ofensivo da honra ou consideração do assistente.

No **ponto 16** o arguido refere que um determinado comportamento do assistente o espanta, pelo que não lhe imputa qualquer facto ou faz qualquer juízo ofensivo da sua honra ou consideração.

Nos **pontos 17 e 18** o arguido explicita o que fará com a carta enviada ao assistente, pelo que não lhe imputa qualquer facto nem lhe faz qualquer juízo ofensivo da sua honra ou consideração.

Em conclusão, a carta enviada pelo arguido ao assistente, aos vereadores da Câmara Municipal da... e ao ... tem três afirmações que requerem uma análise mais cuidada:

- *É uma vergonha, se não também uma cobardia, o Sr. Presidente não mandar incluir na Agenda a tomada final de uma* decisão (ponto 11);
- *O Sr. Presidente ou não manda nada e é "comandado " por alguns funcionários incompetentes e indignos (...) ou então está nesse lugar como protector de alguns seres pagos por nós, que não trabalham para os cidadãos mas para si próprios* (ponto 12);
- *É que se mandasse (...) Se de facto manda mesmo e não impõe regras e disciplina a alguns funcionários superiores* (ponto 13).

Ao escrever estas expressões, o arguido quis, naturalmente, fazer um juízo sobre o assistente, caracterizando um seu comportamento como vergonhoso e cobarde e quislhe imputar factos, a saber, o de não ser capaz de comandar a Câmara Municipal e o de proteger trabalhadores camarários que trabalham para o seu bem próprio.

Estes factos e aquele juízo são ofensivos da honra e da consideração do assistente.

Porém, há que fazer uma ponderação de interesses ou ponderação dos direitos em conflito, considerando, por um lado, o direito do assistente de ver protegidas a sua honra e a sua reputação e, por outro, a liberdade de expressão e o direito a discutir livremente questões políticas, que cabe ao arguido e que pode excluir a ilicitude da sua conduta, por se tratar do exercício de um direito e justificar jurídico-penalmente eventuais ofensas à honra do visado.

Ora, havendo colisão de direitos (do assistente e do arguido) há que fazer a respectiva ponderação dos bens em conflito, considerando as circunstâncias do caso concreto, averiguando qual dos direitos fundamentais em jogo terá de recuar.

É certo que o arguido manifesta a sua convicção pessoal (subjectiva), a sua opinião, fazendo juízos de valor (desfavoráveis) sobre o assistente mas, ainda assim, estava dessa forma a exercer o direito de exprimir a sua opinião e crítica política

Tratava-se do exercício do direito de cidadania activa e até de esclarecimento, incentivo e alerta para a população, tendo em vista o direito que cada um tem de participar na vida política

A utilização dos referidos juízos de valor ofensivos, contidos na referida carta (tentando influenciar a formação da opinião dos leitores, em especial através do envio da missiva a um órgão de comunicação social), que suportam a opinião do arguido, deve ser tolerada de forma alargada quando está em causa a gestão de assuntos públicos, na medida em que importa garantir a qualquer pessoa a liberdade de exprimir o seu pensamento, sem censura.

O entendimento contrário traduzir-se-ia numa ingerência na liberdade de expressão inadmissível, na medida em que não existe nenhuma necessidade social imperiosa que a justifique, de modo convincente.

A conduta do arguido mais não é do que o exercício de um direito, o direito de livre expressão, nele incluindo o direito de informação, de opinião e de critica, embora o tivesse feito com uma certa dose de exagero e até de provocação em relação ao assistente.

Com efeito, uma vez que as ofensas foram publicadas no exercício do direito de informação, de opinião e de critica (que é garantido a qualquer pessoa), tendo em atenção o dito princípio da ponderação de interesses, bem como o princípio da adequação prática, está justificada a conduta do arguido e excluída a sua ilicitude.

E não pode ignorar-se que a "Convenção Europeia dos Direitos do Homem tem um valor duplo no direito português: por um lado é directamente aplicável na ordem interna; e por outro lado, as suas normas e princípios servem de paradigma na interpretação e integração das normas constitucionais correspondentes. Isto é, as normas constitucionais referentes a direitos fundamentais devem ser interpretadas e integradas de acordo com a interpretação e integração das correspondentes normas da Convenção, estabelecidas pelo Tribunal Europeu dos Direitos do Homem" (João Ramos Sousa, "Ainda há juízes em Estrasburgo", in *Sub Judice* n.° 28, Abril/Setembro de 2004, p. 7).

Sendo certo que a jurisprudência do TEDH vai no sentido acima referido, ou seja, considerando o disposto no artigo 10.° da CEDH, propende para a protecção da liberdade de expressão em detrimento do direito à honra, quando em causa esmo – como nos autos – o combate político, a critica admissível numa sociedade pluralista ou a participação activa na vida em sociedade.

De salientar ainda que a razão de ser da referência ao assistente na carta escrita pelo arguido se prende com a função de Presidente da Câmara que desempenha, ou seja, a carta dirige-se a uma figura pública no desempenho das suas funções e por causa delas, sendo certo que os limites da critica admissivel são mais amplos quando se está em face de um homem político, que age na sua qualidade de personalidade pública, do que quando se está em face de um simples particular.

Da análise do significado das expressões – factos e juízo de valor – que o arguido dirigiu ao assistente resulta que não têm, objectivamente e face aos protagonistas concretos, conteúdo e capacidade difamatória e que ainda se inserem na critica politicamente admissível numa sociedade democrática e plural.

Por isso, atento o disposto no artigo 31.º, n.º 2, ala. b) do Código Penal, bem como ponderação de interesses em conflito, consideram-se justificados os juízos de valor ofensivos ou difamatórios, formulados pelo arguido, no exercício da liberdade de expressão.

*

Assim, determina se o arquivamento destes autos de inquérito, ao abrigo do preceituado no artigo 277.º, n.º 1, do Código de Processo Penal,

Cumpra o disposto no artigo 277.º, n.º 3, do Código de Processo Penal.

Comunique superiormente o presente despacho, com cópia de fls ...

Processei, imprimi, revi e assinei o texto, seguindo os versos em branco (artigo 94.º, n.º 2, Código de Processo Penal)

Local/Data

O Procurador-Adjunto

II.2. Crime de furto. Erro sobre a Factualidade Típica

Inquérito n.º

Silvério ..., id. a fls. 9, veio apresentar queixa pelo facto de, em princípios do mês de Setembro de 2007, lhe terem cortado 109 (cento e nove) eucaliptos e levado os mesmos de um seu eucaliptal sito no lugar de ..., ... freguesia de ..., concelho de ..., os quais tinham cerca de vinte anos de idade e diâmetros compreendidos entre os 15 e os 43 centímetros, computando o valor de tais árvores em 1000 € (mil euros).

Inquirido Elísio ..., id. a fls. 10, referiu que Telmo Jorge ..., id. a fls. 11, o contactou no início de Setembro de 2007, para que procedesse à limpeza de mato num eucaliptal, sito em ..., freguesia de ..., uma vez que este último tinha ajustado com um madeireiro de nome Augusto ... a limpeza de tal eucaliptal com uma máquina, tendo em vista o seu corte, pois que o Augusto havia comprado a José João ..., id. a fls. 12, os eucaliptos, necessitando o Telmo da sua colaboração, pois a sua máquina não limpava junto das árvores.

Refere a testemunha Elísio que foi então ao local indicado pelo Telmo, onde procedeu à limpeza, por onde o mesmo lhe indicou, posto que não conhecia as estremas do eucaliptal em causa.

Quando foi posteriormente ao local com o queixoso, apercebeu-se que também havia andado a limpar mato no seu eucaliptal.

Aponta como autor do corte dos eucaliptos o Augusto.

Inquirido o Telmo, id. a fls. 11, referiu que possui uma máquina para limpeza de eucaliptais e pinhais e que em data de que já não se recorda foi contactado pelo Augusto para proceder à limpeza de um eucaliptal sito na zona de ..., onde o mesmo havia comprado a respectiva madeira. Que, na altura, o Augusto foi consigo ao eucaliptal e lhe indicou as estremas por onde deveria efectuar a limpeza, tendo executado o serviço dentro de tais estremas.

Acrescenta ainda que no local, de todos os eucaliptais que confrontavam com aquele onde andou a limpar mato, apenas um tinha uma vala na estrema, não havendo, portanto, dúvidas quanto à sua delimitação. Nos outros guiou-se pelas árvores indicadas pelo Augusto, que, segundo ele, serviam de marcos.

Inquirido o José, a fls. 12, refere que vendeu a madeira do seu eucaliptal, sito em..., freguesia de ..., ao madeireiro Augusto, tendo ido ao local indicar-lhe as estremas do seu eucaliptal e por onde havia de cortar a madeira. Mais refere que ao indicar as estremas indicou-as erradamente e pelo eucaliptal do queixoso, posto que no local existia mato muito alto e já não conseguiu encontrar os marcos em madeira que ali havia colocado há vários anos atrás e que supostamente terão ardido com um incêndio que deflagrou naquele local.

Interrogado, após constituição como arguido, o Augusto, id. a fls. 13, referiu ter adquirido um eucaliptal no lugar de ..., ao José, que o tinha registado na Conservatória de Registo Predial.

Que a aquisição ocorreu a 15 de Julho de 2007, tendo o corte sido efectuado na 1.ª quinzena de Agosto de 2007.

Mais referiu que procedeu ao corte dentro do limite da estrema que lhe foi assinalada pelo proprietário do eucaliptal, estrema essa que é delimitada por um arrife e por um caminho, confrontando ainda o terreno com uma barreira, desconhecendo o arguido o limite da outra estrema, tendo-se guiado por aquilo que lhe foi dito no local pelo proprietário.

Apreciando se dirá que resulta dos depoimentos recolhidos que as estremas dos eucaliptais não eram facilmente identificáveis.

Assim sendo, é de admitir que José tenha dito a verdade, quando referiu ter-se enganado quando indicou as estremas ao madeireiro Augusto.

Existindo tal erro – para o qual apontam os indícios recolhidos –, que impediu a correcta representação do carácter alheio dos eucaliptos que vieram a ser cortados, encontra-se excluída a consciência e a intenção de apropriação de coisa alheia, ou seja, o dolo, por força do disposto no artigo 16.º, n.º 1, do Código Penal, que estabelece que o erro sobre elementos de facto de um tipo legal de crime exclui o dolo. Estamos, na verdade, perante um erro sobre a factualidade típica, designadamente no que respeita ao carácter alheio da parte do eucaliptal que, afinal, pertencia ao queixoso, erro esse que obstou à consciência da ilicitude.

Assim, apenas seria aqui censurável a violação de um dever objectivo de cuidado por parte do José, o que relevaria a título de negligência. Porém, o crime de furto p. e p. pelo artigo 203.°, n.° 1, do Código Penal (à semelhança do crime de dano p. e p. pelo artigo 212.°, n.° 1, do Código Penal) reveste natureza dolosa, ou seja, não é punível a negligência, por força do artigo 13.° do Código Penal.

Assim, não resta senão determinar o arquivamento dos autos, nos termos do artigo 277.°, n.° 1, do Código de Processo Penal, sem prejuízo da responsabilidade civil decorrente do comportamento do José, questão essa a dirimir, se necessário, no foro civil.

Cumpra o disposto no artigo 277.°, n.° 3, do Código de Processo Penal.

Processei, imprimi, revi e assinei o texto, seguindo os versos em branco (art. 94.°, n.° 2, do CPP).

Local/Data, ds

O Procurador-Adjunto

II.3. Crime de burla qualificada e crime de abuso de confiança qualificado

Inexistência de elementos objectivo e subjectivo. Procuração irrevogável (revogação) e património autónomo do casal

Inquérito n.º ...

Os presentes autos tiveram origem na participação criminal apresentada por Maria ... contra António ..., constante de fls. 1, denunciando factos que, na sua perspectiva, seriam susceptíveis de integrar a prática de um crime de burla qualificada, previsto e punível pelo artigo 218.º do Código Penal.

Alegou, em síntese, que sendo casada em comunhão geral de bens com o denunciado, era este que administrava o património comum do casal, comprando e vendendo, uma vez que lhe outorgou procurações para o efeito.

Em 6 de Março de 2001, a denunciante revogou a procuração que havia outorgado em 7 de Abril de 1981, tendo levado esse facto ao conhecimento do denunciado através de requerimento de notificação judicial avulsa, pelo qual foi notificado em 14 de Março de 2001, requerendo ainda a denunciante que fosse notificado que, dessa forma, revogava todas e quaisquer procurações que houvesse outorgado a favor do mesmo.

Acontece que, no dia 7 de Março de 2006, o denunciado vendeu, em nome próprio e em representação da denunciante, à Sociedade ..., o prédio rústico inscrito na matriz sob o artigo ... e descrito na Conservatória do Registo Predial ...a favor do denunciado e da denunciante sob o n.º ... do Livro ..., fls. ..., pelo preço de 2.800.000 €, tendo sido representado no acto por Jorge ..., a quem havia outorgado procuração, substabelecendo no mesmo documento os poderes conferidos pela denunciante por procuração datada de 23 de Abril de 1981.

Mais alegou que o denunciado não lhe deu conhecimento do negócio, fazendo seu o valor da venda.

Juntou aos autos certidão de casamento, fotocópia certificada do instrumento de revogação, certidão de notificação judicial avulsa, fotocópia certificada da escritura de compra e venda do terreno referido e ainda a procuração e substabelecimento outorgada a Jorge ...

Foi junto aos autos, a fls. ..., certidão da escritura acima referida, acompanhada da procuração e da certidão que instruíam a escritura, junto a fls. ..., certidão de teor matricial relativamente ao prédio em causa e, a fls. ..., certidão de casamento respeitante ao casal.

António ... foi constituído arguido e interrogado como tal, não tendo prestado declarações, mas protestando juntar prova documental relativamente aos factos.

Inquirido Jorge ..., referiu que se deslocou ao Brasil, na qualidade de mediador, para se encontrar com o denunciado e outorgarem a procuração com substabelecimento, não lhe tendo sido exibida a procuração outorgada em 23 de Abril de 1981. Mencionou que, tendo-lhe sido apresentada uma proposta para terreno pelo Sr. Paulo ..., no mês de Fevereiro de 2006, procurou entrar em contacto telefónico com o arguido, mas quem atendeu o telefonema foi a denunciante, a quem deu conhecimento da existência de um interessado na aquisição do terreno, tendo-lhe esta dado o número de telefone de um Sr. Fernando ..., no Brasil, que o poria em contacto com o marido. Não conseguindo entrar em contacto com esse senhor, por mais duas vezes comunicou com a denunciante, que lhe forneceu dois números de telefone, tendo após o último contacto logrado falar com o denunciado. Esclarece ainda que 2-3 dias antes de falar com a denunciante ao telefone, falou com ela pessoalmente à porta da residência a respeito do terreno, tendo-lhe a mesma dito que o assunto da venda do terreno deveria ser tratado com o marido. Afirmou desconhecer se a procuração em causa chegou alguma vez a ser revogada.

Foi inquirido Paulo ... que esclareceu que esteve presente na escritura de compra e venda do terreno, desconhecendo se foi apresentada a procuração da denunciante ao denunciado. Referindo ainda que nunca teve contacto com a denunciante e que não teve conhecimento de algum conflito subjacente ao negócio entre o casal. Juntou quatro cópias relativas ao pagamento, acrescentando que 56.000€ foram entregues em dinheiro.

A fls. ..., veio a testemunha Jorge ... juntar documentos relativos ao negócio em causa e cópia do contrato de mediação mobiliária.

A fls. ..., veio o arguido requerer o arquivamento dos autos, expondo os seus argumentos e apresentando 16 documentos, entre os quais consta a notificação judicial avulsa e certidões relativas a bens imóveis, património comum do casal.

Inquirida M ..., notária no Cartório Notarial em que foi realizada a escritura de compra e venda, esclareceu que não lhe foi exibida a procuração outorgada no dia 23 de Abril de 1981, referida na procuração e substabelecimento de fl. 52, dado que este documento tinha sido lavrado no Consulado Geral de Portugal no Rio de Janeiro, pelo que obrigatoriamente tal documento teria sido exibido perante o chanceler que o lavrou, estando assim dispensada a sua apresentação.

Foi inquirida a denunciante Maria ... que confirmou a denúncia apresentada, esclarecendo que não se recorda de ter passado alguma procuração com data de 23 de Abril de 1981. Mencionou que recebeu vários contactos telefónicos de pessoas a solicitar o contacto do seu marido, mas que nunca lhe deram conhecimento da existência de interessados na compra do terreno.

Refere que desconhece quem seja Jorge ..., e que não falou pessoalmente com este sobre o terreno, nem com ninguém sobre o mesmo assunto. Acrescenta que o marido nunca lhe deu conhecimento dessa venda, nem do destino dado ao dinheiro da mesma, e que tinha revogado todas as procurações que havia outorgado ao seu marido, através de notificação judicial avulsa, na qual alegou que aquele vinha celebrando negócios que entendia serem prejudiciais.

Mencionou que após a revogação das procurações, todos os negócios celebrados tiveram a sua intervenção pessoal.

Esclarece ainda que não foi proposta qualquer acção judicial para revogação da procuração, mas que existe a notificação judicial avulsa e juntou aos autos a respectiva certidão.

Foi ainda inquirido Américo ... o qual referiu que nunca contactou directamente com o arguido a respeito da compra e venda do terreno, nem com a denunciante, visto que o negócio se realizou com a mediação da Imobiliária .... Acrescentou que o terreno foi pago com um cheque, a cujo valor acresceram 56.000 €.

Apreciando:

I – A denunciante Maria ... participou criminalmente de António ... imputando-lhe a prática de um crime de burla qualificada, previsto e punível pelo artigo 218.º do Código Penal.

Da análise deste tipo legal resulta que são três os requisitos deste tipo legal de crime, a saber:

a) a intenção do agente de obter, para si ou para terceiro, enriquecimento ilegítimo;

b) que o mesmo, com tal objectivo, astuciosamente induza em erro ou engano o ofendido sobre os factos;

c) assim o determinando à prática de actos que causem prejuízo patrimonial a si, ou a outra pessoa.

No crime de burla exige-se, desta forma, um triplo nexo de causalidade, nomeadamente, que a astúcia seja a causa do erro ou engano; que o erro ou engano sejam a causa da prática de actos pela vítima e que da prática dos actos resulte um prejuízo patrimonial para a vítima ou para terceiro.

No que à dimensão subjectiva concerne, exige-se que o agente tenha actuado com dolo, ou seja, que conheça estar a actuar fraudulentamente, sabendo que os meios engenhosos que utiliza são adequados a induzir o burlado em erro ou engano e idóneos a que o burlado consinta, consequentemente, na espoliação do seu património ou de terceiro, resultado este pretendido pelo agente.

Além do dolo genérico o tipo subjectivo do crime de burla é ainda constituído pela intenção de enriquecimento ilegítimo à custa do património alheio, devendo o agente ter consciência da ilegitimidade desse enriquecimento.

Nos termos do artigo 218.º, n.ºs 1 e 2 do Código Penal, a burla é qualificada se o prejuízo patrimonial for de valor consideravelmente elevado. No caso em apreço, a verificar-se a prática do ilícito, tendo em conta que a venda realizada teve o preço declarado de 2.800.000 €, o crime será punível pela alínea a), do n.º 2 do referido artigo, dado o valor exceder 200 unidades de conta (artigo 202.º, alínea b) do Código Penal).

O crime de burla qualificada é um crime público, e como tal, independente de queixa ou acusação particular.

Feitas estas considerações, e sopesando os elementos probatórios constantes dos autos, verifica-se, com efeito, que os factos denunciados não configuram a prática de um crime de burla qualificada, nomeadamente não preenchem um dos elementos típicos do ilícito – o processo astucioso empreendido pelo agente, isto é, a utilização pelo mesmo de meios adequados a provocar astuciosamente um estado de erro ou engano na vítima.

Desde logo, importa ter presente que o arguido e a denunciante são casados em comunhão geral de bens e que o bem imóvel em causa é um bem comum do casal.

Neste regime de bens, de acordo com o artigo 1732.º do Código Civil, o património comum é constituído por todos os bens presentes e futuros dos cônjuges, que não sejam exceptuados por lei (sobre os bens incomunicáveis – cf. artigo 1733.º do Código Civil).

Os bens comuns do casal constituem um património autónomo especialmente afecto aos encargos da sociedade conjugal, nos termos do artigo 1724.º do Código Civil.

Não se trata de um regime de compropriedade, este envolvido pelo interesse individual dos comproprietários, que podem requerer a divisão da coisa comum, dado aí existirem vários direitos que incidem sobre toda a coisa, mas trata-se de uma propriedade colectiva, afecta aos encargos da sociedade conjugal, insusceptível de divisão enquanto durar o casamento.

É, com efeito, a contitularidade de duas pessoas num mesmo direito que, além de único, é uno, o que se consubstancia em comunhão una, indivisível e sem quotas.

Para que um dos cônjuges possa alienar, de forma eficaz, um bem integrante deste património autónomo do casal, necessário se torna o consentimento do outro cônjuge, nos termos do artigo 168.2.º-A, n.º 1, alínea a) do Código Civil, consentimento cuja forma exigida é a mesma que para a procuração, ou seja, a forma exigida para o negócio a realizar (artigos 1684.º, n.º 2 e 262.º, n.º 2 do Código Civil).

No caso em análise, o arguido detinha várias procurações que tinham sido outorgadas pela sua mulher, a denunciante, que lhe autorizavam a alienar os bens comuns do casal, nomeadamente os bens imóveis.

Acontece que a denunciante, em 6 de Março de 2001, fez menção de revogar uma procuração outorgada em 7 de Abril de 1981, dando conhecimento do facto ao arguido em 14 de Março de 2001, através de notificação judicial avulsa, na qual dá conhecimento que, por aquele acto, igualmente revogava todas e quaisquer procurações outorgadas em favor do arguido.

Nos termos do artigo 265.º, n.º 2 do Código Civil, a procuração é livremente revogável pelo representando, independentemente de convenção em contrário. No entanto, o n.º 3 do referido artigo, dispõe que, se a procuração tiver sido outorgada também no interesse do procurador, a revogação carece de consentimento deste, salvo em caso de justa causa.

A lei não define o "interesse do mandatário ou de terceiro" que se deva ter como relevante para exclusão do princípio geral da irrevogabilidade da procuração, sendo de atender, normalmente, à "relação jurídica em que a procuração se baseia"[1]. Desta forma, o interesse do procurador deve aferir-se pela sua integração numa "relação jurídica vinculativa, isto é, que o mandante, tendo o mandatário o poder de praticar actos cujos efeitos se produzem na esfera jurídica daquele, queira vincular-se a uma prestação a que o mandatário tenha direito"[2], auferindo uma vantagem de ordem económica ou jurídica.

No caso em apreço, a procuração em causa foi outorgada também no interesse do arguido, pois os bens imóveis abrangidos no objecto da procuração, visando a sua compra e venda, são bens comuns do casal, pelo que o arguido passou a desempenhar uma actividade que se repercutiu directamente na sua esfera patrimonial, visto que é directamente interessado no produto da venda dos aludidos bens imóveis.

Ora, a denunciante ao revogar a procuração outorgada em 7 de Abril de 1981, não beneficiou do consentimento do arguido, consentimento esse exigido para tal revogação, tendo em conta que a procuração havia sido outorgada igualmente no interesse do arguido, seu cônjuge.

A tal acresce o facto de a notificação judicial avulsa não ser o meio adequado para revogar as procurações mencionadas no artigo 265.°, n.° 3 do Código Civil, posto que não admite qualquer oposição, de acordo com o disposto no artigo 262.°, n.° 1 do Código de Processo Civil, só podendo fazer-se valer os direitos respectivos nas acções competentes, no caso numa acção revogatória.

Alega a denunciante justa causa para retirar os poderes conferidos ao arguido, dizendo que o arguido vinha celebrando negócios que entendia serem prejudiciais para seu interesse, contudo não cabe aqui apreciar dessa justificação, mas sim numa acção judicial especialmente intentada para o efeito, isto é, numa acção revogatória. Acção essa que a denunciante refere não ter intentado. Ao que acresce o facto dos efeitos produzidos por essa acção não serem retroactivos, operando apenas para o futuro, visto se tratarem de efeitos "ex nunc".

Destarte, a procuração outorgada em 23 de Abril de 1981, utilizada no negócio aqui em causa, há-de ser tida como ainda válida e eficaz à data do substabelecimento dos poderes por ela conferidos, bem como à data da celebração da escritura de compra e venda do terreno.

Deste modo, o arguido ao substabelecer em Jorge ... os poderes conferidos pela procuração outorgada pela sua esposa em 23 de Abril de 1981, que lhe conferia poderes especiais para venda de imóveis, agiu em conformidade com a posição que a referida procuração lhe concedia, ao momento ainda válida e eficaz.

Por outro lado, a existência e conformidade legal da procuração datada de 23 de Abril de 1981 não se põe em causa, em virtude de ter sido exibida e controlada pelo chanceler do Consulado-Geral de Portugal no Rio de Janeiro, aquando do substabelecimento dos poderes por ela conferidos.

Nada nos autos permite inferir que o arguido tenha descrito, perante quem quer que seja, uma falsa representação da realidade, arrogando-se de poderes de procurador da sua esposa Maria ..., tentando, assim, fazer cair a denunciante ou outrem em erro ou engano, ardilosamente provocado, pois o arguido detinha, efectivamente, esses poderes e agiu tendo em vista o que esses mesmos poderes lhe possibilitavam.

A tudo isto acresce, embora sem grande relevância para a questão, o conhecimento prévio do negócio pela denunciante, que além disso, reencaminhava para o arguido todos aqueles que a contactavam para discutir a venda do terreno em causa, como foi mencionado pela testemunha Jorge ..., cujas declarações se afiguraram verosímeis, não obstante a denunciante ter negado que alguma vez tivesse sido contactada por aquele.

Conclui-se assim que, no caso em apreço, não existem factos que consubstanciem a prática de um crime de burla qualificada pelo arguido António ..., designadamente por não estarem preenchidos os elementos objectivos do tipo de burla.

Pelo exposto, determino o arquivamento dos autos, nesta parte, nos termos e ao abrigo do disposto no artigo 277.º, n.º 1 do Código do Processo Penal.

II – Importa ainda averiguar, pelo facto de a denunciante ter referido que não foi dado "destino a dinheiro" proveniente da venda, se a conduta do arguido consubstancia a prática de um crime de abuso de confiança qualificado, previsto e punível pelo artigo 205.º, n.º 1 e n.º 4, alínea b) do Código Penal, dado que o valor da venda foi de 2.800.000 €.

O crime de abuso de confiança consiste na apropriação ilegítima de qualquer coisa móvel, que ao agente tenha sido entregue, de forma lícita e voluntária, com um fim que o obrigaria a restituir essa coisa ou um valor equivalente.

Exige-se que o agente actue com dolo, consistindo o mesmo no facto de ter consciência de que deve restituir, apresentar ou aplicar a coisa a um determinado fim, e que queira apropriar-se dela, integrando-a no seu património ou dissipando-a.

O crime de abuso de confiança qualificado é um crime de natureza pública, pelo que não depende de queixa.

Desde logo há que ter em conta o que supra se referiu acerca do património autónomo do casal, visto este se tratar de uma propriedade colectiva, insusceptível de divisão enquanto durar o casamento, pelo que o produto da venda do terreno veio a integrar-se nesse património.

Por esta via, tratando-se de um bem em que incide um único direito em contitularidade pelo arguido e pela denunciante, enquanto a relação matrimonial subsistir, o bem comum mantém essa qualidade, pelo que a quantia fica sujeita à regra da administração conjunta, de acordo com o preceituado no artigo 1678.º, n.º 2 do Código Civil.

Em regra, nos termos do artigo 1681.º, n.º 1 do Código Civil, o cônjuge administrador não é obrigado a prestar contas da sua administração, face à recíproca confiança e pela própria estrutura da relação patrimonial, só respondendo pelos actos intencionalmente praticados em prejuízo do casal ou do outro cônjuge.

No entanto, quando a administração dos bens comuns por um dos cônjuges se fundar em mandato ou quando praticar actos de administração de bens comuns que lhe não caiba, sem mandato escrito, mas com o conhecimento e sem oposição expressa do outro cônjuge, a dispensa de prestação de contas não se verifica e o cônjuge administrador tem de prestar contas e entregar o respectivo saldo, caso o haja, somente em relação aos actos praticados durante os últimos cinco anos (artigos 1681.º, n.º 2 e 3 do Código Civil)[3].

A acção de prestação de contas, nos termos do disposto o artigo 1014.º do Código de Processo Civil, pode ser proposta por que tenha o direito de exigi-las e por quem tenha o dever de prestá-las, tendo por objecto o apuramento e aprovação das receitas obtidas e das despesas realizadas por quem administra bens alheios e a eventual condenação no pagamento do saldo que se venha a apurar. Por via do disposto no artigo 1681.º, n.º 2 e 3 do Código Civil a prestação de contas pode abranger igualmente os bens de que o obrigado a prestar contas também seja titular, como é o caso dos bens comuns do casal, nos casos aí referidos[4].

Caso venha a ser pedida responsabilidade ao cônjuge administrador relativamente a um bem comum, e em caso de apuramento de saldo, surge aí um direito de crédito em favor do cônjuge não administrador. Contudo, tal crédito só passa a ser exigível no momento da partilha, conforme interpretação sistemática do artigo 1697.° do Código Civil (neste sentido, Pereira Coelho e Guilherme de Oliveira, in Curso de Direito da Família, Volume I, p. 382 e seguintes).

Ora, consultada a Acção de Separação Litigiosa n.° ..., que corre termos no ... Juízo do Tribunal Judicial de ..., constata-se que o arguido e a denunciante encontram-se em processo de separação judicial de pessoas e bens, ao qual se encontra apenso procedimento cautelar de arrolamento dos bens comuns do casal.

A referida acção foi proposta em 12 de Outubro de 2006, sete meses após a realização do negócio e da entrada da quantia no património comum.

No entanto, a pendência da acção de separação de pessoas e bens não habilita um dos cônjuges a pedir ao outro prestação de contas a respeito de um bem comum, fora dos casos mencionados supra[5].

De acordo com o preceituado no artigo 1795.° – A do Código Civil, a separação produz os mesmos efeitos que produziria a dissolução do casamento, nos termos do artigo 1789.°, n.° 1 do Código Civil. Deste modo, é desde a data da propositura da acção de separação de pessoas e bens que se produzem os consequentes efeitos patrimoniais, pelo que apenas é exigível qualquer crédito, a proceder a acção, no momento da partilha como já referido.

Sucede, porém, que a denunciante não propôs sequer qualquer acção de prestação de contas de forma a apurar tal direito de crédito, apesar de ainda o poder fazer relativamente a actos praticados nos cinco anos antecedentes à data da eventual propositura da acção de prestação de contas.

Por outro lado, não logrou ainda obter a procedência da acção de separação de pessoas e bens.

Ainda assim se frisa que caso se verificasse a propositura da acção de prestação de contas e subsequente procedência, o direito a surgir seria meramente um direito de crédito, pelo que só após a separação e subsequente partilha, tal direito seria exigível, como já mencionado.

Só a partir da divisão e partilha, os bens deixariam de ter a sua estrutura inicial de bens comuns, posto que, desde a separação até à respectiva partilha, o património de mão comum passa à situação de indivisão, não se transmutando, nem confundindo com a figura da compropriedade[6].

Em face deste regime actual de responsabilidade pela administração, que deixa de fora situações de lesão ou perigo para o património do outro cônjuge, o cônjuge não administrador fica, de certa forma, desprotegido num conjunto de situações que carecem de tutela legal.

O direito francês já prevê uma norma de aplicação nestes casos, em que os tribunais emitem interdições ou injunções positivas de praticar certos actos, com o intuito de evitar a produção de um dano e por um período limitado.

No entanto, o direito português ainda não prevê essa situação, pautando-se por uma posição de comedimento relativamente a estas implicações da sociedade conjugal.

Sempre se dirá que o processo penal, com a sua estrutura diferenciada e veiculada por princípios diversos, não é o indicado para fazer valer esses direitos, designadamente, a prestação de contas, nem pode servir para se conseguirem efeitos patrimoniais que não se lograriam obter numa acção cível, substituindo-se ou até mesmo sobrepondo-se ao processo civil.

Tratar-se-ia de uma forma transversal de contornar uma eventual improcedência de uma acção de prestação de contas e o uso do processo-crime não tem, nem deverá ter essa finalidade.

Atendendo à presente factualidade apurada e às considerações expendidas, verifica-se que inexiste qualquer apropriação ilegítima ou qualquer dolo por parte do arguido, não se preenchendo os elementos objectivo e subjectivo do tipo legal do crime de abuso de confiança qualificado.

Pelo exposto, determina-se o arquivamento dos presentes autos, ao abrigo do preceituado no artigo 277.º, n.º 1 do Código Processo Penal.

Cumpra o disposto no artigo 277.º, n.º 3, do Código de Processo Penal.

Comunique superiormente o presente despacho, nos termos, ponto V, n.º 4, da Circular 6/2002.

Notas:

[1] Vide Acórdão do Supremo Tribunal de Justiça de 24.01.1990, B.M.J 393-588.
[2] Vide Acórdão do Supremo Tribunal de Justiça de 3.06.1997, BMJ 469-361.

[3] Vide Acórdão da Relação de Lisboa de 31.10.1996, BMJ J 460-790, onde se lê que "Fora da previsão do n.º 1 do artigo 1681.º do Código Civil, designadamente nas situações a que se reportam os seus n.ºs 2 e 3, a lei não contempla a dispensa de prestação de contas por parte do cônjuge administrador".

[4] Cf. Acórdão do Supremo Tribunal de Justiça de 3.02.2005, Processo n.º 04B4671, in www.dgsi.pt.

[5] Vide neste sentido, relativamente a uma acção de divórcio, o Acórdão do Supremo Tribunal de Justiça de 05.11.98, Processo n.º 98B500, in www.dgsi.pt.

[6] Vide Acórdão do Supremo Tribunal de Justiça de 13.12.2004, Processo 05B2720, in www.dgsi.pt.

Processei, imprimi, revi e assinei o texto, seguindo os versos em branco (artigo 94.º, n.º 2, Código de Processo Penal)

Local/Data

O Procurador-Adjunto

II.4. Falsas declarações sobre o estado civil em escritura pública

Inquérito n.º ...

Os presentes autos iniciaram-se com uma denúncia apresentada por FM, segundo a qual, no dia 24 de Agosto de 2007, no Cartório Notarial de ..., foi celebrada uma escritura pública na qual foi declarado que JM era viúvo quando, de facto, é casado.

Acrescentou que JM é casado com FR, ainda viva.

FM disse ainda que se sente lesado porque pensa ter direito de opção no terreno, uma vez que tem um prédio confinante.

Procederam-se às diligências tidas por convenientes com vista ao apuramento dos factos denunciados, designadamente foram inquiridos UA e MS que disseram não se terem apercebido que ficou a constar da escritura que JM era viúvo.

Foi também inquirido o próprio JM (fls. 34), que disse não se sentir ofendido com o facto de o terem dado como viúvo na escritura pública, e foi ainda inquirido o denunciante, que confirmou o teor da denúncia apresentada (fls. 21 e 23).

De acordo com a escritura pública, junta a fls. 5 a 7, compareceram para realizar uma escritura pública de justificação e doação, como primeiro outorgante JM e mulher MM, como segundo outorgante US, ML e MS e como terceiro outorgante GA e mulher MS e, no texto de tal escritura, consta que, pelos primeiros outorgantes foi dito, além do mais, que "entraram na posse do mesmo em dia e mês que não sabem precisar, por volta do ano de mil novecentos e setenta e oito, já no estado de casados, por compra meramente verbal que dele ajustaram fazer a JL, viúvo, residente que foi em Santana, sem que, no entanto ficassem a dispor de título que lhes permita o respectivo registo na Conservatória do Registo Predial, mas desde logo entraram na posse e fruição do prédio".

Da referida escritura consta ainda que "Pelos segundos outorgantes foi dito: Que, por as considerarem verdadeiras, confirmam as declarações para trás prestadas pelos primeiros outorgantes".

A escritura pública refere ainda que "PELOS PRIMEIROS OUTORGANTES FOI AINDA DITO: Que doam aos terceiros outorgantes, o prédio rústico atrás identificado e ora justificado e ainda o seguinte imóvel (…)".

Importa, agora, subsumir os factos às normas jurídicas aplicáveis.

I. O Artigo 97.° do Código do Notariado

As escrituras públicas de justificação notarial estão previstas nos artigos 89.° a 101.° do Código do Notariado.

Em concreto, na parte que agora importa, dispõe o artigo 97.° do Código do Notariado que "Os outorgantes são advertidos de que incorrem nas penas aplicáveis ao crime de falsas declarações perante oficial público se, dolosamente e em prejuízo de outrem, prestarem ou confirmarem declarações falsas, devendo a advertência constar da escritura", o que aconteceu na escritura em análise (cf. fls. 6, v.°).

É necessário analisar se houve prejuízo para outrem pelo facto de constar da escritura público que JM é viúvo.

A menção ao estado civil na escritura pública tem por finalidade proteger o cônjuge da possibilidade de o outro alienar o património comum ou contrair dívidas pelas quais respondam o património comum ou o próprio do não declarante (artigo 1695.° do Código Civil).

Vigorando entre eles um regime de comunhão, é necessário o consentimento de ambos os cônjuges para a alienação, oneração, arrendamento ou constituição de outros direitos pessoais de gozo sobre imóveis próprios ou comuns, bem como para a alienação, oneração ou locação de estabelecimento comercial, próprio ou comum (artigo 1682.°-A, n.° 1, do Código Civil).

Resulta da conjugação do disposto no artigo 97.° do Código de Notariado com os mencionados artigos do Código Civil que, quando forem prestadas declarações falsas em relação ao estado civil, o prejuízo só poderá reportar-se ao cônjuge ou aos seus herdeiros.

Na escritura pública de fls. 5 a 7, JM não é outorgante, apenas é referido em tal documento por JM e MM, seu filho e nora, que disseram que "com exclusão de outrem, são donos e legítimos possuidores do seguinte bem imóvel: PRÉDIO RÚSTICO (…), inscrito na respectiva matriz sob o artigo … (…). Que não são detentores de qualquer título formal que legitime o domínio do referido prédio. Que entraram na posse do mesmo em dia e mês que não sabem precisar, por volta do ano de mil novecentos e setenta e oito, já no estado de casados, por compra meramente verbal que dele ajustaram fazer a JL, viúvo, residente que foi em Santana, sem que no entanto ficassem a dispor de título que lhes permita o respectivo registo na Conservatória do Registo Predial, mas desde logo entraram na posse e fruição do prédio (…)"

Esta escritura de justificação e doação em nada afecta o património de JM, nem tão pouco do seu cônjuge, uma vez que o prédio ali referido já foi por eles vendido ao seu filho e nora quase 30 anos antes da celebração da mencionada escritura pública.

Posto isto, não há qualquer prejuízo para FR, mulher de JM, pelo facto de este último ter sido dado como viúvo.

Importa também analisar o depoimento de FM, que referiu sentir-se lesado pelo facto de JM figurar na escritura pública como viúvo (fls. 21), uma vez que é proprietário de um prédio confinante com o prédio rústico referido em tal documento e pensa ter direito de opção na compra do terreno.

Caso FM seja, efectivamente, titular de um direito de preferência, designadamente por ser proprietário de terreno confinante, de área inferior à unidade de cultura (artigo 1380.º, n.º 1, do Código Civil), deveria intentar uma acção de preferência, não relevando o eventual prejuízo que tenha sofrido para efeitos de preenchimento do disposto no artigo 97.º do Código de Notariado. Vejamos.

JM não é declarante na escritura, apenas é referido como anterior proprietário, pelo que a referência ao seu estado civil é irrelevante, uma vez que o seu cônjuge não seria chamado a pronunciar-se, posto que o prédio já tinha entrado na propriedade de JM e MM desde o ano 1978.

Face ao exposto, ainda que FM tenha tido algum prejuízo, este não decorre da menção errada no estado civil de José Matias.

Assim, não há indícios de quaisquer prejuízos causados pela errada declaração quanto ao estado civil de JM e, não existindo tal prejuízo, as falsas declarações não são sequer ilícitas (v. Acórdão do Tribunal da Relação do Porto de 14 de Abril de 2004, proferido no processo n.º 0316341 e relatado por Élia São Pedro, in www.dgsi.pt), pelo a conduta dos outorgantes é insusceptível de censura com base na violação do disposto no artigo 97.° do Código do Notariado.

II. Artigo 359.° do Código de Processo Penal

Por fim, importa analisar os factos objecto dos presentes autos à luz do crime de falsidade de depoimento ou declaração, p. e p. pelo 359.° do Código Penal.

No artigo 359.° do Código Penal, o legislador previu o seguinte:

"1 – Quem prestar depoimento de parte, fazendo falsas declarações relativamente a factos sobre os quais deve depor, depois de ter prestado juramento e de ter sido advertido das consequências penais a que se expõe com a prestação de depoimento falso, é punido com pena de prisão até 3 anos ou com pena de multa.

2 – Na mesma pena incorrem o assistente e as partes civis relativamente a declarações que prestarem em processo penal, bem como o arguido relativamente a declarações sobre a identidade e os antecedentes criminais".

Importa então averiguar se se encontram preenchidos os elementos objectivos ou subjectivos de tal tipo de ilícito.

Apesar de se tratar de um crime geral, quanto ao agente, a verdade é que apenas pode praticar este tipo de ilícito quem se encontrar numa situação específica. Vejamos.

O n.° 1 do aludido normativo refere-se à prestação de depoimento de parte com falsas declarações, pelo que só quem for parte em processo civil pode praticar tais factos, uma vez que só presta depoimento de parte quem for parte (artigos 552.° e ss. do Código de Processo Civil).

Ora, nos presentes autos estão em causa declarações falsas (os outorgantes da escritura pública declararam que JM era viúvo quando se encontrava casado), porém não foram prestadas no âmbito de qualquer processo cível, mas antes na outorga de uma escritura pública, pelo que não integram o tipo objectivo do ilícito criminal em apreciação.

Por seu turno, o n.° 2 do artigo 359.° refere-se às declarações prestadas em processo penal o que manifestamente não foi o caso, tratando-se apenas de falsas declarações na outorga de escritura pública.

Ainda que se trate de uma escritura pública de justificação notarial e o artigo 97.° do Código de Notariado determine que se advirtam os outorgantes que podem incorrer nas penas aplicáveis ao crime de falsas declarações se, dolosamente, prestarem ou confirmarem declarações falsas, ainda assim, por não se verificarem os elementos do tipo objectivo do crime de falsidade de depoimento ou declaração, uma vez que o agente não se encontra na situação específica prevista no tipo (ser parte em processo civil, arguido ou assistente em processo penal), não se trataria de conduta criminalmente punível, uma vez que não se verificam os elementos do tipo objectivo e subjectivo do crime de falsidade de depoimento ou declaração (v. Acórdão do Tribunal da Relação do Porto de 17 de Janeiro de 2004, proferido no processo n.º 0040957e relatado por Pinto Monteiro, in www.dgsi.pt).

III. Artigo 256.º, n.ᵒˢ 1, al. b) e 3, do Código Penal (na redacção em vigor à data dos factos), com referência ao artigo 369.º, n.º 1, do Código Civil.

Dispunha o artigo 256.º, n.ᵒˢ 1, al. b), e 3 do Código Penal, na redacção em vigor à data dos factos, sob a epígrafe falsificação de documento, que:
"1 – Quem, com intenção de causar prejuízo a outrem ou ao Estado, ou de obter para si ou para outra pessoa benefício ilegítimo: (…)
b) Fizer constar falsamente de documento facto juridicamente relevante (…)
É punido com pena de prisão até 3 anos ou com pena de multa
3 – Se os factos referidos no n.º 1 disserem respeito a documento autêntico ou com igual força (…), o agente é punido com pena de prisão de 6 meses a 5 anos ou com pena de multa de 60 a 600 dias."

Da análise do tipo objectivo infere-se que basta ao seu preenchimento a conduta adequada a inscrever num documento um facto falso com relevo jurídico.

No que respeita ao tipo subjectivo, o crime de falsificação é um crime intencional, isto é, para o preenchimento do tipo legal em questão é necessário para além do dolo genérico, que o agente tenha actuado com intenção de obter para si ou para outra pessoa um benefício ilegítimo ou com intenção de causar prejuízo a outra pessoa ou ao Estado.

É preciso ainda, aquando da prática do crime de falsificação, que o agente tenha conhecimento que está a falsificar um documento e que, apesar disso, queira falsificá-lo.

Importa agora perceber se os outorgantes da escritura pública de justificação e doação ali inscreveram falsamente um facto juridicamente relevante e se, fazendo-o, actuaram com intenção de obter um benefício ilegítimo ou de causar um prejuízo.

É certo que, ao referirem que JM era viúvo, quando o mesmo era casado, os outorgantes da escritura pública fizeram constar da escritura pública um facto falso, porém não se trata de um facto juridicamente relevante, uma vez que, como decorre das considerações acima expostas, JM não é outorgante na escritura pública e o seu estado civil é irrelevante.

Dada a irrelevância da menção ao estado civil de JM, também não é possível afirmar que daí retirassem os outorgantes qualquer benefício ou prejudicassem terceiros.

Face ao exposto, não se verificam os elementos objectivo e subjectivo do crime de falsificação de documento, p. e p. pelo artigo 256.º, n.º 1, al. b), do Código Penal.

Assim, na falta de diligência útil a ordenar, face à inexistência de conduta criminalmente punível, determina-se o arquivamento destes autos de inquérito, ao abrigo do preceituado no artigo 277.º, n.º 1, do Código de Processo Penal.

Considerando que o presente inquérito não correu contra pessoa determinada e face à ausência de suspeita fundada da prática de qualquer crime, não há arguidos constituídos (artigo 58.º, n.º 1, al. a), do Código de Processo Penal, a contrario).

Cumpra o disposto no artigo 277.º, n.º 3, do Código de Processo Penal.

Processei, imprimi, revi e assinei o texto, seguindo os versos em branco (artigo 94.º, n.º 2, Código de Processo Penal)

Local/Data

O Procurador-Adjunto

II.5. Dispensa de pena

Inquérito n.º

Compulsados os autos, verifica-se encontrar-se suficientemente indiciada a prática por **Aida ...** dos seguintes factos:

No dia 30 de Junho de 2008, pelas 10h50m, ao passar pelo veículo automóvel propriedade de Jorge ..., que se encontrava estacionado no parque de estacionamento sito em frente ao Hotel ..., na Avenida ..., a arguida proferiu algumas palavras acerca de tal veículo.

No interior do referido veículo encontrava-se Rute ..., filha de Jorge ..., que, ao ouvir tais palavras, saiu do carro e, dirigindo-se à arguida, disse "mentirosa" e "ordinária".

Ao ouvir tais expressões, a arguida dirigiu-se a Rute ... a fim de saber quem era o destinatário das mesmas.

Nesse preciso momento, Rute ...desferiu-lhe uma bofetada numa das faces, causando-lhe dor.

De seguida, a arguida desferiu uma bofetada na hemiface esquerda de Rute ..., assim lhe causando dor.

A arguida agiu de forma livre e com o propósito concretizado de molestar o corpo da Rute ...e de lhe produzir dor, conformando-se com tal resultado, que representou.

A arguida bem sabia que a sua conduta era proibida e punida por lei penal.

Os factos acima descritos configuram a prática pela arguida, em autoria material e na forma consumada, de um crime de ofensa à integridade física simples, previsto e punido pelo artigo 143.º do Código Penal.

Nos termos do disposto no n.º 3, alínea b) do artigo 143.º do Código Penal, o tribunal pode dispensar de pena quando o agente tiver unicamente exercido retorsão sobre o agressor.

O artigo 74.º, n.ºs 1 e 3, do Código Penal estabelece os seguintes requisitos para a dispensa de pena nos casos em que uma norma a admita:
– ilicitude do facto e culpa do agente diminutas;

– que o dano tenha sido reparado;
– que à dispensa de pena se não oponham razões de prevenção.

Refere Figueiredo Dias que o carácter diminuto da culpa não pode resultar, sem mais, da circunstância de aquela se referir a uma bagatela penal. Trata-se antes de uma questão que o tribunal só poderá resolver em concreto, de acordo com o disposto no artigo 71.°, n.° 1 do Código Penal, estando aqui em causa todas as circunstâncias que, pela via da culpa, são relevantes para a medida da pena.

É, assim, necessário que, sopesados todos os factores, atenuantes e agravantes, que relevam para a culpa, se deva concluir, através da imagem global que eles fornecem, que a culpa do agente pelo ilícito típico cometido é pequena ou diminuta.

Analisando a situação dos presentes autos, verifica-se que a arguida praticou os factos acima descritos no âmbito de uma discussão geradora de alguma emotividade e exaltação de ânimos. Importante para aferir da sua culpa é o facto de ter desferido a bofetada em causa na face da Rute ... como resposta a uma bofetada que esta mesma, ilicitamente, lhe havia desferido na face.

Estamos, assim, perante uma clara situação de retorsão, a qual é consagrada pelo legislador no artigo 143.°, n.° 3, alínea b), do Código Penal como fundamento para a dispensa de pena, precisamente pela diminuição de culpa que indicia e revela.

Para além disso, as consequências do acto praticado pela arguida não se podem qualificar como graves, já que se tratou de uma mera bofetada, não geradora de qualquer estado de doença na Rute ...

Pode, assim, dizer-se que a arguida não violou de forma grave os deveres que lhe eram impostos, dado que, tendo em conta o contexto já referido, a arguida terá agido irreflectidamente, sem qualquer tipo de premeditação.

Por tudo o que acima ficou referido, não pode deixar de concluir-se que quer a ilicitude, quer a culpa com que a arguida agiu são diminutas.

Uma vez que a Rute ... não manifestou nos autos a sua intenção de deduzir pedido de indemnização cível por quaisquer danos sofridos em virtude da bofetada desferida pela arguida, bem como não sofreu quaisquer lesões em consequência da mesma, não há que apreciar aqui da reparação de quaisquer danos.

Finalmente, cumpre atentar nas necessidades de prevenção que se revelam nos presentes autos.

Tendo a arguida actuado nas circunstâncias acima descritas, não existem particulares exigências de prevenção, quer geral, quer especial.

Com efeito, a arguida é pessoa socialmente bem inserida, tudo levando a crer que a actuação acima descrita terá sido meramente ocasional, justificada pela agressão anterior perpetrada por Rute ....

A arguida não tem antecedentes criminais.

Face ao exposto, não se vislumbram nos presentes autos especiais necessidades de prevenção que se oponham à dispensa de pena.

Em conclusão, devem os presentes autos ser arquivados por dispensa de pena, nos termos conjugados dos artigos 280.°, n.° 1, do Código de Processo Penal, 74.°, n.os 1 e 3, e 143.°, n.os 1 e 3, alínea b), do Código Penal.

Remeta os autos à Mma. Juiz de Instrução, nos termos e para os efeitos do artigo do artigo 280.°, n.° 1, do Código de Processo Penal.

Processei, imprimi, revi e assinei o texto, seguindo os versos em branco (artigo 94.°, n.° 2 do Código de Processo Penal).

Local/data

O Procurador-Adjunto

II.6. Não constituição como assistente e inexistência de crime

Inquérito n.º

Não obstante o queixoso ter sido notificado para se constituir assistente nos autos, nada requereu nesse sentido, pelo que o Ministério Público carece de legitimidade para promover o procedimento criminal na parte relativa ao crime de injúria objecto da queixa (cf. artigo 50.º do Código de Processo Penal).

Assim, determino o arquivamento dos autos, nesta parte, nos termos do artigo 277.º, n.º 1, do Código de Processo Penal.

Cumpra o disposto no artigo 277.º, n.º 3, do Código de Processo Penal.

Manuel ...apresentou queixa contra Maria ... alegando que no dia 8 de Maio de 2008, pelas 17h30, se encontrava num terreno de sua propriedade, sito em ..., tendo surgido a denunciada que, exibindo uma enxada que tinha na mão, lhe disse "Levas com a enxada".

Tais factos não são susceptíveis de integrar qualquer tipo legal de crime, porquanto para efeitos do artigo 153.º, n.º 1, do Código Penal, ameaçar é prometer um mal futuro, o que não aconteceu com as palavras utilizadas pela denunciada. Na verdade, se o mal anunciado se configura como imediato – cf. "Levas..." –, não há ameaça, havendo quando muito, caso existam actos de execução, uma tentativa de execução do respectivo mal, ou seja, no caso concreto, uma tentativa de crime de ofensa à integridade física (cf. artigo 143.º, n.º 1, do Código Penal).

Acontece, contudo, que a tentativa de crime de ofensa à integridade física não é punível, atento o disposto no artigo 23.º, n.º 1, do Código Penal.

Assim, determino o arquivamento dos autos, também nesta parte, nos termos do artigo 277.º, n.º 1, do Código de Processo Penal.

Cumpra o disposto no artigo 277.º, n.º 3, do Código de Processo Penal.

Processei, imprimi, revi e assinei o texto, seguindo os versos em branco (art. 94.º, n.º 2, do CPP).

Figueira da Foz, ds

O Procurador-Adjunto

II.7. Incompetência

Inquérito n.º ...

Respeitam os presentes autos a factos ocorridos no dia **18 de Novembro de 2007**, cerca das 21h00-21h25, a bordo da embarcação finlandesa "M...Sun", registada no Porto de Taalinlehdas, na Finlândia, que se encontrava na Doca de Recreio de ....

Da prova recolhida verifica-se que Sami ..., id. a fls. 2, cidadão de nacionalidade finlandesa, desferiu uma pancada com uma garrafa na cabeça Tero ..., id. a fls. 27, cidadão de nacionalidade finlandesa, após o que lhe desferiu outra na face e no braço esquerdo, desta feita com a parte de tal garrafa partida, assim lhe produzindo várias lesões, designadamente cortes, que lhe determinaram 20 (vinte) dias de doença com afectação a capacidade para o trabalho em geral e profissional.

No mesmo circunstacialismo, Tero ... desferiu murros na face do Sami ..., provocando-lhe lesões, designadamente equimoses, que lhe determinaram 2 (dois) dias de doença sem afectação da capacidade para o trabalho em geral.

Os factos, juntamente com os exames médicos realizados e fotos retiradas da embarcação, foram comunicados à Embaixada da Finlândia, resultando de fls. 21 que a Polícia de Investigação Criminal finlandesa abriu processo a tal respeito.

Tratando-se de factos ocorridos entre cidadãos finlandeses, a bordo de embarcação finlandesa e estando em causa, no que respeita ao Tero ..., um crime de ofensa à integridade física qualificada p. e p. pelo artigo 143.º, n.º 1, 145.º, n.ºs 1, al. a), e 2, por referência ao artigo 132.º, n.º 2, al. h), do Código Penal e, no que respeita ao Sami ..., um crime de ofensa à integridade física simples p. e p. pelo artigo 143.º, n.º 1, do Código Penal, importa saber se os factos podem ser conhecidos nos presentes autos.

Resulta do artigo 4.º, do Código Penal, que a lei penal portuguesa só é de aplicar a factos praticados no território nacional e a bordo de navios portugueses – **princípio da territorialidade**.

E do artigo 5.º do Código Penal resulta que a lei penal portuguesa só é aplicável a factos cometidos fora do território nacional nas condições aí previstas, onde se não inclui o caso dos autos, atentos os tipos legais de crime em questão. Ou seja, **nenhuma das excepções previstas ao princípio da territorialidade é aplicável ao caso dos autos**.

Resulta ainda de Convenção de Montego Bay, em concreto do seu artigo 27.º, que a jurisdição penal do Estado costeiro não será exercida a bordo de navio estrangeiro, salvo em casos concretos, que não abrangem o dos autos.

Por outro lado, foi aberto um processo na Finlândia por causa dos factos ora em apreciação, na sequência da comunicação por via diplomática.

Em face do exposto, atenta a incompetência acima aludida, não resta senão determinar o arquivamento dos autos, nos termos do **artigo 33.º, n.º 4, do Código de Processo Penal**.

Tendo em conta que os factos já foram comunicados às autoridades finlandesas, não se ordena qualquer notificação.

Processei, imprimi, revi e assinei o texto, seguindo os versos em branco (art. 94.º, n.º 2, do CPP).

Local/Data

O Procurador-Adjunto

II.8.1. Desistência de queixa

CLS.
Inquérito n.º

David ... (id. a fls. 3) apresentou queixa contra um indivíduo de nome Fábio, alegando que, no dia 13 de Janeiro de 2008, pelas 17h30, junto à paragem de autocarros próxima da Escola Secundária de ..., este se aproximou de si perguntando-lhe se tinha namorado com a Joana Rosa.
Esclareceu ter respondido afirmativamente e, acto contínuo, o denunciado desferiu-lhe quatro bofetadas na cara, duas em cada face.

A factualidade descrita é susceptível de configurar, em abstracto, a prática, pelo denunciado, de factos eventualmente integrantes do crime de ofensa à integridade física simples, p. e p. pelos artigos 143.º, n.º 1, do Código Penal.

A fls. 20 dos autos, em declarações prestadas no posto da GNR de ..., David ... desistiu da queixa apresentada.
O denunciado não chegou a ser constituído arguido.

O crime de ofensa à integridade física simples reveste natureza semi-pública, pois o respectivo procedimento criminal depende de queixa do ofendido – cf. artigo 143.º, n.º 2, do Código Penal – podendo aquele desistir da queixa nos termos do disposto no artigo 116.º, n.º 2, do Código Penal.

Assim, ao abrigo das citadas disposições legais e do preceituado nos artigos 116.º, n.º 2, do Código Penal e 51.º, n.º 2, 1.ª parte, do Código de Processo Penal, não havendo arguido constituído, homologo a desistência da queixa, por válida e relevante.

Em consequência da acima referida desistência de queixa e da homologação da mesma, carece o Ministério Público de legitimidade para fazer prosseguir a respectiva acção penal – cf. artigo 51.º, n.º 1, do Código de Processo Penal – e, por isso, determino o arquivamento dos autos por inadmissibilidade legal do procedimento criminal, nos termos do estatuído no artigo 277.º, n.º 1, do Código de Processo Penal.

Cumpra o disposto no artigo 277.º, n.º 3, do Código de Processo Penal.

Processei, imprimi, revi e assinei o texto, seguindo os versos em branco (art. 94.º/2 do Código de Processo Penal).

..., ...

O Procurador-Adjunto

II.8.2. Desistência de queixa

CLS.
Inquérito n.º

*

Estando em tempo (artigo 116.º, n.º 2, do Código Penal), tendo legitimidade (artigo 113.º, n.º 1, do Código Penal) e a tal não se opondo nem a natureza semipública do crime de dano (cf. artigo 212.º, n.ºs 1 e 3, do Código Penal) nem o arguido (cf. fls. ...), nos termos do artigo 51.º, n.º 2, do Código de Processo Penal homologo a desistência de queixa apresentada.

Em consequência, por inadmissibilidade legal, decorrente da falta de legitimidade do Ministério Público, nos termos dos artigos 51.º, n.º 1, e 277.º, n.º 1, do Código de Processo Penal, determino o arquivamento dos autos.

Cumpra o disposto no artigo 277.º, n.º 3, do Código de Processo Penal.

*

Processei, imprimi, revi e assinei o texto, seguindo os versos em branco (art. 94.º/2 do Código de Processo Penal).

..., ...

O Procurador-Adjunto

II.9. Inimputabilidade em razão da idade

CLS.
Inquérito n.º

Os presentes autos iniciaram-se com a denúncia de um furto ocorrido no dia 14 de Dezembro de 2007, nas instalações da Escola do 1.º Ciclo do Ensino Básico de ..., relatando que um dos vidros traseiros da escola foi partido, uma grade foi puxada e dobrada, foram consumidos alguns produtos do cabaz de Natal, foram retiradas tintas e dois sprays (um dourado e um prateado), no valor de 200 € (duzentos euros), e foram mexidas e utilizadas chaves.

Procederem-se às diligências de investigação tidas por pertinentes com vista ao apuramento dos factos denunciados e à identificação do(s) seus (s) autor(es).

Foi inquirido José ... (fls. 6) que, na qualidade de Vereador do Pelouro da Educação da Câmara Municipal de ..., disse desejar procedimento criminal contra os autores dos factos, fazendo prova da sua legitimidade para a apresentação da queixa, esclareceu desconhecer a identificação daqueles mesmos autores e acrescentou que a Câmara Municipal despendeu cerca de 100 euros com a reparação da janela e do vidro partidos.

Manuel ... (fls. 8), professor da Escola E B 2,3 de ... disse confirmar os factos aqui em investigação, desejar procedimento criminal contra o(s) autor(es) dos mesmos e acrescentou que os dois sprays e as tintas retirados da Escola Primária de ... têm um valor de cerca de 20 euros.

Carla ... (fls. 10), professora da Escola Básica do 1.º Ciclo de ... confirmou os factos noticiados e referiu que a auxiliar de acção educativa Maria João... lhe disse que, no dia dos factos, viu que passaram pela escola três jovens, contudo desconhece se os mesmos estarão relacionados com os factos descritos.

Face ao depoimento da testemunha Carla ..., foi inquirida Maria João ... (fls. 11), auxiliar de acção educativa da Escola do 1.º Ciclo de ..., que disse ter visto, no dia em que ocorreram os factos objecto do presente inquérito, dois jovens, com idades compreendidas entre os 14 e os 15 anos, a olharem insistentemente para a escola. Esclareceu ainda que um desses jovens já havia frequentado a escola e se chamava André, desconhecendo a identificação do outro. Disse, por fim, ter ouvido comentários feitos por Carlos ... sobre esses mesmos jovens e a sua eventual intervenção nos factos aqui em investigação.

Perante o depoimento da testemunha Maria João ..., foi inquirido Carlos Nelson ... (fls.12) que disse ter visto, em data que não pôde precisar, por volta das 16h30, dois jovens perto da Escola de ..., tendo-os reconhecido como sendo o André, filho do Sr. António ... e o Gil, filho do José ..., ambos residentes em .... Referiu também ter verificado que, no dia seguinte aos factos denunciados, havia vários desenhos feitos com tinta dourada e prateada, quer numa sebe de uma residência, em ..., quer no pontão da feira, em ....

No dia 15 de Dezembro de 2007, pelas 10h30, uma equipa do Núcleo de Investigação Criminal do Destacamento Territorial de ... deslocou-se à Escola do 1.º Ciclo do Ensino Básico de ..., tendo concluído que os assaltantes se terão introduzido na Escola através do arrombamento de uma grade de segurança da janela traseira e partindo o vidro. Não procederam a inspecção lofoscópica visto que não existiam vestígios visíveis (fls. 14).

Foram inquiridos, na qualidade de testemunhas, André ... (fls. 26) e Virgílio ... (fls. 27) que, embora de forma não coincidente, disseram que o segundo partiu, com uma pedra, o vidro da escola e que um deles ou ambos retiraram os objectos referidos na queixa do interior da escola, mas sem se introduzirem, por completo, no interior daquele estabelecimento, apenas introduzindo um braço.

Os factos denunciados são susceptíveis de configurar, em abstracto, a prática de um crime de furto qualificado, p. e p. no artigo 204.º, n.º 2, al. e), do Código Penal, posto que o conceito de penetração aí plasmado se basta com a entrada parcial para concretização da subtracção (cf. neste sentido: Acórdão da Relação de Lisboa, de 29-01-2003; N.º Convencional: JSTJ000; Relator: Lourenço Martins; N.º do Documento: SJ200301290045273; Processo no Tribunal Recurso: 880/02).

Constata-se, no entanto, da análise das certidões dos assentos de nascimento de Virgílio ... (fls. 21) e de André ... (fls. 24) que o primeiro nasceu a 15 de Agosto de 1993 e o segundo a 15 de Julho de 1995, pelo que tinham, à data dos factos, respectivamente, 14 e 12 anos.

Ora, o Código Penal estipula no artigo 19.º que "Os menores de 16 anos são inimputáveis".

Com efeito, consagrou-se nesse artigo que, em razão da idade, os menores de 16 anos são absolutamente inimputáveis e, em consequência, não estão sujeitos a medidas de natureza criminal. Mesmo que pratiquem factos que integrem, em termos objectivos, um ilícito criminal, apenas lhes poderão ser aplicadas, em processo próprio, medidas tutelares, nos termos da Lei Tutelar Educativa.

O sistema jurídico-penal português, fundamentado no princípio da culpa, pressupõe a liberdade de decisão, pois só assim se poderá considerar responsável o agente por ter praticado o facto em vez de dominar os impulsos criminosos e a capacidade para os valorar. Só quem atingiu determinada idade e não sofre de graves perturbações psíquicas possui o mínimo de capacidade de autodeterminação que o ordenamento jurídico requer para a responsabilidade jurídico-penal. A idade apresenta-se, pois, em primeiro lugar na formulação de um juízo de culpa.

Antes de alcançada a maturidade biológica reflectida na idade não pode formular-se um juízo de culpa (imputabilidade), como acontece com os menores de 16 anos.

Aqueles que, ao tempo do facto, não têm ainda 16 anos são inimputáveis, o que quer dizer que o legislador nega, de forma geral, que abaixo desta idade exista capacidade de determinação, sem ter que se averiguar o estado de desenvolvimento individual da pessoa envolvida. O factor biológico (menoridade de 16 anos) é, por si só, suficiente para criar a inimputabilidade, ou seja, mesmo que o menor de 16 anos (que praticou um facto ilícito típico) tenha capacidade intelectual e volitiva, não responde criminalmente (a este propósito, *vide,* na doutrina, Manuel Lopes Maia Gonçalves, *Código Penal Português, anotado e comentado,* Almedina, 16.ª edição, 2004, pág. 113 e Manuel de Oliveira Leal-Henriques e Manuel José Carrilho de Simas Santos, *Código Penal Anotado,* Editora Rei dos Livros, 3.ª edição, 2002, pág. 259).

Uma vez que Virgílio ... e André ... tinham, à data dos factos, respectivamente, 14 e 12 anos, de harmonia com o disposto no artigo 19.º do Código Penal não são susceptíveis de responsabilidade penal.

Assim sendo, determino o arquivamento dos autos, nos termos do artigo 277.º, n.º 1, *in fine*, do Código de Processo Penal.

Cumpra o disposto no artigo 277.º, n.º 3, do Código de Processo Penal.

*

O facto de os menores serem inimputáveis não significa que, tendo idade compreendida entre os 12 e os 16 anos, não seja possível aplicar-lhes uma medida tutelar educativa, nos termos da Lei Tutelar Educativa.

Com efeito, os menores terão eventualmente praticado um facto qualificado pela lei como crime, ao que acresce que da prova recolhida resulta a necessidade de correcção da personalidade dos menores, a sua educação para o direito, pelo que extraia certidão deste despacho, de fls. 26 e 27 e registe e autue como processo tutelar educativo relativamente aos menores Virgílio ... e André ...

***

Processei, imprimi, revi e assinei o texto, seguindo os versos em branco (art. 94.º/2 do Código de Processo Penal).

..., ...

O Procurador-Adjunto

II.10. Suicídio

CLS.
Inquérito n.º

Iniciaram-se os presentes autos com a notícia da morte de Maria do Céu ..., no dia 11 de Dezembro de 2007, entre as 15h00 e as 16h40, ...

A falecida foi encontrada num tanque cheio de água, existente no quintal da sua residência, em ... com um cordel de nylon azul atado ao pescoço e a um bloco de cimento, estando este no fundo do tanque.

A falecida deixou um bilhete escrito, junto a fls. 5 dos autos.

Do certificado de óbito, cuja cópia se encontra a fls. 9, consta como causa da morte "afogamento por suicídio?".

Assim sendo, visto tratar-se de uma situação de morte violenta e de a sua causa não se encontrar determinada com segurança, foram efectuadas diligências no âmbito do inquérito, tendentes a averiguar da existências de factos indicadores da prática de qualquer crime.

Em conformidade com o artigo 18.º, n.º 1 da Lei n.º 45/2004, de 19.08, foi realizada autópsia médico-legal à vítima.

Os peritos médico-legais concluíram, no relatório de autópsia de fls. 16 a 22 que "a morte de Maria do Céu ... foi devida a afogamento", que "tal quadro constituiu causa de morte violenta" e que "o exame necrópsico não revelou a presença de lesões traumáticas ou seus vestígios", contudo acrescentaram os peritos que "apenas do ponto de vista forense não é possível o diagnóstico diferencial entre suicídio e homicídio". Por fim, disseram ainda que "a análise toxicológica feita ao sangue não revelou presença de tóxicos".

Foi inquirido Alípio ... (fls. 6), marido da falecida, que disse ter saído de casa, no dia 11 de Dezembro de 2007, por volta das 14h10, e regressado, nessa mesmo dia, pelas 16h30.

Referiu que, quando chegou a casa, procurou pela sua mulher e não a encontrou, tendo, porém, descoberto um papel por ela escrito, pelo que ligou de imediato às autoridades.

Acrescentou que a sua esposa já há algum tempo andava a dizer coisas estranhas e que estava a fazer um tratamento com calmantes.

Por fim disse que, quando chegou a Guarda, encontrou a sua esposa dentro de um tanque existente no quintal.

Joaquim ..., filho da falecida, inquirido a fls. 7, disse que, no dia 11 de Dezembro de 2007, por volta das 15h20, recebeu um telefonema do seu pai a alertá-lo para o desaparecimento da sua mãe e a dizer que esta havia deixado um papel escrito.

Acrescentou que a sua mãe andava a fazer um tratamento com calmantes.

Esclareceu ainda que, por volta das 16h30, a sua mãe foi localizada dentro do tanque do quintal.

Por fim disse não haver suspeitas de crime.

Firmino ..., vizinho da falecida, inquirido a fls. 8, disse que soube do desaparecimento da falecida pelo marido desta.

Acrescentou ainda que a falecida andava normal, não dando a perceber que cometesse qualquer acto.

Da análise do bilhete deixado por Maria do Céu ..., junto aos autos a fls. 5, resulta que a mesma se terá colocado voluntariamente dentro do tanque.

Das diligências encetadas, nomeadamente da inquirição das testemunhas acima referidas e do relatório da autópsia médico-legal efectuada, não foram recolhidos indícios da prática de qualquer crime.

Assim, face à ausência de indícios de verificação de qualquer crime, ao abrigo de preceituado no artigo 277.º, n.º 2, do Código de Processo Penal, determino o arquivamento dos autos, sem prejuízo da sua reabertura caso surjam novos elementos de prova que invalidem os fundamentos ora invocados, nos termos do disposto no artigo 279.º, n.º 1, do Código de Processo Penal.

Cumpra o disposto no artigo 277.º, n.º 3, do Código de Processo Penal.

Processei, imprimi, revi e assinei o texto, seguindo os versos em branco (art. 94.º/2 do Código de Processo Penal).

..., ...

O Procurador-Adjunto

III.
SUSPENSÃO PROVISÓRIA DO PROCESSO

III.1. Crime de violência doméstica agravada (artigo 152.º, n.ºs 1, al. a), e 2, do Código Penal)

Inquérito n.º ...

SUSPENSÃO PROVISÓRIA DO PROCESSO

Os presentes autos iniciaram com um auto de denúncia, de acordo com o qual, no dia 28 de Janeiro de 2008, JP desferiu murros na cabeça e pescoço da sua mulher, MP, quando se encontravam na residência do casal, sita na Rua ...

Ainda de acordo com tal auto, no dia 27 de Janeiro de 2008 e em datas anteriores não determinadas, JP dirigiu-se à sua mulher dizendo que esta é doente mental, bem como dizendo "chulos, só querem o meu dinheiro, parasitas, vocês querem que eu morra para ficarem com o meu dinheiro".

No âmbito do presente inquérito procederam-se às diligências tidas por convenientes, designadamente procedeu-se à inquirição da ofendida, que confirmou o conteúdo do auto de denúncia (fls. ...) e requereu a aplicação da suspensão provisória do processo (fls. 36).

JP foi constituído arguido e interrogado nessa qualidade e admitiu ter dado um ou dois murros a MP (fls. ...). Interrogado novamente, concordou com a aplicação da suspensão provisória do processo, mediante a injunção de entregar a quantia de € 400 (quatrocentos euros) à Associação para o Desenvolvimento Social e Cultural de ..., no prazo de 15 dias a contar da data em que for para tal notificado (fls. 65).

Resulta, ainda, dos autos que o arguido não tem antecedentes criminais (fls. ...) e referiu nunca lhe ter sido aplicada suspensão provisória do processo, o que não foi contrariado pela vítima (fls. ...).

Das diligências realizadas no âmbito do presente inquérito resulta suficientemente indiciada a prática, pelo arguido JP, de um crime de violência doméstica agravada, p. e p. pelo artigo 152.°, n.ºs 1, al. a) e 2, do Código Penal.

A lei processual penal prevê três formas de o Ministério Público encerrar um inquérito no qual se verifiquem indícios suficientes da prática de um determinado facto ilícito típico: a acusação, o arquivamento em caso de dispensa de pena e a suspensão provisória do processo.

No caso dos autos, importa averiguar se se verificam os requisitos de que depende a aplicação da suspensão provisória do processo, prevista nos artigos 281.° e 282.° do Código de Processo Penal. Vejamos.

O instituto da suspensão provisória do processo tem subjacentes ideias de consenso, oportunidade, não publicidade, ressocialização e diversão ou desjudiciarização, procurando evitar a condenação e a audiência de julgamento e, desta forma, obstar ao efeito estigmatizante para o arguido e potenciar a sua reintegração na sociedade.

O referido instituto introduz, assim, um importante desvio ao princípio da legalidade, no sentido da oportunidade, assumindo-se como verdadeira alternativa ao despacho de acusação.

Todavia, para afastar a ideia de impunidade, indesejável de um ponto de vista de prevenção geral, este instituto prevê a imposição ao arguido de injunções e regras de conduta, que surgem, assim, como equivalentes funcionais da sanção penal típica, visando a realização das mesmas finalidades das penas.

Importa averiguar se, neste caso concreto, se verificam os requisitos de que a lei faz depender a aplicação do instituto da suspensão provisória do processo aos casos de violência doméstica, previstos no artigo 281.°, n.° 1, als b) e c), por força do n.° 7 do mesmo artigo, do Código de Processo Penal, a saber:

– Crime de violência doméstica não agravado pelo resultado;
– Requerimento livre e esclarecido da vítima;
– Ausência de condenação anterior por crime da mesma natureza;
– Ausência de aplicação anterior de suspensão provisória do processo por crime da mesma natureza;
– Concordância do arguido;
– Concordância do juiz de instrução.

Ora resulta dos autos que o arguido praticou um crime de violência doméstica agravada pelo facto de a conduta maltratante ter ocorrido no domicílio comum, não se verificando nenhum facto susceptível de integrar as alíneas do n.º 3 do artigo 152.º do Código Penal, portanto trata-se de um crime de violência doméstica não agravado pelo resultado.

Conforme acima referido, a vítima concordou com a suspensão provisória do processo, pelo que tal instituto foi requerido de forma livre e esclarecida.

Acresce que o arguido não tem antecedentes criminais, conforme resulta do seu certificado de registo criminal junto a fls. 37 e não há notícia de que lhe tenha sido alguma vez aplicada a suspensão provisória do processo por qualquer crime.

Resulta ainda dos autos que o arguido concordou com a aplicação do instituto da suspensão provisória do processo (fls. ...).

Quanto à injunção concreta a aplicar ao arguido, não obstante a vítima e o próprio arguido terem, inicialmente, concordado com a injunção de prestar 80 horas de trabalho a favor da comunidade (fls. ...), posto que o arguido padece de problemas de saúde que obstam ou tornam demasiado penoso o cumprimento desta injunção (cf. relatório da Direcção-Geral de Reinserção Social de fls. ...), entende-se que a entrega da quantia de € 400 (quatrocentos euros) à Associação para o Desenvolvimento Social e Cultural de ... é mais adequada e cumpre de igual forma os objectivos do instituto da suspensão provisória do processo, sendo certo que o arguido concordou também com esta injunção (fls. ...).

Face ao exposto é de concluir que a suspensão provisória do processo com a injunção acima mencionada, permite preencher o propósito que preside ao mecanismo previsto no artigo 281.º do Código de Processo Penal, estando verificados os restantes requisitos de que depende a sua aplicação

Nestes termos, determina-se a suspensão provisória do processo, sob a injunção de entregar, no prazo de 20 dias, a quantia de € 400 (quatrocentos euros) à Associação para o Desenvolvimento Social e Cultural de ... e fazer prova, no mesmo prazo, de tal entrega juntando aos autos o respectivo recibo emitido por tal instituição, no qual deverá constar que a mesma se destina ao cumprimento de injunção judicial.

Prazo da suspensão: o necessário ao cumprimento da injunção nos termos fixados.

Remeta os autos ao Meritíssimo Juiz de Instrução nos termos e para os efeitos do disposto no artigo 281.°, n.° 6, do Código de Processo Penal.

<small>Processei, imprimi, revi e assinei o texto, seguindo os versos em branco (artigo 94.°, n.° 2, Código de Processo Penal)</small>

Local, data

O Procurador-Adjunto

III.2. Crime de condução de veículo automóvel em estado de embriaguez em processo sumário (artigos 69.º, n.º 1, al. a), e 292.º, n.º 1, do Código Penal)

N.U.I.P.C N.º

***

DESPACHO

SUSPENSÃO PROVISÓRIA DO PROCESSO

1) dos <u>Factos</u>

Resulta indiciariamente provado que, no dia …/…/…, cerca das 11h05, em …o arguido:

Tiago André …,

conduzia o veículo ligeiro de matrícula …, com uma TAS de 1,20 gr/l.

Mais se apura que actuou de forma livre, deliberada e consciente, bem sabendo que a sua conduta era proibida e punida por lei penal.

Com interesse para os autos apurou-se ainda que o arguido mostra sério arrependimento.

O arguido está desempregado, mas mostra-se socialmente inserido.

O arguido não tem antecedentes criminais e não existe registo de que tenha beneficiado de suspensão provisória por idêntico crime.

Vinha da comemoração do seu aniversário.

2) da Integração Jurídica

Os factos descritos integram a previsão dos artigos 69.°, n.° 1, al. a), e 292.°, n.° 1, do Código Penal – crime de condução de veículo automóvel em estado de embriaguez, punível com pena de prisão até 1 ano ou com pena de multa até 120 dias, a que acresce a sanção acessória de inibição de conduzir entre três meses e três anos.

Trata-se de um crime que tem subjacente a protecção do bem SEGURANÇA.

Elemento do crime é a culpa, que constitui na sua génese a capacidade de um indivíduo se motivar de acordo com as normas que regem a sociedade onde se encontra inserido.

No caso concreto o arguido reconhece as implicações da sua conduta e demonstra sincero arrependimento, que se traduz em poder afirmar-se que o acto praticado não passou de um acto isolado e que o arguido foi como que "arrastado" pelas circunstâncias para a sua prática o que lhe diminuiu a capacidade de optar por uma conduta normativa.

Não resultaram consequências para terceiros da conduta do arguido.

3) da Natureza da Suspensão Provisória do Processo

O instituto da suspensão provisória do processo constitui uma formulação prática do princípio da oportunidade.

Traduz a opção do legislador por uma solução político-criminal inspirada na ideia da obtenção de uma solução consensual entre os vários sujeitos processuais.

Tem lugar quando estejam reunidas três condições cumulativas:

1.°– subjectiva – ausência de grau elevado de culpa do agente, não subsistindo interesse público a reclamar a perseguição criminal;

2.°– objectiva – reduzida gravidade da ilicitude ou danosidade social;

3.°– índole político-criminal – dispensabilidade da pena do ponto de vista da prevenção geral, se não mesmo a sua inconveniência de uma perspectiva de prevenção especial.

No caso concreto da condução sob o efeito do álcool, é dramática a ineficácia da Justiça a este nível, não obstante a severidade com que os tribunais vêm reagindo contra a situação, aplicando medidas de inibição efectivas.

O interesse público e a consequente perseguição criminal tem de assentar em princípios pedagógicos de prevenção, no sentido da educação cívica e para o direito e não de repressão.

Só com a interiorização do desvalor da acção, através do confronto com os seus valores, poderá o arguido estar desperto para a adopção de comportamentos diferentes.

Estas as razões subjacentes à justificação da proposta das injunções que se seguem.

4) dos Pressupostos da Suspensão Provisória do Processo

Nos termos e para efeitos do disposto no artigo 281.º do Código de Processo Penal importa considerar que:

    a) o arguido concordou com a injunção proposta;

    b) nunca beneficiou do instituto da suspensão provisória por crime da mesma natureza, sendo primário;

    c) a culpa é atenuada, pois vinha do seu aniversário, não dando lugar a acidente e até pela taxa de álcool apurada;

    d) a injunção proposta e aceite pelo arguido é a resposta adequada e necessária ao conflito subjacente.

5) da Conclusão

Reunidas as suas condições de aplicabilidade, nos termos do disposto no artigo 281.º, n.ºs 1 e 2, al. m), do Código de Processo Penal, **determino a remessa dos autos a juízo, sob a forma sumária, propondo-se, nos termos do disposto no artigo 281.º, por remissão do artigo 384.º, ambos do Código de Processo Penal, a suspensão provisória do processo** sob as seguintes injunções:

    1. Entrega da sua carta de condução nestes autos, no prazo de 15 dias a contar da notificação do despacho judicial que determinar a suspensão provisória, sem averbamento da inibição no registo individual de condutor do arguido, ficando a mesma apreendida por quatro meses; e

2. Prestação de 100 horas de trabalho a favor da comunidade, em entidade, nos termos e sob a orientação da Direcção-Geral de Reinserção Social.

Processei, imprimi, revi e assinei o texto, seguindo os versos em branco (art. 94.º, n.º 2, do Cód. Proc. Penal).

..., ...

O Procurador-Adjunto

IV.
MENORES

IV.1. Acção Especial de Regulação do Exercício das Responsabilidades Parentais

Exmo. Sr. Juiz de Direito do
Tribunal Judicial de ...

O Ministério Público, ao abrigo do disposto nos artigos 175.º e segs. e 183.º, n.ºs 1 e 3, da Organização Tutelar de Menores (aprovada pelo Decreto-Lei n.º 314/78, de 27 de Outubro), artigo 1911.º, n.º 2, do Código Civil (na redacção da Lei n.º 61/2008, de 31 de Outubro) e 3.º, n.º 1, al. p), e 5.º, n.º 1, al. g), do Estatuto do Ministério, vem propor

ACÇÃO ESPECIAL DE REGULAÇÃO DO EXERCÍCIO DAS RESPONSABILIDADES PARENTAIS

Contra:
        J...; e
        M...,

Com os seguintes fundamentos:

1.º

O requerente pretende ver regulado o exercício das responsabilidades parentais em relação ao menor D..., nascido a .../.../..., em ... (Doc.1).

2.º

O menor é filho dos requeridos (Doc. 1).

3.º

Os requeridos não são casados entre si, viveram em comunhão de cama, mesa e habitação desde o ano de ... até ao mês de ... do ano de ..., altura em que se separaram.

4.º
O menor reside com a requerida.
5.º
Os requeridos não estão de acordo sobre a forma do exercício das responsabilidades parentais e não revelam maturidade relacional para que seja instituído o exercício em comum de tais responsabilidades, atenta a dificuldade de diálogo e o conflito relacionar ainda existente entre ambos.
6.º
Impõe-se, assim, fixar os termos em que o poder paternal deverá ser exercido.

D. e A., a presente acção, devem ser citados os RR para a conferência a que se refere o artigo 175.º da O.T.M., com vista à decisão sobre o destino do menor, visitas e alimentos, seguindo-se depois os demais trâmites legais até final.

Valor: € 30.000,01 (trinta mil euros e um cêntimo).

Junta: certidão de nascimento e duplicados legais.

O Procurador-Adjunto

IV.2. Acção de Incumprimento da Prestação de Alimentos

**Exmo. Sr. Juiz de Direito do
Tribunal Judicial da ...**

O **Ministério Público**, ao abrigo do disposto nos artigos 181.º, n.º 1, da Organização Tutelar de Menores (aprovada pelo Decreto-Lei n.º 314/78, de 27 de Outubro), e 3.º, n.º 1, al. a), e 5.º, n.º 1, al. c), do Estatuto do Ministério Público, vem propor,

ACÇÃO DECLARATIVA DE CONDENAÇÃO,
COM PROCESSO DE JURISDIÇÃO VOLUNTÁRIA,
DE INCUMPRIMENTO DA PRESTAÇÃO DE ALIMENTOS

Contra
        António, residente na ...,

Nos termos e com os seguintes fundamentos:

1.º
O menor Igor nasceu no dia 29 de Dezembro de 1999 e a menor Marta nasceu no dia 3 de Janeiro de 2005 e são filhos do requerido e de Luísa (documentos n.ºs 1 e 2) e residem com a mãe, no ...

2.º
Por decisão proferida em 15 de Maio de 2007, no processo de divórcio por mútuo consentimento que correu os seus termos na Conservatória do Registo Civil da ..., sob o n.º ..., foi decretado o divórcio do requerido e de Luísa e foram homologados os acordos quanto à regulação do poder

paternal dos filhos menores e quanto à casa de morada de família (documento n.º 3).

3.º
No acordo quanto à regulação do exercício das responsabilidades parentais ficou assente que os menores Igor e Marta ficavam à guarda e cuidados da mãe, a quem competia o exercício do poder paternal, foi estabelecido um regime de visitas e o pai, aqui requerido, ficou obrigado a contribuir com a quantia mensal de € 75 por cada menor, no valor global de € 150 (cento e cinquenta euros), a pagar através de transferência bancária ou depósito em conta bancária titulada por Luísa, até ao dia 5 do mês a que disser respeito.

4.º
Sucede que o requerido não efectuou nenhuma transferência bancária ou depósito em conta bancária titulada por Luísa.

5.º
Pelo que, na presente data, a quantia total em dívida ascende a 1.950 € (mil novecentos e cinquenta euros).

Nestes termos, D. e A. a presente acção, devem ser convocados os pais dos menores para uma conferência (artigo 181.º, n.º 2 da OTM), seguindo-se os demais termos até final.

Valor: € 30.000,01 (trinta mil euros e um cêntimo)

Junta: 3 (três) documentos e duplicados legais.

O Procurador-Adjunto,

IV.3. Acção de Limitação do Exercício das Responsabilidades Parentais

                                      Exmo. Sr. Juiz de Direito do Tribunal Judicial da ...

    O **Ministério Público**, por <u>apenso ao Processo de Promoção e Protecção n.º 2527/07.4TBFIG, do 1.º Juízo deste Tribunal,</u> (artigo 154.º, n.ºs 1 e 2 da Organização Tutelar de Menores, aprovada pelo Decreto-Lei n.º 314/78, de 27 de Outubro), nos termos dos artigos 194.º a 198.º da Organização Tutelar de Menores e 3.º, n.º 1, al. p), e 5.º, n.º 1, al. g), do Estatuto do Ministério Público, vem propor

ACÇÃO TUTELAR DE LIMITAÇÃO AO EXERCÍCIO DAS RESPONSABILIDADES PARENTAIS

Em benefício da menor:

A...

Contra:

    SE ...,
    FF ...

Nos termos e com os seguintes fundamentos:

                    1.º

A menor A nasceu no dia 18 de Setembro de 1996 e é filha dos réus (documento n.º 1).

2.º
Os réus não casaram um com o outro e a menor reside, desde bebé, com os avós maternos – AE e ME – e com duas tias e um tio maternos,

3.º
Numa casa que dispõe de cozinha, 3 quartos e uma casa de banho,

4.º
Na qual partilha um dos quartos com as tias, dispondo de cama própria.

5.º
Até ao final do mês de Outubro de 2007, SE (mãe da menor) e o seu marido residiram num anexo junto à casa dos avós de A, dispondo de um quarto e uma cozinha.

6.º
Actualmente residem em …

7.º
O padrasto da A tem hábitos alcoólicos e fala com rispidez,

8.º
Razão pela qual a menor sente medo de estar com ele.

9.º
A mãe da menor mostrou vontade de levar a menor para viver consigo e com o seu marido, o que colocaria a menor numa situação de perigo, face à incapacidade que revelou para zelar pela segurança e saúde da menor, o que a determinou a entregar a menor aos avós maternos desde bebé.

10.º
A menor não tem quaisquer contactos com o pai, o aqui réu FF, que não a procura.

11.º
Por conseguinte, nenhum dos progenitores da menor se encontra em condições de cumprir a totalidade dos seus deveres para com a menor.

12.º
O rendimento do agregado onde a menor está inserida é constituído pelo vencimento do avô AE, no valor de € 450 (quatrocentos e cinquenta euros).

13.º
Ao nível escolar, a menor apresenta um bom desempenho, é cumpridora, revela gosto pela escola, não teve dificuldades de integração pese embora num primeiro momento se mostrasse introvertida, é meiga, prestável e correcta.

14.º
Foi instaurado processo de promoção e protecção, com o n.º ..., do 1.º Juízo deste Tribunal, relativo à menor A, porém, considerando que as medidas de promoção e protecção têm uma duração máxima e visam pôr cobro a uma situação de perigo (v. artigos 3.º, n.ºs 1 e 2, 35.º, à excepção da al. g) do n.º 1, 60.º e 61.º da Lei de Protecção de Crianças e Jovens em Perigo, aprovada pela Lei n.º 147/99, de 1 de Setembro), é necessário definir a situação futura da A e assegurar que a menor beneficia de orientação psicopedagógica e de apoio que permitam um adequado desenvolvimento, acompanhamento, supervisão e estabilidade, o que só será possível com a adopção de uma providência tutelar cível.

15.º
Deve ser estabelecido um regime de visitas da menor aos pais, sobretudo à mãe, de modo a manter e solidificar o relacionamento entre ambas.

16.º
Os pais da menor devem ficar obrigados a suportar o montante que vier a ser fixado a título de alimentos.

Nestes termos, requer-se que, D. e A. a presente acção, se ordene a realização de inquérito sobre a situação moral e económica dos requeridos e de AE e ME (avós da menor) e, realizadas as pertinentes diligências, seja definida a situação da menor, designadamente:
– **Limitando o exercício das responsabilidades parentais dos requeridos sobre a sua filha A (artigos 194.º a**

198.° da OTM e 1918.° do Código Civil), na modalidade de confiança da menor à guarda e cuidados de AE e ME, seus avós maternos (artigos 194.° a 198.° da OTM e 1918.° do Código Civil);

– Estabelecendo um regime de visitas aos pais (artigo 1919.°, n.° 2, do Código Civil);

– Fixando o valor da prestação de alimentos a cargo dos réus (artigo 1917.° do Código Civil, por maioria de razão).

Mais se requer a audição da menor A, ao abrigo do disposto no artigo 12.° da Convenção sobre os Direitos da Criança (Resolução n.° 44/25 da Assembleia Geral das Nações Unidas, de 20 de Novembro de 1989, Resolução da Assembleia da República n.° 20/90, de 12 de Setembro; Decreto do Presidente da República n.° 49/90, de 12 de Setembro).

Valor: € 30.000,01 (trinta mil euros e um cêntimo)

Junta: 1 (um) documento e duplicados legais

Rol de testemunhas: (...)

O Procurador-Adjunto

IV.4. Acção Tutelar Comum – Instituição de Tutela

**Exmo. Sr. Juiz de Direito do
Tribunal Judicial de ...**

O Ministério Público vem, ao abrigo do disposto nos artigos 146.º, al. a), 149.º e 210.º da Organização Tutelar de Menores, aprovada pelo Decreto-Lei n.º 314/78, de 27 de Outubro), 3.º, n.º 1, al. p), e 5.º, n.º 1, al. g), do Estatuto do Ministério, e artigos 124.º, 1921.º, n.º 1, als. c), 1923.º, n.º 1, 1927.º e 1931.º do Código Civil, propor

ACÇÃO TUTELAR COMUM COM VISTA À INSTITUIÇÃO DE TUTELA

em benefício da menor:

Vanessa ..., nascida a .../.../..., em ...,

Contra:

– Maria...
– Custódio...

nos termos e com os fundamentos seguintes:

1.º

A Vanessa ... é filha de Maria ..., divorciada, residente em parte incerta, com último endereço conhecido em ..., constando também do seu assento de nascimento que é filha de Custódio ..., divorciado, pedreiro e residente na rua ..., em ...,

2.º
O averbamento de paternidade esse que apenas foi efectuado com base na presunção do artigo 1826.º, n.º 1, do Código Civil, posto que, na altura, a mãe da menor era casada com o Custódio ... e não afastou tal presunção,

3.º
Tendo sido interposta acção de impugnação de paternidade em representação da menor, que deu lugar à Acção Ordinária n.º .../..., do ... Juízo deste Tribunal Judicial de ..., onde a menor é representada pela sua avó materna Lurdes ..., casada, residente ...

4.º
O Custódio ... não reconhece a paternidade da menor,

5.º
E a Maria ... atribui a paternidade da menor a um tal António ..., residente em ...

6.º
A menor Vanessa ... foi entregue pela mãe aos cuidados de Margarida ..., viúva, reformada, residente em ..., com três meses de idade,

7.º
Ausentando-se para parte incerta desde então

8.º
E nunca mais visitando ou contactando a menor.

9.º
Desde os referidos três meses de idade que tem sido, pois, a Margarida ... a cuidar da menor, alimentando-a, vestindo-a, ensinando-a a andar, a falar, a comer e assim se estabelecendo entre ambas uma relação em tudo idêntica à que os pais têm com os seus filhos.

10.º
Os familiares da mãe da menor também nunca a procuraram, salvo raras visitas realizadas há muito pelo avô materno, o qual, entretanto, deixou de aparecer em casa da Margarida ...,

11.º
Desinteressando-se da situação da sua neta.

12.º
O Custódio ... ou a sua família nunca se interessaram pela situação da menor, pelos motivos já indicados.

13.º
O António ... é pessoa desconhecida da menor.

14.º
A menor, por outro lado, não chegou a conhecer a mãe.
15.º
A Vanessa … frequenta desde Setembro o 1.º ano de escolaridade da escola Básica do …, no período da tarde,
16.º
Sendo a Margarida … ou o seu filho Gustavo …, solteiro, segurança, com esta última residente, de 48 anos de idade, que a vão levar e buscar à escola.
17.º
Até hoje a menor é assídua e pontual,
18.º
Com um rendimento escolar adequado.
19.º
A Vanessa … encontra-se inscrita no Centro de Saúde de …, sendo acompanhada pela médica de família Dr.ª …,
20.º
Apresentando um desenvolvimento normal para a sua idade.
21.º
A Margarida … é pessoa estimada pelos seus vizinhos e pessoas que a conhecem,
22.º
Tendo acolhido várias crianças na situação da Vanessa …,
23.º
A quem providenciou pelos cuidados necessários ao seu crescimento em segurança e com carinho,
24.º
Tendo todos uma grande adoração por ela,
25.º
Mantendo relações de afectividade mesmo depois de se autonomizarem.
26.º
Não obstante a idade da Margarida …, o certo é que foi a única "mãe" que a menor realmente teve.
27.º
Na residência onde a menor e a Margarida … habitam residem também o Gustavo … e Luísa …, solteira, doméstica,

28.º

Que conhecem a menor desde sempre e têm por ela grande amor e carinho, sendo figuras gratas à menor, em especial o Gustavo ..., seu padrinho.

29.º

Impõe-se assim a nomeação judicial de pessoa que represente a menor e zele pelos seus interesses, defendendo-os, ou seja, a nomeação de tutor à menor,

30.º

Constituído que seja e ouvido o Conselho de Família,

31.º

Tudo nos termos das disposições conjugadas dos artigos 1951.º, 1952.º, n.º 2, e 1931.º, todos do Código Civil.

***

Nestes termos, D. a A. a presente:

- Deverão ser nomeados vogais do Conselho de Família Luísa... e Gustavo ..., devendo este desempenhar o cargo de protutor; e

- Ouvido este, não havendo razões ponderosas em contrário, se designe tutora à menor Vanessa ... a Margarida ..., supra-identificada.

Valor: € 30.000,01 (trinta mil euros e um cêntimo).

Apresenta: 4 (quatro) documentos, duplicados e cópia legal.

***

Rol de Testemunhas: (...)

O Procurador-Adjunto

IV.5. Acção de Inibição do Exercício das Responsabilidades Parentais

Por apenso à Acção de Regulação
Do Exercício das Responsabilidades Parentais
n.º .../...
... Juízo

        Exmo. Sr. Juiz de Direito
        do Tribunal Judicial de ...

  O Ministério Público, ao abrigo do disposto nos artigos 146.º, al. i), 149.º, 155.º e 194.º e ss da Organização Tutelar de Menores, aprovada pelo Decreto-Lei n.º 314/78, de 27 de Outubro) e dos artigos 1915.º do Código Civil e 3.º n.º 1, al. p) e 5.º, n.º 1, al. g) ambos do Estatuto do Ministério Público, vem requerer, *por apenso à Acção de Regulação do Exercício das Responsabilidades Parentais supra-referida*, a instauração da presente

    ACÇÃO DE INIBIÇÃO DO EXERCÍCIO
    DAS RESPONSABILIDADES PARENTAIS

  Em benefício da menor Carolina ..., nascida a .../.../..., natural de ...

Contra:

      Manuel...., residente ...

Nos termos e com os seguintes fundamentos:

        1.º)
  A menor Carolina ..., nasceu a .../.../..., e é filha de Manuel ... e Maria ... – cf. certidão de nascimento que se junta como documento 1.

2.º)
No âmbito da acção n.º .../..., foi homologado, em .../.../..., o respectivo acordo de regulação do exercício do poder paternal, tendo a menor ficado à guarda e cuidados da mãe – cf. doc. 2.

3.º)
Por seu turno, fixou-se o seguinte regime de visitas da menor ao progenitor: "O pai poderá estar com a menor aos Domingos, entre as 15.00 horas e as 17.00 horas, sem prejuízo de outro convívio solicitado pelo pai e dentro da disponibilidade da mãe e da menor."

4.º)
Sucede que, o pai da menor apenas esteve com a criança em dois fins-de-semana, sendo que, desde fins de Abril de 2002, nunca mais esteve com ela – cf. doc. 3.

5.º)
Realizou-se nova conferência de pais, em 12 de Junho de 2002, onde se tentou efectuar acordo entre ambos os pais, o que não foi possível, e onde se solicitou ao IRS a elaboração de relatório social sobre os progenitores da menor– cf. doc. 4.

6.º)
No relatório social respeitante ao requerido é referido que este "não parece preocupado com as necessidades da filha." – cf. doc. 5.

7.º)
Também ali é feita referência ao facto do requerido não ter procurado a filha, sendo que este não o faz por dificuldades de relacionamento com a requerida e a mãe desta.

8.º)
Atenta a informação anterior, decidiu-se convocar o requerido para prestar declarações acerca do seu não cumprimento do direito de visitas – cf. doc. 6.

9.º)
Nessa medida, foi convocado para nova diligência, que teve lugar no dia 03 de Dezembro de 2002, e onde o progenitor se comprometeu a cumprir o regime de visitas estipulado o que iria começar a fazer no fim-de-semana seguinte – cf. doc. 7.

10.º)
Contudo, o mesmo voltou a não exercer o seu direito de visitas em relação à menor – cf. doc. 8.

11.º)
Por essa razão, foi convocada nova conferência de pais, realizada em 6 de Maio de 2003, tendo-se apurado que o progenitor da menor, desde Março e até fins de Abril de 2003, esteve com a menor, aos Domingos, durante cerca de três horas, num café da zona da sua residência – cf. doc. 9.

12.º)
Procedeu-se à realização de nova conferência de pais, a 26 de Maio de 2003, onde o progenitor se comprometeu, mais uma vez, a visitar a menor – cf. doc. 10.

13.º)
No entanto, em Janeiro de 2004, o pai ainda não havia exercido o seu direito de visitas – cf. doc. 11

14.º)
Razão pela qual foi convocada nova conferência de pais realizada em 20 de Fevereiro de 2004, onde, novamente, o progenitor se comprometeu a visitar a menor – doc. 12.

15.º)
Sucede que, mais uma vez, o pai da menor nunca procurou estar com a menor, tendo sido marcada nova conferência de pais, a qual ocorreu a 03 de Dezembro de 2004 e onde referiu ter intenção de ver a filha – doc. 13 e 14.

16.º)
O que nunca se verificou – doc. 15.

17.º)
Realizou-se nova conferência, a 28 de Janeiro de 2005, na qual alegou não ter cumprido as visitas por falta de meio de transporte e que doravante já o poderia fazer – doc. 16.

18.º)
Contudo, e como em Dezembro ainda não havia visitado a menor, foi realizada nova conferência de pais, onde o requerido, para além de ter confirmado não visitar a filha há cerca de quatro anos e que durante um ano e meio não o fez porque não tinha transporte, referiu não ter qualquer interesse em efectuar as visitas à menor – doc. 17 e 18.

19.º)
Por esse motivo, decidiu-se conceder um prazo de 60 dias ao progenitor, findos os quais o mesmo seria confrontado com a questão da necessidade de efectuar as visitas à sua filha.

20.º)
Decorrido tal prazo, o requerido reafirmou o seu desinteresse em estar com a sua filha, não querendo estabelecer com esta qualquer tipo de contacto – doc. 19.

21.º)
O requerido não demonstra qualquer preocupação pelo destino da sua filha, não mais a procurando, visitando ou por ela mostrando qualquer interesse.

22.º)
O requerido nunca pagou a pensão de alimentos nem contribuiu até ao presente com qualquer montante para a subsistência e educação da filha, sendo o Fundo de Garantia de Alimentos Devidos a Menores que o tem substituído nessa tarefa, embora sabendo que a mãe da criança tem escassos proventos económicos – doc. 6.

23.º)
O requerido não só infringiu culposamente o dever de visitas para com a filha, com grave prejuízo desta, como intencionalmente se alheia e rejeita o seu poder-dever parental com aquela, apesar de estar ciente das necessidades afectivas e de referência parental que a criança necessita para o seu desenvolvimento harmonioso.

Nessa medida,

24.º)
Deve o requerido ser inibido totalmente de exercer as responsabilidades parentais relativamente à filha.

Termos em que se requer que, distribuída e autuada a presente acção, se digne ordenar a citação do requerido para contestar, nos termos do disposto no artigo 195.º da O.T.M. e, realizadas as diligências tidas por pertinentes, seja decretada a inibição total do exercício das responsabilidades parentais em relação à menor Carolina.

Valor: € 30.000,01 (trinta mil euros e um cêntimo).

Junta: 19 documentos e duplicados legais.

Rol de Testemunhas: (...)

O Procurador-Adjunto

IV.6. Tutela de menores confiados a estabelecimento de educação ou assistência

Exmo. Sr. Juiz de Direito
do Tribunal Judicial de ...

O Ministério Público junto deste Tribunal, vem nos termos dos artigos 146.º, al. a), 149.º e 210.º da O.T.M., 3.º n.º 1, al. p), e 5.º, n.º 1, al. g), ambos do Estatuto do Ministério Público, e 1921.º, n.º 1, al. c), 1923.º, 1962.º, n.ºs 1 e 2, do Código Civil, propor

ACÇÃO TUTELAR COMUM COM VISTA À INSTITUIÇÃO DE TUTELA

em benefício do menor:

Ricardo, nascido a, actualmente acolhido no Lar ..., Rua

Contra:

– Isabel...

nos termos e com os fundamentos seguintes:

1.º

O menor nasceu em ..., na freguesia de ... e é filho de Isabel .... – doc. n.º 1.

2.º

O pai do menor é desconhecido, encontrando-se omissa a paternidade no assento de nascimento do menor. – doc. n.º 1.

3.º

O Ricardo encontra-se acolhido no Lar ..., desde ...,

4.º
Sendo esta instituição que cuida do menor, assegurando-lhe os cuidados básicos inerentes ao seu desenvolvimento, desde essa altura.

5.º
A mãe do menor, portadora de deficiência mental, foi expulsa de casa dos progenitores quando estes tiveram conhecimento da sua gravidez.

6.º
Nesta sequência, Isabel passou a pernoitar pelas ruas, dormindo em matas e num lagar, situação que se manteve até ao nascimento do Ricardo.

7.º
Dada a ausência de suporte familiar, após o nascimento do menor Ricardo, surgiu a necessidade de acolher mãe e filho numa instituição.

8.º
O que veio a acontecer, ficando este no Lar ...

9.º
Posteriormente, o menor Ricardo passou a ser acolhido no lar ...

10.º
Onde se encontra desde ..., não tendo desde essa data visitas da mãe ou de qualquer outro familiar.

11.º
A mãe do menor demonstrou, durante os últimos 12 anos, um total alheamento e indiferença perante o filho.

12.º
Desconhece-se o paradeiro da mãe, assim como de outros familiares.

13.º
Nos últimos tempos, o Ricardo apresenta atitudes comportamentais problemáticas, indiciando uma tendência para actos delinquentes.

14.º
Não existe qualquer familiar em condições de exercer a tutela, designadamente avós,

16.º
Uma vez que, também estes, sempre demonstraram um total alheamento pelo neto.

17.º
Alheamento este bem patente desde a altura em que a mãe do Ricardo se encontrava grávida deste, e que se manteve até os dias de hoje.

18.º

Quando não exista pessoa em condições de exercer a tutela, o menor é confiado à assistência pública.

19.º

Exercendo as funções de tutor o director do estabelecimento público ou particular, onde tenha sido acolhido o menor (artigo 1962.º, n.ºs 1 e 2 do Código Civil).

20.º

Assim, deverá o cargo de tutor ser exercido por ..., director do Lar ..., onde o menor se encontra desde ....

Nestes termos, requer-se a V.ª Ex.ª que, D. e A., se sigam os demais trâmites legais, designando-se para o cargo de tutor do Ricardo, nos termos dos artigos 1921.º, n.º 1, al. c) e 1962.º, n.ºs 1 e 2, todos do Código Civil, ..., na qualidade de Director do Lar ...

Valor: € 30.000,01 (trinta mil euros e um cêntimo).

Junta: 2 documentos e duplicados legais.

Rol de Testemunhas: (...)

O Procurador-Adjunto

IV.7. Requerimento de abertura de processo de promoção e de protecção, com pedido de aplicação de medida provisória

URGENTE

Exmo. Sr. Juiz de Direito do
Tribunal Judicial de ...

O Ministério Público, **por apenso à Acção de Regulação do Exercício das Responsabilidades Parentais n.º** ..., vem, nos termos dos artigos 11.º, al. b), 34.º, als. a) e b), 68.º, al. b), 73.º, n.º 1, al. b), 105.º, n.º 1, da Lei n.º 147/99, de 01.09, na redacção da Lei n.º 31/2003, de 22.08, requerer a

INSTAURAÇÃO DE PROCESSO DE PROMOÇÃO E PROTECÇÃO

Em benefício do menor:

Damião ..., nascido a .../.../..., residente em ...

Nos termos e com os fundamentos seguintes:

1.º

O menor Damião ... tem 13 anos de idade e encontra-se confiado à mãe Berta ... na acção de regulação do exercício das responsabilidades parentais supra-identificada.

2.º

Na residência onde vivem habitava um tio do menor que se mostrava violento à frente do menor para com Berta, tendo deixado a referida residência, no início do corrente ano, mas aí mantendo um quarto fechado,

3.º
Residência essa onde tal tio do menor continua a ir como se ainda aí vivesse, a qualquer hora do dia ou da noite.

4.º
Depois da saída de tal tio foi viver para aquela residência uma tia materna do menor, Paula ..., desempregada, a qual passou a ocupar a sala, estando o menor e a sua mãe confinados ao quarto, ao quarto de banho e à cozinha.

5.º
Tal tia alcooliza-se com frequência, entra tarde em casa nesse estado e é violenta,

6.º
O que tem vindo a agravar-se, ao ponto de na noite .../.../..., cerca das 2h00, após ter entrado alcoolizada em casa, a tia do menor bateu e pontapeou por diversas vezes a porta do quarto onde o menor e a mãe dormem, tentando entrar no mesmo, com intenção de agredir a mãe do menor,

7.º
Chegando a bater com um martelo de cortar carne na porta do quarto,

8.º
O que levou a mãe do menor a pegar num ferro para se defender.

9.º
De manhã, nesse mesmo dia, as discussões recomeçaram, pelo que a mãe solicitou ao pai do menor que o fosse buscar, o que este fez.

10.º
A mãe do menor apresenta forte instabilidade psicológica, tendo sido internada compulsivamente num passado recente no Hospital Sobral Cid.

11.º
Actualmente encontra-se sem acompanhamento médico.

12.º
Desde há algum tempo que controla toda a vida do menor, não permitindo a ocupação dos seus tempos livres com a prática desportiva – basquetebol e natação –, alegando que o seu filho não é bem tratado, o que é contrariado pelo menor.

13.º
A Berta ... não deixa o menor expressar livremente a sua opinião na presença de terceiros.

14.º
Quanto o menor se encontra em casa dos avós paternos telefona com frequência, tentando controlar os tempos livres do menor, não permitindo, por exemplo, que o menor vá para casa de outros colegas.

15.º
Raramente o menor consegue estar sozinho, pois a mãe não o permite.

16.º
Quando o menor emite uma opinião favorável aos avós paternos ou em relação ao pai, a mãe interrompe-o e desvaloriza tal tipo de opiniões, afirmando que o menor está a ser manipulado pelo pai e pelos avós.

17.º
A Berta ... dorme no mesmo quarto e na mesma cama juntamente com o menor, o que já não é adequado à idade do menor, pela necessidade que tem de autonomia e de privacidade, por forma a conseguir ter equilíbrio emocional.

18.º
O menor tem em casa dos avós um quarto próprio, com computador e os mesmos são pessoas bem consideradas e idóneas segundo os elementos que se juntam, desde sempre têm acompanhado a situação do menor, apoiando-o e também a mãe, em especial quando foi internada.

19.º
O menor vai todos os dias a casa dos avós paternos após a escola.

20.º
O pai do menor, Luís ..., reside em casa dos pais, sita na rua ..., em ..., estando a ser acompanhado pelo CAT e mostra-se abstinente do consumo de drogas.

21.º
A situação de violência existente na casa da mãe do menor, as condições em que vivem e a situação de instabilidade emocional da mãe do menor constituem perigo manifesto para o equilíbrio emocional do menor, estando ainda exposto a situações de violência.

22.º
A mãe do menor não colaborou com a Comissão de Protecção de Crianças e Jovens em Perigo, no sentido de o menor ser provisoriamente acolhido em casa dos avós paternos, o que vai ao encontro, inclusive, do desejo do menor, que ameaça fugir de casa da mãe se tal não acontecer.

23.º
Importa pôr termo à situação de perigo a que se encontra sujeito o menor.

Nestes termos, requer-se que, D. e A, como processo de promoção e protecção, se:

    1. Insista pelas informações pedidas pela CPCJP ao Hospital Sobral Cid, ao IDT da ... e ao Hospital ...;
    2. Proceda à audição do menor, progenitores e avós paternos, Manuel ... e Luísa ..., residentes
    3. Se proceda à audição da representante da Comissão de Protecção de Crianças e Jovens em perigo, a indicar por esta;
    4. E, por forma a obviar o perigo imediato em que o menor se encontra, que se confie o mesmo provisoriamente, por seis meses, nos termos dos artigos 35.º, n.º 1, al. b), e 2, 37.º, 40.º e 42.º da Lei n.º 147/99, de 01.09, na redacção da Lei n.º 31/03, de 22.08, aos avós paternos.

Valor: € 30.000,01 (trinta mil euros e um cêntimo).

Junta: 1 documento e duplicados legais.

Rol de Testemunhas: (...)

O Procurador-Adjunto

IV.8. Confiança judicial com vista a futura adopção

ACÇÃO URGENTE

Exmo. Sr. Juiz de Direito do
Tribunal Judicial de ...

O Ministério Público vem, ao abrigo do disposto nos artigos 1978.º, n.º 1, alíneas d) e e), n.º 3, do Código Civil, 164.º, n.º 1, e 166.º da O.T.M., propor

**ACÇÃO ESPECIAL DE CONFIANÇA JUDICIAL
COM VISTA A FUTURA ADOPÇÃO**

dos menores:

SÉRGIO, nascido a ..., em ...o, filho de ..., residente na Rua ...
e
PEDRO ..., nascido a ..., em ..., filho de ..., residente na Rua ...

Contra

MARIA,
DUARTE e
EDUARDO, ...

nos termos e com os seguintes fundamentos:

1.º
O menor Sérgio nasceu no dia ...e é filho de Duarte e de Maria (doc. n.º 1).

2.º
O menor Pedro nasceu no dia ... e é filho de Eduardo e de Maria (doc. n.º 2).

3.º
Duarte desentendeu-se com a mãe dos menores em ..., colocando-a fora de casa juntamente com seus três filhos, entre os quais os menores Sérgio e Pedro.

4.º
A mãe dos menores dedicava-se à prática da prostituição.

5.º
Actualmente, os seus dias são passados entre a casa e o café, não tendo uma vida profissional estável.

6.º
Duarte e Eduardo, pais dos menores Sérgio e Pedro, têm hábitos alcoólicos excessivos.

7.º
Por decisão de ..., proferida no âmbito do Processo Tutelar n.º ... que correu termos no Tribunal Judicial de ..., o menor Sérgio foi confiado definitivamente ao Lar ... (doc. n.º 3).

8.º
Por decisão ..., proferida no âmbito do Processo Tutelar n.º ... que correu termos no Tribunal Judicial de ..., o menor Pedro ... foi confiado à guarda, confiança e protecção do Lar ... (doc. n.º 4).

9.º
Os menores Sérgio e Pedro deram entrada no mencionado lar no dia...

10.º
Os pais dos menores nunca os visitaram, telefonaram ou procuraram.

11.º
A mãe dos menores, por sua vez, deixou de os ver e de lhes telefonar dois meses após terem ingressado no Lar ....

12.º
A primeira visita da mãe aos menores verificou-se em ....

13.º
O menor Sérgio ficou apavorado quando reconheceu a mãe.

14.º
Nessa visita, a mãe dos menores quis levá-los consigo, tendo apertado o pescoço ao menor Sérgio quando este se recusou a ir com ela.

15.º

Por outro lado, fez ameaças de toda a ordem às pessoas que se encontravam no Lar, inclusive ameaças de morte.

16.º

Tal visita causou ao menor Sérgio sentimentos de grande tristeza e angústia.

17.º

O menor Pedro, por seu turno, já não reconhecia a sua mãe.

18.º

Nessa sequência, a mãe dos menores foi sensibilizada para iniciar um processo de reaproximação aos filhos, o qual devia passar por visitas regulares aos menores na referida Instituição.

19.º

Não obstante, não voltou a contactar os menores no Lar, nem efectuou novos contactos telefónicos.

20.º

De ... a ... os menores passaram os fins-de-semana e as férias com Nuno ... e Sara ..., casal a quem foi conferido, pelo Centro Regional de Segurança Social, parecer positivo para adopção.

21.º

Durante esse período de tempo, Nuno e Sara deslocavam-se diariamente ao Lar ... para ver os menores.

22.º

Os menores residem com este casal desde ...

23.º

Chamam pai e mãe aos elementos do casal e sentem-se parte de toda a família.

24.º

Frequentam o estabelecimento de ensino ..., andam na catequese, na natação e na ginástica, tendo o menor Pedro explicações.

25.º

Corre termos no 5.º Juízo deste Tribunal o Processo de Promoção e Protecção n.º ..., relativo ao menor Pedro, tendo como apenso o Processo de Promoção e Protecção n.º ..., este último relativo ao menor Sérgio.

26.º

Foram ali ouvidos os candidatos a adopção Nuno e Sara.

27.º

O Ministério Público já promoveu que os menores fossem colocados sob a guarda de tais candidatos, ao abrigo do artigo 38.º-A da Lei de Protecção de Crianças e Jovens em Perigo (Lei n.º 147/99, de 1 de Setembro, na redacção da Lei n.º 31/03, de 22.08).

> Nestes termos e nos demais de Direito, deve a presente acção – que tem carácter urgente e corre em férias judiciais (artigo 173.º-D da O.T.M.) – ser julgada provada e procedente e, em consequência, serem os menores Sérgio e Pedro confiados ao casal constituído por Nuno e Sara, antes referenciados, com vista a futura adopção.

Em conformidade com o estabelecido no artigo 167.º da O.T.M., e até que venha a ser decretada a adopção, deverá nomear-se curador provisório aos menores, funções que, no caso, poderão e deverão ser exercidos por Sara.

Para tanto, requer a V.Ex.ª se digne mandar citar os Requeridos para, querendo, contestarem a presente acção, devendo todas as referências à identidade das pessoas a quem os menores deverão ser confiados ser eliminadas das cópias da p.i. a entregar àqueles, seguindo-se os demais termos até final.

Valor: € 30.000,01 (trinta mil euros e um cêntimo).

Junta: 2 documentos e duplicados legais.

Rol de Testemunhas: (...)

O Procurador-Adjunto

IV.9. Acção Complexa – Investigação de Maternidade e Impugnação de Paternidade Presumida

Exmo. Sr. Juiz de Direito do
Tribunal Judicial de ...

O Ministério Público, em representação da menor Filipa ..., de harmonia com as disposições conjugadas dos artigos 3.º n.º 1 al. a), 5.º n.º 1 al. c) do Estatuto do Ministério Público, artigos 1814.º, 1822.º, n.º 1 e 1823.º, n.º 1, do Código Civil e 87.º, n.º 1, do Código de Processo Civil, vem intentar contra:

        1. Joaquina ...; e
        2. Lopes ...;

ACÇÃO DECLARATIVA DE INVESTIGAÇÃO DE MATERNIDADE COM IMPUGNAÇÃO DA PATERNIDADE PRESUMIDA, COM PROCESSO COMUM E NA FORMA ORDINÁRIA
nos termos e com os fundamentos seguintes:

1.º
Em .../.../..., nasceu Filipa ..., na freguesia de ..., concelho de ...

2.º
A .../.../..., foi lavrado o assento de nascimento, sob o n.º ...., na Conservatória do Registo Civil da ..., nele se mencionando que a menor é filha da 1.ª Ré, Joaquina ... e de Lopes ... (documento n.º 1)

3.º
A .../.../..., foi lavrado o averbamento n.º 1 ao mesmo assento de nascimento, do seguinte teor: "A menção de maternidade declarada fica sem efeito por não ser possível notificar a mãe. Em consequência, fica sem efeito a menção da paternidade" – (Documento n.º 1).

4.º
Ora, a 1.ª Ré, Joaquina ... é, efectivamente a mãe da Autora, Filipa ..., pois foi ela que a deu à luz no dia .../.../..., pelas 4h00, no Hospital .... – conforme documento n.º 2, cujo teor se dá por integralmente reproduzido para todos os efeitos legais.

5.º
Após o nascimento da Autora, a 1.ª Ré Joaquina ..., sempre se assumiu publicamente como mãe da mesma.

6.º
No meio social e familiar da menor, todos reconhecem Joaquina ... como sendo a sua mãe.

7.º
Aliás, todas as pessoas que os conhecem sabem que a Autora é filha da 1.ª Ré, e assim a consideram.

8.º
A 1.ª Ré residiu com a menor desde o seu nascimento, alimentando-a, acompanhando-a e velando pela sua segurança, saúde e educação, na qualidade mãe, sendo que desde Agosto de 2005, na Rua ..., em ...

9.º
Até ao ano lectivo de 2005/2006, onde a menor esteve inscrita na Escola ..., a Ré sempre matriculou a menor nos estabelecimentos de ensino, que esta frequentava, apresentando-se como sua encarregada de educação.

10.º
Por outro lado, os Réus contraíram casamento um com o outro em .../.../..., em Lisboa, o qual ainda não foi dissolvido – Documento n.º 3, cujo teor se dá por integralmente reproduzido para todos os efeitos legais.

11.º
No entanto, não foi fruto das relações sexuais mantidas entre os Réus que Joaquina ... viria a engravidar e a dar à luz a Autora.

12.º
De facto, os Réus cessaram a comunhão de cama, mesa e habitação, desde, pelo menos, 3 anos antes do nascimento da Autora, Filipa ...

13.º
Não mantendo, a partir daí, qualquer contacto de natureza sexual.

14.º
Aliás, o 2.º Réu nem sequer conhece a Autora e nunca a tratou como filha.

15.º

Face ao exposto, pretende a Autora ver reconhecida a maternidade, nos termos do disposto nos artigos 1814.º e 1816.º, n.ºs 1 e 2, alínea a), do Código Civil e afastada a paternidade presumida, nos termos do artigo 1823.º, n.º 1, do Código Civil.

Nestes termos, e nos mais de direito, deve a presente acção ser julgada procedente, por provada, e, em consequência:

    a) Reconhecer-se que a menor Filipa é filha da 1.ª Ré, Joaquina ...;

    b) Declarar-se afastada a paternidade presumida do 2.º Réu Lopes ... e

    c) Ordenar-se que sejam lavrados os consequentes averbamentos ao assento de nascimento da mesma menor, em ordem a dele ficarem a constar a maternidade por parte da 1.ª Ré, Joaquina ...

PARA TANTO,

Devem os RR ser citados para contestarem, querendo, no prazo e sob legal cominação, seguindo-se os demais termos processuais adequados.

Valor: € 30.000,01 (trinta mil euros e um cêntimo).

Junta: 6 documentos e duplicados legais

Prova:

Ao abrigo do disposto no artigo 467.º, n.º 2 do Código de Processo Civil, apresenta, desde já, o respectivo requerimento de prova:

Rol de Testemunhas:
1. A.
2. B...

                                            O Procurador-Adjunto

IV.10. Impugnação de Maternidade e de Perfilhação e Investigação de Maternidade

Exmo. Sr. Juiz de Direito do
Tribunal Judicial de ...

O Ministério Público vem, em representação da menor Sandra M, residente em ..., nos termos dos artigos 17.°, n.° 1, do Código de Processo Civil, 1.°, 3.°, n.° 1, al. p), e 5.°, n.° 1, al. g), do Estatuto do Ministério Público e artigos 1807.°, 1814.°, 1817.°, n.° 1, e 1859.°, n.° 2, todos do Código Civil, propor

ACÇÃO SOB A FORMA DE PROCESSO ORDINÁRIO, PARA IMPUGNAÇÃO DA MATERNIDADE E DA PERFILHAÇÃO E DE INVESTIGAÇÃO DA MATERNIDADE,

contra

– Inês C, solteira, vendedora ambulante, residente em ...,
– António F, solteiro, vendedor ambulante, residente em ..., e
– Maria A., solteira, doméstica, residente em ...,

O que faz nos termos e com os seguintes fundamentos:

1.°

No dia 18 de Novembro de 2001, às 19h32m, no Hospital ..., nasceu uma menina, conforme Boletim que se junta como documento 1 e se dá por integralmente reproduzido para todos os efeitos legais.

2.°

A parturiente e mãe daquela menina, conforme teor do citado documento 1, é a ré Maria A.

3.º

Após sair daquela instituição de saúde, a ré Maria A entregou a criança aos cuidados da ré Inês C, companheira de um seu irmão, o réu António F, por não ter condições materiais para cuidar da sua filha.

4.º

Em 6 de Dezembro de 2001, a ré Inês C e o seu companheiro, o réu António F, declararam na Conservatória do Registo Civil de ... o nascimento da criança filha de Maria A no dia 25 de Novembro de 2001, conforme certidão de assento de nascimento que se junta como documento 2 e se dá por integralmente reproduzida para todos os efeitos legais.

5.º

Mais declararam ser o pai e a mãe desta criança, à qual puseram o nome de Sandra M, conforme teor do documento 2.

6.º

A gravidez da ré Maria A é do conhecimento e estava à vista de todos os elementos da comunidade em que se integrava, familiares, amigos e vizinhos.

7.º

Concomitantemente, é do conhecimento daquela comunidade, bem como de familiares, amigos e vizinhos que a ré Inês C não engravidou durante o ano de 2001.

8.º

É igualmente do conhecimento da comunidade, familiares, amigos e vizinhos que a menor Sandra M é filha da ré Maria A.

9.º

E também é do conhecimento da comunidade, familiares, amigos e vizinhos que a menor Sandra M não é filha do réu António F.

10.º

Aliás, realizado exame no Instituto de Medicina Legal de ... (cf. doc. n.º 5), aí se concluiu que a análise dos diversos marcadores genéticos de Joaquim M, Maria A e Sandra M:

a) não permite excluir Joaquim M e Maria A como progenitores de Sandra M;

b) a análise estatística conduziu a um índice de filiação IF=152555000000000000 e a uma probabilidade de filiação W=99,9999999999999993%, quando comparado este casal com outro ao acaso da população.

11.º

Os réus Inês C e António F, este até ser preso preventivamente em 23 de Abril de 2002, tiveram a seu cargo, cuidaram, alimentaram, e educaram a menor Sandra M até ao dia 11 de Novembro de 2003.

12.º

Neste dia, a ré Inês C visitou o réu António P no estabelecimento prisional regional de ..., acompanhada da menor Sandra M, quando no decurso de uma rixa entre elementos daquela família, a menor foi levada por Joaquim M, companheiro da ré Maria A.

13.º

A menor Sandra M encontra-se actualmente a residir com a ré Maria A e o seu companheiro Joaquim M, na rua ...

14.º

Na presente acção é possível, por não existirem os obstáculos previstos na norma contida no n.º 1 do artigo 31.º do Código de Processo Civil, formular os pedidos de impugnação e reconhecimento da maternidade, dada a relação de dependência entre os pedidos e a identidade quanto aos factos de que depende a sua procedência, de acordo com a norma contida no n.º 2 do artigo 31.º do Código de Processo Civil (cf., neste sentido, acórdão do STJ de 21 de Maio de 1992, in BMJ n.º 417, pag. 743 e seguintes).

Termos em que deve a presente acção ser julgada procedente, por provada, e, em consequência:

    a) declarar-se que Inês C e António F não são a mãe e o pai, respectivamente, de Sandra M,

    b) ordenando-se o cancelamento do averbamento de maternidade constante do registo do assento de nascimento tal como o averbamento de paternidade ali existente referente à menor Sandra M; e

    c) declarar-se que Maria A é a mãe de Sandra M,

    d) ordenando-se a inscrição no assento de nascimento de tal maternidade.

Para tanto, requer-se a V. Ex.ª se digne ordenar a citação dos réus para contestar, querendo, seguindo-se os ulteriores termos até final.

Valor: € 30.000,01 (trinta mil euros e um cêntimo).

Junta: cinco documentos, duplicados e cópias legais.

Rol de testemunhas:
1 – Joaquim M, solteiro, residente em …;
2 –H, casado, motorista …, residente em …;
3 – José V, casado, agricultor, residente em …

O Procurador-Adjunto

IV.11. Impugnação e Investigação de Paternidade

Exmo. Sr. Juiz de Direito
do Tribunal Judicial de...

O Ministério Público junto deste tribunal vem, nos termos do n.º 1 do artigo 17.º do Código de Processo Civil, dos artigos 1838.º, n.º 1 e 2 do artigo 1839.º, alínea c) do n.º 1 do artigo 1842.º, n.º 1 e 2 do artigo 1846.º, 1847.º, 1869.º, alíneas c) e e) do n.º 1 do artigo 1871.º e 1873.º todos do Código Civil, da alínea a) do n.º 1 do artigo 3.º, da alínea c) do n.º 1 do artigo 5.º do EMP e do n.º 2 do artigo 30.º do Código de Processo Civil,

Propor,
Em representação do menor
Diogo ...,
nascido em ... e residente com sua mãe, Marina ..., em ...,

ACÇÃO DECLARATIVA CONSTITUTIVA, COM PROCESSO COMUM, SOB A FORMA ORDINÁRIA, PARA IMPUGNAÇÃO DE PATERNIDADE PRESUMIDA E INVESTIGAÇÃO DE PATERNIDADE

Contra:

– **Marina** ..., mãe do menor, residente em ...,
– **José Manuel** ..., casado, residente em ...,
– **Paula Virgínia** ..., cônjuge sobrevivo, de Martins ..., falecido em 30 de Novembro de 1997, residente em ...
– **Helena** ...
E
– **Igor José** ..., filhos menores de Martins ..., aqui

representados por sua mãe, Paula Virgínia e com ela residentes em ...

O que faz nos termos e com os seguintes fundamentos:

1.º
O menor Diogo ... nasceu a ..., na freguesia de ..., concelho de ... e é filho da Ré Marina, no estado de casada com o 2.º Réu José Manuel.
2.º
Razão pela qual funcionou a presunção legal de paternidade que consta do artigo 1826.º do Código Civil, relativamente ao marido da mãe.

Sucede, porém que
3.º
a Marina e o 2.º Réu José Manuel, tendo casado a .../.../... (cf. certidão de nascimento n.º ... da Ré Marina que ora se junta), estão separados de facto, desde Novembro de 1994.

4.º
Desde 14 de Novembro de 1994 que eles não têm entre si quaisquer contactos, nomeadamente de natureza sexual e, designadamente, nos primeiros 120 dias dos trezentos que precederam o nascimento do Diogo.
5.º
Aliás, desde finais de 1996 que a Ré Marina começou a viver maritalmente com Martins, em comunhão de cama, mesa e habitação.
6.º
Inicialmente na cidade de ... e depois nesta cidade de ... e até Agosto de 1997, altura em que se separaram.
7.º
Mantendo com ele relações de cópula completa, designadamente nos primeiros 120 dias dos 300 que precederam o nascimento do Diogo.
8.º
Relações de cópula que a Ré Marina não manteve com outro homem que não fosse Martins, designadamente no período indicado no artigo antecedente,
9.º
Foi na sequência dessas relações de cópula que a Ré Marina ficou grávida do seu filho Diogo, em Fevereiro de 1997, quando mantinha vida

em comum com o Martins, menor que veio a nascer em 13 de Novembro de 1997.

10.º

Assim se presumindo que Martins é pai do Diogo, nos termos do previsto nas alíneas c) e e) do n.º 1 do artigo 1871.º, do Código Civil.

11.º

O Réu José Manuel não esteve presente nem representado no acto de registo do nascimento do Diogo, nem alguma vez o reconheceu como seu filho.

12.º

Negando até que seja o pai dele.

13.º

As pessoas que os conhecem são unânimes em afirmar que o Diogo não é filho do José Manuel, mas sim de Martins,

14.º

Sendo certo que o Martins faleceu em 30 de Novembro de 1997 (cf. certidão de óbito n.º ..., que se junta).

15.º

O Martins faleceu no estado de casado com Paula Virgínia, a 3.ª Ré (cf. certidão de casamento n.º ..., que ora se junta).

16.º

Deste casamento Martins deixou dois filhos menores, a Helena, 4.ª Ré, e o Igor, 5.º Réu, de 6 e 4 anos, respectivamente (cf. certidões de nascimento n.ºs ... e ..., que agora se juntam).

17.º

A coligação dos RR é consentida pelo disposto no n.º 2 do artigo 30.º do Código de Processo Civil, visto que a provar-se a presunção de paternidade indicada no artigo 9.º desta Petição Inicial, para além do mais articulado, se necessário com recurso aos exames hematológicos requeridos, se decidem ambas as questões suscitadas nos pedidos formulados.

Nestes termos e nos demais de direito, designadamente, artigos 1798.º e alínea c) e e) do artigo 1871.º do Código Civil, deve a presente acção ser julgada procedente por provada e, em consequência,

    a) declarar-se que o José Manuel não é pai de Diogo,
    b) ordenando-se o cancelamento do averbamento de tal paternidade,

c) bem como a referência aos avós paternos no assento de nascimento.

d) Mais se declarando que o Martins é pai do Diogo,

e) Ordenando-se o averbamento de tal paternidade,

f) Bem com a referência aos avós paternos no assento de nascimento.

Para tanto,

Devem os réus ser citados para contestarem, querendo, seguindo-se os demais trâmites até final.

Valor: € 30.000,01 (trinta mil euros e um cêntimo).

Junta: sete documentos e duplicados legais.

*

Para Prova

1. Por Documentos:
   – Certidão de nascimento n.º ... do Diogo;
   – Certidão de nascimento n.º ... de Marina, com o averbamento do seu casamento com José Manuel;
   – Certidão de casamento n.º ... de Martins com Paula Virgínia;
   – Certidão de nascimento n.º ... de Martins;
   – Certidão de óbito n.º ... de Martins;
   – Certidão de nascimento n.º ... de Igor José;
   – Certidão de nascimento n.º ... de Helena Pat.

2. Pericial

Requer-se a realização de exames hematológicos, no Instituto de Medicina Legal de ..., em ordem a que se façam, nas pessoas da 1.ª Ré, Marina Isabel, do 2.º Réu, José Manuel, do menor Diogo, da 4.ª Ré, Helena Pat e do 5.º Réu Igor José, determinações nos sistemas de poliformismos de ADN para estabelecimento da paternidade do menor.

Requer-se ainda o exame com base no ADN a extrair do falecido Martins que se encontra sepultado no cemitério de ...

3. Por Testemunhas

a) Ana...

b) Maria...

c) Olga...

O Procurador – Adjunto

IV.12. Acção Oficiosa de Investigação de Paternidade

Exmo. Sr. Juiz de Direito do
Tribunal Judicial de ...

O Ministério Público junto deste Tribunal vem, nos termos dos artigos 3.º, n.º 1, al. p), 5.º, n.º 1, al. g), do E.M.P. e artigos 1865.º, n.º 5 e 1868.º do Código Civil, interpor

ACÇÃO OFICIOSA DE INVESTIGAÇÃO DA PATERNIDADE,
com processo ordinário,

contra

– RUI ALEXANDRE ...,

o que faz nos termos e com os fundamentos que se seguem:

1.º
A menor Mariana ...nasceu a .../.../..., na freguesia de ..., concelho de ... (cf. certidão emitida pela Conservatória do Registo Civil de ..., que se junta como documento número um e se dá por integralmente reproduzida) – (Doc. 1).

2.º
A menor foi registada como sendo filha de Maria ..., e residente na Rua ..., em ..., encontrando-se a sua paternidade omissa.

3.º
A mãe da menor e o réu Rui Alexandre ... mantiveram um relacionamento íntimo, com relações de cópula completa, durante vários anos,

com início por volta de 1995, relacionamento esse que se manteve após o nascimento da menor Mariana.

4.º

Nos primeiros 120 dias dos 300 dias que antecederam o nascimento da menor Mariana, a mãe desta só manteve relações de cópula com o réu.

5.º

Durante tal período de tempo, o réu e a mãe da menor Mariana foram vistos juntos por várias vezes por Fernanda ..., solteira, residente em ..., no restaurante onde esta trabalhava.

6.º

Na verdade, pelo menos durante o segundo semestre de 2001, a mãe da menor viveu num apartamento sito em ..., o qual foi arrendado e mobilado pelo réu.

7.º

As facturas do mobiliário referido no número anterior foram emitidas em nome da sociedade com a denominação "O..., Lda.", contribuinte número ..., com sede na Rua ..., em ..., da qual o réu é sócio-gerente, respeitando aos bens a seguir discriminados:

– Quadro;
...
(Docs. 2 a 6)

8.º

Naquele apartamento o réu passava algumas noites, dormindo no quarto da mãe da menor, facto que foi presenciado, nomeadamente, por Lurdes ..., residente em ..., em Setembro de 2001, enquanto ali passava alguns dias de férias.

9.º

Lurdes ...presenciou ainda, por várias vezes em que esteve junto do casal, a afirmação feita pelo réu de que gostaria muito de ter um filho com a mãe da menor.

10.º
Já em 1 de Fevereiro de 2002, o réu assumiu solidariamente com a mãe da menor Mariana o cumprimento de todas as cláusulas, seus aditamentos e renovações de um contrato de arrendamento de um apartamento sito na Rua ..., ou seja, foi fiador da mãe da menor no referido contrato (Doc. 7)

11.º
Após o nascimento da menor Mariana, o réu sempre fez visitas regulares à mesma, em casa da mãe, sita em ...,

12.º
Mantendo com a menor uma relação de grande proximidade e carinho, comprando-lhe prendas e revelando uma verdadeira relação pai/filha.

13.º
Em 11 de Dezembro de 2002, o réu esteve em casa da mãe da menor e teve a mesma ao colo, deitou-se junto dela e brincou com ela, factos que foram presenciados por Hermínia ..., residente na Rua ...

14.º
O réu foi apresentado a Tiago ..., residente na Rua ..., como pai da Mariana, apresentação que aceitou e assumiu com orgulho.

15.º
Após tal apresentação, Tiago ... viu o réu na casa referida em 6.º por várias vezes.

16.º
Ao chegar à referida casa, o réu perguntava sempre pela sua filha, referindo-se com isso à menor Mariana.

17.º
As pessoas que frequentam a casa da mãe da menor, entre as quais Lurdes ..., Tiago ... e Hermínia ..., atribuem a paternidade daquela ao réu.

18.º
Face a tudo o que acima ficou exposto, nos termos conjugados dos artigos 1798.º e 1871.º, n.º 1, alínea e) do Código Civil, deve presumir-se a paternidade da menor Mariana por parte do réu.

19.º
Entre o réu e a mãe da menor não existe qualquer relação de afinidade ou parentesco que impeça a propositura da presente acção, nos termos do artigo 1866.º, alínea a) do Código Civil
(Docs. 8 e 9)

20.º
Junto do 2.º Juízo do Tribunal de Família e Menores de ..., correu os seus termos sob o n.º .../..., processo de averiguação oficiosa da paternidade da menor Mariana, no âmbito da qual foi proferida decisão no sentido da viabilidade da propositura da presente acção de investigação

> **Nestes termos, deve a presente acção ser julgada procedente, por provada, e, consequentemente, ser a menor Mariana ...declarada filha do réu, Rui Alexandre ..., averbando-se tal facto ao respectivo assento de nascimento da menor.**

Junta:
Os seguintes dez documentos:
Doc...e duplicados legais.

Valor: € 30.000,01 (trinta mil euros e um cêntimo).

***

Rol de Testemunhas: (...)

***

Nos termos dos artigos 1801.º do Código Civil e 577.º, n.º 1 do Código de Processo Civil, requer-se a realização de exames hematológicos à menor, à sua mãe e ao réu, a efectuar pela Delegação do Centro do Instituto Nacional de Medicina Legal, pretendendo-se com os mesmos aferir da possibilidade de exclusão da paternidade do réu e, em caso negativo, qual a probabilidade de tal paternidade.

O Procurador-Adjunto,

IV.13. Acção Declarativa Constitutiva de Impugnação de Perfilhação

Exmo. Sr.
Juiz de Direito do
Tribunal Judicial da Comarca de ...

O Ministério Público, junto deste tribunal, vem nos termos do disposto nos artigos 3.º, n.º 1, al. p), 5.º, n.º 1, al. g), do E.M.P. e artigos 1859.º, n.ºs 1 e 2 do Código Civil, intentar, em processo comum e sob a forma ordinária,

ACÇÃO DECLARATIVA CONSTITUTIVA DE IMPUGNAÇÃO DA PERFILHAÇÃO,

Contra:
- **Mário José...,**
- **Licínia Margarida...**
e
- **Luís Alberto, menor de idade, ...**

o que faz nos termos e com os seguintes fundamentos:

1.º

O menor Luís Alberto nasceu a .../.../..., na freguesia de ..., concelho de ..., tendo esse facto sido declarado na Conservatória do Registo Civil de ..., pelo que foi lavrado o competente assento de nascimento, conforme certidão do assento de nascimento que se junta como documento 1 e se dá por integralmente reproduzido para todos os efeitos legais.

2.º
Foi declarante a mãe do menor, e este foi registado apenas como sendo filho da mesma, Licínia Margarida, divorciada, residente na Rua ... (cf. doc. 1).

3.º
No respectivo assento de nascimento ficou omissa a paternidade do menor (cf. doc. 1).

4.º
Em .../.../..., a mãe do menor e o réu Mário José declararam perante a funcionária da Conservatória do Registo Civil de ... ser o réu o pai do menor.

5.º
Face a tal declaração, foi pela mesma funcionária lavrado o averbamento n.º 1 ao assento de nascimento n.º ... do ano de ..., do menor Luís Alberto, no qual passou a constar como sendo pai do menor, Mário José.

6.º
Contudo, Mário José antes do nascimento do Luís Alberto, não teve qualquer relacionamento sexual com a mãe do menor, Licínia Margarida.

7.º
O réu Mário José conheceu a mãe do menor apenas em Outubro do ano de ..., cerca de um ano e oito meses depois do nascimento do Luís Alberto.

8.º
O réu conheceu Licínia Margarida em virtude de a mãe daquele, Celeste Maria, ser empregada doméstica da avó materna do menor.

9.º
O réu desconhece a identidade do pai do menor.

10.º
A mãe do menor, porque o queria baptizar, pediu ao réu para declarar na Conservatória do Registo Civil da Figueira da Foz ser o pai do menor.

11.º
Também lhe disse que o pai do Luís Alberto não queria assumir a paternidade deste, sendo que por isso não podia baptizar o filho.

12.º
O réu assentiu no que a mãe do menor lhe pediu e manifestou a sua disponibilidade para perfilhar o filho daquela, o que fez.

13.º
Os réus, foram submetidos à realização de exames hematológicos no Instituto Nacional de Medicina Legal de ..., no âmbito do inquérito n.º ..., que correu termos neste tribunal, tendo os resultados do exame excluído a paternidade do réu (cf. doc. 2).

14.º
O Ministério Público deduziu acusação pelos factos atrás aludidos contra Mário José e Licínia Margarida, imputando-lhes, em co-autoria, o crime de falsificação de documentos, previsto e punido pelo artigo 256.º, n.ºs 1, al. d), e 3, do Código Penal, tendo o tribunal dado como provada a matéria da acusação e condenado estes pela prática do crime de falsificação de documento autêntico, no processo comum singular n.º ..., que correu termos no ... juízo deste tribunal. (cf. doc. 3).

Nestes termos deve a presente acção ser julgada procedente por provada, e, consequentemente, deve ser declarada sem efeito a perfilhação averbada ao assento de nascimento do menor Luís Alberto, ordenando-se o cancelamento do averbamento de paternidade constante do mesmo assento de nascimento.

Para tanto, requer-se a V. Ex.ª seja ordenada a citação dos réus Mário José, Licínia Margarida e Luís Alberto, este na pessoa do seu avô, para, querendo, contestarem a presente acção, seguindo-se os ulteriores termos até final.

*

Valor: € 30.000,01 (trinta mil euros e um cêntimo).

Junta: três documentos (uma certidão de assento de nascimento, 1 certidão de sentença proferida no processo comum singular n.° ..., 1 relatório da perícia de investigação da paternidade do IML de ...), cópia e duplicados legais.

***

Rol de testemunhas: (...)

***

O Procurador-Adjunto

IV.14. Acção de Impugnação de Paternidade Presumida em Representação de Menor

Exmo. Senhor Juiz de Direito
do Tribunal Judicial de ...

O Ministério Público neste tribunal, em representação do menor **Vasco Rafael**, nos termos dos artigos 3.º, n.º 1, al. a) e 5.º, n.º 1, al. c), do Estatuto do Ministério Público, artigo 17.º, n.º 1, do Código de Processo Civil, vem propor, nos termos dos artigos 1838.º, 1839.º, n.º 1, 1842.º, n.º 1, al. c) e 1846.º, n.º 1, do Código Civil,

ACÇÃO ORDINÁRIA DE IMPUGNAÇÃO DE PATERNIDADE PRESUMIDA,

contra:
Raquel ...;
e
Carlos Alberto...,

Com os seguintes fundamentos:

1.º
Em .../.../..., nasceu, em ..., o menor Vasco Rafael (Doc. n.º 1),

2.º
Filho de Raquel,

3.º
Que, à data da concepção e do nascimento do menor, se encontrava casada com Carlos Alberto.

4.º
A paternidade do réu foi oficiosamente averbada ao assento de nascimento da menor (Doc. n.º 1).

5.º
Porém, o marido da mãe do menor, o Carlos Alberto, não é o pai do menor.

6.º
Visto que, desde finais do ano de ..., a mãe do menor e o Carlos Alberto estão separados, não mais tendo voltado a viver juntos, a encontrarem-se ou a terem relações sexuais.

7.º
Nunca tendo o R. Carlos Alberto contactado com o menor, nem o tratado ou assumido como filho.

8.º
A mãe do menor vive, desde ..., com Vasco José, em comunhão de cama, mesa e habitação, como se de marido e mulher se tratassem.

9.º
Com quem manteve e só com ele manteve relações sexuais de cópula, no período legal da concepção do menor.

10.º
Das quais resultou a gravidez e posterior nascimento do mesmo.

11.º
No círculo de relações familiares e de amizade da R. Raquel o menor é reputado como sendo filho do Vasco José, a quem a paternidade é atribuída.

12.º
Pelo que, nos termos dos artigos 1838.º, 1839.º, n.º 1, 1842.º, n.º 1, al. c) e 1846.º, n.º 1, do Código Civil, importa impugnar a paternidade presumida.

Assim, deve a presente acção ser julgada provada e procedente e, consequentemente, ser declarado que o menor Vasco Rafael não é filho de Carlos Alberto e se ordene a rectificação do assento de nascimento com o respectivo averbamento do qual se faça constar a decisão de que não é o R. Carlos Alberto considerado o pai do menor.

Para tanto,

Requer-se a V.ª. Ex.ª. que, D. e A., se digne mandar citar os RR, para contestarem, querendo, seguindo-se os demais trâmites legais até final.

Prova:
– V...
– M...;
– N...

Valor: € 30.000,01 (trinta mil euros e um cêntimo).

Junta:
– 2 Documentos
– Duplicados legais

O Procurador-Adjunto

IV.15. Acção de Impugnação de Paternidade Presumida em Representação de Menor

Exmo. Senhor Juiz de Direito
do Tribunal Judicial de ...

O Ministério Público neste Tribunal, em representação da menor <u>Alexandra Filipa</u>, nos termos dos artigos 3.º, n.º 1, al. a) e 5.º, n.º 1, al. c), do Estatuto do Ministério Público, artigo 17.º, n.º 1 do C.P.Civil, vem propor, nos termos dos artigos 1838.º, 1839.º, n.º 1, 1842.º, n.º 1, al. c) e 1846.º, n.º 1, do C.Civil,

**ACÇÃO ORDINÁRIA DE IMPUGNAÇÃO
DE PATERNIDADE PRESUMIDA**

Contra:
 – **Marta ...**;
 e
 – **Paulo Alexandre ...**,

Com os seguintes fundamentos:

1.º

Em .../.../... nasceu, na freguesia de ..., concelho de Lisboa, Alexandra Filipa, a qual foi registada na Conservatória do Registo Civil de Lisboa, sob o assento n.º ... (documento n.º 1),

2.º

como filha de Marta,

3.º

que, à data da concepção e do nascimento da menor, se encontrava casada com Paulo Alexandre (documento n.º 2).

4.º
A paternidade do réu foi oficiosamente averbada ao assento de nascimento da menor.

5.º
Porém, o marido da mãe da menor, o Paulo Alexandre, não é o pai da menor.

6.º
Visto que, desde o ano de ..., a mãe da menor e o Paulo Alexandre estão separados, não mais tendo voltado a viver juntos, a encontrarem-se ou a terem relações sexuais.

7.º
Nunca tendo o réu Paulo Alexandre contactado com a menor, nem a tratado ou assumido como filha.

8.º
A mãe da menor vive, desde inícios do ano de ..., com Jorge Manuel, em comunhão de cama, mesa e habitação, como se de marido e mulher se tratassem.

9.º
Com quem manteve e só com ele manteve relações sexuais de cópula, no período legal da concepção da menor.

10.º
Das quais resultou a gravidez e posterior nascimento da mesma.

11.º
No círculo de relações familiares e de amizade da ré, a menor Marta Alexandra é reputada como sendo filha do Jorge Manuel, a quem a paternidade é atribuída.

12.º
Do relatório da perícia de investigação da paternidade resulta uma paternidade praticamente provada (99,999999987%) relativamente a Jorge Manuel (documento n.º3).

13.º
Pelo que, nos termos dos artigos 1838.º, 1839.º, n.º1, 1842.º, n.º1, al. c) e 1846.º, n.º1 do C. Civil, importa impugnar a paternidade presumida.

Assim, deve a presente acção ser julgada provada e procedente e, consequentemente, ser declarado que a menor Alexandra Filipa não é filha de Paulo Alexandre e se ordene a rectificação do assento de nascimento com o

respectivo averbamento do qual se faça constar a decisão de que não é o réu Paulo Alexandre o pai da menor.

Para tanto

Requer-se a V. Exa., que, D. e A., se digne mandar citar os réus, para contestarem, querendo, seguindo-se os demais trâmites legais até final.

Prova:
– M;
– B;
– I;
– A.

Valor: 30.000,01€ (trinta mil euros e um cêntimo).

Junta: 3 documentos e duplicados legais.

O Procurador-Adjunto

IV.16. Consentimento Prévio Com Vista a Futura Adopção

URGENTE

                                Exmo. Sr. Juiz de Direito do
                                Tribunal Judicial de …

    O Ministério Público, nos termos dos artigos 162.º da Organização Tutelar de Menores, aprovada pelo Decreto-Lei n.º 314/78, de 27 de Outubro) e 1981.º e 1982 do Código Civil, vem requerer a prestação de consentimento prévio com vista a futura adopção (plena) por parte de

    Berta…,

    Por referência à menor Maria…, nascida a …/…/…, em …, a qual se encontra presente neste Tribunal, requerendo-se assim a imediata prestação do referido consentimento.

    Mais se requer que uma vez prestado o referido consentimento seja entregue ao Ministério Público junto deste Tribunal duas certidões do mesmo, com vista à sua junção ao processo de promoção e protecção n.º … da Comissão de Protecção de Crianças e Jovens em Perigo de … e à sua remessa à equipa de adopção de …

    Espera deferimento.

                                  O Procurador-Adjunto

IV.17. Autorização Para a Prática de Actos

Processo de Autorização para a prática de actos n.º

Américo G... e mulher Irene R... intentaram o presente processo de autorização para venda de bem de menor, nos termos do artigo 2.º e ss. do Decreto-Lei n.º 272/01, de 13 de Outubro.

Para tanto alegaram que ao menor pertence a nua propriedade do prédio descrito na ficha ... de ..., registada em seu nome, estando o usufruto registado a favor do requerente marido, e que receberam proposta de aquisição do mesmo por parte de Mário J..., residente em ..., pelo valor de 3.990,98 € (três mil novecentos e noventa euros e noventa e oito cêntimos), sendo 3.740,98 € (três mil setecentos e quarenta euros e noventa e oito cêntimos) pela nua propriedade e 250 € pelo usufruto.

Mais alegam que atentas as características do prédio, composto por terra pobre, pedregosa, coberta de mato e arbustos silvestres, sem aptidão para fins agrícolas e votado ao abandono há mais de 15 anos, localizado em zona que o P.D.M. não permite construção, por se integrar em zona agrícola e sem acesso directo a caminho público infra-estruturado, e atento o facto de nem por 500 € (quinhentos euros) terem conseguido, no passado recente, interessados na aquisição, tal proposta do Mário J... vai ao encontro do interesse superior do menor.

Finalmente esclarecem que o interessado proponente da aquisição pretende abrir uma rua que sirva futuras construções que vai fazer naquela área e que o requerente marido anuiu já na venda do usufruto que tem registado em seu nome.

Pretendem, pois, autorização para venda da nua propriedade de tal prédio, de que o menor é titular, pelo valor indicado, a depositar numa conta a prazo de um ano a favor do menor.

*

Citada a avó materna do menor, Maria R..., parente sucessível mais próximo do menor, a mesma não contestou o pedido formulado pelos requerentes em representação do menor.

*

O Ministério Público é competente em razão da nacionalidade (artigos 65.° do Código de Processo Civil, ex vi do artigo 3.°, n.° 1 do Decreto-Lei n.° 272/01, de 13.10, e 3.° do Estatuto do Ministério Público, aprovado pela Lei n.° 47/86, de 15 de Outubro) e matéria (artigo 2.°, n.° 1, al. b), do Decreto-Lei n.° 272/01, de 13.10, aplicável ex vi do artigo 1889.°/1 a) do Código Civil).

Nos termos do disposto no artigo 122.° do Código Civil, é menor quem ainda não tiver completado dezoito anos e como tal carece de capacidade para o exercício de direitos (cf. artigo 123.° do Código Civil)

A sua incapacidade é suprida pelo poder paternal (artigo 1878.° do Código Civil).

Nos termos do disposto na al. a) do n.° 1 do artigo 1889.° do Código Civil, os pais não podem, sem autorização do Tribunal, alienar ou onerar bens, salvo tratando-se de alienação onerosa de coisas susceptíveis de perda ou deterioração.

O artigo 2.°, n.° 1 do Decreto-Lei n.° 272/01 preceitua que compete em exclusivo ao Ministério Público a decisão relativamente a tais pedidos.

Conforme resulta de fls. 5, o António R... ainda não atingiu a maioridade.

O processo é isento de nulidades que o invalidem de todo.

As partes são dotadas de personalidade e capacidade judiciária, têm legitimidade para a acção e estão patrocinadas.

*

Procedeu-se à inquirição das testemunhas arroladas pelos requerentes.

*

Factos Provados:

– Os requerentes são pais do menor Américo R..., nascido a .../.../..., em ...;

– Por sentença de ..., do ... Juízo deste Tribunal Judicial de ..., o menor foi confiado à mãe, cabendo o exercício do poder paternal aos pais, conforme averbamento ao assento de nascimento do menor;

– Em 28.05.1997 o requerente marido doou ao menor, com autorização da esposa, a nua propriedade do prédio melhor descrito no artigo 2.º do requerimento inicial (prédio rústico descrito sob a ficha ... de ...),
– Que, à data da doação era um bem próprio do requerente, tendo o mesmo reservado para si o respectivo usufruto;
– Tal prédio é composto por terra pedregosa, coberta de mato e arbustos silvestres, não sendo agricultado há mais de trinta anos;
– Não se pode construir no local, por força do PDM em vigor;
– O terreno apenas tem interesse para eventual construção de acesso a casas de habitação;
– Mário J..., residente em ..., propôs-se adquirir a nua propriedade do prédio em causa por 3.740,98 € (três mil setecentos e quarenta euros e noventa e oito cêntimos);
– Os requerentes são tidos por pessoas idóneas e bons pais.

*

Motivação de facto:
Na valorização da prova, antes de mais, foram valorados os elementos constantes dos documentos autênticos juntos aos autos que, nos termos do artigo 371.º, n.º 1 do Código Civil, fazem prova plena dos factos que referem como praticados pela autoridade pública respectiva, não tendo sido ilididos com base na sua falsidade.

Foi ainda tido em consideração os depoimentos das testemunhas indicadas, designadamente José ... e Gaspar ... (identificados a fls. 29 a 30 dos presentes autos, onde foi registado o respectivo depoimento), já que mostraram que conheciam o prédio em questão desde há bastante tempo, realizando um depoimento que se nos afigurou isento, lógico e, portanto, merecedor de confiança para o esclarecimento da verdade.

A testemunha José ... referiu mesmo que alienou um prédio rústico situado nas proximidades, com uma área de cerca de 1000 (mil) metros quadrados e onde também não se podia construir, ao Mário J..., tendo recebido 500 € (quinhentos euros).

A ponderação de tudo o que ficou exposto, na sua conjugação com o depoimento das testemunhas ouvidas e das regras da experiência comum, permitiu o esclarecimento do Ministério Público no que se refere à factualidade supra mencionada.

Reputa-se também de particular importância para a convicção firmada o facto de o prédio se situar em Espaço Agrícola de Grau I – Solo da Reserva Agrícola Nacional (RAN), nele não sendo possível levar a cabo qualquer edificação (cf. documento de fls...).

*

Do direito:
Nos termos do disposto na al. a) do n.º 1 do artigo 1889.º do Código Civil, os pais não podem, sem autorização do tribunal, alienar ou onerar bens, salvo tratando-se de alienação onerosa de coisas susceptíveis de perda ou deterioração.

A *ratio* do preceito é a protecção dos bens dos menores (Moitinho de Almeida, Reforma do Código Civil, 1981, pg. 148). Com efeito, por força da sua dependência natural e incapacidade de exercício, poderão ser objecto de diligências no sentido de aquisição dos seus bens por valores inferiores ao mercado.

Conforme refere Castro Mendes (Teoria Geral, 1979, 2.º, pg. 208), quanto à administração, os pais exercem-na ex vi do artigo 1978.º, n.º 1 do Código Civil e, nessa medida, alienarão os bens cuja alienação seja acto de administração, ainda que não se trate de coisas móveis susceptíveis de perda ou deterioração. Só quanto aos actos de disposição vale a restrição do artigo 1889.º, n.º 1, al. a): só podem alienar (ou onerar) elementos estáveis do património do filho com autorização do Tribunal.

Tribunal, nesta acepção, tem de ser entendido em sentido amplo, abrangendo não só o tribunal em sentido estrito, como também o Ministério Público, conforme expresso no preâmbulo do Decreto-Lei n.º 272/01, de 13 de Outubro (rectificado pela Declaração de Rectificação n.º 20-AR/2001, de 30 de Novembro), que procedeu à transferência da competência decisória em processos cuja principal ratio é a tutela dos interesses dos incapazes ou ausentes do processo jurisdicional para o Ministério Público.

Assim, dispõe a al. b) do n.º 1 do artigo 2.º do Decreto-Lei citado que são da exclusiva competência do Ministério Público as decisões relativas a pedidos de autorização para a prática de actos pelo representante legal do incapaz, quando legalmente exigida.

Ora, resulta da factualidade dada como provada que o valor oferecido pelo imóvel é justo, tendo em atenção as suas características supra-enunciadas, pelo que o deferimento do requerido acautelará os interesses do menor.

*

F – Decisão
Por tudo o exposto, sendo de concluir, face aos elementos constantes dos autos, pela justeza da pretensão dos requerentes, ao abrigo do precei-

tuado nos artigos 1889.º, n.º 1, al. a), do Código Civil e al. b) do n.º 1 do artigo 2.º do Decreto-Lei citado, vai a mesma deferida, autorizando-se os requerentes a vender, em representação do seu filho António R..., a nua propriedade do prédio rústico sito no lugar de ..., freguesia de ..., inscrito na matriz sob o artigo ... daquela freguesia e descrito na Conservatória do Registo Predial de ... sob a ficha ... de ... pelo valor de 3.740,98 € (três mil setecentos e quarenta euros e noventa e oito cêntimos).

Prazo para a escritura de compra e venda: dois meses.

Uma vez efectuada a venda do imóvel, devem os requerentes no prazo de 15 dias fazer prova nos autos do depósito de tal valor em conta aberta em nome do menor a prazo não inferior a um ano.

Custas pelo menor, sendo a taxa de justiça reduzida a metade, levando-se em conta a já paga.

Quem entenda que não há lugar ao pagamento de taxa de justiça inicial, deve eliminar o segmento "levando-se em conta a já paga".

Notifique.

<small>Processei, imprimi, revi e assinei o texto, seguindo os versos em branco.</small>

Local ..., ds

O Procurador-Adjunto

IV.18. Inquérito Tutelar Educativo – suspensão do processo

Cls.
Inquérito Tutelar Educativo n.°

Das diligências efectuadas no presente inquérito tutelar educativo, designadamente da audição do menor Fábio (fls. 25) e da junção de certidões do auto de interrogatório de Filipe (fls. 13) e das inquirições de Maria Fernanda (fls. 10) e de Maria Isabel (fls. 11), no âmbito do inquérito n.° …, deste tribunal, resulta suficientemente indiciado que, no dia 23 de Janeiro de 2008, entre as 17h30 e as 18h00, o menor Fábio subiu ao muro do quintal da residência de Maria Fernanda, sita na Rua, e, sem entrar no quintal, puxou um blusão que se encontrava pendurado no estendal, no valor de € 75 (setenta e cinco euros), bem sabendo que o blusão não lhe pertencia, que actuava contra a vontade do seu proprietário e que a sua conduta configurava a prática de um crime e que como tal poderia ser punida.

No dia 6 de Fevereiro de 2008, o mencionado blusão foi apreendido (fls. 4) e entregue à ofendida Maria Fernanda Paixão (fls. 7).

Os factos descritos são qualificados pela lei como crime de furto, p. e p. pelo artigo 203.°, n.° 1, do Código Penal, punível com pena de prisão até três anos ou com pena de multa.

A Direcção-Geral de Reinserção Social elaborou um relatório social (fls. 26 a 30) referente ao menor Fábio no qual concluiu que o menor apresenta "défices ao nível da aquisição de competências pessoais e sociais, nomeadamente autonomia, autocontrolo e pensamento consequencial (…) surgindo indícios de se querer responsabilizar, demonstrando motivação para iniciar a frequência de um programa de educação e formação (com certificação do 2.° Ciclo), no próximo mês de Julho.

Relativamente à situação que desencadeou o presente processo judicial, Fábio assume as suas responsabilidades, manifestando presentemente sentido crítico face à mesma, reconhecendo o valor das normas e revelando aptidão para avaliar o impacto dos seus comportamentos nos outros.

Nesta sequência, parece-nos que uma medida de reparação do ofendido, consistindo na apresentação de um pedido formal de desculpas poderia ser adequada, permitindo facilitar o processo de responsabilização social deste jovem, facilitador de um percurso de vida socialmente ajustado, bem como evitar eventuais clivagens face ao ofendido".

Dispõe o artigo 84.º, n.º 1, da Lei Tutelar Educativa (aprovada pela Lei n.º 166/99, de 14 de Setembro), que,

"Verificando-se a necessidade de medida tutelar o Ministério Público pode decidir-se pela suspensão do processo quando, sendo o facto qualificado como crime punível com pena de prisão de máximo não superior a cinco anos, o menor apresente um plano de conduta que evidencie estar disposto a evitar, no futuro, a prática de factos qualificados pela lei como crime".

Pelo que a aplicação da suspensão do processo em inquérito tutelar educativo depende da verificação de três requisitos.

O primeiro, de carácter objectivo, é a exigência de o facto criminoso praticado pelo menor ser de reduzida ou média gravidade, em concreto, tratar-se de facto qualificado como crime punível com pena de prisão de máximo não superior a cinco anos.

O segundo critério, de natureza subjectiva, prende-se com a necessidade de aplicação de uma medida tutelar, que terá de ser justificada pela necessidade de educação do menor para o direito e de inserção do menor de forma digna e responsável na vida em comunidade, enquanto finalidades das medidas tutelares educativas (artigo 2.º, n.º 1, da Lei Tutelar Educativa).

Por fim, é necessário que o menor apresente um plano de conduta que evidencie estar disposto a evitar, no futuro, a prática de factos qualificados pela lei como crime.

Na situação em apreço nos autos, o menor praticou um facto qualificado como crime punível com pena de prisão de máximo não superior a cinco anos.

Subjectivamente, o menor apresenta défices de autonomia, de autocontrolo e de pensamento sequencial o que, aliado à prática do facto ilícito típico acima descrito, inculca na necessidade de corrigir a sua personalidade, de o educar para o respeito futuro pelo direito e para a vida em sociedade, em suma de garantir a sua socialização.

Quanto ao conteúdo do plano de conduta, o legislador forneceu um catálogo exemplificativo de condutas que o podem integrar (n.º 4 do artigo 84.º da Lei Tutelar Educativa), sendo que, neste caso concreto, considerando que a ofendida recuperou o blusão e que o menor assumiu a responsabilidade pelos seus actos, manifestando presentemente sentido crítico, reconhecendo o valor das normas e revelando aptidão para avaliar o impacto dos seus comportamentos nos outros, é adequada e suficiente a apresentação de desculpas à ofendida (al. a)).

O legislador previu ainda a possibilidade de o plano de conduta ser subscrito pelos pais, representante legal ou quem tenha a guarda de facto do menor (n.º 2), o que permite o envolvimento de pessoas próximas do menor na sua socialização e fomenta a assunção de responsabilidades na educação do menor.

Na situação dos autos é importante que os pais do menor, com quem este reside, contribuam para a sua formação e inserção correcta na sociedade.

Face ao exposto, considerando a possibilidade de suspensão do processo, **notifique o menor, os seus pais e a ofendida para comparecerem nestes Serviços do Ministério Público no próximo dia 15 de Julho de 2008, pelas 14h30**, com vista à:

    1. Elaboração e subscrição pelo menor e pelos seus pais, na minha presença, de um plano de conduta para o menor, que consista na apresentação de desculpas à ofendida, traduzidas no pesar pela prática do facto ilícito, bem como pela manifestação do seu propósito de não repetir actos análogos, mantendo-se o processo suspenso pelo prazo de 4 meses, nos termos do disposto nos artigos 11.º, n.ºs 1, al. a) e 2, al. a) e 84.º, n.ºs 1, 2, 3, al. a) e 6, da Lei Tutelar Educativa.

    2. Apresentação de desculpas do menor à ofendida, nos termos do plano de conduta.

Processei, imprimi, revi e assinei o texto, seguindo os versos em branco (artigo 94.º, n.º 2, Código de Processo Penal)

Local, data

O Procurador-Adjunto

IV.19. Inquérito Tutelar Educativo – requerimento de abertura de fase jurisdicional

Cls.
Inquérito Tutelar Educativo n.º

O Ministério Público, nos termos dos artigos 86.º, 89.º, 90.º e 92.º da Lei n.º 166/99, de 14 de Setembro (Lei Tutelar Educativa), vem requerer a **abertura da fase jurisdicional** relativamente aos menores:

- João Carlos…;
- António César…; e
- Joel André…,

Porquanto,

No dia **30 de Junho de 2008, por volta das 17h00**, os menores encontravam-se a conversar, juntamente com Hugo Filipe, id. a fls. 187, e Rui Cícero, id. a fls. 187, em cima de uma plataforma da EDP, em …, quando o João Carlos e o Rui Cícero sugeriram fazerem um engenho explosivo, conforme tinham visto num sítio da Internet, ao que desde logo, todos anuíram.

Desta forma, o António César, dirigiu-se a sua casa, tendo-se apoderado de ácido clorídrico que se encontrava na garagem, utilizado para desentupir canos.

Reuniram-se os cinco, novamente, em casa de João Carlos, sita na **Rua …, em …**. Aí, agindo concertadamente, enrolaram algumas bolas de alumínio e colocaram-nas dentro de uma garrafa de plástico.

O Rui Cícero colocou um funil no gargalo da garrafa e João Carlos despejou nessa garrafa ácido clorídrico. De seguida, fechou-a, agitou-a e arremessou pela varanda de sua casa para um pequeno jardim em frente, em comunhão de esforços com os demais e de acordo com um plano previamente traçado com estes.

Ao cair no chão, a garrafa dilatou, explodindo logo de seguida, provocando um grande estrondo. Foi projectada cerca de três a quatro metros para o lado direito do jardim, tendo parado quando embateu num pequeno muro do jardim.

A garrafa parou a uns quatro a cinco metros de distância de <u>Ana Francisca</u>, nascida a 31/01/2002, melhor id. a fls. 105, que ali se encontrava. Em consequência desse incidente, a menor ficou em sobressalto e bastante assustada.

Antes de arremessar a garrafa, os arguidos verificaram se haveria pessoas nas imediações, não se tendo apercebido da presença de qualquer pessoa naquele local.

Analisado o conteúdo da garrafa, revelou a presença de cloreto, que associado ao baixo valor de pH, revela a presença de ácido clorídrico, conforme relatório pericial constante de fls. 68 a 70, cujo teor se dá aqui por integralmente reproduzido para todos os efeitos legais.

Este tipo de engenho é apto a provocar danos pessoais ou patrimoniais.

Os menores agiram de forma livre, concertada e em comunhão de esforços, com o propósito concretizado de fabricar o referido engenho explosivo, conhecendo as suas características e aptidão para causar danos pessoais ou patrimoniais, não possuindo licença ou autorização para o efeito, o que representaram.

Actuaram ainda de forma livre, em comunhão de esforços, com o propósito concretizado de provocar uma explosão, ao arremessar tal engenho explosivo para aquele local, agiram com manifesta falta de cuidado, de que eram capazes de adoptar e que deviam ter para evitar o perigo decorrente criado à menor Ana Francisca, perigo esse que de igual forma podiam e deviam prever, mas que não previram.

Sabiam os menores que as suas condutas eram proibidas e punidas por lei penal.

Os factos descritos integrariam, não fosse a inimputabilidade dos menores em razão da idade, em co-autoria material, na forma consumada e em concurso real e efectivo:

— **Um crime de explosão**, previsto e punível pelo artigo 272.º, n.º 1, alínea b), e n.º 2 do Código Penal; e

– **Um crime de fabrico de engenho explosivo**, previsto e punível pelo artigo 86.°, n.° 1, alínea a), da Lei 5/2006, de 23.02.

*

O menor **João Carlos**, que tinha 15 anos à data dos factos, encontra-se integrado no seu sistema familiar de origem, frequentando um curso de educação e formação, com equivalência ao 9.° ano de escolaridade.

Trata-se de um curso que pretende paralelamente a obtenção de qualificação profissional (empregado comercial), que tem vindo a permitir superar o baixo nível de interesse manifestado pela frequência de ensino regular.

Praticando, paralelamente, actividades desportivas, como jogador de futebol, federado, a situação do menor tem vindo a evoluir de forma favorável e aparentemente dissociada de factores de risco.

Da avaliação efectuada pela D.G.R.S., os indicadores obtidos apontam para adequado nível de integração sócio-familiar e escolar, não traduzindo o menor particulares necessidades de educação para o direito.

O menor **António César**, que tinha 15 anos à data dos factos, é um jovem inserido numa família bem integrada socialmente e que traduz preocupação com o acompanhamento do seu processo educativo.

A nível escolar veio a optar por um curso de educação e formação, com equivalência ao 9.° ano de escolaridade, mantendo um adequado nível de integração escolar. Nos tempos livres mantém-se vinculado a actividades de carácter desportivo, nomeadamente "prática de futebol de salão".

O menor tem vivenciado com apreensão e preocupação a pendência destes autos, estando consciente da necessidade de não repetir tal comportamento.

O menor **Joel André**, que tinha 13 anos à data dos factos, é o filho mais novo de um casal que traduz preocupação com o seu processo educativo e socialização.

A frequentar regularmente o 9.° ano de escolaridade, na Escola ..., o menor surge bem integrado, não surgindo indicadores dignos de registo e que mereçam particular atenção, do ponto de vista comportamental e relacional.

A frequência de actividades desportivas, na qualidade de federado, surge como factor de protecção, ao verificar-se que o menor reconhece que eventuais comportamentos podem condicionar a sua "performance".

Denotando algum nível de imaturidade à data dos factos, ainda que compreensível, atenta a sua idade, tal facto e o contexto grupal poderão ter contribuído para a sua prática.

Da avaliação efectuada, verifica-se que o menor surge como um jovem bem integrado a nível sócio-familiar e escolar, não traduzindo a sua situação necessidades particulares de educação para o direito.

O Ministério Público, nos termos do artigo 90.º, al. e), da Lei n.º 166/99, de 14 de Setembro, propõe:

– A aplicação aos menores da medida tutelar educativa de **admoestação** prevista nos artigos 4.º, n.º 1, al. a), e 9.º do mesmo diploma legal.

Prova

    a) **Documental:**
        – Documentos juntos a fls. ...;
    b) **Pericial:**
        – Relatórios de exame pericial, junto a fls. ...;
    c) **Prova Testemunhal: (...)**

Nomeção de defensor:

Remeta os autos à distribuição, nos termos e para os efeitos do disposto no artigo 93.º da Lei Tutelar Educativa.

Processei, imprimi, revi e assinei o texto, seguindo os versos em branco – artigo 94.º, n.º 2 do Código de Processo Penal.

..., ...

O Procurador-Adjunto

V.
FORMAS À PARTILHA

V.1. Direito de Transmissão

Vista:
Processo de Inventário n.° .../...

Procede-se a inventário por óbito de António Maria..., falecido a 19 de Julho de 2001, no estado de casado, segundo o regime de comunhão geral de bens, com Cesaltina P..., cabeça-de-casal, em primeiras e únicas núpcias de ambos, e também por óbito de António P..., falecido a 28 de Outubro de 2001, no estado de casado, sob o regime de comunhão de adquiridos com Elza N..., cabeça-de-casal, em primeiras e únicas núpcias de ambos, tendo o primeiro deixado um filho, o aqui também inventariado António P..., entretanto falecido depois de seu pai, e tendo este último deixado três filhas, que do inventariado António Maria são netas, Sandra N..., Mariana N... e Marina N..., esta última menor.

À menor Marina N... foi nomeado curador a fls. 55 dos autos.

Os inventariados não fizeram testamento, doação ou qualquer outra disposição de última vontade.

Existem bens comuns de ambos os casais e não existem bens próprios.

Não há passivos e não houve licitações.

Na conferência de interessados, pela interessada Elza N..., foi dito que prescindia do depósito de tornas a que tem direito por já as ter recebido em mão.

Forma à partilha:
Somam-se os valores dos bens constantes da relação de bens de fls. 28 e 29 e o total divide-se por dois, sendo uma das partes a meação da cabeça-de-casal Cesaltina P..., que como tal se lhe adjudica, nos termos dos artigos 1688.°, 1689.°, n.° 1 e 1733.°, todos do Código Civil.

A outra metade constitui o valor da herança do inventariado António Maria, a partilhar.

Esta última divide-se em duas partes iguais, adjudicando-se uma delas à predita cabeça-de-casal, e a outra, que se adjudicaria ao filho António P..., pós-falecido em relação ao seu pai, divide-se em quatro partes iguais, adjudicando-se três delas aos seus filhos, e a outra à sua cônjuge, por direito de transmissão do direito de aceitar, nos termos do disposto nos artigos 2058.°, 2133.°, n.° 1, alínea a), 2139.°, n.° 1, 2136.°, 2157.° e 2159.°, n.° 1, todos do Código Civil.

Ainda, somam-se os valores dos bens constantes da relação de bens de fls. 39 e 40 e o total divide-se por dois, sendo uma das partes a meação da cabeça-de-casal Elza Nunes, que como tal se lhe adjudica, nos termos dos artigos 1688.°, 1689.°, n.° 1 e 1724.°, todos do Código Civil.

A outra metade obtida, que constitui o valor da herança a partilhar do inventariado António P..., divide-se em quatro partes iguais, adjudicando-se três delas aos seus filhos, e a outra à cabeça-de-casal, sua cônjuge, nos termos do disposto nos artigos 2133.°, n.° 1, alínea a), 2136.°, 2139.°, 2157.° e 2159.°, n.° 1, todos do Código Civil.

No preenchimento dos quinhões, atender-se-á ao acordado na conferência de interessados.

***

Local, Data

O Procurador-Adjunto

V.2. Doação por conta da quota disponível/ doação a cônjuge por conta da legítima

Vista:

Procede-se a inventário por óbito de Manuel..., falecido em 19 de Janeiro de 1999, no estado de casado com Cidália..., em primeiras e únicas núpcias de ambos, segundo o regime da comunhão de adquiridos.

Deixou dois filhos menores, Victor... e Vanessa..., a quem foi nomeado curador, a fls. 5v e 6 dos autos.

Por escritura lavada no dia 10 de Junho de 1995 o inventariado fez doação da verba n.º 12 aos dois filhos, por conta da quota disponível, tendo a doação sido aceite pela inventariante Cidália... em representação dos menores.

Por escritura lavrada no dia 10 de Junho de 1995 o inventariado doou as verbas n.º 13 a 23 à inventariante Cidália..., por conta da legítima, tendo esta aceite.

Há bens próprios do inventariado (verbas n.º 13 a 23) e bens comuns do casal (verbas 1 a 12).

Não há passivo e não houve licitações.

Promovo que se proceda à partilha da seguinte forma:

– Somam-se os valores dos bens não doados, adquiridos a título oneroso na constância do casamento do inventariado, que foram relacionados nas verbas n.º 1 a 11, e divide-se o total em duas partes iguais, sendo uma o valor da meação do inventariado e a outra a meação da inventariante, que, como tal, se lhe adjudica.

– Ao valor da meação do inventariado, soma-se o valor da meia conferência dos bens doados na verba n.º 12, conforme o disposto no artigo 2117.º, n.º 1, do Código Civil.

Efectivamente, o bem relacionado na verba n.º 12 é um bem comum do casal que o inventariado doou aos filhos Victor... e Vanessa... por conta da quota disponível, por escritura lavrada em 10/06/95.

Tal doação carecia do consentimento de ambos os cônjuges, conforme o disposto no artigo 1682.º-A, n.º 1, al. a), do Código Civil.

A inventariante não deu o consentimento para tal doação, pelo que, tal acto, nos termos do disposto no artigo 1687.º, n.º 1 e n.º 2, do Código Civil era anulável.

No entanto, a inventariante tomou conhecimento do acto aquando da aceitação que fez da doação em representação dos filhos menores e não exerceu, nem nessa altura, nem nos três anos subsequentes, o direito de anulação previsto no referido artigo 1687.º, n.º 1, do Código Civil, pelo que tal aceitação e o não exercício do direito de anulação, configuram uma confirmação tácita do acto anulável, que como tal ficou sanado, conforme o estabelecido no artigo 288.º do Código Civil.

Nestes termos, a doação referida é válida e eficaz em relação à inventariante e deve considerar-se como uma doação de bem comum feita por ambos os cônjuges, observando-se o estatuído no artigo 2117.º, n.º 1, do Código Civil.

– A este valor somam-se os valores dos bens doados próprios do inventariado relacionados nas verbas n.º 13 a 23, constituindo o total o valor da herança a partilhar.

O inventariado doou as verbas n.º 13 a 23 (totalidade dos bens próprios) à inventariante Cidália..., por conta da legítima, por escritura lavrada em 10/06/95, tendo esta aceite.

Quanto a esta doação importa ter em atenção que o doador expressamente a não dispensou da colação, seguindo-se, nesta sede, a chamada Escola de Coimbra, representada, entre outros, por Capelo de Sousa e Jorge Leite, a qual entende existir aqui um regime convencional de colação absoluta.

Efectivamente o doador manifestou a vontade, devidamente aceite pela donatária, de não a beneficiar quantitativamente, tendo-se limitado a antecipar-lhe os bens que caberiam ao seu quinhão hereditário, nesta hipótese, é o donatário obrigado a conferir tudo aquilo com que foi contemplado, procedendo-se em seguida à partilha da herança com completa igualação dos co-herdeiros.

Levanta-se a questão de saber se o cônjuge donatário, concorrendo à herança com os descendentes está ou não sujeito à colação.

Esta questão não está expressamente resolvida pelo nosso sistema jurídico, mas, conforme o entendimento da, já referida, Escola de Coimbra, expresso, designadamente, por Rabindranath Capelo de Sousa em "Lições de direito das sucessões", Vol. II, pág. 342 e ss, cuja fundamentação aqui se dá por reproduzida, considera-se que se está perante um caso omisso, a resolver nos termos do artigo 10.º por analogia dos artigo 2104.º e ss do Código Civil, devendo sujeitar à colação tanto os descendentes como o cônjuge sobrevivo, quando concorram conjuntamente à herança.

– O total da herança divide-se por três partes iguais, constituindo duas delas o valor da quota indisponível e a outra o valor da quota disponível (cf. artigo 2159.º, n.º 1, do Código Civil).

– Na quota disponível começa por imputar-se o valor da meia conferência do bem doado aos filhos Victor... e Vanessa..., por força do artigo 2117.º, n.º 1, do Código Civil e, se exceder o valor dessa quota, será o excesso imputado no quinhão legitimário dos donatários e até esse limite, sendo reduzida a doação apenas se o exceder.

Se, pelo contrário, não esgotar a quota disponível, o remanescente acresce à quota indisponível do inventariado.

– Quanto à doação feita à inventariante Cidália..., por conta da legítima, existe, conforme já referido supra, um regime convencional de colação absoluta, pelo que, segundo o entendimento da Escola de Coimbra, se procederá a uma igualação total entre a donatária e os demais herdeiros.

Assim, o valor da doação com colação absoluta, é imputado na legítima subjectiva da donatária e o excesso é imputado na quota disponível do doador, se a houver, ficando aí sujeito a igualação entre os partilhantes.

Essa igualação total, segundo a referida Escola, poderá impor a redução da doação, independentemente da sua inoficiosidade (considerando o regime estabelecido no artigo 2108.º, n.º 2, do Código Civil como supletivo, apenas valerá para os casos em que o doador nada declarou sobre o espírito da doação).

– A quota indisponível, eventualmente acrescida do remanescente da quota disponível, divide-se em três partes iguais, cabendo cada uma delas, à inventariante Cidália..., ao Victor... e à Vanessa... (cf. artigo 2139.º, n.º 1, do Código Civil).

— No preenchimento dos quinhões atender-se-á ao acordado na conferência de interessados.

***

Processei, imprimi, revi e assinei o texto, seguindo os versos em branco (art. 94.º, n.º 2, do Cód. Proc. Penal).

Local, Data

O Procurador-Adjunto

V.3. Doação *Mortis* Causa

Vista:
Processo de Inventário n.º

Procede-se a inventário por óbito de Lúcia ..., falecida a 19.03.2000, no estado de casada, segundo o regime de comunhão de adquiridos, com Gaspar ..., cabeça-de-casal, em segundas núpcias dela e primeiras núpcias deste último, tendo deixado dois filhos menores: Daniel... e Inês ....

Aos dois filhos menores foi nomeado curador a fls. 8 dos autos.

Por escritura pública lavrada a .../.../... (cf. fls. ...) a ora inventariada fez doação ao cabeça-de-casal, para o caso de este lhe sobreviver, da universalidade dos bens e direitos mobiliários e imóveis que venham a compor a sua herança, com estipulação de que no caso de existência de filhos do casamento, a doação abrangerá a maior quota permitida por lei entre casados, que caberá ao donatário escolher.

A doação foi aceite pelo donatário.

Tal disposição, traduzindo um acto de atribuição patrimonial gratuito a favor do cabeça-de-casal, feita com intenção de aumentar o património deste com bens e direitos do património da disponente, aqui inventariada, e cujos efeitos, designadamente a devolução de tais bens e direitos, apenas se produzem por morte daquela última, configura, atendendo ao disposto nos artigos 940.º, n.º 1, 946.º, n.º 1 e 2028.º, n.º 1, todos do Código Civil, uma doação mortis causa que, na medida em que regula a própria sucessão da inventariada, integra uma situação de sucessão contratual, pois que consubstancia, no dizer de OLIVEIRA ASCENSÃO, Sucessões, 1967, p. 62, um pacto designativo.

Quer a doação por morte quer os pactos sucessórios estão, em princípio, proibidos, sendo que, de acordo com o disposto nos artigos 946.º, n.° 1, e 2028.°, n.° 2, ambos do Código Civil, só excepcionalmente, ou seja, apenas nos casos previstos na lei, são admissíveis.

Os casos especialmente previstos na lei em que são excepcionalmente admitidos os negócios mortis causa são os dos artigos 1700.°, alíneas a) e b) e 1755.°, n.° 2, ambos do Código Civil, ou seja, apenas nas doações para casamento são permitidos, não podendo ser unilateralmente revogados depois da aceitação e só com autorização escrita do donatário ou respectivo suprimento judicial pode o doador alienar os bens doados, nos termos do artigo 1701.°, do Código Civil, ou deles dispor gratuitamente, segundo a regra do artigo 1702.°, do mesmo diploma legal (neste sentido vide BAPTISTA LOPES, Doações, p. 35 e 36 e Revista dos Tribunais, 90.°-205), sendo que, tais doações para casamento só podem ser feitas na convenção antenupcial, nos termos do disposto no artigo 1756.°, do Código Civil.

Como ensina PEREIRA COELHO, Sucessões, 2.ª ed., 1968, 279, "proíbem-se os pactos sucessórios para garantir ao de cujus a liberdade de disposição dos bens até ao último momento da sua vida; tal liberdade ficaria muito diminuída se se admitissem esses pactos que, como contratos, seriam irrevogáveis".

Cominam os artigos 946.°, n.° 1, em conjugação com o artigo 294.°, e 2028.°, n.° 2, todos do Código Civil, com a nulidade, os pactos de succedendo e as doações mortis causa não legalmente admitidos, negócios nulos esses, todavia, convertíveis, por força do n.° 2, do citado artigo 946.°, do Código Civil, em testamento, desde que tenham sido observadas as formalidades dos testamentos, pois que tal dispositivo legal, para o qual também remete o n.° 2, do artigo 2028.°, do Código Civil, consagra uma conversão de uma doação por morte numa disposição testamentária, conversão esta legal, por ser a própria lei que a ela procede, pelo que não há que atender à vontade presumida ou tendencial do autor do negócio jurídico, subjacente à conversão do negócio jurídico admitida em geral no artigo 293.°, do Código Civil (neste sentido cf. OLIVEIRA ASCENSÃO, ob. cit, p. 102).

Para que a doação preencha o requisito a que alude a parte final do n.° 2, do referido artigo 946.°, do Código Civil, ou seja, observância das formalidades dos testamentos, terá que constar de escritura pública, uma vez que esta é o acto notarial equiparado, na forma, aos testamentos, ficando satisfeita, deste modo, aquela exigência (cf. Revista dos Tribunais, 90.°-205 e OLIVEIRA ASCENSÃO, ob. cit, p.102).

A estipulação ora em apreço, configurando, como supra se referiu, uma doação por morte, integradora de uma sucessão contratual, não prevista na lei, por não consubstanciar uma doação para casamento feita em convenção antenupcial e, consequentemente nula, foi celebrada mediante escritura pública, operando, portanto, ope legis a respectiva conversão em disposição testamentária, beneficiando o cabeça-de-casal com a quota disponível.

Existem bens próprios do de cujus e bens comuns do casal.

Não há passivo e não houve licitações.

Forma à partilha:

Somam-se os valores dos bens comuns do casal e o total divide-se por dois, sendo uma das partes a meação do cabeça-de-casal, que como tal se lhe adjudica, nos termos dos artigos 1688.º, 1689.º, n.º 1 e 1724.º, todos do Código Civil.

À outra metade soma-se o valor do bem próprio que constitui a verba n.º 1 da relação de bens, encontrando-se assim a herança a partilhar.

O total divide-se por três partes iguais, constituindo duas delas o valor da quota indisponível e o restante o valor da quota disponível, nos termos do disposto nos artigos 2133.º, n.º 1, alínea a), 2157.º e 2159.º, n.º 1, do Código Civil.

O valor da quota indisponível divide-se por três partes iguais, adjudicando-se uma delas ao cabeça-de-casal e cada uma das outras a cada um dos dois filhos, conforme estatuído no artigo 2139.º, n.º 1.

O valor da quota disponível confere-se ao cabeça-de-casal, em virtude da conversão ope legis em disposição testamentária da doação por morte celebrada pela inventariada a favor daquele, mediante escritura pública, nos termos do disposto nos artigos 946.º, n.º 2 e 2028.º, n.º 2, do Código Civil.

No preenchimento dos quinhões, atender-se-á ao acordado na conferência de interessados.

*

Processei, imprimi e assinei o texto, seguindo os versos em branco (artigo 138.º, n.º 5, do Código de Processo Civil)

Local, Data

O Procurador-Adjunto

V.4. Direito de Representação

Processo n.º
Vista: ...

Procede-se a inventário por óbito de **José** ..., falecido no dia 20 de Janeiro de 2005, no estado de casado com <u>Maria M...</u>, em primeiras e únicas núpcias de ambos, segundo o regime da comunhão geral de bens, com última residência em ...

Deixou quatro filhos, *infra*-identificados:

– <u>Adão ...</u>, casado sob o regime de comunhão de adquiridos com Otília ..., com residência em ...;

– <u>Maria Isabel ...</u>, casada sob o regime de comunhão de adquiridos com António Manuel ..., com residência em ...;

– <u>Aida ...</u>, viúva, com residência em ...;

– <u>Eunice Maria ...</u>, pré-falecida à data do falecimento do inventariado, tendo deixado a representá-la os seguintes filhos, com o grau de parentesco de netos em relação ao inventariado:

– <u>Johny ...</u>, solteiro, menor, nascido a 26 de Outubro de 1991, residente com os avós paternos em ...; e

– <u>Tânia ...</u>, solteira, menor, nascida a 6 de Março de 1994, residente com os avós paternos em ...

Eurico ... foi nomeado curador aos menores Johny e Tânia, a fls. ..., residente em ...

O inventariado **José** não deixou testamento, doação ou qualquer outra disposição de última vontade.

Não há passivo.

Existe um bem imóvel a partilhar identificado como verba única da relação de bens apresentada e junta aos autos a fls. ....

Os interessados chegaram a acordo na conferência de interessados no que respeita à composição dos quinhões, tendo sido definido o valor de adjudicação relativamente ao imóvel a partilhar (fls. ...), nos termos do disposto no artigo 1353.º, n.º 1, al. a) do Código de Processo Civil.

*

Promovo que se proceda à partilha da seguinte forma:

– Divide-se o valor do bem relacionado como verba única (fls. 24) em duas partes iguais, sendo uma o valor da meação do inventariado, e como tal, herança a partilhar e a outra a meação do respectivo cônjuge, Maria Martins, que, como tal, se lhe adjudica (cf. – artigo 1732.º do Código Civil).

– Atendendo ao número de herdeiros, o total da herança é dividido em quatro partes iguais, sendo atribuída uma quarta parte da herança do inventariado a Maria M..., que se lhe adjudica, nos termos do disposto no artigo 2139.º, n.º 1, do Código Civil.

– Os remanescentes três quartos da herança do inventariado dividem-se em quatro partes iguais, cabendo cada uma delas a Adão, Maria Isabel, Aida e Eunice Maria, que se lhes adjudica (cf.– artigos 2131.º, 2133.º e 2139.º, todos do Código Civil).

– A parte atribuída à filha pré-falecida Eunice Maria será dividida em duas partes iguais, a atribuir cada uma delas, respectivamente, a Jonhny e Tânia, que se lhes adjudicam, nos termos do preceituado nos artigos 2039.º, 2042.º, 2044.º, 2138.º e 2140.º, todos do Código Civil.

– No preenchimento dos quinhões atender-se-á ao acordado na conferência de interessados, de fls. 56 e 57.

***

(Processei, imprimi e revi o texto)

Local, Data

O Procurador-Adjunto

V.5. Fórmula básica

Processo n.°
Vista:

___

Procede-se a inventário por óbito de ..., falecido a .../.../..., no estado de casado, segundo o regime de comunhão de adquiridos com ..., em primeiras núpcias de ambos, tendo deixado dois filhos menores (identificar...), a quem foi nomeado curador, nos termos do n.° 1 do artigo 1329.°, n.° 1, do Código de Processo Civil.

O inventariado não fez doação, testamento ou qualquer outra disposição de última vontade e os bens do casal foram todos adquiridos, a título oneroso, na constância do matrimónio.

Não há passivo e não houve licitações.

Forma à Partilha:

Somam-se os valores dos bens relacionados (não houve licitações) e o total divide-se por dois, sendo uma das partes a meação do cabeça-de-casal, que, como tal, se lhe adjudica, nos termos dos artigos 1688.°, 1689.°, n.° 1, 1724.° do Código Civil, e a outra, a herança a partilhar.

Esta última divide-se por três, adjudicando-se uma parte ao cabea-de-casal e as outras duas, em partes iguais, aos filhos (artigos 2157.°, 2159.°, n.° 1, 2133.°, n.° 1 al. a), e 2139.°, n.° 1, do Código Civil).

Preenchimento dos quinhões conforme o acordado na conferência de fls...

Processei, imprimi, revi e assinei o texto, seguindo os versos em branco (art. 94.°, n.° 2, do Cód. Proc. Penal).

Local, Data

O Procurador-Adjunto

VI.
LIQUIDAÇÃO DA PENA

VI.1. Regime de permanência na habitação

Vista: .../.../...

*

O arguido Reinaldo... foi condenado em 8 meses de prisão, a ser executada em regime de permanência na habitação (artigo 44.º, do Código Penal), a qual iniciou a 6 de Março de 2008, pelas 12h10.

Assim, atinge:
– o termo da pena a: 6 de Novembro de 2008
– a 1/2 da pena a: 6 de Setembro de 2008 (seis meses de cumprimento de pena – artigo 61.º, n.º 2, do Código Penal).

A concordar-se com a presente liquidação de pena, promovo que me sejam entregues certidões da sentença e da liquidação de pena para efeitos do disposto no artigo 477.º do Código de Processo Penal, aí se incluindo cópias de fls. ....

Quanto à competência do Tribunal de Execução de Penas para a apreciação da liberdade condicional, cumpre salientar que o mesmo também é competente, nos termos do artigo 484.º do Código de Processo Penal para o "...período de adaptação à liberdade condicional em regime de permanência na habitação, com fiscalização por meios técnicos de controlo à distancia ...", pelo que, por identidade de razão o será para o caso dos autos. Por outro lado, o artigo 61.º, n.º 1, do Código Penal refere a condenação em prisão e o facto de a mesma ser substituída por regime de permanência na habitação (artigo 44.º do Código Penal) não deixa de existir a possibilidade de prisão efectiva em estabelecimento prisional, para além de que não foi seguramente propósito do legislador conceder a liberdade condicional nos casos de prisão em estabelecimento prisional e não a conceder nos casos do artigo 44.º do Código Penal, pois que tal seria um convite implícito ao condenado para que recusasse um regime que, afinal, sob a aparência de uma solução de substituição se mostrava mais gravoso.

A tudo isto acresce o facto de o tribunal de execução de penas ser um tribunal especializado na apreciação da liberdade condicional, não sendo crível que o legislador lhe retirasse competências para as atribuir a tribunais de competência genérica.

Local, Data

O Procurador-Adjunto

VI.2. Liquidação de Pena (com prisão já cumprida e com direito a desconto em dias de detenção e de prisão preventiva)

Vista: .../.../...

*

A arguida foi condenada em cúmulo jurídico na pena de 7 anos e 6 meses de prisão e ainda em 40 dias de prisão subsidiária e em 750 € de pena de multa (250 dias à taxa diária de 3 €), dos quais pagou 600 € (cf. fls. 337), não pagando os 150 € liquidados a fls. 542, pelo que foi determinado o cumprimento de prisão subsidiária correspondente ao montante não pago – 150 € – ou seja, foi determinado o cumprimento de 33 dias de prisão subsidiária (estes dias foram encontrados da seguinte forma:

```
  750 €                        166 dias de prisão subsidiária.
– 600 €
  ─────
  150 € (a pagar)              33 dias de prisão subsidiária
```

Em suma, a arguida tem a cumprir **7 anos, 6 meses e 73 dias de prisão.**

A arguida cumpriu à ordem de processos englobados no cúmulo, mencionados a fls. 559, prisão de **2 de Junho de 2004 até 31 de Maio de 2006** (cf. fls. 409 e 471), ou seja, **1 ano, 11 meses e 29 dias**, a descontar e cujas regras de cálculo são as do artigo 479.º do Código de Processo Penal. Este período deverá assim ser abatido à totalidade da pena para cálculo do termo da pena, à metade da pena para cálculo do meio da pena, aos 2/3 e aos 5/6 da pena, para o cálculo respectivo.

A arguida sofreu dois dias de detenção e 258 dias de prisão preventiva, ou seja, beneficia do desconto, a efectuar nos termos do artigo 80.º do Código Penal, de **260 dias** (cf. fls. 405, 535 e 432 a 439), desconto esse que se fará em dias e a partir do cálculo a obter após o desconto da pena já cumprida.

A arguida foi ligada a estes autos a **29 de Janeiro de 2008** (fls. 537). Assim, atinge:

– o termo da pena a **25 de Janeiro de 2013** (o desconto dos 260 dias faz-se a partir de 12 de Outubro de 2013);

– a 1/2 da pena a **21 de Março de 2009** (o desconto dos 260 dias faz-se a partir de 6 de Dezembro de 2009);

– os 2/3 da pena a **3 de Julho de 2010** (o desconto dos 260 dias faz-se a partir de 20 de Março de 2011); e

– os 5/6 da pena a **13 de Outubro de 2011** (o desconto dos 260 dias faz-se a partir de 29 de Junho de 2012).

Para efeitos do disposto no artigo 62.º do Código Penal, na redacção actual, cumpre referir que o período de 1 ano aí referido se compreende entre:

– 21 de Março de 2008 e 21 de Março de 2009.

A concordar-se com a presente liquidação de pena, promovo que se notifique o arguido e me sejam entregues certidões para envio ao Estabelecimento Prisional, ao TEP e à D.G.R.S. (artigo 477.º do Código de Processo Penal).

Processei, imprimi, revi e assinei o texto, seguindo os versos em branco (art. 94.º, n.º 2, do Cód. Proc. Penal).

Local, ds

O Procurador-Adjunto

VI.3. Cúmulo Sucessivo

Vista:

Nos presentes autos procedeu-se à realização de um cúmulo sucessivo de três grupos de penas:

1.º grupo:
– CC 27/02...;
– CS 17/02...;
– CS 215/03...;
– CS 59/02...;

2.º grupo:
– CS 260/02...;
– Abreviado 945/03...;
– CC 1127/02...;

3.º grupo:
– CS 518/04... (estes autos); e
– Sumaríssimo 369/05...

No cúmulo jurídico a que respeita o 1.º grupo foi o arguido condenado na pena única de 3 anos de prisão.

No cúmulo jurídico a que respeita o 2.º grupo foi o arguido condenado na pena única de 4 anos e 2 meses de prisão e em 120 dias de prisão subsidiária.

No cúmulo jurídico a que respeita o 3.º grupo foi o arguido condenado na pena única de 7 meses e 85 dias de prisão subsidiária, após desconto de 1 dia de detenção sofrida no processo sumaríssimo 369/05.

No acórdão determinou-se que o cumprimento de pena se iniciaria pela condenação do 1.º grupo, depois pela condenação do 2.º grupo e finalmente pela condenação do 3.º grupo, que engloba a pena destes autos.

O arguido sofreu 182 dias de detenção e de prisão preventiva no inquérito que deu lugar ao Comum Colectivo 1127/02..., no período de 5 de Novembro de 2002 a 5 de Maio de 2003, processo este cuja condenação foi englobada no cúmulo jurídico do 2.º grupo.

Beneficia de 1 dia de desconto por detenção sofrida no CS 260/02..., processo este cuja condenação foi englobada no cúmulo jurídico do 2.º grupo.

Beneficia de 1 dia de desconto por detenção no CS 17/02..., processo este cuja condenação foi englobada no cúmulo jurídico do 1.º grupo.

Foi detido a 24 de Janeiro de 2002 e depois ficou em prisão preventiva até 12 de Julho de 2002 no CC 27/02..., num total de 170 dias, processo este cuja condenação foi englobada no cúmulo jurídico do 1.º grupo.

No âmbito do processo sumário n.º 738/05... o arguido sofreu 1 dia de detenção, a descontar nestes autos, não obstante tal condenação não ter sido englobada no cúmulo jurídico efectuado nestes autos, atento o disposto no artigo 80.º, n.º 1, do Código Penal.

Iniciou o cumprimento de pena a 23 de Janeiro de 2006, à ordem do CC 1127/02...

No 1.º grupo tem direito a descontar (para além do 1 dia de detenção sofrida no Sumaríssimo 369/05..., já atrás descontado) um total de 171 dias de detenção/prisão preventiva, a que acresce o desconto de 1 dia de detenção do processo sumário n.º 738/05..., não englobado em qualquer dos cúmulos jurídicos.

No 2.º grupo tem direito a descontar 182 dias de detenção/prisão preventiva e 1 dia de detenção.

Tal desconto totaliza 355 dias de detenção/prisão (171 + 1 + 182 + 1), sendo o total das penas de 7 anos, 9 meses e 205 dias de prisão.

Uma vez que arguido foi condenado num total de 7 anos, 9 meses e 205 dias (estes de prisão subsidiária) e tem direito ao desconto de 355 dias, atinge:
– o termo da pena a: 26 de Maio de 2013
– a metade da pena a: 11 de Julho de 2009
– os 2/3 da pena a: 24 de Outubro de 2010
– os 5/6 da pena a: 9 de Fevereiro de 2012

Para o efeito adicionou-se a pena de 7 anos e 9 meses a 23 de Janeiro de 2006 e recuou-se depois, em dias, 150 dias (355-205), assim se obtendo o termo da pena. Tal método seguiu-se depois nas demais fracções.

Dado o disposto no artigo 62.º, n.º 2, do Código Penal, na redacção anterior à actual, a que corresponde o artigo 63.º, n.º 2, do Código Penal na redacção da Lei n.º 59/07, de 04.09, cumpre indicar a data em que se deve proceder à apreciação da liberdade condicional:

a) Tal data é a de 11 de Julho de 2009 somando as penas todas;

b) Tal data é a de 9 de Julho de 2009 interrompendo cada uma das penas, designadamente nas datas seguintes:

– No 1.º grupo atinge a metade da pena e interrompe o cumprimento de pena a 1 de Fevereiro de 2007 (metade da pena), no 2.º grupo inicia o cumprimento de pena a 2 de Fevereiro de 2007 e interrompe o cumprimento de pena a 29 de Novembro de 2008 (metade da pena) e no 3.º grupo inicia o cumprimento de pena a 30 de Dezembro de 2008 e atinge a metade da pena a 9 de Julho de 2009.

Para efeitos do disposto no artigo 62.º do Código Penal, na redacção actual, cumpre referir que o período de 1 ano aí referido se compreende entre:

– 9 de Julho de 2008 e 9 de Julho de 2009.

A concordar-se com a presente liquidação, promovo que se notifique o arguido e que me sejam entregues as certidões a que alude artigo 477.º do Código de Processo Penal.

Local, Data

O Procurador-Adjunto

VII.
CONTESTAÇÕES

VII.1. Ausente e prescrição

Acção Ordinária n.º...

> Exmo. Sr. Juiz de Direito
> do Tribunal Judicial de ...

O Ministério Público junto deste tribunal, ao abrigo do disposto nos artigos 3.º, n.º 1, alínea a) e 5.º, n.º 1, alínea c), do Estatuto do Ministério Público, bem como no artigo 15.º, n.º 1, do Código de Processo Civil, em representação da ré Maria ..., ausente em parte incerta, na acção ordinária à margem identificada, movida pela T..., S.A.,

CONTESTANDO vem dizer:

I. POR EXCEPÇÃO:

Da prescrição de créditos da autora:

1.º

"T..., S.A.", instaurou a presente acção contra Maria ..., actualmente ausente em parte incerta, pedindo a condenação da ré a pagar-lhe a quantias de 82.047,88 € de capital em dívida e de 2.586,45 € de juros de mora à taxa legal vencidos até à data da instauração da acção e ainda os juros vincendos, também estes à taxa legal, desde então até integral pagamento da quantia em dívida.

2.º

Alega, para tanto, que estipulou com a ré um contrato, através do qual lhe forneceu serviço telefónico, sendo que a ré não lhe pagou a contrapartida devida, a partir de Junho de 1999 até Novembro do mesmo ano, cujos montantes constam das facturas que lhe apresentou.

3.º
A presente acção deu entrada em juízo no dia 8 de Fevereiro de 2000, requerendo a autora a citação prévia da ré.

4.º
Face ao aduzido pela autora, ter-se-á estabelecido entre esta e a ré, um contrato de prestação de serviço telefónico,

5.º
como tal, submetido às normas consagradas na Lei n.º 23/96, de 26 de Julho, conforme o disposto no seu artigo 1.º, n.ºs 1 e 2, alínea d),

6.º
entre as quais, designadamente no artigo 10.º, n.º 1, se estabelece que os créditos provenientes da prestação de serviços públicos essenciais, como é o serviço de telefone, ou seja, na terminologia legal, "o direito de exigir o pagamento do preço do serviço prestado", prescreve no prazo de (6) seis meses após a sua prestação.

7.º
Tal preceito veio a ser transposto, com a mesma redacção para os artigos 9.º, n.º 4 e 16, n.º 2, do Decreto-Lei n.º 381-A/97, de 30 de Dezembro.

8.º
Anotando um aresto que se pronunciava sobre tal questão, entende o Professor Calvão da Silva, na R.L J., Ano 132, págs. 138 e seguintes, que no âmbito da Lei n.º 23/96, de 26 de Julho, publicada para criar mecanismos destinados a proteger o utente de serviços públicos essenciais (como o em causa), tal prescrição assume natureza extintiva – neste sentido, ver Acórdãos da Relação de Évora, de 15 de Março de 2001, C.J., Tomo II, pág. 250 e seguintes, e da Relação do Porto, de 20 de Março de 2000, C.J., Tomo II, pág. 207 e seguintes – e como tal, libera o devedor do cumprimento, extinguindo a obrigação.

9.º
Ainda segundo o ensinamento do mesmo Professor, ob. cit., pág. 155, tendo em conta a usual prestação mensal (como in casu se verifica) e uma vez que de acordo com o princípio geral plasmado no artigo 306.º, n.º 1, 1.ª parte, do Código Civil, o prazo de prescrição só começa a correr quando o direito puder ser exercido, "(…) a dívida vence-se e torna-se exi-

gível no termo de cada período mensal da relação duradoura, de execução continuada,

10.º

portanto, o prazo de prescrição inicia-se, "no dia imediato ao do último mês do serviço prestado (...)", pois, "desde esse dia existe exigibilidade da obrigação e o direito está em condições de ser exercido".

11.º

Ora, no acatamento destes ensinamentos e atendendo às datas das prestações do serviço de telefone, respectivas facturas e data de entrada da presente acção em juízo, haver-se-á que concluir pela prescrição dos créditos referentes aos meses de Junho e Julho de 1999, no montante, respectivamente de 16.309$00 e 24.011$00, prescrição essa que expressamente se invoca,

12.º

isto na medida em que, em 1 de Janeiro e em 1 de Fevereiro de 2000, pelo decurso do mencionado prazo de seis meses, deixou a autora de ter acção contra a demandada, como ficou dito.

Nestes termos e nos melhores de direito, deve julgar-se procedente a excepção peremptória da prescrição, julgando-se parcialmente improcedente a acção e absolvendo-se, na respectiva medida, a ré do pedido.

Valor: o da causa.

Entrega-se: duplicados e cópias legais.

O Procurador-Adjunto

VII.2. Pedido de Autorização Judicial

Processo ...

Exmo. Sr. Juiz de Direito do
Tribunal Judicial de ...

O Ministério Público junto deste tribunal, nos termos do 1439.º, n.º 2 do Código de Processo Civil e artigos 3.º, n.º 1, alínea p), 5.º, n.º 1, alínea g), do Estatuto do Ministério Público, vem apresentar a sua

CONTESTAÇÃO

o que faz nos termos e com os fundamentos seguintes:

I – Do erro na forma do processo

1.º

As requerentes vieram requerer autorização judicial para alienar 4/8 indivisos, que representam a quota-parte indivisa pertencente a cada menor em 1/8, das parcelas indicadas no artigo 5.º do requerimento, referentes às verbas 29 e 31 da Relação de Bens, ao abrigo do disposto no artigo 2.º, n.º 1, alínea b) do Decreto-Lei 272/2001 de 13.10.

2.º

No entanto, olvidam a norma constante da alínea b) do n.º 2 do referido artigo que vem excepcionar a competência do Ministério Público, designadamente, no caso "em que o pedido de autorização seja dependente de processo de inventário", tanto que dirigem a petição ao procurador-adjunto.

3.º

Desta forma, o requerimento, correctamente apresentado por apenso ao inventário, deveria ser dirigido ao Exmo. Juiz de Direito do processo de inventário respectivo, verificando-se em consequência vício de erro na forma do processo.

4.º

Apesar disso, o requerimento pode ser aproveitado, não se justificando a sua anulação, nos termos do artigo 199.º, n.º 1 do Código de Processo Civil, pelo que não nos opomos à continuação do processo na forma estabelecida pela lei.

II – Da incompatibilidade processual na cumulação de pedidos

5.º

Compulsado ainda o articulado inicial, depreende-se do mesmo que se pretende ver definido nestes autos de autorização judicial (cf. artigo 1439.º do Código de Processo Civil), que correm por apenso ao processo de inventário n.º ..., o quinhão hereditário que caberá a cada menor no produto da venda dos imóveis a autorizar, ou seja, 4.500 € (quatro mil e quinhentos euros).

6.º

Sucede que existe incompatibilidade processual na cumulação de pedido de autorização de venda de dois dos prédios pertencentes à herança e a definição da quota parte que caberá a cada menor.

7.º

A partilha dos bens de tal herança será definida no inventário.

8.º

Ora, o processo de autorização judicial de actos não serve para proceder à referida partilha, a qual só pode ser realizada de duas formas, a saber, extrajudicialmente ou por inventário.

9.º

Assim sendo, não é possível realizar uma partilha extrajudicial parcial, só relativamente àqueles bens, visto que já corre inventário respectivo à herança em causa.

10.º

Ao que acresce que só em confronto com todo o acervo hereditário se poderá aferir da real vantagem para o interesse dos menores no preenchimento dos quinhões dos menores e não numa partilha extrajudicial parcial.

11.º
Tal incompatibilidade processual só findará através da absolvição da instância quanto ao pedido de partilha, nos termos dos artigos 470.º, 31.º e 31.º-A, todos do Código de Processo Civil.

III – Da impugnação

12.º
Os prédios cuja autorização de venda se requer fazem parte da herança ilíquida e indivisa, relacionados como verbas n.º 29 e 31, cujo inventário corre nos autos a que este requerimento se encontra apenso, da qual são co-herdeiros as requerentes, os menores representados e ainda Maria ....

13.º
A partilha dos bens de tal herança será definida no inventário.

14.º
A venda dos prédios indicados só pode ser autorizada no pressuposto de que todos os interessados estejam de acordo com a mesma (artigo 2091.º do Código Civil), sendo o produto da mesma integrado na acervo da herança a partilhar e como consequência vir a ser depois relacionado pela cabeça de casal em substituição dos bens vendidos – cf. neste sentido o Acórdão da Relação de Lisboa de 27.06.2006 (processo 4669/2006-7; relator: Pimentel Marcos) e os Acórdãos da Relação do Porto, de 10.11.1997 (processo 9720731; n.º convencional: JTRP00022276; relator: Desembargador Sampaio Gomes), e de 04.03.2002 (processo 0151906; JTRP00031697; relator: Lázaro de Faria), publicados em http://www.dgsi.pt/.

15.º
Na verdade, até à partilha da herança, os co-herdeiros de herança ainda não partilhada não são comproprietários dos prédios que a integram; os herdeiros são titulares de um direito indivisível sobre o conjunto da herança, e não sobre certos e determinados dela.

16.º
No entanto, as requerentes não referem a existência de acordo da co-herdeira Maria ... quanto à venda em apreço, interessada como tal no negócio e cuja pronúncia sobre o negócio é indispensável, por se tratarem de prédios que integram a herança ainda ilíquida e indivisa, como supra-referido.

17.º
Não existindo consentimento de Maria ..., nunca a venda se poderia efectuar sem a partilha a realizar no inventário (cf. artigo 2091.º do Código Civil).

18.º
Assim, o Ministério Público não se opõe a venda desde que seja dado o assentimento da interessada Maria ... à mesma, devendo o respectivo produto, no caso positivo e como já mencionado, ser relacionado como bem a partilhar no inventário, em substituição das verbas objecto do contrato e compra e venda a celebrar.

19.º
A ser autorizada a venda de tais bens da herança a partilhar, deve nomear-se curador especial para representar os menores no acto da venda a realizar – cf. neste sentido o Acórdão da Relação de Lisboa de 27.06.2006 (processo 4669/2006-7; relator: Pimentel Marcos), publicado em www.dgsi.pt/jtrl.nsf.

Em face do exposto, o Ministério Público:

a) requer que se julgada procedente, por provada, a excepção dilatória invocada nos artigos 5.º a 11.º desta contestação, com a consequente absolvição da instância quanto ao pedido de partilha parcial, nos termos dos artigos 470.º, 31.º e 31.º-A, todos do Código de Processo Civil;

b) não se opõe à venda dos prédios relacionados como verbas n.º 29 e 31, com o pressuposto da existência de consentimento da interessada Maria ... à mesma,

c) devendo ser nomeador curador especial aos menores para intervenção nas vendas a realizar; e

d) o produto da venda ser relacionado como bem a partilhar no inventário, em substituição das verbas indicadas.

Junta: Duplicados e cópias legais

O Procurador-Adjunto

VII.3. Representação do Estado

Acção Sumária n.º

          Exmo. Sr. Juiz de Direito do
          Tribunal Judicial de ...

O Ministério Público, em representação do Estado, ao abrigo dos artigos 3.º, n.º 1, al. a), e 5.º, n.º 1, al. a), do Estatuto do Ministério Público e 20.º, n.º 1, do Código de Processo Civil, vem em

CONTESTAÇÃO

dizer o seguinte:

A) POR EXCEPÇÃO:

  I – Incompetência Absoluta

          1.º

A venda da embarcação a que alude a petição inicial foi efectuada no âmbito do processo demorado n.º .../..., da Alfândega de ... – Delegação Aduaneira de ..., conforme certidão integral do referido processo que se junta como doc. 1.

          2.º

Tal venda foi efectuada nos termos dos artigos 638.º e segs do Regulamento das Alfândegas (cf. Dec. 31730, de 15.12.1941, e alterações posteriores, com especial relevo, no que respeita aos artigos 638.º a 678.º, o Decreto-Lei n.º 483-E/88, de 28.12), conjugado com o artigo 204.º, al. b), do Decreto-Lei n.º 265/72, de 31.07, e 53.º do Regulamento anexo ao

Decreto-Lei n.º 439/75, de 16.08, cuja normas são de direito público e os actos nelas previstos visam a prossecução de interesses públicos.

3.º

A venda em causa, realizada pelo Estado, configura assim um acto de gestão pública, pois obedece a normas de interesse e ordem pública, consubstanciados no dar destino a bens abandonados, surgindo aí o Estado nas suas vestes de autoridade, definindo o valor da venda, a modalidade da venda, o lugar da venda e a data e hora da mesma, além do mais,

4.º

não se vislumbrando assim qualquer paridade entre o comprador e o Estado, posto que aquele se sujeita inelutavelmente às condições legais e às definidas pelo Estado para a venda.

5.º

Tal venda configura um contrato de direito público semelhante à compra e venda privada, mas um contrato em que o Estado se reveste de um poder de autoridade originário (não derivado).

6.º

Qualquer questão relativa a venda efectuada nos termos de tais normativos impõe a apreciação da actuação do Estado através do recurso à jurisdição administrativa (cf. artigo 4.º, n.º 1, al. f) – "…contratos especificamente a respeito dos quais existam normas de direito público que regulem aspectos específicos do respectivo regime substantivo…" –, do ETAF, aprovado pela Lei n.º 13/02, de 19.02, alterado pela Lei n.º 4-A/03, de 19.02, e Lei n.º 107-D/03, de 31.12).

7.º

Na verdade, o Estado é compelido por lei a ocupar embarcações abandonadas nos termos do artigo 204.º, al. b), do Decreto-Lei n.º 265/72, de 31.07, diploma este a conjugar com o artigo 1318.º do Código Civil (ocupação), ao que se segue a sua venda (artigos 640.º e 672.º do Regulamento das Alfândegas), pelo que não se vê como se pudesse discutir em tribunal de jurisdição civil qualquer questão relacionada com tal aquisição ou venda, uma vez que traduzem o exercício de um acto de gestão pública regulado pelos referidos diplomas, de natureza pública, tanto mais que o Estado não pode deixar de proceder à ocupação de tais coisas, sob pena de incorrer em responsabilidade.

8.º
Tendo a acção sido proposta neste Tribunal Judicial de ..., verifica-se a incompetência absoluta deste tribunal, nos termos dos artigos 66.º (a contrario) e 101.º do Código de Processo Civil,

9.º
o que determina a absolvição da instância da entidade Alfândega de ... – Delegação Aduaneira de ... demandada, nos termos dos artigos 105.º, n.º 1, 288.º, n.º 1, al. a), 493.º, n.º 2, 1.ª parte, e 494.º, al. a), todos do Código de Processo Civil.

II – Da Ineptidão da Petição Inicial

10.º
A referência na petição inicial a um alegado direito de retenção não vem acompanhada de factos de onde se possa deduzir a sua existência, designadamente valores, tipo de actos ou serviços prestados de que possa ter resultado um direito de crédito, etc.

11.º
E a concretização de tais factos era essencial, pois a simples alegação de não entrega da embarcação por causa de serviços prestados é demasiado genérica para poder configurar uma causa de pedir, sob pena de se colocar o Estado numa situação de completa impossibilidade de se defender em relação a tal matéria – a ineptidão da petição inicial é assim manifesta (artigo 193.º, n.ºs 1 e 2, al. a), do Código de Processo Civil).

12.º
Diga-se ainda que na petição, a alegação do dano se circunscreve à simples afirmação contida no artigo 22.º e 30.º, para além da expressão "danos emergentes" contida no artigo 38.º,

13.º
ou seja, o autor apenas refere que teve a possibilidade de vender a embarcação em causa, tal como decorre das cartas que endereçou ao 1.º Réu (os docs 4 e 5 juntos com a petição) – cf. artigo 22.º da petição –,

14.º
e que teve "...avultados prejuízos (...) só passíveis de liquidar em execução de sentença, dado que se têm vindo a avolumar" (cf. artigo 30.º da petição).

15.º
Quanto à alegação da possibilidade de venda da embarcação, desde logo se diga que tal afirmação não são factos, antes encerra um juízo conclusivo, cuja abstracção é de tal ordem que não permite sequer o exercício do direito de defesa.

16.º
Além do mais, a petição deve ser articulada, não podendo contornar-se a referida exigência legal através da remissão para documentos juntos, devendo assim ter-se por irrelevante a referida remissão para eventuais factos contidos em tais documentos, posto que os documentos juntos servem para prova de factos e não para alegação dos mesmos, ou seja, os documentos são meios de prova de factos que antecipada ou contemporaneamente devem ser alegados (artigo 523.º, n.º 1, do Código de Processo Civil e artigos 341.º e 362.º do Código Civil).

17.º
Desconhece-se, por outro lado, o que sejam avultados prejuízos ou os danos emergentes a que se refere o autor, por manifesta falta de concretização em factos que permitam o exercício do direito de defesa – tal matéria de direito é insusceptível de ser incluída em base instrutória (artigo 511.º, n.º 1, do Código de Processo Civil), de ser objecto de instrução (artigos 513.º, 552.º, n.º 2, 577.º, n.º 1, 623.º, n.º 1, e 638.º, n.º 1, do Código de Processo Civil) ou de integrar a decisão sobre a matéria de facto (artigos 646.º, n.º 4, e 653.º, n.º 2, do Código de Processo Civil).

18.º
Com isto se vê que a pretensão indemnizatória não se alicerça em factos, inexistindo, pois, causa de pedir a sustentar o pedido formulado, sendo a petição inepta por força do disposto no artigo 193.º, n.ºs 1 e 2, al. a), do Código de Processo Civil.

19.º
Além do mais, a alegação <u>em abstracto</u> da possibilidade de vender a embarcação, com que se pretende fundar direito a indemnização, decorrente da declaração de anulabilidade da venda efectuada, configura verdadeira contradição entre a "causa de pedir" – que, aliás, não existe – e o pedido formulado, o que leva à ineptidão da petição inicial (artigo 193.º, n.º 2, al. b), do Código de Processo Civil).

20.º
Na verdade, tendo o autor optado pela anulabilidade da venda na petição, não faz sentido que requerendo a destruição do negócio venha ao mesmo tempo reclamar, ilogicamente, o lucro que o contrato lhe teria proporcionado, se fosse válido.

21.º
No artigo 908.º do Código Civil não se tutela o interesse contratual positivo, o lucro que alguém teria obtido se, não tendo a coisa ou o direito os ónus ou as limitações existentes, a compra fosse válida desde o início.

22.º
No artigo 908.º do Código Civil apenas está em causa o interesse contratual negativo: o prejuízo que o comprador não teria se a compra não tivesse sido realizada.

23.º
Diga-se, porém, que a petição não concretiza minimamente o que seja dolo ou erro, sendo a sua ineptidão manifesta, por total ausência de causa de pedir – cf. artigo 193.º, n.ºs 1 e 2, al. a), do Código de Processo Civil.

24.º
A ineptidão da petição inicial configura nulidade absoluta de todo o processo, nos termos do artigo 193.º, n.º 1, do Código de Processo Civil, de conhecimento oficioso (artigo 202.º e 204.º, n.º 1, do Código de Processo Civil) e leva à absolvição da instância nos termos dos artigos 288.º, n.º 1, al. b), e 494.º, al. b), do Código de Processo Civil.

III – Da Nulidade Decorrente da Formulação de Pedido Genérico

25.º
Não se vê também que tendo a aquisição sido realizada a 13 de Setembro de 1990 e estando nós no ano de 2004, isto é, 14 anos depois, venha o autor formular pedido genérico.

26.º
No momento da instauração da acção, a assistir razão ao autor, o que não se concede, já o mesmo deveria estar na posse de um valor indemnizatório concreto.

27.º
Ora, o que se vê é que o autor nem sequer articula factos consubstanciadores da existência e extensão dos danos sofridos.

28.º
E também não se alegam as razões do não conhecimento do valor dos danos.

29.º
Tal produz a nulidade do processo, nos termos dos artigos 201.º e 471.º do Código de Processo Civil, ou configura excepção dilatória atípica, a impor a formulação de pedido líquido, por forma a que se viabilize o contraditório (cf. António Santos Abrantes Geraldes, Temas da Reforma do Processo Civil, 2.ª Edição, I volume, págs. 172 e segs, e II Volume, págs 73 e verso).

IV – Falta de Personalidade Jurídica e Judiciária da Alfândega do Porto – Delegação Aduaneira da ...

30.º
A Alfândega de ... – Delegação Aduaneira de ... é um serviço integrado no Estado, não personalizado, cabendo a sua gestão ao Governo, como órgão superior da administração pública,

31.º
assumindo o Ministério Público a representação do Estado em juízo, em nome da pessoa jurídica Estado (cf. artigos 3.º, n.º 1, al. a), e 5.º, n.º 1, al. a), do EMP, e 20.º, n.º 1, do Código de Processo Civil).

32.º
Verifica-se assim carência manifesta de personalidade jurídica e judiciária da entidade demandada,

33.º
o que conduz à absolvição da instância (cf. Ac. Rel. Lisboa, de 02.12.1982, in BMJ 328, p. 625; e Ac. Rel. Coimbra, de 20.11.1990, in CJ 1990, T. V, p. 55) nos termos dos artigos 5.º, n.ºs 1 e 2, 288.º, n.º 1, al. c), 493.º, n.º 2, 494.º, al. c), e 495.º, todos do Código de Processo Civil.

V – Da Nulidade do Processo Subsequente à Petição Inicial

34.º

Uma vez que a entidade que deveria ter sido demandada e citada eram, respectivamente, o Estado e o Ministério Público, o processo é nulo depois da petição inicial (cf. artigos 194.º, al a) e b), do Código de Processo Civil), nulidade essa de conhecimento oficioso (cf. artigo 202.º do Código de Processo Civil) e que não se encontra sanada (cf. artigo 204.º, n.º 2, do Código de Processo Civil).

35.º

Nulidade esta que mais não é do que o corolário lógico da falta de personalidade judiciária da entidade demandada, a que já se aludiu, esgotando-se na sanção de absolvição da instância o respectivo remédio.

VI – Da Caducidade da Acção

36.º

A embarcação de recreio de nacionalidade francesa "N..." encontrava-se fundeada na Doca de Recreio e Serviços de ... no dia 30 de Novembro de 1984,

37.º

tendo sofrido grave avaria, que originou o seu afundamento naquele mesmo dia.

38.º

A bordo não se encontrava qualquer tripulante.

39.º

Foi a embarcação retirada da água e transportada para o estaleiro de construção naval "V...", sito em ...

40.º

Nunca o proprietário da embarcação apareceu a pedir a entrega da embarcação.

41.º

Dada a ausência de notícias do mesmo, a 20 de Março de 1989, o Capitão do Porto, por despacho da mesma data, nos termos dos artigos 204.º, al. b), do Decreto-Lei n.º 265/72, de 31.07, conjugado com o artigo 53.º do Regulamento Provisório das Embarcações de Recreio, aprovado pelo Decreto-Lei n.° 439/75, de 16.08, determinou a entrega da embarcação à Delegação Aduaneira de ... (cf. fls. 22, verso, do doc 1 anexo a esta contestação).

42.°
Foi então nomeado de fiel depositário, a 27 de Abril de 19089, Virgílio ..., conforme melhor resulta do termo de fls. 29 do doc. 1 anexo a esta contestação.

43.°
Não podia este último, ainda que fosse titular de qualquer direito de retenção ou direito real de garantia, recusar a entrega da embarcação, que se concretizou pela forma descrita, imposta por lei, assistindo-lhe tão-só, a existir o aludido direito de retenção, o direito de ser pago com preferência – cf. artigo 824.°, n.° 3, do Código Civil, aqui também aplicável, por analogia, por estarmos perante uma venda em tudo similar à venda executiva regulada no Código de Processo Civil.

44.°
O Autor adquiriu a embarcação no dia 13 de Setembro de 1990, livre de ónus e de encargos, como em qualquer venda a que se possam aplicar as regras da venda judicial, tendo pago o respectivo preço na mesma data (cf. fls. 75 da certidão que se junta como documento n.° 1).

45.°
Nessa mesma data, conforme resulta de fls. 75, verso, da certidão que constitui doc. 1, lhe foi entregue título de transmissão e a embarcação (cf. artigo 638.°-B, 8.°, do Regulamento das Alfândegas).

46.°
Por outro lado, nunca o autor deu conhecimento, durante estes catorze anos, no processo de demorado que constitui o documento 1 e por escrito, como se impunha, de qualquer dificuldade no retirar a embarcação do local onde se encontrava.

47.°
O direito de retenção a que se refere o autor, embora de forma genérica, sem concretização de valores, de factos de onde se possa deduzir a sua existência, configura um direito real de garantia que, nos termos do artigo 824.°, n.° 2, do Código Civil, conjugado com o artigo 907.° do Código de Processo Civil, na redacção em vigor à data da venda (hoje,

artigo 888.º), caducou, a ter existido, com a mesma venda – cf. Ac. Rel. Évora, de 10-10-1991: CJ, 1991, 4.º – 312).

48.º
Além do mais, não houve reclamação de qualquer crédito no processo de demorado que constitui o documento 1 que se junta, nem este assunto é relevante para a decisão a formular.

49.º
É assim o Estado alheio a qualquer acto violador do direito de propriedade do autor, até porque desconhece a sua existência e não é obrigado a conhecer, o qual, além do mais, nem na petição vem concretizado em factos que permitam concluir pela sua existência e significado jurídico.

50.º
Ora, a acção vem estruturada como acção de anulação e indemnizatória (cf. artigos 908.º e 909.º do Código Civil), pelo que o prazo de caducidade da mesma era de um ano a contar da data em que o autor teve conhecimento do dolo ou erro a que aludem, respectivamente, os artigos 908.º e 909.º do Código Civil, conforme se dispõe no artigo 287.º, n.º 1, do Código Civil, aplicável por força do disposto nas disposições conjugadas dos artigos 905.º, 908.º, 909.º e 285.º, todos do Código Civil (cf. nota 4 ao artigo 287.º do Código Civil anotado por Pires de Lima – Antunes Varela, pág. 262, 3.ª Edição, Coimbra Editora).

51.º
Acontece, porém, que não tendo existido possibilidade de existência válida de qualquer "direito de retenção", após a venda realizada, pelos motivos já referidos, torna-se óbvia, por esta via, a caducidade da acção, excepção peremptória esta que expressamente se invoca nos termos e para efeitos do disposto no artigo 493.º, n.º 3, do Código de Processo Civil – absolvição total do pedido.

B) POR IMPUGNAÇÃO:

52.º
Dão-se aqui por reproduzidos os artigos 35.º a 48.º desta contestação.

53.º
Nestes termos, não se vê que danos possam ter resultado para o autor, decorrentes da aquisição da embarcação e que possam ser imputados ao Estado, por causa da actuação de um dos seus agentes.

54.º
Acresce a isto que o autor não pagou as despesas realizadas e documentadas a fls. 73 da providência cautelar n.º .../04...., do 3.º Juízo deste Tribunal Judicial de ... – cf. doc. 2 –,

55.º
despesas essas relacionadas com a "estadia do iate", conforme é escrito em tal documento pela R... – REPARAÇÕES NAVAIS De ..., LDA, e no valor de 498.628$50 (quatrocentos e noventa e oito mil, seiscentos e vinte e oito escudos e cinquenta centavos), relativas aos anos de 1992 (segundo semestre) a Novembro de 1997, anos esses já bem distantes da data da aquisição – 13 de Setembro de 1990.

56.º
Se tivesse pago tal valor teria recebido a embarcação.

57.º
Ou seja, o "direito de retenção" a que o autor se refere nasceu já após a venda e entrega da embarcação, por causa do não pagamento das despesas inerentes à "estadia do iate", conforme se refere no doc. 2 que se junta com esta contestação.

58.º
O Estado desconhece e não é obrigado a conhecer o alegado no artigo 6.º, 7.º e 10.º a 21.º, matéria essa que expressamente impugna para todos os efeitos legais.

Termos em que deve:

a) Ser julgada provada e procedente a excepção de incompetência absoluta e assim ser decretada a absolvição da instância da entidade administrativa demandada, nos termos dos artigos 105.º, n.º 1, 288.º, n.º 1, al. a), 493.º, n.º 2, 1.ª parte, e 494.º, al. a), todos do Código de Processo Civil;

b) Ser julgada provada e procedente a excepção dilatória de ineptidão da petição inicial, com a consequente absolvição da instância, nos termos dos artigos 193.º, n.º 1, e 2, als. a) e b), 202.º, 204.º, n.º 1, 288.º, n.º 1, al. b), e 494.º, al. b), do Código de Processo Civil;

c) Ser decretada a nulidade do processo, por dedução ilegal de pedido genérico, nos termos do artigo 201.º do Código de Processo Civil;

d) Ser julgada provada e procedente a excepção dilatória de falta de personalidade judiciária, com a consequente absolvição da instância da mesma entidade, nos termos dos artigos 5.°, n.ºs 1 e 2, 288.°, n.° 1, al. c), 493.°, n.° 2, 494.°, al. c), e 495.°, todos do Código de Processo Civil;

e) Ser decretada a nulidade do processo na parte subsequente à petição inicial, posto que nem o Estado foi demandado nem o Ministério Público foi citado em sua representação, tudo nos termos dos artigos 194.°, als. a) e b), 202.° e 204.°, n.° 2, todos do Código de Processo Civil;

f) Ser julgada procedente por provada a excepção peremptória de caducidade da acção pelo decurso do prazo de um ano do artigo 287.°, n.° 1, do Código Civil, com a consequente absolvição do pedido, nos termos do artigo 493.°, n.° 3, do Código de Processo Civil; e

g) Quando assim se não entenda, ser a acção julgada não provada e improcedente e a 4.ª Ré ser absolvida do pedido.

Junta: dois documentos, duplicados legais e cópia legal.

O Procurador-Adjunto

VII.4. Falta de personalidade judiciária e excepção de pagamento

Processo n.º

Exmo. Sr. Juiz de Direito do Tribunal

O **Ministério Público**, citado em representação da ausente *Herança deixada por óbito de, de herdeiros desconhecidos*, vem, nos termos do disposto nos artigos 3.º, n.º 1, al. a) e 5.º, n.º 1, al. c), do Estatuto do Ministério Público, e nos artigos 15.º e 486.º a 496.º do Código de Processo Civil, apresentar a sua

CONTESTAÇÃO

O que faz nos termos e com os seguintes fundamentos:

I – Defesa por excepção

a) A excepção dilatória de falta de personalidade judiciária da Ré

1.º

A Autora intentou a presente acção contra *Herança deixada por óbito de Hilda, de herdeiros desconhecidos*.

2.º

Contudo, a Ré não tem personalidade judiciária, pelo que não é susceptível de ser parte numa acção judicial (artigos 5.º e 6.º do Código de Processo Civil).

Vejamos

3.º

Antes de mais, a Autora não apresentou qualquer documento que ateste o óbito de Hilda,

4.º

Sendo certo que o óbito é um facto sujeito a registo, pelo que a respectiva prova tem de ser feita mediante a apresentação de certidão que ateste tal registo (artigos 1.º, n.º 1, al. o), 2.º e 4.º do Código do Registo Civil, aprovado pelo Decreto-Lei n.º 131/95, de 6 de Junho).

5.º

Não havendo prova da morte de Hilda não há sucessão e, naturalmente, não há herança (artigo 2024.º do Código Civil).

6.º

Por outro lado, ainda que a Autora comprove o óbito de Hilda, não tem a Ré personalidade judiciária,

7.º

Uma vez que não tem nem personalidade jurídica (artigos 66.º, *a contrario*, e 158.º, *a contrario*, do Código Civil),

8.º

Nem goza de qualquer extensão de personalidade judiciária, designadamente a conferida à herança jacente (artigo 6.º, al. a), do Código de Processo Civil),

9.º

Pois que a Ré não pode ser considerada uma herança jacente, uma vez que a autora não alega que a herança foi aberta mas ainda não aceita nem declarada vaga para o Estado (artigo 2046.º e 342.º, n.º 1, do Código Civil).

10.º

Pelo que deve a Ré ser absolvida da instância (artigos 288.º, n.º 1, al. c), 493.º, n.ᵒˢ 1 e 2, 494.º, al. c), e 495.º do Código de Processo Civil).

b) A excepção peremptória de pagamento

11.º

A Autora alega, no artigo 2.º da petição inicial, que Hilda ficou a dever a quantia de 50.000$00 a Maria, pela compra da "Quinta do P".

12.º
E, no artigo 3.º, diz que tal montante deveria ser pago até ao dia 31 de Dezembro de 1992.

13.º
Porém, da leitura da cópia certificada da escritura pública de compra e venda celebrada no dia 9 de Novembro de 1988, junta aos autos com a petição inicial como documento n.º 2, ressalta que por Maria foi dito que "faz a venda pelo preço de trezentos mil escudos, quantia que declara ter recebido da compradora".

14.º
Trata-se de documento autêntico que faz prova plena da declaração da vendedora Maria, percepcionada pelo notário (artigos 387.º, n.º 1, e 371.º, n.º 1, do Código Civil).

15.º
Assim, uma vez que a vendedora declarou ter recebido o preço, extinguiu-se, naquele momento, o direito a qualquer quantia como contrapartida da venda do imóvel, reclamada pela autora (artigo 762, n.º 1, do Código Civil).

16.º
Uma vez que a vendedora declarou ter recebido o preço no momento da venda, não há lugar ao vencimento de juros de mora (artigos 804.º a 806.º, *a contrario*, do Código Civil),

17.º
Nem tão pouco a qualquer actualização do valor em dívida (artigos 550.º e 551.º, *a contrario*, do Código Civil).

18.º
A Autora juntou ainda um documento particular, datado do mesmo dia da escritura pública, do qual constam duas assinaturas, uma com o nome de Hilda e outra com o nome de Maria, segundo o qual Hilda declara dever a Maria 50.000$00 (documento n.º 3 junto com a petição inicial).

19.º
Contudo, este documento não invalida o teor da declaração de recebimento da vendedora no momento da venda,

20.º
Nem tão-pouco a Autora alega qualquer facto que permita concluir que a declaração contida neste segundo documento deve prevale-

cer sobre aqueloutra inserta na escritura pública (artigo 342.°, n.° 1, do Código Civil).

21.°

Posto isto, considerando a declaração de recebimento do preço constante da escritura pública, deve a Ré ser absolvida do pedido (artigos 493.°, n.ᵒˢ 1 e 3, e 496.° do Código de Processo Civil).

c) *A excepção peremptória de prescrição dos juros*

22.°

A Autora referiu, no artigo 2.° da petição inicial, que Hilda lhe ficou a dever, em 9 de Novembro de 1988, a quantia de 50.000$00 e, nos artigos 9.° a 11.° refere ter direito a juros legais sobre essa quantia.

23.°

Sem conceder, a entender-se que a Autora tem efectivamente direito à quantia peticionada, ainda assim os juros não podem ser contabilizados desde o dia 9 de Novembro de 1988, uma vez que passaram 19 anos desde essa data.

24.°

Assim, caso o pedido principal da Autora proceda, apenas podem ser considerados os cinco anos que precederam à citação, para efeitos de pagamento de juros,

25.°

Estando os juros relativos ao período decorrido entre a data do incumprimento e cinco anos antes da citação Ré extintos por prescrição (artigos 310.°, al. d), e 323.°, do Código Civil).

26.°

Posto isto, deve a Ré ser, pelo menos, absolvida do pedido de pagamento de juros relativos ao período compreendido entre o vencimento da obrigação e cinco anos antes da sua citação (artigo 493.°, n.ᵒˢ 1 e 3, do Código de Processo Civil).

d) *A excepção peremptória de ausência de acordo para a actualização da prestação*

27.°

A Autora referiu, no artigo 6.° da petição inicial, ter direito a receber a quantia em dívida corrigida pelos índices inflacionários.

28.º
Porém, não alegou, nem consta dos documentos juntos, que Maria e Hilda tenham acordado qualquer actualização da eventual dívida em função da flutuação do valor da moeda (artigo 550.º do Código Civil),

29.º
Nem alegou a existência de disposição legal que o permita (artigo 551.º do Código Civil).

30.º
Sendo certo que, a existir uma dívida de Hilda a Maria, tratar-se-ia de uma obrigação pecuniária,

31.º
Pelo que, uma vez que não existe qualquer estipulação que possibilite tal actualização, nem tão pouco qualquer disposição legal que a permita, deve a Ré ser absolvida do pedido de correcção da quantia em dívida (artigo 493.º, n.ºs 1 e 3, do Código de Processo Civil).

II – Defesa por impugnação

32.º
A Autora refere nos artigos 2.º e 4.º da petição inicial que Maria faleceu, porém, não junta certidão de óbito.

33.º
Uma vez que o óbito é um facto sujeito a registo, a respectiva prova tem de ser feita mediante a apresentação de certidão de nascimento com o óbito averbado ou mediante a apresentação de certidão de óbito, o que não foi feito (artigos 1.º, n.º 1, al. o), 2.º e 4.º do Código do Registo Civil, aprovado pelo Decreto-Lei n.º 131/95, de 6 de Junho).

34.º
Na ausência de prova do óbito, impugna-se o falecimento de Hilda, por desconhecimento.

35.º
Impugnam-se, igualmente, os artigos 4.º e 5.º da petição inicial, por desconhecimento.

III – Recusa pela Secretaria

36.º

A Autora não indicou na petição inicial a forma de processo, pelo que a Secretaria deveria ter recusado este articulado.

37.º

Não o tendo feito, deve a Autora ser convidada a suprir esta irregularidade.

Nestes termos e nos mais de direito deve:

1. Ser julgada procedente por provada a excepção de falta de personalidade judiciária da Ré e, em consequência, ser esta absolvida da instância;

2. Casa assim não se entenda, deve ser julgada procedente por provada a excepção peremptória de pagamento e, em consequência, ser a Ré absolvida do pedido;

3. Caso não procedam as excepções referidas em 1. ou 2.:

3.1. Devem ser julgadas procedentes por provadas as excepções peremptórias de prescrição dos juros e de ausência de acordo para a actualização da prestação e, em consequência, ser a Ré absolvida do pedido de pagamento dos juros desde o momento do vencimento da obrigação e até 5 anos antes da data da citação, bem como ser absolvida do pedido de actualização das prestação;

3.2. Deve a Autora ser convidada a suprir a falta de indicação da forma processual na petição inicial, e

3.3. Deve improceder o pedido formulado pela Autora, por falta de prova, e, em consequência ser a Ré ser absolvida do pedido,

Valor: O da petição inicial.

Junta: Duplicados legais

O Procurador-Adjunto

VII.5. Excepção dilatória de incompetência relativa do tribunal e excepção peremptória do decurso do prazo para a impugnação da paternidade

**Acção Ordinária de
Impugnação da paternidade
n.º ...,
1.º Juízo**

> Exmo. Senhor Juiz de Direito
> do Tribunal Judicial de ...

O **Ministério Público**, citado em representação da menor Soraia Alexandra..., vem, nos termos do disposto nos artigos 3.º, n.º 1, al. a) e 5.º, n.º 1, al. c), do Estatuto do Ministério Público (aprovado pela Lei n.º 47/86, de 15.10), e nos artigos 486.º a 496 do Código de Processo Civil, apresentar a sua

CONTESTAÇÃO

O que faz nos termos e com os seguintes fundamentos:

I – Defesa por excepção

a) A excepção dilatória de incompetência relativa do tribunal

1.º

O Autor intentou a presente acção, neste Tribunal da ..., contra as Rés Maria de Jesus... e Soraia Alexandra..., ambas residentes em ...

2.º
Porém, competente para a acção é o tribunal do domicílio das Rés, pois que o Autor nada alegou que contrarie esta regra geral (artigo 85.º, n.º 1, do Código de Processo Civil).

3.º
Pelo que deve ser excepcionada a incompetência deste Tribunal de ... e o processo remetido para o Tribunal Judicial de ..., por ser o territorialmente competente (artigos 111.º, n.º 3, e 493.º, n.º 2, do Código de Processo Civil).

b) A excepção peremptória de decurso do prazo para a impugnação da paternidade

4.º
O Autor refere nos artigos 13.º a 15.º da petição inicial que, durante o período em que foi casado com a 1.ª Ré e viviam juntos, existiam rumores e desconfianças em relação à paternidade da 2.ª Ré,

5.º
Bem como comentários, na localidade onde viviam, de que a 1.ª Ré se relacionava com outros homens.

6.º
O Autor menciona ainda, agora no artigo 12.º, que não vê as Rés desde 27 de Maio de 1997, momento em que abandonaram o lar.

7.º
Não alega o Autor quaisquer outros factos de que tenha tido conhecimento posterior, designadamente depois de 27 de Maio de 1997.

8.º
A presente acção deu entrada neste Tribunal no dia 28 de Maio de 2008,

9.º
Portanto 11 anos depois de as Rés terem abandonado o lar e

10.º
Mais de 11 anos depois de o Autor ter conhecimento dos rumores de que a 2.ª Ré poderia não ser sua filha e

11.º

Que a 1.ª Ré se relacionava com outros homens, naturalmente incluindo relacionamentos de natureza sexual.

12.º

Assim sendo, há muito que se encontra ultrapassado o prazo peremptório de dois anos para intentar a acção de impugnação da paternidade, contados do conhecimento de circunstâncias de que possa concluir-se a sua não paternidade (artigo 1842.º, n.º 1, al. a), do Código Civil).

13.º

Ora, uma vez que o decurso do mencionado prazo configura um facto extintivo do direito do Autor, devem as Rés ser absolvidas do pedido (artigo 493.º, n.º 3, do Código de Processo Civil).

II – Defesa por impugnação

14.º

Impugnam-se, por desconhecimento, os artigos 4.º a 10.º e 12.º a 17.º da petição inicial (artigo 490.º, n.º 4, do Código de Processo Civil).

15.º

Impugna-se o artigo 11.º, por desconformidade entre o alegado pelo Autor e o constante da certidão de casamento (doc. n.º 1 junto com a petição inicial).

III – Perícia de investigação biológica de paternidade

16.º

Caso não procedam a excepções invocadas, desde já se declara nada haver a opor à realização da perícia requerida pelo Autor, pois que se considera pertinente e não dilatória (artigo 578.º, n.º 1, do Código de Processo Civil).

Nestes termos e nos mais de direito deve:

4. Ser julgada procedente por provada a excepção de incompetência deste Tribunal da ... e, em consequência, ser o processo remetido para o Tribunal de ...;

5. Casa assim não se entenda, deve ser julgada procedente por provada a excepção peremptória de decurso do prazo para a impugnação da paternidade e, em consequência, serem as Rés absolvidas do pedido;

   6. Caso não procedam as excepções referidas em 1. ou 2., o pedido do Autor só deverá proceder se, na perícia requerida, o Instituto de Medicina Legal concluir que o Autor não é o pai da 2.ª Ré, devendo improceder, por falta de prova, caso a conclusão seja diferente, absolvendo-se as Rés do pedido.

Valor: O da petição inicial.

Junta: Duplicados legais.

O Procurador-Adjunto

VIII.
RECLAMAÇÕES DE CRÉDITOS

VIII.1. Acção Sumária / CIRE

Processo de Insolvência n.º

Exmo. Sr. Juiz de Direito
do Tribunal Judicial de ...

O Ministério Público, neste Tribunal, vem, ao abrigo do disposto no artigo 146.º do C.I.R.E., aprovado pelo Decreto-Lei n.º 53/2004, de 18.03, alterado pelos Decretos-Lei n.ºs 200/2004, de 18.08, e 282/2007, de 07.08, instaurar **acção com processo sumário**, por apenso aos autos à margem identificados, **contra** a massa insolvente, os credores e J..., Lda, aí identificados,

Nos termos e com os seguintes fundamentos:

1.º
Da certidão extraída dos autos de execução comum n.º ... do Tribunal do Trabalho de ..., resulta que a empresa insolvente é devedora, a título de custas, de 363,12 € (trezentos e sessenta e três euros e doze cêntimos),

2.º
assim como de juros de mora à taxa de 1% ao mês desde 5 de Novembro de 2005, sobre tal importância.

3.º
A empresa insolvente é ainda devedora, a título de custas, de 195,80 € (cento e noventa e cinco euros e oitenta cêntimos).

4.º
A verificação deste crédito só pode ser requerida através deste meio processual, uma vez que a insolvência já foi decretada e o prazo para reclamar créditos já terminou.

Assim:

    Requer-se a V. Exa que, D. A. a presente petição por apenso, nos termos do artigo 148.º do C.I.R.E., ordene a citação dos réus para contestar.

    Requer-se ainda que seja lavrado no processo principal de insolvência, em epígrafe identificado, o termo do protesto, nos termos do disposto no artigo 146.º, n.º 3 do C.I.R.E., e que seja indicada a data e a hora para a sua assinatura.

*

Valor: 558,92 € (quinhentos e cinquenta e oito euros e noventa e dois cêntimos).

Junta: 1 certidão e duplicados legais.

O Procurador-Adjunto

VIII.2. CIRE

Processo de Insolvência n.º

Exmo. Sr.
Dr. ...
Administrador da Insolvência

O Ministério Público, em representação da Fazenda Nacional, vem, ao abrigo do disposto nos artigos 3.º, n.º 1, alínea a), e 5.º, n.º 1, alínea a), do Estatuto do Ministério Público, bem como no artigo 128.º, n.º 1, do Código da Insolvência e Recuperação de Empresa (aprovado pelo Decreto-Lei n.º 53/2004, de 18.03, alterado pelos Decretos-Lei n.ºs 200/ /2004, de 18.08, e 282/2007, de 07.08,), no processo de falência à margem identificado, em que é INSOLVENTE

K..., Lda.,

RECLAMAR os seguintes créditos fiscais:

1.º
(...)
2.º
(...)
Etc.

Nestes termos, requer a V. Ex.ª se digne admitir a presente reclamação de créditos, seguindo-se os demais trâmites dos artigos 128.º e ss. do Código da Insolvência e da Recuperação de empresas, reconhecendo-os nos termos do artigo 129.º do CIRE, para efeitos de verificação e graduação.

Valor: ... € (... euros e ... cêntimos).

Junta: uma certidão.

Entrega-se: duplicados e cópias legais.

O Procurador-Adjunto

VIII.3. IMI e IMT

Execução n.º ...

>Exma. Sr.ª Juiz de Direito do
>Tribunal Judicial de ...

O Ministério Público, nos termos do artigo 865.º, n.ᵒˢ 1, 2 e 8, do Código de Processo Civil e por apenso aos autos à margem identificados, que correm os seus termos neste Tribunal, em que é executado

>Jonas ..., aí identificado,

Vem reclamar os seguintes créditos:

1.º
... € relativos a dívida de Imposto Municipal sobre as transmissões onerosas de imóveis (IMT), cuja liquidação deveria ter sido feita a 30 de Abril de 2005,

2.º
e juros de mora no montante de ... €, bem como juros vincendos.

13.º
... € relativos a dívida de Imposto Municipal sobre Imóveis (IMI) do ano de 2004, cuja cobrança voluntária terminou a 30 de Abril de 2005,

4.º
e juros de mora no montante de ... €, bem como juros vincendos.

5.º
... € relativos a dívida de Imposto Municipal sobre Imóveis (IMT) do ano de 2005, cuja cobrança voluntária terminou a 30 de Abril de 2006.

6.º
Tais créditos são relativos a imposto directo e relativos ao artigo urbano ... da freguesia de ...

7.º
A penhora efectuada nos autos à margem identificados recaiu sobre o imóvel em causa.

8.º
Nestes termos, os créditos agora reclamados gozam de privilégio imobiliário especial, nos termos dos artigos 744.º do Código Civil, artigo 39.º do CIMT, 122.º, n.º 1, do CIMI e artigo 8.º do Decreto-Lei n.º 73/99, de 16 de Março.

Assim:

>Requer-se a V.ª. Ex.ª. que se digne admitir liminarmente a presente reclamação, seguindo-se os demais trâmites dos artigos 866.º e segs. do Código de Processo Civil, reconhecendo e graduando os mesmos a final, no lugar que lhes compete.

Valor: ... €.

Junta: 1 certidão, comprovativo de autoliquidação de taxa de justiça e duplicados legais.

O Procurador-Adjunto

VIII.4. IVA

Execução n.º

                        Exma. Sr.ª Juiz de Direito do
                        Tribunal Judicial de ...

O Ministério Público, nos termos do artigo 865.º, n.º 1, 2 e 8, do Código de Processo Civil e por apenso aos autos à margem identificados, que correm os seus termo neste Tribunal, em que é executada

           T..., S.A., aí identificada,

Vem reclamar os seguintes créditos:

                    1.º

... € de Imposto sobre o Valor Acrescentado (IVA) do mês de Maio de 2005,

                    2.º

bem como juros de mora no valor de ... € sobre tal importância desde Julho de 2005, à taxa de ... %, e juros vincendos.

                    3.º

Tais créditos são relativos a imposto indirecto.

                    4.º

A penhora, de 13 de Abril de 2006, recaiu sobre um direito de crédito da executada sobre outra empresa.

                    5.º

Nestes termos, os créditos agora reclamados gozam de privilégio mobiliário geral, nos termos dos artigos 735.º, n.º 2, 736.º, n.º 1, do Código Civil e artigo 8.º do Decreto-Lei n.º 73/99, de 16 de Março.

                    ***

Assim:

Requer-se a V.ª. Ex.ª. que se digne admitir liminarmente a presente reclamação, seguindo-se os demais trâmites dos artigo 866.º e segs. do Código de Processo Civil, reconhecendo e graduando os mesmos a final, no lugar que lhes compete.

***

Valor: ... €.

Junta: 1 certidão, duplicados legais e comprovativo de autoliquidação de taxa de justiça em faxe, protestando-se juntar o original em cinco dias.

O Procurador-Adjunto

VIII.5. IRC

Execução n.º

Exmo. Sr. Juiz de Direito do
Tribunal Judicial de ...

O Ministério Público, nos termos do artigo 865.º, n.ºs 1 e 8, do Código de Processo Civil e por apenso aos autos à margem identificados, que correm os seus termos neste Tribunal, em que é executada

M..., Lda., aí identificada,

Vem reclamar os seguintes créditos:

1.º
... € de Imposto sobre o Rendimento das Pessoas Colectivas (I.R.C.), do ano de 2003, com data limite de pagamento até 31 de Dezembro de 2004,

2.º
bem como juros de mora sobre tal quantia, no valor de ... € e juros vincendos.

3.º
... € de IRC do ano de 2003, com data limite de pagamento de 27 de Outubro de 2004,

4.º
bem como juros de mora sobre tal quantia, no valor de ... € e juros vincendos.

5.º
... € de IRC do ano de 2003, com data limite de pagamento de 15 de Outubro de 2005,

6.º
bem como juros de mora sobre tal quantia, no valor de ... € e juros vincendos.

7.º
Tais créditos são relativos a imposto directo.

8.º
A penhora efectuada nos autos à margem identificados recaiu sobre bens imóveis, tendo sido realizada a 25 de Junho de 2006.

9.º
Nestes termos, os créditos agora reclamados gozam de privilégio imobiliário geral, nos termos dos artigos 108.º do CIRS e artigo 8.º do Decreto-Lei n.º 73/99, de 16 de Março.

***

Assim:

Requer-se a V.ª. Ex.ª. que se digne admitir liminarmente a presente reclamação, seguindo-se os demais trâmites dos artigo 866.º e segs. do Código de Processo Civil, reconhecendo e graduando os mesmos a final, no lugar que lhes compete.

***

Valor: ... €.

Junta: 1 certidão.

O Procurador-Adjunto

VIII.6. IRS

Execução n.º

Exma. Sr. Juiz de Direito
do Tribunal Judicial de ...

O Ministério Público, nos termos do artigo 865.º, n.ºs 1 e 8, do Código de Processo Civil e por apenso aos autos à margem identificados, que correm os seus termos neste Tribunal, em que é executado

Paulo N...

Vem reclamar os seguintes créditos:

1.º
... € de Imposto sobre o Rendimento das Pessoas Singulares (I.R.S.), do ano de 2005, com data limite de pagamento até 31 de Outubro de 2006,
2.º
bem como juros de mora sobre tal quantia, no valor de ... € e juros vincendos.
3.º
Tais créditos são relativos a imposto directo.
4.º
A penhora efectuada nos autos à margem identificados recaiu sobre um bem imóvel, tendo sido realizada a 26 de Maio de 2006.
5.º
Nestes termos, os créditos agora reclamados gozam de privilégio imobiliário geral, nos termos dos artigos 111.º do CIRS e artigo 8.º do Decreto-Lei n.º 73/99, de 16 de Março.

***

Assim:

    Requer-se a V.ª. Ex.ª. que se digne admitir liminarmente a presente reclamação, seguindo-se os demais trâmites dos artigo 866.º e segs. do Código de Processo Civil, reconhecendo e graduando os mesmos a final, no lugar que lhes compete.

***

Valor: ... €.

Junta: 1 certidão e duplicados legais.

O Procurador-Adjunto

VIII.7. Artigo 871.º do Código de Processo Civil

Execução comum n.º
1.º Juízo

       Exmo. Sr. Juiz De Direito
       Do Tribunal Judicial De ...

  O Ministério Público, de harmonia com as disposições conjugadas dos artigos 1.º e 3.º, n.º 1, alínea a), do Estatuto do Ministério Público, do artigo 116.º, n.º 1 do Código das Custas Judiciais e dos artigos 59.º e 871.º, ambos do Código de Processo Civil, vem, por apenso aos autos de execução *supra*-identificados em que é executada "Ext..., Lda.", deduzir a seguinte:

RECLAMAÇÃO DE CRÉDITOS

nos termos e com os seguintes fundamentos:

1.º

  A quantia que ora se reclama é de € ... devida pela executada "Ext..., Lda." a título de quantia exequenda no valor de € ... e de custas da execução sustada no valor de € ...

2.º

  Os valores peticionados correspondem à quantia exequenda e às custas referentes à acção executiva, sob a forma de processo comum, que correu termos sob o n.º ..., do 2.º Juízo do Tribunal de Trabalho de ...

3.º

  Nos autos de execução referidos em 2.º foram penhorados, entre outros, uma máquina de carregamento de extintores de CO_2, marca

Ninelt, type 6656, com número de série ilegível e um compressor de 200 litros de marca OMA, sem número de série visível, de cabeça de cor verde escura, sobre os quais recai penhora anterior, ordenada nos autos à margem identificados, sob as verbas 1 e 2, conforme auto de penhora de fls. ... a ..., junto ao processo de execução n.º .../..., do 1.º Juízo do Tribunal Judicial de ...

4.º
Por despacho proferido a 5 de Novembro de 2007 nos autos n.º ..., do 2.º Juízo do Tribunal de Trabalho de ..., foi sustada a execução, conforme certidão do despacho, que se junta.

5.º
Acresce que a execução n.º ..., do 2.º Juízo do Tribunal de ..., não prosseguiu noutros bens.

6.º
Os créditos reclamados são certos, líquidos e exigíveis.

Nestes termos e nos demais de Direito, requer a V. Exa. Se digne admitir a presente reclamação, verificar e reconhecer o crédito de € ... e juros vincendos e graduar tal crédito no lugar que, pela sua preferência, legalmente lhe competir, para ser pago pelo produto da venda dos bens penhorados.

Valor: € ...

Junta: uma certidão.

Entregam-se: cópias e duplicados legais.

O Procurador-Adjunto

IX.
RECURSOS

IX.1. Aplicação oficiosa da lei penal mais favorável (artigo 50.º, n.º 5, do Código Penal)

**Comum Singular n.º ...,
do ... Juízo**

Exmo. Sr. Juiz de Direito do
Tribunal Judicial de ...

O Ministério Público, não se conformando com o despacho de fls. 201 e verso do processo à margem identificado, vem, nos termos dos artigos 399.º, 401.º, n.º 1, al. a), ambos do Código de Processo Penal, dele interpor recurso para o

Venerando Tribunal da Relação de ...,

a subir imediatamente (artigo 407.º, n.º 2, al. b), do Código de Processo Penal), em separado (artigo 406.º, n.º 2, do Código de Processo Penal) e com efeito meramente devolutivo (artigo 408.º, a contrario, do Código de Processo Penal).

Para o efeito junta a sua motivação.

Mais requer a Vossa Excelência que se digne admitir o presente recurso e instruí-lo com certidão de fls. 174 a 180, com nota de trânsito em julgado, e de fls. 195 a 201 e verso dos autos à margem identificados.

***

MOTIVAÇÃO

Excelentíssimos Senhores Juízes Desembargadores:

O arguido Álvaro ... foi condenado em cúmulo jurídico na pena de 1 ano e 5 meses de prisão, suspensa na sua execução por 3 anos.

O prazo em causa de suspensão de execução da pena de prisão fixada não é hoje admissível, dada a alteração introduzida no artigo 50.° do Código Penal pela Lei n.° 59/07, de 04.09) – cf. artigo 50.°, n.° 5.

Em face disso promovemos nos autos o seguinte:

"...As questões que se colocam são as seguintes: deve ou não a lei penal mais favorável aplicar-se retroactivamente? E, nesse caso, como? Poder-se-á alterar a condenação, fazendo corresponder, por exemplo, à suspensão mais curta a existência de deveres que não foram fixados?

Citamos aqui parte do Acórdão da Relação de Coimbra de 07.11.2007, processo 287/05.2JACBR.C1, in www.dgsi.pt:

"...o n.° 4 do artigo 2.° do mesmo livro de leis estendeu, na esteira de alguma doutrina, que há já algum tempo clamava pela inconstitucionalidade deste segmento de norma, [Cf. Taipa de Carvalho, Américo, in "Sucessão de Leis no Tempo", Coimbra Editora, págs. 213 a 255] o princípio basilar e axial da proibição da retroactividade mais desfavorável – cf. artigos 18.°, n.° 2 e n.° 1 e n.° 4, segunda parte, do artigo 29.° da Constituição da República Portuguesa – aos casos em que já tenha ocorrido condenação do arguido, "ainda que transitada em julgado". O princípio da proibição da retroactividade desfavorável congraçado com o princípio da imposição da retroactividade mais favorável [Cf. op. loc. cit. pág. 102], "assumidos pela perspectiva político-criminal do princípio da culpa, pela perspectiva jurídico-política da teoria constitucional dos direitos fundamentais no contexto do aprofundamento destes direitos, levado a cabo pelo Estado de Direito Material", "[...] impõem que, no actual momento, tanto a proibição da retroactividade in peius como a imposição da retroactividade in melius devem considerar-se como garantias ou mesmo direitos fundamentais constitucionalmente consagrados". "No plano jurídico-penal, tal princípio da restrição mínima dos direitos fundamentais conduz ao princípio da indispensabilidade ou da máxima limitação da pena: a pena e o seu quanto só se justificam, juridico-constitucionalmente, na medida do indispensável à salvaguarda dos «direitos ou interesses constitucionalmente protegidos» (Constituição da República Portuguesa, artigo 18.°-2.). Um tal princípio constitucional projectado na «aplicação da lei penal no tempo» vincula à retroactividade da lex mitior: se o legislador entende que uma pena menos grave e, portanto, menos limitadora dos direitos fundamentais, máxima da liberdade, é suficiente para realizar as funções político-criminais de prevenção geral (de integração e de intimidação) e de prevenção especial (também de integração e de intimidação do delinquente), então esta terá de aplicar-se retroactivamente. O contrário seria aplicar uma pena que, no momento da aplicação (ou mesmo da execução), é tida como desnecessária e, portanto, seria inconstitucional". "As alterações legislativas penais ou sucessão de leis penais em sentido amplo podem derivar da mutação da concepção do legislador sobre a ilicitude do facto ou sobre a necessidade político-criminal da pena, quer em sentido negativo (lei despenalizadora), quer em sentido afirmativo (lei penalizadora)", sendo que no confronto que vier a ser efectuado quanto à aplicabilidade do regime mais favorável se há-de ter em consideração a totalidade ou conjunto de factores que possam influenciar positivamente a avaliação da conduta do arguido medida ou perspectivada segundo a orientação que o legislador pretendeu inculcar no regime político de aplicação e execução das sanções penais previstas no ordenamento jurídico-penal. O regime de suspensão que o legislador estatuiu no artigo 50.º do Código Penal, na redacção da Lei n.º 59/2007, de 04.09, inculca uma alteração do paradigma do instituto da suspensão da pena, no tocante ao período máximo da prisão possível para decretamento da suspensão...".

A referida alteraçãode paradigma verifica-se também no que respeita aos prazos de suspensão (artigo 50.º, n.º 5, do Código Penal).

Ora, as questões supra-colocadas leva a questionar se a aplicação da lei mais favorável pressupõe sempre a reabertura da audiência de julgamento nos termos do artigo 371.º-A do Código de Processo Penal, a qual depende de requerimento do arguido. Ou se a aplicação da lei mais favorável pode/deve ser feita oficiosamente, designadamente naqueles casos em que é manifesto que o arguido só pode ser beneficiado pela lei nova, como será o caso da pena de prisão suspensa do arguido destes autos, uma vez que o prazo respectivo teria de ser alterado para menos. Só que a questão afigura-se-nos mais complexa, quando se pergunta se o tribunal pode ou não fazer corresponder deveres ao prazo mais curto de suspensão que resulta da lei nova, deveres esses que não constavam da sentença anterior.

Para nós tais deveres (cf. artigo 51.º do Código Penal) não podem ser adicionados, após redução do prazo da suspensão, por força do artigo 50.º, n.º 5, do Código Penal, posto que, não constando os mesmos da sentença, seria sempre um adicionar mais desfavorável ao arguido.

Por outro lado, se para alterar uma pena de prisão para uma pena de prisão suspensa deve o arguido requerer a reabertura da audiência de julgamento, nos termos do artigo 371.º-A do Código de Processo Penal, entendemos que para aplicação do artigo 50.º, n.º 5, do Código Penal não é necessário o recurso ao disposto no artigo 371.°-A do Código de Processo Penal referido, posto que a única operação admissível é a mera redução do prazo de suspensão, não sendo admissível qualquer alteração da condenação, como por exemplo, através da adição dos aludidos deveres que não constavam da sentença/acórdão.

Há, pois, que distinguir, no âmbito da lei nova, os casos do artigo 50.°, n.° 5, do Código Penal dos casos em que penas de prisão efectiva podem ser modificadas para penas de prisão suspensas na sua execução. Se nestes casos tal operação só é possível a requerimento do arguido – artigo 371.°-A do Código de Processo Penal –, posto que importa reabrir a audiência de julgamento e formular nova sentença que aplique ou não a lei mais favorável, já em casos como o dos autos, do que se trata é de uma mera operação aritmética de mais para menos, ou seja, de reduzir o prazo da suspensão da execução das pena de prisão ao limite – 17 meses – do artigo 50.°, n.° 5, do Código Penal, o qual resulta automaticamente fixado a partir da pena de prisão aplicada.

Assim entendemos que o prazo fixado nos autos de suspensão de execução da pena de prisão deverá ser alterado por força da aplicação da lei mais favorável – artigos 2.°, n.° 4, e 50.°, n.° 5, do Código Penal –, o que se promove que seja declarado em relação ao arguido".

A M.M. Juiz indeferiu o promovido pelo despacho ora sob recurso, sustentando que a sentença condenatória transitou em julgado e que os arguidos não requereram a aplicação da lei mais favorável ao abrigo do artigo 371.°-A do Código de Processo Penal.

A nosso ver, porém, com tal despacho violou-se de uma só vez o disposto nos artigos 18.° e 29.°, n.° 4, 2.ª parte da Constituição das República Portuguesa e ainda o artigo 2.°, n.° 4, do Códig Penal.

A título de curiosidade refira-se que em Espanha o código penal consagra há mais de cem anos a retroactividade da lex mitior, mesmo que já tenha transitado em julgado a sentença condenatória (cf. Américo A. Taipa de carvalho, Sucessão de Leis Penais, 2.ª Edição Revista, Coimbra Editora, p. 105).

Conforme sustenta Taipa de Carvalho, "...é, hoje – o autor escrevia ainda antes das novas redacções do Código Penal e de Processo Penal – incorrecta a classificação da proibição da retroactividade como princípio geral da «aplicação da lei penal no tempo» e da retroactividade da lei mais favorável como excepção. Deverá antes e com legitimidade, afirmar-se que o princípio é o da aplicação da lei penal mais favorável" (cf. ob. citada, pág. 107).

"...Na verdade o princípio base, que regula a sucessão de leis penais no nosso direito positivo não é o da irretroactividade. A irretroactividade é um dos corolários de um princípio superior (favor libertatis), o qual, em homenagem à liberdade do cidadão, lhe assegura o tratamento penal mais mitigado entre o do momento da prática do delito e os tratamentos estabelecidos por lei sucessivas" (A. Pagliaro, citado na nota 136 da pág. 107 da ob. cit.).

"...Compreendia-se que o Código Penal de 1852 e o de 1886 classificassem como excepções as hipóteses de retroactividade da lei penal favorável; a matéria da vigência temporal da lei penal era dominada pela proibição da retroactividade da lei desfavorável, pois estava ainda bem viva a arbitrariedade legislativa na atribuição persecutória de eficácia retroactiva à lei penal. Acresce a esta razão decisiva o facto de a política criminal ainda estar, nessa altura, a dar os primeiros passos.

Hoje, já não se compreende, pelo que vimos, classificar de excepções as hipóteses de retroactividade favorável; assim o parece ter entendido o legislador penal de 1982 que, no artigo 2.º, não as menciona como excepções..." (ob. citada, páginas 107 a 108).

Note-se que o artigo 2.º, n.º 4, do Código Penal foi objecto de nova redacção com a Lei n.º 59/07, de 04.09, que veio agora estabelecer de forma inequívoca, mais a mais se conjugado com o artigo 371.º-A do Código de Processo Penal, o princípio da retroactividade da lei penal mais favorável.

Note-se ainda que o artigo 3.º, n.º 2, do R.G.C.O, na redacção do Decreto-Lei n.º 244/95, de 14.09, eliminou o impedimento do caso julgado, estabelecendo que a aplicação retroactiva da lei nova contra-ordenacional mais favorável só não se fará, quando a decisão ou sentença contra-ordenacional tiver sido já executada, no momento em que entrou em vigor a lei nova – "aplicar-se-á a lei mais favorável ao arguido, salvo se este tiver sido condenado por decisão definitiva ou transitada em julgado e já executada».

Se assim é em relação a decisões ou sentenças cujo objecto principal é aplicação de uma sanção pecuniária (coima), que não constitui um mal absoluto (pois que, em termos práticos, ao "empobrecimento" do condenado corresponde um "enriquecimento" do Estado-Administração e, indirectamente, da comunidade social), por maioria de razão o deverá ser em relação a sentenças finais, mesmo que transitadas em julgado, desde que a execução ou cumprimento da pena de prisão (ou das penas acessórias) ainda não se tenha esgotado; por maioria de razão uma vez que as sanções penais, especialmente a pena de prisão (e excluindo a pena de multa), são um mal absoluto, pois que elas em si não trazem qualquer vantagem a ninguém.

É este um argumento contra o tratamento do limite do caso julgado à aplicação da lei retroactiva da lei penal mais favorável como um tabu (cf. no sentido acabado de expor, Taipa de Carvalho, ob. citada, páginas 113 a 114 e 147 a 149).

A problemática da sucessão de leis penais tem sido resolvida através da teoria ou critério da continuidade normativo-típica, que não importa aqui desenvolver, por desnecessário.

Verificando-se uma verdadeira sucessão de leis penais, há que determinar qual das leis em confronto é mais favorável ao arguido. Levantam-se, aqui, dois problemas:

> – Ponderação unitária ou diferenciada? A este respeito conhece-se o Assento do STJ, de 15.02.1989, publicado no DR I-A, de 17.03.1989; contra, Taipa de Carvalho, ob. citada, páginas 192 e segs..
> – Ponderação abstracta ou concreta?

Esta última questão é a que mais nos interessa.

A opção vai há muito para a ponderação concreta: é relativamente ao caso sub iudice que se deve determinar qual das leis mais favorece (ou melhor, menos desfavorece) o infractor. Tal decisão pressupõe que o tribunal realize todo o processo de determinação da pena concreta (artigo 71.° do Código Penal) face a cada uma das leis, a não ser, como é óbvio, que seja evidente, numa simples consideração abstracta, que uma das leis é claramente mais favorável que a outra.

Por exemplo, num caso em que a L.A. estabelece uma pena de 1 a 10 anos de prisão e a L.N. estabelece pena de 3 a 7 anos de prisão, há que proceder necessariamente à determinação concreta da pena, pois só assim se poderá chegar à conclusão de qual das leis é mais favorável ao arguido, compreendendo-se que o impulso lhe pertença, por força do artigo 371.°-A do Código de Processo Penal. Na verdade, deve ser atribuído ao arguido o ónus de, nos casos de permanência de dúvida, apesar da ponderação desenvolvida sobre qual das leis é mais favorável, requerer a aplicação da lei mais favorável.

Mas em casos em que a L.N. seja manifestamente mais favorável, o princípio da aplicação retroactiva da lei penal mais favorável é de aplicação oficiosa, não dependendo de iniciativa ou audiência do arguido.

Nestes termos, não podia a M.M. Juiz deixar de aplicar a lei penal nova, reduzindo o prazo de suspensão da execução da pena aos seus justos limites, como, aliás, se decidiu no Acórdão do Tribunal da Relação de Coimbra, de 30 de Abríl de 2008, no processo n.º 55/03.6TAMMV-B, bem como no Acórdão do Tribunal da Relação de Coimbra, de 7 de Maio de 2008 (relator: Inácio Monteiro; processo: 428/05.0PBFIG.A.C1).

Concluindo:

1.º Ao indeferir a promoção do Ministério Público, no sentido de se aplicar o disposto no artigo 50.º, n.º 5, do Código Penal, conjugadamente com o disposto no artigo 2.º, n.º 4, do Código Penal, reduzindo-se o prazo de suspensão de execução da pena de prisão a 17 meses,

2.º Com base na alegação de caso julgado e de falta de requerimento do arguido ao abrigo do artigo 371.º-A do Código de Processo Penal,

3.º Violou o despacho recorrido o disposto nos artigos 18.º, 29.º, n.º 4, 2.ª parte, da Constituição da República, 2.º, n.º 4, e 50.º, n.º 5, do Código Penal, na redacção da Lei n.º 59/07, de 04.09,

4.º Porquanto resulta de uma mera ponderação abstracta, sem necessidade de recurso a uma ponderação concreta, com audiência do arguido, que a aplicação retroactiva da lei penal nova é mais favorável no caso em apreço.

5.º O princípio base, que regula a sucessão de leis penais no nosso direito positivo, não é o da irretroactividade. A irretroactividade é um dos corolários de um princípio superior (favor libertatis), o qual, em homenagem à liberdade do cidadão, lhe assegura o tratamento penal mais mitigado entre o do momento da prática do delito e os tratamentos estabelecidos por lei sucessivas. Deverá antes e com legitimidade acrescida, com a nova redacção do artigo 2.º, n.º 4, do Código Penal, introduzida pela Lei n.º 59/07, de 04.09, afirmar-se que o princípio é o da aplicação da lei penal mais favorável.

6.º Termos em que o despacho formulado deve ser revogado e substituído por outro que aplique a lei mais favorável.

No entanto, Vossas Excelências, como sempre, farão a tão costumada

JUSTIÇA !

O Procurador-Adjunto

IX.2. Tribunal Constitucional

Exmo. Sr. Juiz de Direito do
Tribunal Judicial de ...

O Ministério Público, nos termos do disposto nos artigos 280.º, n.ºs 1, al. a), e 3, da Constituição da República Portuguesa e 70.º, n.º 1, al. a), e 72.º, n.º 3, da Lei do Tribunal Constitucional (aprovada pela Lei n.º 28/82, de 15 de Novembro), vem interpor recurso obrigatório da sentença de fls. ..., para o

Venerando Tribunal Constitucional.

O presente recurso tem em vista a apreciação da inconstitucionalidade do artigo ..., do Decreto-Lei n.º ..., de ..., cuja aplicabilidade foi recusada na mencionada sentença, com fundamento em que tal disposição é organicamente constitucional, por atentar contra o disposto no artigo 165.º, n.º 1, al. i), da Constituição da República Portuguesa.

O recurso deverá subir nos próprios autos, de imediato e com efeito suspensivo.

O Procurador-Adjunto

X.
DIVERSOS

X.1. Habilitação (artigo 374.º do Código de Processo Civil)

Execução Comum ...

Exmo. Sr. Juiz de Direito do
Tribunal Judicial de ...

O Ministério Público, exequente nos autos à margem identificados, vem por apenso a tal execução, nos termos do artigo 372.º, n.º 2, do Código de Processo Civil, em que é executado

Manuel ..., aí identificado,

deduzir a habilitação dos sucessores deste, designadamente,

Sandra ..., solteira, menor de idade, residente em ..., e
Hugo ..., solteiro, menor de idade, residente em ...,

nos termos e com os fundamentos seguintes:

1.º
Como dos referidos autos se mostra, o Ministério Público requereu nos mesmos a execução do património de Manuel ..., por dívida de custas.

2.º
Sucede que no dia .../.../..., faleceu o executado, conforme certidão junta a fls 88 dos autos em epígrafe identificados.

3.º
À data do seu óbito, encontrava-se o executado divorciado, conforme também resulta daquela certidão.

4.º

Deixou, porém, como seus únicos e universais herdeiros, seus filhos menores Sandra ..., nascida a .../.../..., em ..., também filha de Isabel Maria ..., residente em, e

5.º

Hugo ..., nascido a .../.../..., em ..., também filho de Helena F. ..., residente em ...

6.º

Nestes termos e nos mais de direito, devem os habilitandos ser julgados habilitados como herdeiros (artigo 2133.º, n.º 1, al. a), do Código Civil) e partes legítimas para com eles prosseguirem os termos da suspensa execução.

Para tanto,

R. a V. Ex.ª que, autuado por apenso aos referidos autos, se digne mandar citar os habilitandos, na pessoa de suas mães, supra-identificadas, para, no prazo e sob a cominação legal, contestarem, querendo, seguindo-se os demais termos do artigo 374.º do Código de Processo Civil.

Valor:

Juntam-se: duas certidões de nascimento e duplicados legais.

O Procurador-Adjunto

X.2. Liquidação de Herança em Benefício do Estado

Exmo. Sr
Juiz de Direito do Tribunal Judicial de...

Em petição para liquidação em benefício do Estado da herança de Júlia ..., que foi residente em ..., deste concelho e comarca de ...,

DIZ o MINISTÉRIO PÚBLICO:

1.º
A referida Júlia ... faleceu no dia .../.../..., viúva de José ... (doc. n.º 1).

2.º
Quando morreu não tinha ascendentes, filhos, netos, irmãos ou outros parentes sucessíveis.

3.º
Sendo certo que faleceu sem testamento, doação por morte ou qualquer outra disposição de última vontade.

4.º
No inventário n.º ..., que correu termos no ... Juízo deste Tribunal, coube a Júlia ..., interessada nesses autos, a quota de ... euros, montante esse que se encontra depositado na Caixa Geral de Depósitos à ordem da mesma, na conta n.º ...da agência de ... do banco ... (doc. n.º 2).

5.º
A sua herança compõe-se apenas de tal dinheiro, não lhe sendo conhecidos outros bens.

Deve, pois, a herança ser declarada vaga para o Estado e proceder-se à sua liquidação.

Para tanto, requer-se a V. Ex.ª que se digne decretar arrolamento (artigo 427.º, n.º 2, do Código de Processo Civil) e mandar citar editalmente quaisquer interessados incertos para deduzir a sua habilitação como sucessores, seguindo-se os ulteriores termos dos artigos 1132.º, e ss. do Código de Processo Civil.

Valor: ... €.

Junta: dois documentos.

Entrega-se: duplicados e cópias legais.

O Procurador-Adjunto

X.3. Carta Rogatória

Pedido de Cooperação Judiciária Internacional em Matéria Penal (expedição de carta rogatória)

Inquérito n.º

Contra:

Autoridade requerida: (ex. França) (consultar http://www.ejn-crim-just.europa.eu/)

Autoridade Requerente: Procurador-Adjunto, Serviços do Ministério Público junto do Tribunal Judicial da Comarca de ..., endereço electrónico ...

Solicitação:

Solicito a V. Exa se digne proceder ao interrogatório, após constituição como arguido e sujeição à medida de coacção de Termo de Identidade e Residência (artigo 196.º do Código de Processo Penal), ou medida de coacção análoga vigente no processo penal francês do denunciado Alberto ..., residente ..., em França, devendo este, no decurso de tal interrogatório, ser confrontado com os factos denunciados.

Como informação complementar a esta solicitação, junto se envia cópia dos modelos utilizados como termo de constituição de arguido (doc. 1), termo de identidade e residência (doc. 2) e termo de notificação para o disposto nos artigos 39.º e 40.º da Lei n.º 34/2004 de 29 de Julho (doc. 3).

Enunciação dos factos:

(...)

Normas legais aplicáveis:

Normas processuais penais: artigos 61.º e 196.º do Código de Processo Penal e 39.º e 40.º da Lei n.º 34/2004 de 29 de Julho e artigos 229.º a 233.º, do Código de Processo Penal.
Normas penais: os factos denunciados integram a prática de um crime ... p. e p. pelo artigo ... do Código Penal.
Artigos 118.º, n.º 1, al. c) e 119.º, n.º 1, do Código Penal.

Convenções Aplicáveis:

– Convenção Europeia de Auxílio Judiciário Mútuo, nomeadamente nos seus artigos 3.º e 4.º e 14.º a 20.º, aprovada para ratificação pela Resolução da Assembleia da República n.º 39/94, de 17 de Março e ratificada por Decreto do Presidente da República, de 14 de Julho, publicada no Diário da República n.º 161, I Série – A de 14 de Julho de 1994.

– Protocolo adicional à mesma Convenção, aprovado para ratificação pela Resolução n.º 49/94 de 12.08.1994, publicado no Diário da República n.º 186, I Série – A, de 12 de Agosto de 1994.

– Protocolo de Adesão ao acordo relativo à supressão gradual dos controlos na fronteira comuns, assinado em Schengen, a 14 de Junho de 1985 e o Acordo de Adesão à Convenção de Aplicação do Acordo de Schengen, assinado em Schengen, a 19 de Julho de 1990, nomeadamente no seu artigo 53.º, aprovados pela Resolução da Assembleia da República n.º 35/93 de 25.11 e ratificados pelo Decreto do Presidente da República n.º 55/93, publicados no Diário da República n.º 276, I Série – A de 25 de Novembro de 1993.

– Convenção relativa ao Auxílio Judiciário Mútuo em Matéria Penal entre os Estados Membros da União Europeia (aberta à assinatura em 29-05-2000)
Resolução da Assembleia da República n.º 63/2001, de 16-10-2001 – Aprova para Ratificação;
Decreto do Presidente da República n.º 53/2001, de 16-10-2001 – Ratifica a Convenção.

– Protocolo da Convenção relativa ao Auxílio Judiciário Mútuo em Matéria Penal entre os Estados-Membros da União Europeia, elaborado pelo Conselho nos termos do artigo 34.º do Tratado da União Europeia (assinado em 16-10-2001)

Resolução da Assembleia da República n.° 61/2006, de 04-10-2006 – Aprova para Ratificação;
Decreto do Presidente da República n.° 119/2006, de 06-12-2006 – Ratifica o Protocolo da Convenção.

– Segundo Protocolo Adicional à Convenção Europeia de Auxílio Judiciário Mútuo em Matéria Penal, aberto à assinatura em Estrasburgo, em 8.11.2001
Resolução da Assembleia da República n.° 18/06, de 07.12.05 – Aprova para Ratificação;
Decreto do Presidente da República n.° 17/06, de 09.02.06 – Ratifica o Segundo Protocolo Adicional à Convenção.

– Lei n.° 144/99 de 31 de Agosto de 1999, relativa à cooperação judiciária internacional em matéria penal, designadamente artigos 20.° a 30.° e 145.° a 152.°

– Acordo estabelecido entre Portugal e França – Troca de Notas de 14 de Setembro de 1955, despacho do Ministro da Justiça de 30 de Setembro de 1955 e Diário do Governo de 1955 (no caso de rogatórias a expedir para a França – não necessitam de retroversão e devem ser enviadas directamente)

Anexos:

Nota de envio de carta rogatória (solicita-se a devolução do destacável) (esta nota de envio obtém-se em http://www.ejn-crimjust.europa.eu/)
Doc. 1 – modelo de termo de constituição de arguido;
Doc. 2 – modelo de Termo de Identidade e Residência;
Doc. 3 – modelo de Termo de notificação nos termos dos artigos 39.° e 40.° da Lei n.° 34/2004 de 29 de Julho;

Junta:

– legislação processual penal portuguesa aplicável (anexo 1);
– legislação penal portuguesa aplicável – cópia dos artigos 143.°, 118.°, n.°1, al. c) e 119.°, n.°1, todos do Código Penal.

O Procurador-Adjunto

X.4. Internamento Compulsivo

Processo Urgente e Secreto
(Artigo 36.º da Lei 36/98, de 24 de Julho)

Exmo. Sr. Juiz de Direito do
Tribunal Judicial de ...

O Ministério Público, com a legitimidade que lhe é conferida pela alínea a) do n.º 1 do artigo 5.º do EMP e pelo n.º 1 do artigo 13.º da Lei n.º 36/98, de 24 de Julho,
Vem requer,
relativamente a

Filipe J, solteiro, ..., residente...

O Internamento Compulsivo
que segue os termos do disposto no artigo 12.º e seguintes da Lei n.º 36/98, de 24 de Julho.

O que faz nos termos e com os seguintes fundamentos:

1.º
O Filipe J nasceu no dia ..., em ..., é filho de José L e de Maria F – cf. doc. 1.

2.º
O Filipe J vive com os seus pais.

3.º
O Filipe J foi seguido nas consultas do departamento de saúde mental infantil e juvenil do hospital... desde .../.../... até .../.../..., data do último registo.

4.º
Sendo certo que o hospital ... não voltou, desde aquela data, a ser contactado por ele, ou por quem quer, a seu respeito, muito embora lhe não tenha sido dada alta médica.

5.º
O Filipe J fez a 1.ª consulta aos 10 anos de idade, por "comportamento agressivo" e "insucesso escolar".

6.º
O seu comportamento caracterizava-se por grande agressividade e impulsividade, com atitudes sádicas para com os animais,

7.º
insónias e alternância de comportamentos, ficando por vezes muito parado.

8.º
O Filipe J recusou-se sempre a colaborar com os tratamentos, tendo um contacto difícil e mantendo o seu olhar distante.

9.º
Foi encaminhado para a consulta de neurologia do hospital ..., onde foi acompanhado com a sua mãe, muito embora tenha recusado observação e tenha abandonado a consulta,
Todavia,

10.º
a sintomatologia expressa pela sua mãe referiu cefaleias crónicas e insónias, desde os 8 anos de idade, o que permite concluir por episódios compatíveis com ausências epilépticas, nunca tendo tido, contudo, crises tónico-clónicas generalizadas.

11.º
Mais referiu o estado de alheamento caracterizador das crises sensoriais e alucinações visuais próprias das dismoforpsias que, indubitavelmente permitiram diagnosticar o Filipe J como doente epiléptico – doc. n.º 2 –.

12.º
Após o que, dos 13 aos 14 anos de idade fez, de forma irregular, por não aderência ao plano terapêutico, medicação anti-epiléptica.

13.º
O Filipe J é, desde os 15 anos, consumidor regular de heroína.

14.º
No passado mês de Dezembro foi assistido no CAT de ..., onde, lhe

foi, novamente, diagnosticada epilepsia, caracterizada pelos sintomas supra mencionados – doc. n.º 3 –.

15.º

O seu ambiente familiar é descrito como culturalmente pobre e funcionalmente conflituoso.

16.º

O nível intelectual do Filipe J é descrito como normal, porém,

17.º

da sua observação psicológica salientam-se sinais de depressão, frustração, falta de ambição e auto confiança, sentimentos de inadequação e rejeição pelo ambiente e comportamentos compulsivos.

18.º

O Filipe J abandonou a escola sem ter feito a 4.ª classe, mantendo um comportamento conflituoso.

19.º

Não tendo chegado a cumprir o serviço militar, muito embora tenha ficado apto.

20.º

O Filipe J agride, frequentemente, a sua mãe com pontapés e atira-lhe objectos,

21.º

sendo certo que, em casa, quando está mais nervosos, destrói os objectos que encontra.

22.º

O Filipe J dirige-se às pessoas que passam na rua, em voz alta e de modo a que todos ouçam, proferindo impropérios e palavras ofensivas para elas.

23.º

O Filipe J, conforme ficou supra descrito, sofre de epilepsia e, com o seu comportamento, vem pondo em perigo bens jurídicos pessoais e patrimoniais alheios, sendo certo que se recusa à submissão ao tratamento médico.

Nestes termos e nos melhores de direito deve o presente requerimento ser julgado procedente e, por via disso, a final, ser determinado o internamento compulsivo do Filipe J.

Para tanto,

    Requer-se a V/Ex.ª se digne receber o presente requerimento e mandar notificar o internando nos termos do disposto no artigo 15.º da Lei 36/98, de 21 de Julho, seguindo-se os ulteriores termos até final.

Valor: € 30.000,01 (trinta mil euros e um cêntimo).

Vão: três documentos e legais duplicados.

*

Para Prova:

1. Por documentos
   – Doc. n.ºs 1, 2 e 3.
2. Por Testemunhas: ...

O Procurador-Adjunto

X.5. Petição inicial de interdição

Exma. Sr.ª Juiz de Direito do
Tribunal Judicial de ...

O Ministério Público vem, ao abrigo dos artigos 3.°, n.° 1, al. p), e 5.°, n.° 1, al. g), do Estatuto do Ministério Público, na redacção da Lei n.° 60/98, de 27.08, artigos 138.°, 141.°, n.° 1, e 143.° do Código Civil e artigos 944.° e segs. do Código de Processo Civil, intentar

ACÇÃO ESPECIAL DE INTERDIÇÃO POR ANOMALIA PSÍQUICA

contra:

Alberto M, divorciado, nascido a .../.../..., em ..., residente no Centro Social ..., sito em ...,

nos termos e com os fundamentos seguintes:

1.°
O Alberto M padece de alcoolismo desde jovem adolescente.

2.°
No período de .../.../... a .../.../... esteve internado para desintoxicação alcoólica no Hospital ..., sito em ...

3.°
Em 1991 foi atropelado, numa altura em que se encontrava embriagado, tendo feito traumatismo craniano.

4.°
No período compreendido entre 1994 e 15 de Novembro de 2001 esteve sem frequentar as consultas no Hospital ..., que lhe eram recomendadas em tal instituição hospitalar.

5.º
Em 26 de Agosto de 2001, na sequência de acidente de viação, sofreu traumatismo craniano, tendo sido submetido a uma intervenção cirúrgica no Hospital ....

6.º
Depois de ter recuperado do acidente, passou a manifestar alterações de comportamento, de carácter permanente, as quais lhe retiraram a capacidade para se autogerir.

7.º
Alguns desses comportamentos são sobreponíveis a perturbações do tipo psicótico.

8.º
O Alberto M não tem capacidade psíquica para se integrar em qualquer actividade laboral.

9.º
Encontra-se acolhido no Centro Social ..., sito em ...

10.º
Não consegue vestir-se sozinho,

11.º
não se orienta no espaço ou no tempo,

12.º
sendo necessário dar-lhe a medicação, senão não a consegue tomar.

13.º
Sofre de incontinência urinária permanente, usando fraldas.

14.º
Não consegue tomar banho sozinho ou barbear-se.

15.º
Por vezes é necessário dar-lhe a comida na boca.

16.º
O Alberto M recebe apoio de seus pais Álvaro F e Maria M, casados, residentes em ..., que o visitam e ajudam na sua permanência em tal Centro Social.

17.º
Tem o mesmo dois filhos, designadamente Sónia M, solteira, nascida a .../.../..., e Rui M, nascido a .../.../..., ambos residentes na rua ..., em ...

18.º
Estes vivem em casa dos avós maternos, uma vez que o pai não soube cuidar deles, não contribuindo para o seu sustento.

19.º
A Sónia M visita esporadicamente o Alberto M.
20.º
Este último encontra-se, pois, totalmente incapaz de governar a sua pessoa e os seus bens sem o auxílio de terceiros.

>Nestes termos, deve a presente acção ser julgada procedente, por provada, e, em consequência, ser decretada a interdição por anomalia psíquica do requerido Alberto M, por se mostrar totalmente incapaz de governar a sua pessoa e bens,

propondo-se desde já para o cargo de

>Tutor:
>>Álvaro M, casado, residente ...,

e para,

>Vogais do Conselho de Família:
>>– Maria M, casada, residente ... que deverá desempenhar as funções de protutora, e
>>– Sónia M, solteira, nascida a .../.../..., residente ...

Para tanto,
Requer-se a V.ª Ex.ª que, D. e A. a presente petição:

>1. se proceda a afixação dos editais e à publicação do anúncio a que se refere o artigo 945.º do Código de Processo Civil; e
>2. se ordene a citação do requerido nos termos e para efeitos do preceituado no artigo 946.º e 947.º do Código de Processo Civil, seguindo-se os demais termos até final.

Valor: € 30.000,01 (trinta mil euros e um cêntimo).

Junta: dois documentos e duplicados legais.

Rol De Testemunhas:
1. D ...
2. G ...
3. L ...
4. F ..., técnica de serviço social, residente ...

          O Procurador-Adjunto

X.6. Petição inicial de inabilitação

Exmo. Sr. Juiz de Direito do
Tribunal Judicial de ...

O Ministério Público, ao abrigo do disposto nos artigos 141.º, n.º 1, e 156.º do Código Civil, e 3.º, n.º 1, al. a), e 5.º, n.º 1, al. c), do Estatuto do Ministério Público, vem propor, nos termos do disposto nos artigos 944.º e ss. do Código de Processo Civil e 152.º a 156.º e 1951.º a 1960.º do Código Civil,

ACÇÃO DECLARATIVA CONSTITUTIVA DE INABILITAÇÃO, COM PROCESSO ESPECIAL,

Contra:
Nelson, residente na Rua ...,

Nos termos e com os fundamentos seguintes:

1.º
Nelson é filho de Manuel e de Maria e

2.º
Nasceu em ..., a 5 de Junho de 1973, tendo actualmente 35 anos (documento n.º 1).

3.º
Nelson é portador de deficiência mental moderada, desde o nascimento (F.71.9 de CID-10),

4.º
E fez a 4.ª classe com 14 anos e com muita dificuldade.

5.º
Tem nos seus antecedentes familiares alcoolismo materno e

6.º
Tem hábitos alcoólicos desde os 16 anos,
7.º
Sendo que fez um tratamento no Centro Regional de Alcoologia de ... em 1996 e
8.º
Em 2007 recomeçou a ingerir bebidas alcoólicas, o que actualmente se mantém.
9.º
Padece de uma fragilidade afectiva que o leva a desenvolver surtos depressivos.
10.º
Foi internado no Hospital Psiquiátrico ..., de 1 de Abril de 2004 a 13 de Maio de 2004, devido a alterações de comportamento e estabilização de diabetes melittus tipo II.
11.º
Após ter feito tentativas de suicídio, foi novamente internado no Hospital Psiquiátrico ..., de 5 a 29 de Agosto de 2004, por reacção depressiva em debilidade (30a.1 e 318. de CID-9), tendo saído medicado para o ambulatório.
12.º
Desde Março de 2007 que não comparece nas consultas do Hospital Psiquiátrico ...(documento n.º 2).
13.º
Nelson não exerce qualquer actividade profissional, porém
14.º
Frequentou o curso de agricultura na Associação ..., com a duração de 15 meses, entre 1998 e 1999,
15.º
Pelo qual não recebeu qualquer remuneração.
16.º
E, no ano de 2007, frequentou, igualmente na Associação ..., o Centro em Actividades Ocupacionais,
17.º
Pelo qual também não recebeu qualquer remuneração (documento n.º 3).

18.º
Manuel, pai do requerido, morreu há cerca de 18 anos e Nelson recebeu de herança cerca de 5.000 contos,

19.º
Que gastou em menos de 2 anos em bebida, comida e táxis.

20.º
O requerido tinha também cerca de 5800€ numa conta bancária,

21.º
Que gastou em bebida, comida e saídas nocturnas.

22.º
Nelson reside sozinho e

23.º
Vive, desde 2005, com uma reforma de sobrevivência de € 200 (duzentos euros).

24.º
É proprietário da casa onde vive, que precisa de obras.

25.º
Além deste imóvel, tem ainda inscritos na matriz em seu nome 20 (vinte) prédios rústicos (documento n.º 4).

26.º
O requerido tem alguma capacidade de orientação no tempo e no espaço, nomeadamente sabe situar-se nos dias da semana, do mês e do ano,

27.º
Sabe ler e escrever e não tem problemas em se exprimir, falando normalmente.

28.º
É capaz do exercício da sua autonomia,

29.º
Mas esta é relativa em aspectos que se prendem com o planeamento dos seus actos ou decisões quanto ao verdadeiro valor dos bens patrimoniais ou ao valor do dinheiro,

30.º
E é susceptível à influência de terceiros, sem ser capaz de perceber se nesta existe uma intenção de benefício ou prejuízo.

31.º
O requerido foi inabilitado por anomalia psíquica, com início em 5 de Junho de 1991, pelo período de 4 anos, por sentença de 20 de Janeiro de 1993, proferida pelo Tribunal (documento n.º 1).

32.º
Face ao exposto, o requerido mostra-se incapaz de reger convenientemente o seu património, em consequência da anomalia psíquica de que padece e do uso de bebidas alcoólicas, ambos com carácter de prejudiciabilidade, actualidade e permanência.

33.º
Sendo assim, é necessário nomear alguém que administre o seu património e de cuja autorização dependam os actos de disposição de bens entre vivos realizados pelo requerido.

34.º
Maria e Noémia são irmãs do requerido e Rafael sobrinho, filho desta última,

35.º
Residem na mesma localidade onde reside Nelson e

36.º
Nutrem por ele amizade e manifestam interesse pela sua pessoa.

Nestes termos e nos mais de direito, deve a presente acção ser julgada procedente, por provada, e, em consequência:

– Ser decretada definitivamente a inabilitação do requerido Nelson, por anomalia psíquica desde o nascimento e pelo uso de bebidas alcoólicas;

– Deve ser especificado na sentença que todos os actos de disposição de bens entre vivos realizados pelo requerido devem ser autorizados pelo curador.

Para o efeito, deve ser dada publicidade à acção e ser citado o requerido para, querendo, contestar, nos termos do disposto nos artigos 945.º e 946.º do Código de Processo Civil, seguindo-se os ulteriores termos do processo previstos nos artigos 947.º e seguintes do Código de Processo Civil.

Para o cargo de curador deverá nomear-se:

– Maria, residente na Rua…

O conselho de família deverá ser constituído por:

- Noémia, residente na Rua..., que exercerá as funções de subcurador;
- Rafael, residente na Rua...

*

Valor: € 30.000,01 (trinta mil euros e um cêntimo).

Junta: 4 (quatro) documentos e duplicados legais.

Rol de testemunhas:

O Procurador-Adjunto

X.7. Prestação de Contas

Acção de Tutela n.º ..., apensa à
Acção de Alteração da Regulação do
Exercício das Responsabilidades Parentais n.º ...,
do ... Juízo

>Exmo. Sr. Juiz de Direito do Tribunal
>Judicial de...

O Ministério Público, nos termos dos artigos 1021.º, n.º 1, 1019.º e 1020.º do Código de Processo Civil, por dependência do processo à margem referenciado, vem requerer que,

>Armando ..., casado, reformado, residente na Rua ..., tutor das menores Rita ... e Berta...,

Proceda a prestação de contas relativa à administração por si exercida quanto ao património das menores por si tuteladas, uma vez que,

1.º

Conforme resulta do relatório social de .../.../... (elaborado no decurso de acção de alteração da Regulação das Responsabilidades Parentais), "o tutor dos menores e avô destas, diligenciou junto de várias advogados no sentido de conseguir do seguro uma indemnização pela morte da mãe das menores, destinada às crianças, tendo conseguido receber uma importância cujo montante não referiu".

2.º

Posteriormente, e na sequência de outro relatório social, com elementos mais actualizados, é mencionado que "a indemnização recebida por parte da mãe dos menores e que foi atribuída a estas últimas e aos avós terá facilitado estas aquisições."

3.º

Uma das aquisições a que se faz referência relaciona-se com a compra de uma habitação de tipologia T3, residência esta onde o tutor vive com a sua mulher e com as menores, suas netas.

4.º
Compulsados os autos, e não obstante existir um acervo patrimonial por parte das menores e que necessariamente terá sido administrado por parte do tutor, não existe qualquer menção que este tenha procedido a qualquer prestação espontânea de contas.

5.º
A acção de prestação de contas pode ser proposta por quem tenha o direito de exigi-las ou por quem tenha o dever de prestá-las e tem por objecto o apuramento e aprovação das receitas obtidas e das despesas realizadas por quem administra bens alheios,

6.º
Bem como a eventual condenação no pagamento do saldo que venha a apurar-se (artigo 1014.º do Código de Processo Civil).

7.º
Dado que o tutor não procedeu espontaneamente à apresentação de contas, tem o Ministério Público legitimidade para requerer a prestação forçada das mesmas por aquele representante legal dos menores o que, face ao que se expôs, se pretende com o presente requerimento.

Nesta conformidade, requer-se que o tutor seja citado para proceder a apresentação de contas, nos termos do artigo 1021.º, n.º 1 do Código de Processo Civil, seguindo-se os demais trâmites legais até final, de acordo com os artigos 1021.º, n.ºs 1 e 2 do Código de Processo Civil e 1014.º e ss. do mesmo diploma legal.

Valor: (nos termos do artigo 307.º, n.º 3, do Código de Processo Civil o valor a indicar é o da receita bruta ou o da despesa apresentada, se lhe for superior – no caso desta petição, o valor a indicar seria o da receita bruta, sendo certo que apenas se sabe que foi adquirido um apartamento T3, para o que contribuiu o valor da indemnização recebida e a que se aludiu, pelo que se indicaria um valor mínimo para um apartamento de tipologia T3 na cidade ...)

Junta: certidão dos autos de Alteração da Regulação do Poder Paternal n.º ..., onde constam os relatórios sociais acima mencionados.

O Procurador-Adjunto

X.8. Execução Universal

Acção Ordinária n.º

            Exmo. Sr. Juiz de Direito do
            Tribunal Judicial de ...

O Ministério Público vem expor o seguinte, na sequência da notificação que lhe foi feita a .../.../... nos autos à margem identificados:

1.º
Resulta da certidão de teor da matrícula da Ré Empreendimentos Imobiliários M..., Ld.ª, que tal sociedade foi declarada insolvente por sentença de 4 de Agosto de 2005, transitada em julgado a 5 de Setembro de 2005,

2.º
tendo sido nomeado Administrador Judicial o Dr. José A..., aí identificado.

3.º
Assim, verifica-se que a demanda do Estado nos autos deixou de fazer sentido, porquanto a reclamação de créditos na execução a que se refere o Autor ficou preterida pela necessidade para o mesmo de reclamar os créditos no processo de insolvência.

4.º
O processo de insolvência é não só o lugar próprio para o titular de crédito proveniente de incumprimento de contrato-promessa celebrado com a empresa insolvente reclamar esse crédito (artigos 128.º e segs do Decreto-Lei n.º 53/04, de 18.03, na redacção do Decreto-Lei n.º 200/04, de 18.08, adiante designado C.I.R.E.) e invocar, se for caso disso, o direito de retenção que a lei lhe reconheça, como será mesmo o único lugar pró-

prio para o fazer e discutir perante a massa insolvente e seus credores (cf. Acs STJ, de 01.02.95 e 09.11.00, CJ III-I-55 e VIII-III-114, e Ac. STJ de 04.10.05, CJ n.º 187, Ano XIII, Tomo III, páginas 49 a 51).

5.º

O Autor peticiona em relação à Ré a resolução do contrato-promessa de compra e venda de 20 de Novembro de 2000, a devolução do sinal em dobro, o reconhecimento do seu direito de retenção sobre a fracção autónoma enquanto não lhe for integralmente pago o montante que peticiona, o pagamento de despesa notarial, o pagamento de juros vincendos,

6.º

mais pedindo que os demais Réus, Estado incluído, reconheçam a resolução do contrato-promessa, reconheçam o crédito correspondente ao sinal em dobro e o seu direito de retenção e ainda o direito de reclamar tal quantia e juros vincendos no processo executivo n.º ..., execução esta onde o Autor apresentou já reclamação de créditos nos termos do artigo 869.º do Código de Processo Civil.

7.º

Ora, a declaração de insolvência priva imediatamente o insolvente, por si ou pelos seus administradores, dos poderes de administração e disposição dos bens integrantes da massa insolvente, os quais passam a competir ao administrador da insolvência (artigo 81.º, n.º 1, do C.I.R.E.), que assume a representação do insolvente para todos os efeitos de carácter patrimonial que interessem à insolvência (artigo 81.º, n.º 4, do C.I.R.E.).

8.º

A declaração de insolvência torna imediatamente exigíveis todas as obrigações do insolvente (artigo 91.º, n.º 1, do C.I.R.E.), sendo que ao processo de insolvência devem ser apensas, a requerimento do administrador da insolvência, todas as acções em que se apreciem questões relativas a bens compreendidos na massa insolvente, intentadas contra o devedor, ou mesmo contra terceiros, cujo resultado possa influenciar o valor da massa (artigo 85.º, n.º 1, do C.I.R.E.).

9.º

Declarada a insolvência, procede-se à apreensão de todos os bens integrantes da massa insolvente (artigo 149.º, n.º 1, do C.I.R.E.) e os credores do insolvente devem reclamar a verificação dos seus créditos, quer comuns quer preferenciais, mesmo no caso de terem já o seu crédito reconhecido por decisão definitiva noutro processo (artigo 128.º, n.º 3, do C.I.R.E.).

10.º
A sentença de insolvência constitui, assim, um título executivo especial no tocante à massa dos créditos, concedendo-lhes força executiva independentemente da sua origem e natureza. Aberta a execução universal contra o insolvente, concentram-se no respectivo processo todas as pretensões patrimoniais sobre este, iniciando-se um concurso que não se limita aos créditos comuns, mas se estende aos créditos preferenciais e ao direito de separação de bens (cf. P. Sousa Macedo, "Manual do Direito de Falências", II, 28 e 291 e ss.).

11.º
Em face do exposto, e na sequência do que se deixou dito no artigo 4.º deste requerimento, é manifesto dever ser declarada a extinção da instância por inutilidade superveniente da lide (artigo 287.º, al. e), do Código de Processo Civil).

12.º
Na verdade, nos termos do artigo 90.º do C.I.R.E., "Os credores da insolvência apenas poderão exercer os seus direitos em conformidade com os preceitos do presente Código, durante a pendência do processo de insolvência".

13.º
Este preceito, inovador, corresponde à tradução do § 87 da Insolvenzordnung alemã, sendo devida a essa influência omnipresente que é introduzido no Código. É, aliás, a solução que se harmoniza com a natureza e a função do processo de insolvência como execução universal tal como o caracteriza o artigo 1.º do C.I.R.E.

14.º
"Um corolário fundamental do que fica determinado é o de que, para poderem beneficiar do processo de insolvência e aí obterem, na medida do possível, a satisfação dos seus interesses, os credores têm de neles exercer os direitos que lhes assistem, procedendo nomeadamente, à reclamação dos créditos de que sejam titulares, ainda que eles se encontrem já reconhecidos em outro processo (cf. artigo 98.º, n.º 3; v.d., também, o n.º 2 do artigo 87.º)" nota 2 ao artigo 90.º do C.I.R.E. anotado, volume I, Luís A. Carvalho Fernandes e João Labareda, Quid Júris, pág. 367).

Termos em que deve se deve julgada extinta a instância por inutilidade superveniente da lide, nos termos do artigo 287.º, al. e), do Código de Processo Civil.

Junta: duplicados.

O Procurador-Adjunto

X.9. Oposição em representação da Ré ausente. Incidente de intervenção provocada

Acção de Processo Sumaríssimo
N.º ...

**Exmo. Senhor Juiz de Direito
do Tribunal Judicial ...**

O **Ministério Público**, em representação da Ré ausente, ao abrigo do disposto nos artigos 15.º do Código de Processo Civil e 3.º, n.º 1, al. a), e 5.º, n.º 1, al. c), do Estatuto do Ministério Público, notificado do requerimento de fls. 91 a 96, vem deduzir **oposição**, o que faz nos termos seguintes:

1.º

A Autora intentou a presente acção contra Maria Rosa para pagamento de despesas de condomínio, de despesas judiciais e extra-judicias.

2.º

O Ministério Público contestou, em representação da Ré ausente, e a Meritíssima Juiz designou data para julgamento (fls. ...).

3.º

Pretende a Autora, nesta fase processual, através do incidente da intervenção provocada, fazer intervir um segundo Réu.

4.º

Nos termos do disposto no artigo 326.º, n.º 1, do Código de Processo Civil, "[o] chamamento para a intervenção só pode ser requerido (...) até ao momento em que podia deduzir-se a intervenção espontânea em articulado próprio" e dispõe o artigo 323.º, n.º 2, quanto à intervenção espontânea, que "[q]uando o processo não comportar despacho saneador, a intervenção (...) pode ter lugar até ser designado dia para discussão e julgamento em 1.ª instância (...)".

5.º

Ora, uma vez que já foi proferido despacho a designar dia para a realização de audiência de discussão e julgamento, é extemporânea a dedução do incidente de intervenção provocada (v. Acórdão do Tribunal de Relação de Porto de 2 Junho 2003, Processo n.º 0312072, e Acórdão do Tribunal da Relação de Coimbra de 12 Abril 2005, Processo n.º 700/05, ambos in www.dgsi.pt).

  Face ao exposto, deve o presente incidente de intervenção provocada ser julgado inadmissível por extemporâneo.

Junta: duplicados legais

            O Procurador-Adjunto

X.10. Requerimento de Processo Sumário – com adiamento subsequente para realização de exame

NUIPC ...

*

Valido a constituição de arguidos de Eduardo ..., Bruno ... e de Sérgio ..., nos termos do artigo 58.º, n.º 3, do Código de Processo Penal, atenta a prova já coligida.
Notifique.

*

Cumpra o disposto no artigo 75.º do Código de Processo Penal em relação a ...

*

Remeta os autos à distribuição, requerendo-se o julgamento dos arguidos em processo sumário, nos termos do artigo 381.º, n.º 1, al. a), do Código de Processo Penal, porquanto ao praticar os factos descritos no auto de notícia, desde já se requerendo que a sua leitura substitua a apresentação de acusação, nos termos do artigo 389.º, n.º 2, do Código de Processo Penal, agiram de forma livre, concertada, em comunhão de esforços, deliberada e consciente, bem sabendo que a sua conduta era proibida e punida por lei penal, assim incorrendo em autoria material:

– **num crime de furto, sob a forma tentada, p. e p. pelos artigos 22.º, 23.º, e 203.º, n.ºs 1 e 2, do Código Penal**.

*

Prova:
– testemunhas:
- António ...,
- Pedro ....,

elementos da GNR identificados no auto de notícia.

*

Ao abrigo do disposto no artigo 387.º, n.º 2, al. b), do Código de Processo Penal, requer-se o adiamento do início da audiência de julgamento, tendo em vista a realização de exame e avaliação do motor eléctrico da máquina de serrar.

*

Processei, imprimi, revi e assinei o texto, seguindo os versos em branco (art. 94.º, n.º 2, do Cód. Proc. Penal).

Local, ds

O Procurador-Adjunto

X.11. Petição de Insolvência

**Exmo. Sr. Juiz de Direito
Do Tribunal Judicial da Comarca de ...**

O Ministério Público junto deste Tribunal, em representação do Estado, vem, ao abrigo do disposto nos artigos 3.º, n.º 1, al. a) e l) e 5.º, n.º 1, al. a), ambos do Estatuto do Ministério Público e artigos 1.º, 2.º n.º 1, al. e), 3.º, n.º 1, 13.º, n.º 1 e 20.º, n.º 1, al. b) e ponto i) e ii) da al. g), todos do Código da Insolvência e da Recuperação de Empresas (com a redacção do Decreto-Lei n.º 53/2004 de 18/03, com as alterações introduzidas pelo Decreto-Lei n.º 282/2007 de 07.08), requerer a declaração de insolvência de:

– **"F... Civil, Lda....", sociedade comercial por quotas de responsabilidade limitada, com o número de identificação fiscal ..., matriculada na Conservatória de Registo Comercial de ..., com sede s...;**

Nos termos e com os seguintes fundamentos:

1.º
A Requerida é uma sociedade por quotas de responsabilidade limitada, matriculada na Conservatória de Registo Comercial de ...sob o número ..., conforme certidão que se junta aos autos.

2.º
O seu objecto social consiste ....

3.º
O capital social é constituído por .... Euros, divido em ... quotas, pertencentes a .... e ....

4.º

A gerente de sociedade requerida é Rosa Maria, casada, residente ...

5.º

Conforme certidão que se junta para os devidos efeitos, a requerida é devedora ao Estado, das importâncias a seguir indicadas:

– Ao Centro Regional de Segurança Social de ...:
– ... Euros a título de dívida a que acresce custas no valor de ... Euros e juros de mora desde ...., à taxa legal de ...sobre a quantia exequenda;

6.º

À Fazenda Pública a título de I.R.S. e I.R.C.
– ... Euros referente aos anos de 1... a título de I.R.S. e dos anos de ... a título de I.R.C., do qual já foi paga a quantia de ... Euros, acrescido de juros de mora sobre os valores parciais de ... Euros desde ... à taxa legal de ..., 5665,99 Euros desde 6 de Agosto de 1997 à taxa legal de ...;
– ... Euros a título de juros de mora desde ...., à taxa legal de ..., acrescido de custas no valor ...;

7.º

À Fazenda Pública a título de I.V.A.
– ... Euros provenientes de I.V.A. e juros compensatórios, assim discriminados:
   – I.V.A. relativo ao ano de ... no valor de ... Euros;
   – I.V.A. relativo ao ano de ... no valor de ... Euros;
   – Juros compensatórios de ..., no valor de ... Euros;
   – Juros compensatórios de ..., no valor de ... Euros;
acrescidos de juros de mora sobre a importância de ... Euros, desde ..., à taxa legal de ... e de ... Euros, desde ..., à taxa legal de .... e custas no valor de ... Euros;

8.º

À Fazenda Pública a título de Imposto de Selo
– ... Euros a título de imposto de selo no valor de ... Euros e juros compensatórios no valor de ... Euros, acrescidos de juros de mora sobre a quantia exequenda a partir de ... à taxa legal de ... e custas no valor de ... Euros;

9.º
À Fazenda Pública a título de Coima no âmbito do RJIFNA
– ... Euros a título de coima prevista e aplicada nos termos do artigo 31.º do RJIFNA e custas (artigo 20.º do Regulamento das Custas dos Processos Tributários), acrescido de juros de mora sobre o valor de .... Euros, desde ..., à taxa legal de ... e custas no valor de ... Euros;

10.º
Actualmente a sociedade não exerce qualquer actividade.

11.º
Considerando o elevado montante de dívidas à Fazenda Pública e à Segurança Social e o atraso no pagamento de tais montantes, indicia-se que a sociedade requerida se encontra objectivamente impossibilitada e incapaz de cumprir pontualmente a generalidade das suas obrigações para com o Estado, encontrando-se em mora.

12.º
O incumprimento das obrigações tem carácter continuado, estando a sociedade requerida em situação de insolvência, encontrando-se preenchidos os pressupostos previstos no artigo 20.º, n.º 1, alíneas b) e g) do C.I.R.E..

Nestes termos e nos melhores de direito deve a presente acção ser julgada provada e ser reconhecida e declarada a insolvência da sociedade requerida "F... Civil, Lda.", seguindo-se os demais trâmites previstos nos artigos 28.º e seguintes do C.I.R.E..

Para tanto, requer se digne V.Exa. ordenar a citação, nos termos e com a cominação do artigo 29.º n.º 1 e 2 do C.I.R.E., para os efeitos do artigo 30.º do citado diploma legal.

Requer-se, ainda, o cumprimento do disposto no n.º 3 do artigo 9.º do C.I.R.E..

Solicita-se que a sociedade requerida seja notificada, nos termos do artigo 528.º do Código de Processo Civil, do n.º 3 do artigo 23.º e artigo 24.º do C.I.R.E. para juntar aos autos os seguintes elementos:

1. Relação completa de todos os credores, com indicação dos respectivos domicílios, dos montantes dos seus créditos, datas de vencimento, natureza e garantias de

que beneficiem e da eventual existência de relações especiais, nos termos do artigo 49.º do C.I.R.E.;
2. Relação e identificação de todas as acções e execuções que contra si estejam pendentes;
3. Certidão de registo comercial;
4. Tendo o devedor contabilidade organizada, as contas anuais relativas aos três últimos exercícios, bem como os respectivos relatórios de gestão, fiscalização e auditoria, pareceres do órgão de fiscalização e documentos de certificação legal e informação sobre as alterações mais significativas do património ocorridas posteriormente à data a que se reportam as ultimas contas e sobre as operações que, pela sua natureza, objecto ou dimensão extravasem da actividade corrente do devedor;
5. Tratando-se de sociedade compreendida em consolidação de contas, relatórios consolidados de gestão, contas anuais consolidadas e demais documentos de prestação de contas respeitantes aos três últimos exercícios, bem como os respectivos relatórios de fiscalização e de auditoria, pareceres do órgão de fiscalização, documentos de certificação legal e relatório das operações intragrupo realizadas durante o mesmo período;
6. Indicar os cinco maiores credores, com exclusão do requerente.

Valor da Acção: ... Euros (valor activo do devedor nos termos do artigo 15.º do C.I.R.E.).

Junta: ... documentos e duplicados legais (artigo 26.º, n.º 2 do C.I.R.E.).

Rol de Testemunhas:
1– José, chefe do 2.º Serviço de Finanças de ...;
2 – Joaquim, adjunto do chefe do 2.º Serviço de Finanças de ...

O Procurador-Adjunto

X.12. Associações – Despacho no PA

Cls. em ...
P. A. n.º ...

A. INTRODUÇÃO

Nos termos do disposto no artigo 158.º – A, do Código Civil, que manda aplicar à constituição de pessoas colectivas o disposto no artigo 280.º, do mesmo código, deve o Ministério Público promover a declaração judicial de nulidade do acto de constituição ou alteração dos estatutos sempre que estes sejam física ou legalmente impossíveis, contrários à lei, ordem pública ou bons costumes, ou insusceptíveis de determinação.

Assim sendo, não obstante ter sido criado um regime especial de constituição imediata de associações com personalidade jurídica (Lei n.º 40/2007, de 24 de Agosto), mantém-se a fiscalização pelo Ministério Público da legalidade dos actos constitutivos das associações.

Este controlo da legalidade não está, agora, dependente da remessa aos Serviços do Ministério Público de fotocópia da escritura de constituição da associação, uma vez que a publicação do acto constitutivo e dos estatutos da associação é feita nos termos legalmente previstos para os actos das sociedades comerciais (artigo 7.º, n.º 1, al. h), da referida Lei n.º 40/2007), ou seja, é feita através do endereço electrónico www.mj.gov.pt/publicacoes (artigos 167.º do Código das Sociedades Comerciais e 1.º da Portaria n.º 590-A/2005, de 14 de Julho).

De acordo com informação recolhida em tal endereço electrónico, no concelho da ..., Distrito de ..., foram constituídas duas associações ..., em 20 de Novembro de 2007, e a ...., em 17 de Janeiro de 2008 – e foram alterados os estatutos de uma associação – o ..., em 22 de Janeiro de 2008.

Necessário se torna, pois, proceder ao controlo da legalidade da constituição das Associações acima referidas, bem como da mencionada alteração estatutária, nos termos do disposto nos artigos 157.º, 158.º-A, 162.º, 166.º, 171.º a 175.º, 182.º a 184.º e 280.º do Código Civil.

O juízo de legalidade da constituição de uma Associação pressupõe a apreciação de vários parâmetros, designadamente:

a) Património social (artigo 167.º, n.º 1, do Código Civil)

O acto de constituição da associação deve especificar os bens ou serviços com que os associados concorrem para o património social, sendo, inclusive, ilegal, por violadora do artigo 167.º, n.º 1, do Código Civil, a regra estatutária que, quanto a este assunto, determine que as matérias omissas nos estatutos fiquem sob a alçada do regulamento interno (vide Acórdão do Tribunal da Relação de Évora de 7 de Março de 1993, in BMJ 405-546).

Em regra, consagra-se nos estatutos a obrigação de pagamento de uma jóia de inscrição e quotas periódicas.

É igualmente permitido que se estipule a contribuição de certos bens ou serviços, porém, a existência de património não é indispensável para a existência da associação, tanto que a sua ausência não é caso de extinção da associação (cfr artigo 182.º do Código Civil).

b) Denominação (artigo 167.º, n.º 1, do Código Civil)

O artigo 167.º, n.º 1, do Código Civil exige que o acto de constituição especifique a denominação da associação e os artigos 3.º e 32.º, n.º 1, do Regime do Registo Nacional de Pessoas Colectivas, aprovado pelo Decreto-Lei n.º 129/98, de 13 de Maio, exigem, designadamente, que as denominações observem o princípio da verdade e não induzam em erro sobre a identificação, natureza ou actividade do seu titular.

c) Fim (artigos 157.º e 167.º, n.º 1, do Código Civil)

De acordo com o disposto no artigo 157.º do Código Civil, as associações não podem ter finalidade lucrativa e, nos termos do artigo 167.º, n.º 1, do Código Civil, o acto de constituição da associação deve especificar o respectivo fim.

No que respeita à ordem pública, o artigo 280.º do Código Civil determina que é nulo o negócio jurídico cujo objecto seja física ou legalmente impossível, contrário à lei, ordem pública ou ofensivo dos bons costumes. Por sua vez, o artigo 46.º, n.º 4, da Constituição proíbe a constituição de associações armadas, de tipo militar, militarizadas ou paramilitares, racistas ou que perfilhem ideologia fascista.

No que concerne à capacidade de gozo da associação a mesma abrange todos os direitos e obrigações necessários ou convenientes à prossecução dos seus fins (artigo 160.°, n.° 1, Código Civil). A associação pode praticar actos de comércio, ainda que com o objectivo de obter um ganho, que lhe permita, por exemplo, adquirir meios financeiros para a prossecução do seu fim de benemerência.

d) Sede (artigo 167.°, n.° 1, do Código Civil)

A sede equivale, para as pessoas colectivas, ao domicílio das pessoas singulares.

A fixação da sede nos estatutos é obrigatória quanto às associações. Uma vez que o artigo 167.°, n.° 1, do Código Civil exige que o acto de constituição especifique a sede da associação, a indicação da sede deve ser suficientemente explícita para permitir identificar o local onde a associação funciona

e) Forma de funcionamento (artigos 162.°, 167.°, n.° 1, 170.°, 172.°, 174.° e 175.° do Código Civil)

Em regra, no acto de constituição e nos estatutos, as associações regulam com maior ou menor amplitude a matéria (eleições dos órgãos sociais, convocação, competência, admissão e exclusão de sócios, representação da associação, regime disciplinar etc).

Caso os estatutos sejam omissos, devem-se aplicar supletivamente as normas legais dos artigos 162.°, 163.°, 166.°, 170.° a 176.° do Código Civil.

i) Previsão e constituição dos órgãos da associação (artigo 162.° do Código Civil)

O acto de constituição da associação tem de prever a forma de funcionamento da pessoa colectiva, concretamente os respectivos órgãos, designadamente um órgão colegial de administração e um conselho fiscal, constituídos por um número ímpar de titulares, dos quais um será o presidente.

ii) Competências dos órgãos (artigos 170.° e 172.° do Código Civil)

iii) Convocatória e funcionamento da assembleia geral (artigos 174.° e 175.° do Código Civil)

f) Extinção da associação (artigo 182.° a 184.° do Código Civil).

A extinção da associação não tem que revestir a forma de escritura pública.

g) Forma e publicidade (artigo 168.° do Código Civil).

h) Duração (artigo 167.°, n.° 1, do Código Civil)

Nos termos do artigo 167.°, n.° 1, do Código Civil, o acto de constituição da associação deve definir a sua duração, quando a associação se não constitua por tempo indeterminado.

B. ANÁLISE

1. *Constituição da Associação ...*

a) Património social (artigo 167.º, n.º 1, do Código Civil)

No caso em apreciação, os Estatutos impõem que os associados efectivos paguem uma jóia de inscrição inicial e uma quota de valor mensal, semestral ou anual, cumprindo-se o disposto no n.º 1 do artigo 167.º do Código Civil.

b) Denominação (artigo 167.º, n.º 1, do Código Civil)

De acordo com a escritura da associação em apreciação, está especificada a respectiva denominação – ... – que, confrontada com o objecto, se conclui que respeita o princípio da verdade e que não induz em qualquer erro.

c) Fim (artigos 157.º e 167.º, n.º 1, do Código Civil)

No caso em apreço, o acto de constituição da associação especifica que esta tem por fim "...", pelo que se trata de uma finalidade não lucrativa, assim se cumprindo os artigos 157.º e 167.º, n.º 1, do Código Civil.

d) Sede (artigo 167.º, n.º 1, do Código Civil)

Neste caso concreto, a escritura pública refere que a sede da associação é "...".

Ora, esta indicação é claramente insuficiente para identificar a localização da sede da associação, uma vez que não especifica em que local concreto da freguesia – rua e n.º de polícia – está instalada esta associação, pelo que a escritura pública de constituição da associação é ilegal, por violação do artigo 167.º, n.º 1, do Código Civil.

e) Forma de funcionamento (artigos 162.º, 167.º, n.º 1, 170.º, 172.º, 174.º e 175.º do Código Civil).

i) Previsão e constituição dos órgãos da associação (artigo 162.º do Código Civil)

O Capítulo III dos estatutos da ..., sob a epígrafe "órgãos sociais, composição e funcionamento", reflecte estas exigências legais.

O artigo 7.º, n.º 1, de tal documento define como órgãos sociais da associação a assembleia-geral, a direcção (órgão colegial de administração) e o conselho fiscal, cumprindo o número mínimo de órgãos legalmente exigível.

A direcção é constituída por um presidente, um secretário, um tesoureiro, dois vogais efectivos e dois suplentes, cumprindo as exigências legais.

O conselho fiscal é composto por um presidente, um primeiro secretário e um segundo secretário, pelo que também cumpre as exigências legais.

ii) Competências dos órgãos (artigos 170.° e 172.° do Código Civil)

Quanto às competências dos órgãos da associação, dispõe o artigo 8.°, n.os 2 e 3, als. a), b), g), h), dos Estatutos da Associação que compete à assembleia geral eleger e destituir os membros da mesa da assembleia geral, da direcção e do conselho fiscal, discutir e aprovar o balanço, alterar os estatutos, deliberar sobre a extinção da associação, deliberar sobre todas as matérias que lhe sejam atribuídas por lei ou pelos estatutos, bem como sobre todos os assuntos com interesse para a associação que não sejam da competência de outro órgão social.

Os estatutos reflectem parte das exigências legais previstas nos artigos 170.° e 172.° do Código Civil, porém não prevêem a competência da Assembleia Geral quanto à autorização para esta demandar os administradores por factos praticados no exercício do cargo, sendo certo que o n.° 2 do artigo 172.° exige que tal competência seja, necessariamente, atribuída a este órgão.

Assim sendo, uma vez que se trata de uma norma imperativa, mesmo não a referindo expressamente nos estatutos, está a associação obrigada a respeitá-la, pelo que, não existindo cláusula estatutária que a contrarie, esta ausência não dá lugar a qualquer nulidade.

iii) Convocatória e funcionamento da assembleia geral (artigos 174.° e 175.° do Código Civil)

Nos termos do disposto no artigo 10.° dos Estatutos, as assembleias são convocadas mediante publicação do respectivo aviso nos termos legalmente previstos para os actos das sociedades comerciais, conforme permite o n.° 2 do artigo 174.° do Código Civil.

Quanto ao funcionamento da assembleia, o artigo 9.° dos estatutos reflecte o disposto no artigo 175.° do Código Civil.

f) Extinção da associação (artigo 182.° a 184.° do Código Civil)

Nos termos do artigo 22.° dos Estatutos, a dissolução da associação será efectuada nos termos da lei, pelo que cumpre os dispositivos legais.

g) Forma e publicidade (artigo 168.° do Código Civil)

De acordo com a documentação disponibilizada no endereço electrónico www.mj.gov.pt/publicacoes, esta associação foi constituída por escritura pública, pelo que estão preenchidos os requisitos de forma legalmente exigidos.

Quanto às exigências de publicidade, determina o artigo 168.° do Código Civil a publicação da constituição e dos estatutos da associação nos termos legalmente previstos para os actos das sociedades comerciais, ou seja, conforme já mencionado, publicação através do endereço electrónico www.mj.gov.pt/publicacoes (artigos 167.° do Código das Sociedades Comerciais e 1.° da Portaria n.° 590-A/2005, de 14 de Julho), o que também foi cumprido quanto à constituição da associação em análise.

h) Duração (artigo 167.°, n.° 1, do Código Civil)

A associação em análise foi constituída por tempo indeterminado, nos termos do artigo 1.° dos Estatutos, que fazem parte integrante da Escritura Pública, pelo que se verifica o estatuído no referido artigo 167.°, n.° 1.

Conclusão: A escritura pública de constituição desta associação bem como os respectivos estatutos têm deficiências quanto à definição da respectiva sede (elementos de localização insuficientes) pelo que são ilegais por violação dos artigos 167.°, n.° 1, do Código Civil.

*

2. *Constituição da Associação ...*

a) Património social (artigo 167.°, n.° 1, do Código Civil)

Resulta do artigo 4.° dos Estatutos que constituem receitas da associação a jóia e quotas dos associados, cumprindo-se o disposto no n.° 1 do artigo 167.° do Código Civil.

b) Denominação (artigo 167.°, n.° 1, do Código Civil)

De acordo com a escritura da associação em apreciação, está especificada a respectiva denominação – ... – que, confrontada com o objecto, se conclui que respeita o princípio da verdade e que não induz em qualquer erro.

c) Fim (artigos 157.° e 167.°, n.° 1, do Código Civil)

No caso em apreço, o acto de constituição da associação especifica que esta tem por fim "...., pelo que se trata de uma finalidade não lucrativa, assim se cumprindo os artigos 157.° e 167.°, n.° 1, do Código Civil.

d) Sede (artigo 167.°, n.° 1, do Código Civil)

Neste caso concreto, a escritura pública refere que a sede da associação é "na Rua ...", pelo que se trata de uma indicação clara e suficiente para identificar a localização da sede da associação, assim se cumprindo o artigo 167.°, n.° 1, do Código Civil.

e) <u>Forma de funcionamento</u> (artigos 162.º, 167.º, n.º 1, 170.º, 172.º, 174.º e 175.º do Código Civil).

i) Previsão e constituição dos órgãos da associação (artigo 162.º do Código Civil)

O artigo 5.º dos estatutos da ..., define como órgãos da associação a Assembleia Geral, a Direcção e o Conselho Fiscal.

A direcção é composta cinco associados: um Presidente, um Vice-Presidente, um Secretário, um Tesoureiro e um Vogal, cumprindo as exigências legais.

O conselho fiscal é composto por três associados: um Presidente e dois vogais, pelo que também cumpre as exigências legais.

ii) Competências dos órgãos (artigos 170.º e 172.º do Código Civil)

Quanto às competências dos órgãos da associação, dispõe o artigo 6.º dos Estatutos da Associação que a competência e forma de funcionamento da assembleia geral são as prescritas na legislação aplicável, designadamente nos artigos 170.º, 172.º a 179.º do Código Civil. Com a referida menção, os Estatutos cumprem, nesta matéria, as exigências legais.

iii) Convocatória e funcionamento da assembleia geral (artigos 174.º e 175.º do Código Civil)

Nos termos do disposto no artigo 6.º dos Estatutos, as assembleias são convocadas mediante publicação do respectivo aviso nos termos legalmente previstos para os actos das sociedades comerciais, conforme permite o n.º 2 do artigo 174.º do Código Civil.

Quanto ao funcionamento da assembleia, o artigo 6.º, n.º 1, dos estatutos remete também para o artigo 175.º do Código Civil, pelo que está de acordo com a lei.

f) <u>Extinção da associação</u> (artigo 182.º a 184.º do Código Civil)

O acto de constituição da associação e os estatutos não contrariam o disposto nas mencionadas disposições do Código Civil.

g) <u>Forma e publicidade</u> (artigo 168.º do Código Civil)

De acordo com a documentação disponibilizada no endereço electrónico <u>www.mj.gov.pt/publicacoes</u>, esta associação foi constituída por escritura pública, pelo que estão preenchidos os requisitos de forma legalmente exigidos.

Quanto às exigências de publicidade, determina o artigo 168.º do Código Civil a publicação da constituição e dos estatutos da associação nos termos legalmente previstos para os actos das sociedades comerciais, ou seja, conforme já mencionado, publicação através do endereço electrónico www.mj.gov.pt/publicacoes (artigos 167.° do Código das Sociedades Comerciais e 1.° da Portaria n.° 590-A/2005, de 14 de Julho), o que também foi cumprido quanto à constituição da associação em análise.

h) Duração (artigo 167.°, n.° 1, do Código Civil)
A escritura pública de constituição da associação e os respectivos estatutos nada referem quanto à duração da associação, pelo que se presume que a mesma foi constituída por tempo indeterminado, verificando-se o estatuído no artigo 167.°, n.° 1.

Por fim, consigna-se que, nos estatutos na Associação, não está previsto o artigo 4.°, passando do artigo 3.° para o artigo 5.°. Porém, uma vez que não se trata de qualquer nulidade, não se suscitará a respectiva correcção.

Conclusão: A escritura pública de constituição desta associação bem como os respectivos estatutos estão em conformidade com a lei.

*

3. *Alteração de estatutos da Associação ...*
a) Património social (artigo 167.°, n.° 1, do Código Civil)
Resulta do artigo 7.° dos Estatutos que constituem património da associação todos os bens corpóreos e incorpóreos de sua propriedade e que as suas receitas são ordinárias e extraordinárias, considerando-se ordinárias as quotas e jóias e extraordinárias todas as restantes.

Assim, a associação está de acordo com a previsão do n.° 1 do artigo 167.° do Código Civil.

b) Denominação (artigo 167.°, n.° 1, do Código Civil)
De acordo com a escritura de alteração dos estatutos da associação em apreciação, está especificada a respectiva denominação – ... – que, confrontada com o respectivo objecto, designadamente no que respeita à educação cultural, se conclui que respeita o princípio da verdade e que não induz em qualquer erro.

c) Fim (artigos 157.° e 167.°, n.° 1, do Código Civil)
No caso em apreço, os estatutos da associação especificam que esta tem por fim "...", pelo que se trata de uma finalidade não lucrativa, assim se cumprindo os artigos 157.° e 167.°, n.° 1, do Código Civil.

d) Sede (artigo 167.°, n.° 1, do Código Civil)
Neste caso concreto, a escritura pública refere que a sede da associação é "no lugar de ...", pelo que, não obstante não ser especificada uma

rua concreta, considerando que é indicado um lugar – portanto uma pequena localidade – considera-se que se trata de uma indicação clara e suficiente para identificar a localização da sede da associação, assim se cumprindo o artigo 167.º, n.º 1, do Código Civil.

e) Forma de funcionamento (artigos 162.º, 167.º, n.º 1, 170.º, 172.º, 174.º e 175.º do Código Civil).

i) Previsão e constituição dos órgãos da associação (artigo 162.º do Código Civil)

O artigo 4.º dos estatutos da associação, define como órgãos sociais a Assembleia Geral, a Direcção e o Conselho Fiscal.

A Assembleia Geral é constituída por um Presidente, um Vice-Presidente, um Primeiro e um Segundo Secretários e um Escrutinador, cumprindo as exigências legais.

A Direcção é constituída por um Presidente, um Vice-Presidente, um Primeiro e um Segundo Secretários, um Tesoureiro e Vogais em número par, assim se verificando os requisitos legais.

O conselho fiscal é composto por três associados: um Presidente, um Vice Presidente, um Relator e dois substitutos, pelo que também cumpre as exigências legais.

ii) Competências dos órgãos (artigos 170.º e 172.º do Código Civil)

Quanto às competências dos órgãos da associação, dispõe o artigo 9.º dos Estatutos da Associação que compete à assembleia geral pronunciar-se sobre a extinção da associação, deliberar sobre o destino dos seus bens e nomear uma comissão liquidatária

Assim, os estatutos não prevêem todas as matérias reguladas nos artigos 170.º e 172.º a 179.º Porém, tal omissão não determina qualquer nulidade, mas apenas que tais normas se aplicam *qua tale*.

iii) Convocatória e funcionamento da assembleia geral (artigos 174.º e 175.º do Código Civil)

Os estatutos não prevêem expressamente esta matéria, pelo que, nos termos do disposto no n.º 1 do artigo 174.º do Código Civil, a assembleia geral deverá convocada por meio de aviso postal, expedido para cada um dos associados com a antecedência mínima de oito dias; no aviso indicar-se-á o dia, hora e local da reunião e a respectiva ordem do dia.

Uma vez que os estatutos nada referem quanto ao funcionamento da assembleia geral, aplicam-se os n.ᵒˢ 1 a 4 do artigo 175.º do Código Civil.

f) Extinção da associação (artigo 182.° a 184.° do Código Civil)
O acto de constituição da associação e os estatutos não contrariam o disposto nas mencionadas disposições do Código Civil.

g) Forma e publicidade (artigo 168.° do Código Civil)
De acordo com a documentação disponibilizada no endereço electrónico www.mj.gov.pt/publicacoes, esta associação foi constituída por escritura pública, pelo que estão preenchidos os requisitos de forma legalmente exigidos.

Quanto às exigências de publicidade, determina o artigo 168.° do Código Civil a publicação da constituição e dos estatutos da associação nos termos legalmente previstos para os actos das sociedades comerciais, ou seja, conforme já mencionado, publicação através do endereço electrónico www.mj.gov.pt/publicacoes (artigos 167.° do Código das Sociedades Comerciais e 1.° da Portaria n.° 590-A/2005, de 14 de Julho), o que também foi cumprido quanto à constituição da Associação em análise.

h) Duração (artigo 167.°, n.° 1, do Código Civil)
A escritura pública de alteração dos estatutos e os próprios estatutos nada referem quanto à duração da associação, pelo que se presume que a mesma foi constituída por tempo indeterminado, verificando-se o estatuído no artigo 167.°, n.° 1.

Conclusão: a escritura pública de alteração dos estatutos desta associação bem como os respectivos estatutos estão em conformidade com a lei.

C. CONCLUSÃO

Por tudo quanto vai exposto, sou de parecer que:

1. Ponto 1: A escritura pública de constituição e os estatutos da "..." **violam o artigo 167.° do Código Civil** (indicação da sede é claramente insuficiente para identificar a localização da associação), pelo que deverá ser **inquirido** Manuel ..., residente na Rua ..., no sentido de esclarecer se está na disposição de rectificar a escritura de constituição e os estatutos da Associação, por forma a expurgá-los do vício referido, evitando, assim, que o Ministério Público venha a intentar contra a mesma a acção de declaração de nulidade prevista no artigo 158.º-A do Código Civil. Na afirmativa, a associação deverá, ainda, indicar o prazo razoável que necessita para proceder a tal rectificação.

2. Ponto 2: A escritura pública de constituição e os estatutos da "**...**" não violam qualquer norma legal imperativa e estão de acordo com as disposições legais citadas, pelo que, nesta conformidade, não promovo qualquer iniciativa, sendo de opinião que, nesta parte, os **autos devem ser arquivados**.

3. Ponto 3: A escritura pública de alteração e os novos estatutos da "**...**" não violam qualquer norma legal imperativa e estão de acordo com as disposições legais citadas, pelo que, nesta conformidade, não promovo qualquer iniciativa, sendo de opinião que, nesta parte, os **autos devem ser arquivados**.

Remeta os autos à Exma. Senhora Procuradora da República, nos termos da Circular da PGR n.º 12/79, de 11 de Maio.

Processei, imprimi, revi e assinei o texto, seguindo os versos em branco (artigo 94.º, n.º 2, Código de Processo Penal)

Local, data

O Procurador-Adjunto

X.13. Associações – PI de nulidade do acto de constituição e dos estatutos da Ré

**Exmo. Sr. Juiz de Direito
doTribunal Judicial de ...**

O **Ministério Público**, nos termos do disposto no artigo 158.º-A do Código Civil e artigos 3.º, n.º 1, al. e), e 5.º, n.º 1, al. e), do Estatuto do Ministério Público, vem propor

ACÇÃO DECLARATIVA DE SIMPLES APRECIAÇÃO POSITIVA, COM PROCESSO ORDINÁRIO,

contra:
..., com sede na freguesia de ... concelho ...e titular do cartão provisório de pessoa colectiva n.º ... representada por Manuel ..., residente na Rua ...

Nos termos e com os fundamentos seguintes:

1.º
A Ré foi constituída no dia 14 de Novembro de 2007, por escritura pública outorgada no Cartório Notarial da ..., a cargo de ... (Doc. n.º 1).

2.º
Na referida escritura pública, Manuel ..., Paulo ... e António ... disseram "[q]ue, pela presente escritura, constituem entre si uma associação de direito privado sem fins lucrativos, com a denominação "..." com sede na freguesia de ..., concelho de ... (...)"(Doc. n.º 1).

3.º
No artigo 1.º, n.º 1, dos Estatutos da Associação, integrantes da referida escritura pública, consta que "A associação (...) tem a sua sede na freguesia de ..., concelho da ...". (Doc. n.º 1).

4.º
Por conseguinte, quer na escritura pública de constituição da Ré, quer nos respectivos estatutos, figura como sede apenas "freguesia de ..., concelho da ..."

5.º
Ora, a freguesia de ... tem cerca de 8.000 residentes (dados do Portal do Instituto Nacional de Estatística, *in* www.ine.pt) e mais de 2.900 edifícios (dados da Câmara Municipal da ..., *in* www.cm-...pt).

6.º
Pelo que a indicação da sede por referência a tal freguesia não permite identificar a localização da associação.

7.º
A deficiente indicação da sede da associação contende com o disposto no artigo 167.º, n.º 1, do Código Civil, uma vez que a sede é um dos elementos que deve ser especificado no acto de constituição da associação.

8.º
O artigo 167.º, n.º 1, do Código Civil é uma disposição com carácter imperativo, pelo que a sua violação determina a nulidade do acto de constituição da Ré e dos respectivos estatutos (artigos 280.º e 294.º do Código Civil).

9.º
Nulidade essa que determina a invalidade do acto de constituição e dos estatutos da Ré na sua globalidade, insusceptível de redução ou conversão, uma vez que a associação não pode ser constituída sem indicação especificada da sede, pelo que tais actos não poderiam ser concluídos nem tão pouco subsistir sem a parte viciada, por se tratar de matéria essencial, legalmente exigida (artigos 167.º, n.º 1, 292.º e 293.º, *a contrario*, e 295.º do Código Civil).

10.º
No âmbito de processo administrativo instaurado nos Serviços do Ministério Público deste Tribunal, foi inquirido Manuel ... que disse não estar na disposição de rectificar a escritura de constituição e os estatutos da Associação.

Nestes termos, e nos mais de direito, deve a presente acção ser julgada procedente, por provada, e ser declarada a nulidade do acto de constituição e dos estatutos da Ré.

Deverá ser dado conhecimento da decisão ao Cartório Notarial da ..., a cargo de ..., para os efeitos do disposto no artigo 202.º, al. c), do Código do Notariado, e ao Governo Civil de ..., nos termos do disposto nos artigos 4.º, n.º 2, 8.º, n.º 2 e 15.º do Decreto-Lei n.º 594/74, de 7 de Novembro, com a redacção do Decreto-Lei n.º 71/77, de 25 de Fevereiro.

Valor: € 30.000,01 (trinta mil euros e um cêntimo)

Junta: 1 documento, duplicados legais

O Procurador-Adjunto

ÍNDICE

Prefácio 5

I.
ACUSAÇÕES

I.I. **Dos crimes contra a vida**.. 9
    I.I.1. Crime de homicídio (artigo 131.º do Código Penal)............................... 9
    I.I.2.1. Crime de homicídio qualificado (artigo 132.º do Código Penal).......... 13
    I.I.2.2. Crime de homicídio qualificado (artigo 132.º do Código Penal).......... 19
    I.I.3. Crime de homicídio por negligência (artigo 137.º do Código Penal)...... 27
I.II. **Dos crimes contra a integridade física** 31
    I.II.1. Crime de ofensa à integridade física simples (artigo 143.º do Código Penal)... 31
    I.II.2.1. Crime de ofensa à integridade física qualificada (artigo 145.º, n.ºs 1, al. b), e 2, com referência aos artigos 144.º, al. b), e 132.º, n.º 2, als. h) e j), do Código Penal).. 33
    I.II.2.2. Crime de ofensa à integridade física qualificada (artigo 145.º do Código Penal)... 37
    I.II.2.3. Crime de ofensa à integridade física qualificada (artigo 145.º, n.ºs 1, al. a), e 2, por referência ao 132.º, n.º 2, al. h), do Código Penal)...... 41
    I.II.3. Crime de ofensa à integridade física por negligência (artigo 148.º do Código Penal) 43
    I.II.4.1. Violência doméstica (artigo 152.º do Código Penal)......................... 49
    I.II.4.2. Crime de violência doméstica (artigo 152.º, n.º 1, al. d), e 2, do Código Penal, em concurso aparente com o artigo 152.º-A, n.º 1, al. a), do Código Penal) 53
I.III. **Dos crimes contra a liberdade pessoal**... 55
    I.III.1. Crime de ameaça agravada (artigo 153.º, n.º 1, e 155.º, n.º 1, al. a), do Código Penal)... 55
    I.III.2. Crime de coacção (artigo 154.º do Código Penal) 57
    I.III.3. Crime de rapto (artigo 161.º do Código Penal).................................... 59
I.IV. **Dos crimes contra a liberdade sexual** 63
    I.IV.1. Crime de coacção sexual e crime de violência depois de subtracção (artigos 163.º e 215.º do Código Penal) 63

I.IV.2. Crime de violação (artigo 164.° do Código Penal)	67
I.IV.3.1. Crime de lenocínio (artigo 169.° do Código Penal)	71
I.IV.3.2. Crime de lenocínio (artigo 169.° do Código Penal)	75
I.IV.4. Crime de abuso sexual de crianças (artigo 171.° do Código Penal)	79
I.V. Dos crimes contra a honra	83
I.V.1. Crime de difamação (artigo 180.° do Código Penal)	83
I.VI. Dos crimes contra a reserva da vida privada	85
I.VI.1. Crimes de perturbação da vida privada (artigo 190.° do Código Penal)	85
I.VII. Dos crimes contra a propriedade	87
I.VII.1. Crime de furto (artigo 203.° do Código Penal)	87
I.VII.2.1. Crime de furto qualificado (artigo 204.° do Código Penal)	89
I.VII.2.2. Crime de furto qualificado (artigo 204.° do Código Penal)	93
I.VII.3. Crime de abuso de confiança (artigo 205.°, n.° 1, do Código Penal)	97
I.VII.4. Crime de roubo (artigo 210.° do Código Penal)	99
I.VII.5. Crime de dano (artigo 212.° do Código Penal)	101
I.VII.6. Crime de alteração de marcos (artigo 216.° do Código Penal)	103
I.VIII. Dos crimes contra o património em geral	105
I.VIII.1. Crime de burla (artigo 217.° do Código Penal)	105
I.VIII.2. Crime de extorsão (artigo 223.° do Código Penal)	107
I.IX. Dos crimes contra direitos patrimoniais	113
I.IX.1. Crime de insolvência dolosa (artigo 227.° do Código Penal)	113
I.IX.2. Crime de insolvência negligente (artigo 228.°, n.° 1, al. b), do Código Penal)	123
I.IX.3. Crime de apropriação ilegítima e crime de receptação (artigos 209.°, n.° 2, e 231.° do Código Penal)	129
I.X. Dos crimes contra a família, os sentimentos religiosos e o respeito devido aos mortos	133
I.X.1. Crime de violação da obrigação de alimentos (artigo 250.° do Código Penal)	133
I.X.2. Crime de profanação de cadáver ou de lugar fúnebre (artigo 254.° do Código Penal)	135
I.XI. Dos crimes de falsificação	139
I.XI.1. Crime de falsificação ou contrafacção de documentos (artigo 256.° do Código Penal)	139
I.XI.2. Crime de passagem de moeda falsa (artigo 265.° do Código Penal)	141
I.XII. Dos crimes de perigo comum	145
I.XII.1.1. Crime de incêndios, explosões e outras condutas especialmente perigosas (artigo 272.° do Código Penal)	145
I.XII.1.2. Crime de incêndios, explosões e outras condutas especialmente perigosas (artigo 272.° do Código Penal)	149
I.XII.2. Crime de infracção de regras de construção, dano em instalações e perturbação de serviços (artigo 277.° do Código Penal)	153
I.XIII. Dos crimes contra a segurança das comunicações	165
I.XIII.1. Crime de atentado à segurança de transporte rodoviário, por negligência (artigo 290.°, n.ºs 1, al. b), 2 e 4 do Código Penal)	165

I.XIII.2. Crime condução perigosa de veículo rodoviário (artigo 291.º do Código Penal): acusação com pedido cível 169
I.XIII.3. Crime de condução de veículo em estado de embriaguez (artigo 292.º, n.º 1, do Código Penal) 185
I.XIV. **Dos crimes contra a autoridade pública** 187
    I.XIV.1. Crime de resistência e coacção sobre funcionário (artigo 347.º, n.º 1, do Código Penal) 187
    I.XIV.2.1. Crime de desobediência (artigo 348.º do Código Penal) 191
    I.XIV.2.2. Crime de desobediência (artigo 348.º do Código Penal) 193
    I.XIV.2.3. Crime de desobediência praticado por pessoa colectiva (artigo 348.º do Código Penal) 195
    I.XIV.3. Crime de violação de imposições, proibições ou interdições (artigo 353.º do Código Penal) 197
    I.XIV.4.1. Crime de descaminho ou destruição de objectos colocados sob poder público (artigo 355.º do Código Penal) 199
    I.XIV.4.2. Crime de descaminho ou destruição de objectos colocados sob poder público (artigo 355.º do Código Penal) 201
I.XV. **Dos crimes contra a realização da justiça** 203
    I.XV.1. Crime de falsidade de depoimento ou declaração (artigo 359.º do Código Penal) 203
    I.XV.2. Crime de falsidade de testemunho, perícia, interpretação ou tradução (artigo 360.º do Código Penal) 207
I.XVI. **Dos crimes cometidos no exercício de funções públicas** 211
    I.XVI.1. Crime de corrupção passiva para acto lícito (artigo 373.º do Código Penal) 211
    I.XVI.2. Crime de corrupção activa para acto ilícito (artigo 374.º do Código Penal) 219
    I.XVI.3. Crime de peculato (artigo 375.º do Código Penal) 223
I.XVII. **Dos crimes fora do Código Penal** 225
    I.XVII.1. Crime de cheque sem provisão (Decreto-Lei n.º 454/91, de 28 de Dezembro) 225
    I.XVII.2. Crime de reprodução ilegítima de programa protegido (Decreto-Lei n.º 252/94, de 20 de Outubro e Decreto-Lei n.º 109/91, de 17 de Agosto) 227
    I.XVII.3. Crime de abate clandestino (Decreto-Lei n.º 28/84, de 20 de Janeiro) ... 231
    I.XVII.4. Crime de Fraude sobre mercadorias (Decreto-Lei n.º 28/84, de 20 de Janeiro) e Crime de venda, circulação ou ocultação de produtos ou artigos contrafeitos (Código da Propriedade Industrial) 235
    I.XVII.5. Crime contra a qualidade dos géneros alimentícios (Decreto-Lei n.º 28/84, de 20 de Janeiro) 241
    I.XVII.6. Crime de abalroamento (artigo 169.º do Código Penal e Disciplinar da Marinha Mercante) 243
    I.XVII.7. Crime de aproveitamento de obra usurpada (artigos 197.º e 199.º do Código dos Direitos de Autor e Direitos Conexos) 247

I.XVII.8. Crime de violação do direito moral (artigo 198.°, al. b), com referência ao artigo 197.°, do Código dos Direitos de Autor e Direitos Conexos) 249
I.XVII.9.1. Crime de tráfico de estupefacientes (artigo 21.°, n.° 1, do Decreto-Lei n.°15/93, de 22 de Janeiro) 253
I.XVII.9.2. Crime de tráfico de estupefacientes (artigo 21.°, n.° 1, do Decreto-Lei n.°15/93, de 22 de Janeiro) 269
I.XVII.10. Crime de abuso de confiança em relação à Segurança Social (artigos 6.°, n.° 1, 7.°, n.° 1 e 107.°, n.os 1 e 2, por referência ao 105.°, n.os 1, 4 e 5, da Lei n.° 15/2001, de 5 de Junho) 273
I.XVII.11.1. Crime de abuso de confiança fiscal (artigo 105.°, n.os 1 a 4 da Lei n.° 15/2001, de 5 de Junho) 277
I.XVII.11.2. Crime de abuso de confiança fiscal (artigo 105.°, n.os 1 a 4 da Lei n.° 15/2001, de 5 de Junho) 281
I.XVII.12. Crime de pesca proibida e de utilização de rede proibida (Decreto n.° 44 623, de 10 de Outubro de 1962) 283
I.XVII.13. Crime de tráfico de armas (artigo 87.°, n.° 1, da Lei n.° 5/2006, de 23 de Fevereiro 285
I.XVIII. **Processo Abreviado** 287
I.XVIII.1. Crime de falsidade de depoimento ou declaração (artigo 359.°, n.os 1 e 2, do Código Penal) 287
I.XIX. **Processo Sumaríssimo** 291
I.XIX.1. Crime de condução de veículo em estado de embriaguez (artigo 292.°, n.° 1, e 69.°, n.° 1, al. a), ambos do Código Penal) 291
I.XIX.2. Crime de especulação (Decreto-Lei n.° 28/84, de 20 de Janeiro) 295

II.
ARQUIVAMENTOS

II.1. Crime de difamação. Direito ao bom nome e reputação e liberdade de expressão 309
II.2. Crime de furto. Erro sobre a Factualidade Típica 319
II.3. Crime de burla qualificada e crime de abuso de confiança qualificado 323
II.4. Falsas declarações sobre o estado civil em escritura pública 335
II.5. Dispensa de pena 341
II.6. Não constituição como assistente e inexistência de crime 345
II.7. Incompetência 347
II.8.1. Desistência de queixa 349
II.8.2. Desistência de queixa 351
II.9. Inimputabilidade em razão da idade 353
II.10. Suicídio 357

III.
SUSPENSÃO PROVISÓRIA DO PROCESSO

III.1. Crime de violência doméstica agravada (artigo 152.º, n.ºs 1, al. a), e 2, do Código Penal) 361
III.2. Crime de condução de veículo automóvel em estado de embriaguez em processo sumário (artigos 69.º, n.º 1, al. a), e 292.º, n.º 1, do Código Penal) 365

IV.
MENORES

IV.1. Acção Especial de Regulação do Exercício das Responsabilidades Parentais 371
IV.2. Acção de Incumprimento da Prestação de Alimentos 373
IV.3. Acção de Limitação do Exercício das Responsabilidades Parentais 375
IV.4. Acção Tutelar Comum – Instituição de Tutela 379
IV.5. Acção de Inibição do Exercício das Responsabilidades Parentais 383
IV.6. Tutela de menores confiados a estabelecimento de educação ou assistência . 387
IV.7. Requerimento de abertura de processo de promoção e de protecção, com pedido de aplicação de medida provisória 391
IV.8. Confiança judicial com vista a futura adopção 395
IV.9. Acção Complexa – Investigação de Maternidade e Impugnação de Paternidade Presumida 399
IV.10. Impugnação de Maternidade e de Perfilhação e Investigação de Maternidade 403
IV.11. Impugnação e Investigação de Paternidade 407
IV.12. Acção Oficiosa de Investigação de Paternidade 411
IV.13. Acção Declarativa Constitutiva de Impugnação de Perfilhação 415
IV.14. Acção de Impugnação de Paternidade Presumida em Representação de Menor 419
IV.15. Acção de Impugnação de Paternidade Presumida em Representação de Menor 423
IV.16. Consentimento Prévio Com Vista a Futura Adopção 427
IV.17. Autorização Para a Prática de Actos 429
IV.18. Inquérito Tutelar Educativo – suspensão do processo 435
IV.19. Inquérito Tutelar Educativo – requerimento de abertura de fase jurisdicional 439

V.
FORMAS À PARTILHA

V.1. Direito de Transmissão 445
V.2. Doação por conta da quota disponível/ doação a cônjuge por conta da legítima 447
V.3. Doação Mortis Causa 451
V.4. Direito de Representação 455
V.5. Fórmula básica 457

VI.
LIQUIDAÇÃO DA PENA

VI.1. Regime de permanência na habitação 461
VI.2. Liquidação de Pena (com prisão já cumprida e com direito a desconto em dias de detenção e de prisão preventiva) 463
VI.3. Cúmulo Sucessivo 465

VII.
CONTESTAÇÕES

VII.1. Ausente e prescrição 471
VII.2. Pedido de Autorização Judicial 475
VII.3. Representação do Estado 479
VII.4. Falta de personalidade judiciária e excepção de pagamento 491
VII.5. Excepção dilatória de incompetência relativa do tribunal e excepção peremptória do decurso do prazo para a impugnação da paternidade 497

VIII.
RECLAMAÇÕES DE CRÉDITOS

VIII.1. Acção Sumária / CIRE 503
VIII.2. CIRE 505
VIII.3. IMI e IMT 507
VIII.4. IVA 509
VIII.5. IRC 511
VIII.6. IRS 513
VIII.7. Artigo 871.º do Código de Processo Civil 515

IX.
RECURSOS

IX.1. Aplicação oficiosa da lei penal mais favorável (artigo 50.º, n.º 5, do Código Penal) 519
IX.2. Tribunal Constitucional 527

X.
DIVERSOS

X.1. Habilitação (artigo 374.º do Código de Processo Civil)	531
X.2. Liquidação de Herança em Benefício do Estado	533
X.3. Carta Rogatória	535
X.4. Internamento Compulsivo	539
X.5. Petição inicial de interdição	543
X.6. Petição inicial de inabilitação	547
X.7. Prestação de Contas	553
X.8. Execução Universal	555
X.9. Oposição em representação da Ré ausente. Incidente de intervenção provocada	559
X.10. Requerimento de Processo Sumário – com adiamento subsequente para realização de exame	561
X.11. Petição de Insolvência	563
X.12. Associações – Despacho no PA	567
X.13. Associações – PI de nulidade do acto de constituição e dos estatutos da Ré	579
Índice	583